Das Erbe des Sokrates
Wissenschaftler im Dialog über
die Befriedung der Welt

Herausgegeben von Rudolf Steinmetz

D1872508

Deutscher
Taschenbuch
Verlag

dtv

Originalausgabe
Mai 1986
© für diese Ausgabe:
1986 Deutscher Taschenbuch Verlag GmbH & Co. KG,
München
Umschlaggestaltung: Celestino Piatti
Umschlagzeichnung: Brigitte Schneider, Lüftelberg
Gesamtherstellung: C. H. Beck'sche Buchdruckerei,
Nördlingen
Printed in Germany · ISBN 3-423-10577-1

Das Buch

Die Eskalation des Wettrüstens und die apokalyptischen Dimensionen eines dritten Weltkriegs werfen Fragen an die Wissenschaften auf: Wie hat es zu dieser drohenden Selbstvernichtung der Menschheit kommen können, wie ist ihr gegenzusteuern? Als vor 2500 Jahren der Athener Sokrates nach dem Guten und Wahren fragte, legte er den Ursprung zur Idee, was Wissenschaft sein könnte. Sokrates ging es nicht um technisch verwertbares Wissen, sondern um eine radikale Ethik des menschlichen Verhaltens als Voraussetzung für ein gewaltfreies, gerechtes und gutes Leben.
Dieses Erbe des Sokrates – Weisheit und Mäßigung als Basis eines friedlichen Lebens – ist der Schlüsselbegriff, unter dem 14 namhafte Wissenschaftler in diesem Buch einen interdisziplinären Dialog führen auf der Suche nach einem Weg, damit Wissenschaft und Friedenssicherung wieder synonyme Begriffe werden können. Grundlage ist die von dem Physiker Hans-Peter Dürr initiierte mehrjährige Veranstaltungsreihe zu diesem Thema an der Universität München. Vertreten sind Naturwissenschaftler, Sozial-, Wirtschafts- und Politikwissenschaftler sowie Professoren aus Literaturwissenschaft, Psychologie und Theologie.

Der Herausgeber

Rudolf Steinmetz, 1947 im Saarland geboren, studierte nach einer Handwerkslehre Wirtschafts- und Ingenieurwissenschaften. Er war als Wirtschaftsingenieur in der Industrie tätig, arbeitete dann als pädagogischer Leiter und Bildungsberater und lebt seit 1979 als Journalist und Schriftsteller in München.

Inhalt

Auf das Erbe besinnen
Vorwort des Herausgebers

Von welchem Bezugspunkt aus ließe sich das wachsende Engagement vieler Wissenschaftler deuten, das sich gegen den Wettrüstungswahnsinn, den Schwachsinn einer exzessiven Natur-Vernutzung richtet und für eine friedliche, angstfreie, vom Konsum- und Technologie-Mythos befreite Welt streitet? Diese Frage stellte sich dem Herausgeber, als er nach einer inhaltlichen Klammer für die ausgewählten Beiträge aus der interdisziplinären Vorlesungsreihe »Wissenschaft und Friedenssicherung« suchte. Zwar bekümmern sich die unter Federführung von Hans-Peter Dürr an der Münchener Universität öffentlich Vortragenden in erster Linie um die Bedingungen des Friedens und bringen die Erkenntnisse ihrer Fachdisziplin in die Debatte ein. Sichtbar wurde aber dabei, daß eine be-friedete menschliche Weltgesellschaft einen tiefgreifenden Bewußtseinswandel, eine radikale Umkehr und auch Rückbesinnung des Denkens voraussetzt, weil sonst der vorherrschende »Wille zum Willen« in einem atomaren Lichtblitz oder einem ökologischen Desaster zu enden droht.

Damit also das Erbe der Menschheit nicht verspielt wird, ist radikales, das heißt an die Wurzeln gehendes Denken gefragt, dessen abendländische Tradition rund zweieinhalb Jahrtausende zurückreicht und mit Sokrates ihren Anfang nahm, als dieser den bis dahin gültigen Bewußtseinsrahmen sprengte.

Sokrates ging es nicht um technisch verwertbares, instrumentelles Wissen, sondern um eine kompromißlose Ethik des menschlichen Verhaltens als Voraussetzung eines gewaltfreien, guten, gerechten und schönen Lebens. Dieses Erbe des Sokrates, nämlich Mäßigung als Basis friedlichen Lebens, kann hier als Schlüsselbegriff gelten, um die Intentionen der abgedruckten Beiträge aus dem interdisziplinären Dialog zu charakterisieren.

So schwierig die Abgrenzung zwischen dem authentischen Sokrates und den Interpretationen und Aussagen Platons, der wichtigsten Sokrates-Quelle, auch ist, die Wirkung dieses Geistesheroen bleibt davon unberührt. Seine Gestalt gewinnt angesichts globaler Katastrophen eine neue und dramatische Dimension.

Sokrates, der in den Zeugnissen seiner Zeitgenossen und

Schüler, vor allem aber in den von Platon verfaßten Dialogen, fortlebt, stellte ungewöhnliche, bis zu diesem Zeitpunkt in dieser Form noch nie gehörte Fragen. Er rief den Menschen ins Bewußtsein, was sie wußten, und vor allem, was sie nicht wußten. Mit seinem radikalen Fragen »Was ist dies?«, seinem Suchen nach einer schlüssig begründeten Antwort, ist er Ursprung einer Idee der Wissenschaft als Wissenschaft, wie sie dann von Platon und Aristoteles ausformuliert und weiterentwickelt worden ist.

Getrieben von der Kraft des Logos, suchte Sokrates nach dem erkennbaren Sinn des Guten, den es zu erfassen und zu befolgen gilt. Dabei scherte er sich weder um vorherrschende Meinungen noch um Bedenken seiner engsten Freunde und zog in seiner unbequemen Art den tödlichen Haß entlarvter Bürger und Obrigkeiten auf sich. Es war nahezu zwangsläufig, daß der Machtapparat sich zur Wehr setzte und auch vor einem Justizmord nicht zurückschreckte. Sokrates wird im Alter von 70 Jahren als »Volksverführer« angeklagt (kriminalisiert) und schließlich zum Tode verurteilt. Eine Konsequenz, die er in keinem Augenblick fürchtet. Er findet sogar noch positive Argumente für das Sterben an sich und erkennt, daß der Tod so fürchterlich nicht sein kann, wie dies – auch heute noch – viele Menschen behaupten.

Angesichts des Todes verrät der Verurteilte seine Überzeugung nicht. Es gibt für ihn kein Opportunitätsdenken, keine Liaison mit der Macht. Er unterwirft sich keinem Befehl und läßt sich nur von seinem Logos leiten. Wenn der Tod als Drohung die Münze der Macht ist (Elias Canetti in seinem Werk ›Masse und Macht‹), dann sammelt Sokrates in diesem Gesellschaftsspiel kein Kapital, sondern nimmt der Macht ihren giftigen Stachel.

Heute, 2500 Jahre später, hat das Fortschreiten der Menschen in der Wissenschaft zu einer zerstörerischen Verstrickung zwischen Macht und Wissen geführt. Rainer Fuchs zeigt in seinem Beitrag, wie schwierig es für nach Frieden suchende Forscher selbst in einer historisch günstigen Situation gewesen ist, der herrschenden Macht das erworbene Wissen vorzuenthalten oder nur bedingt verfügbar zu machen. Inzwischen ist bekannt, wie vergeblich alle derartige Versuche bisher geblieben sind. Die Bomben und Raketen sind da, und ihr vernichtendes Potential wird täglich erhöht.

Den Ernst der Lage verdeutlicht der Physiker Hans-Peter

Dürr. Obgleich der gefährliche Unsinn des von US-Präsident Reagan gewollten SDI-Konzeptes (Strategic Defence Initiative) leicht erkennbar ist, sind dafür bereits riesige Geldsummen mobilisiert worden, damit sich viele hochqualifizierte Wissenschaftler an diesem Rüstungsprojekt verschwenden. Die verheerenden Folgen dieses Handelns werden verdrängt. »Was ist das Gute, was ist das Wahre?« Diese zwei einfachen und wesentlichen Fragen, von Sokrates erstmals gestellt, müßten genügen, um derartige Hybris aufzudecken und zu stoppen – wenn die Rüstungsforscher dies wollten und bereit wären, ihren bequemen Weg zu verlassen.

Von der korrumpierenden Wirkung der Macht bleibt offenbar kaum jemand verschont. In ihr Intrigenspiel sind auch die Ärzte eingesponnen, wie Herbert Begemann aufzeigt. Sie müssen um Rückbesinnung auf eine Ethik kämpfen, die ihnen das Mitmachen bei der Militarisierung der Medizin verwehrt. Wie konnte es zu dieser unfriedlichen Entwicklung kommen?

Bei Sokrates ist der Frieden, wie wir ihn innerhalb und außerhalb von uns selber so dringend herbeisehnen, in jeder Wortsilbe präsent. Ausdrücklich bekennt er sich zum Prinzip der Gewaltlosigkeit und zur Feindesliebe (›Kriton‹). Seine Zeitgenossen rühmen die Anspruchslosigkeit, den Konsumverzicht und die kontemplative Haltung (›Gastmahl‹, ›Memorabilien‹) des Denkers, der seine Kräfte durch Enthaltsamkeit regeneriert.

Macht- und Konsumverzicht sind auch unabdingbare Voraussetzungen zur Befriedung der Dritten Welt, worauf Heiner Dürr deutlich aufmerksam macht. Ohne ethische Besinnung und die radikalen Fragen »Was ist das Gute, was ist das Wahre?« wird es früher oder später auf der ganzen Welt kaum noch befriedete Räume geben. Auch eine Weltfriedenssicherung mit Hilfe einer Reform des Weltwährungssystems, wie sie Wilhelm Hankel in seinem Vortrag entwickelt, wird ohne ein Um-Denken (auch Um-Verteilen) nicht zu verwirklichen sein. Wie sehr die Machtfrage die Politik des 20. Jahrhunderts bestimmt – und damit die Chancen des Friedens –, ist der Analyse von Dieter Senghaas unschwer zu entnehmen.

Woher also kann Rettung kommen? Von den Machteliten wohl kaum. Den Politikern als exponierten Machthabern oder -kontrolleuren traute schon Sokrates nicht über den Weg. Er entlarvte sie als gefährliche Ignoranten, die zwar vielen Menschen – und am meisten sich selber – Weisheit zuschreiben, die sie jedoch keineswegs besitzen. Die rhetorischen Klimmzüge der Staatsmänner enttarnt er als Show, die dem Volk gefallen soll.

Selbst auf die Literatur ist kaum zu zählen, wenn es um den inneren und äußeren Frieden geht, worauf Jürgen Wertheimer warnend hinweist. Die Ästhetik der Gewalt läßt sich zunehmend besser vermarkten, während die Ästhetik des Widerstandes und des aufrechten Ganges in den Bücherregalen und Erinnerungen verblaßt. Dietrich Krusche schlägt vor, den Frieden als das Fremdeste zu suchen – ein gewagter Versuch, angesichts der Angst allzu vieler Menschen vor allem Fremden und Neuem, also vor Veränderung.

Die Angstlösung, wie sie Willi Butollo als Modell für den inneren und äußeren Frieden vorschlägt, berührt daher ein Kernproblem. Wie setzen wir uns in den Stand, daß wir tatsächlich friedensfähig werden – wie entschärft jeder einzelne seinen eigenen ›Spreng-Kopf‹? Folgerichtig greift Horst-Eberhard Richter den Zusammenhang zwischen Persönlichkeit und politischem Bewußtsein auf. Denn ohne inneren Frieden wird es keinen äußeren geben! Deshalb ist auch die Frage, die Thea Bauriedl aufwirft, ob der einzelne die Gesellschaft verändern kann, in jeder Hinsicht von zentraler Bedeutung. Die Antwort ist eindeutig: Der einzelne kann verändern, wenn er *sich* ändert, und Änderungshilfen bietet die Psychotherapie, insbesondere deren prozeßhafte Betrachtungsweise.

Es gibt Beispiele, wie einzelne die Gesellschaft verändert haben. Helga Einsele hebt die Beiträge von Frauen zur Friedenssicherung hervor. Dorothee Sölle bringt den Friedensbeitrag von Jesus Christus in die Debatte ein, der durch den römischen ›Gewaltfrieden‹ bis heute pervertiert worden ist.

Ein Vergleich drängt sich auf zwischen Sokrates und Christus. Beide starben für ihre Wahrheit, beide stifteten Unruhe in der Gesellschaft, und beide sind auch heute noch in der Menschheitsgeschichte präsent. Ohne Scheu begreift sich Sokrates als Werkzeug Gottes. Sowohl an dem Athener als auch am Nazarener entzündeten sich die Menschen, und beide verlangten radikale Einsichten. Griechische Kirchenväter und italienische Humanisten sehen beide Heils-Botschafter gar in einer Person. Woher kommt heute das Heil?

Der Athener Sokrates richtet eine ›christologische‹ Aufforderung an alle Menschen, die hören können und guten Willens sind: Die Wahrheit wird euch frei machen! Die Heils-Gewißheit kommt also aus dem Menschen selber. Die heute von vielen besorgten Wissenschaftlern geforderte Änderung des Bewußtseins – sie ist bereits vor 2500 Jahren beispielhaft geworden; Weisheit und Mäßigung kommen aus dem Logos: »Was ist das Gute, was ist das Wahre?«

Die Freiheit des Menschen besteht in seiner Wahlmöglichkeit zwischen der Freiheit der Verantwortung und der Unmündigkeit des verantwortungslosen Bösen (Erich Fromm). Der bequemen Flucht aus der Verantwortung zu entgehen (auch der Verantwortung für die Folgen), den Mut zu haben, sich seines eigenen Verstandes zu bedienen (»Sapere aude«), eine Revolution der schöpferischen Vernunft zu wagen, dies beschreibt einen grundlegenden Bewußtseinswandel, wie ihn bereits zu seiner Zeit Sokrates vorweggenommen hat und der dann, im Zuge der schier unbegrenzten Manipulierbarkeit der Natur, untergegangen ist – so wie die Pax Christi in der Pax Romana unterging.

Sokrates, der Monotheist, wendete seinen Logos gegen den Götterglauben und brachte damit den griechischen Olymp zum Einsturz. Aber er glaubte an Gott und an den Menschen als Individuum. Für die derzeit grassierende apokalyptische Verzerrung des Endzeitdenkens hätte er kein Verständnis gehabt. Die Suche nach dem verlorenen Paradies ist auch für den Athener die Suche nach dem göttlichen Selbst im Menschen, für das es keines atomaren Infernos, keiner Öko-Katastrophe und keiner Gurus oder Heilsführer bedarf, sondern der Wahrheit durch Erkenntnis, zu der jeder Mensch fähig ist.

Zur Beantwortung der Frage, ob sich Frieden organisieren läßt, schlägt Peter Kafka vor, die soziale Organisation in kleine, überschaubare Einheiten zu überführen. In diesem Vorschlag stecken sokratische Elemente, weil dieses Konzept notwendigerweise auf mündige Menschen baut. Auch hier erweist sich das Erbe des Sokrates einmal mehr als nichteingelöste Verpflichtung. Warum blieben wir von der Heilskraft des Logos so unberührt, so wenig entflammt?

»Unergründlich bin ich und bringe es dahin, daß die Menschen nicht mehr weiter wissen«, sagt Sokrates von sich selber. Er bringt die Menschen dahin, daß sie sich selber ent-täuschen und sehen können, so daß sie sich aus der tödlichen Falle befreien, in der sie sich gegenseitig – durch alte und moderne Täuschungen und Selbsttäuschungen – gefangenhalten.

Der über-lebensnotwendige Bewußtseinswandel, der große Friede: Dies bedeutet auch ein Zusammenspiel der Menschen, ein Zusammenführen abgetrennter Einzelwissenschaften in Versöhnung und Toleranz und dem Wissen darum, daß jedes neue Wissen mit Fehlern behaftet und somit nur vorläufig ist und revidierbar sein muß. Wie könnte dem Erbe des Sokrates besser entsprochen werden, als in einem interdisziplinären Dialog, wie er seit dem Wintersemester 1983/84 an der Münchener Ludwig-Maximilians-Universität versucht wird. Die in diesem Band abgedruckten Gedanken aus dieser öffentlichen Vorlesungsreihe »Wissenschaft und Friedenssicherung« sind aus Platzgründen nur eine sehr begrenzte Auswahl, die versucht, den Charakter dieses Dialogs widerzuspiegeln. Es soll alle Beteiligte und Betroffene ermutigen, die Frage nach dem Wahren und Guten erneut aufzugreifen und genauer, konsequenter zu beantworten, als dies bisher geleistet worden ist. Dem interdisziplinären Dialog ist einschneidende Wirkung zu wünschen, damit das Erbe – unser aller Erbe – nicht verschleudert wird.

Frühjahr 1986, Rudolf Steinmetz

Hans-Peter Dürr
SDI – technische Machbarkeit und sicherheitspolitische Folgen einer Absurdität

Glauben Sie nur nicht, daß es mir Spaß macht, über das Star-Wars-Konzept SDI (Strategic Defense Initiative) zu sprechen. Ich ärgere mich immer darüber, wenn Vorschläge dieser Art, ungeachtet ihrer Absurdität, einen immer wieder dazu zwingen, sich – ob man will oder nicht – damit zu befassen und auseinanderzusetzen. Wir und viele andere auch müssen also unsere kostbare Zeit, unsere guten Gedanken, unsere kreativen Kräfte aufbieten, um diesen Vorschlägen entgegenzutreten, anstatt unsere Anstrengungen auf die Lösung der eigentlich wichtigen, großen und drängenden Herausforderungen unserer Zeit – wie etwa den Problemen des Ressourcen- und Umweltschutzes, der Dritten Welt und der Weltwirtschaft – zu konzentrieren. Und wäre es nicht auch gut, wenn Wissenschaft und Forschung wieder hauptsächlich der Erkenntnis wegen betrieben würden, die uns helfen soll, die Stellung des Menschen im Universum, seine Einbettung in das Ganze besser begreifen zu können?

Ich möchte meinen Vortrag damit beginnen, einige wichtige Passagen aus der Fernsehansprache des US-Präsidenten Ronald Reagan vom 23. März 1983 über ein »Verteidigungsprogramm der Zukunft« zu zitieren, welche den Startschuß für die Strategic Defense Initiative (SDI), die Strategische Verteidigungsinitiative, gegeben hat.

> »... Seit der Existenz von Kernwaffen richteten sich die Verteidigungsmaßnahmen in immer stärkerem Maße darauf, eine Aggression durch die Ankündigung einer Vergeltung abzuschrecken ... Diese Methode, Stabilität durch Offensivandrohung zu erreichen, hat funktioniert ... Uns und unseren Verbündeten ist es gelungen, über drei Jahrzehnte hinweg einen Atomkrieg zu verhindern ... In den letzten Monaten jedoch haben meine Berater ... die Notwendigkeit unterstrichen, aus einer Zukunft auszubrechen, die sich im Hinblick auf unsere Sicherheit ausschließlich auf offensive Vergeltung stützt ...
>
> Ich bin zu der Überzeugung gekommen, daß wir jede Möglichkeit zum Abbau der Spannungen und zur Einführung

größerer Stabilität im strategischen Kalkül beider Seiten prüfen müssen ...
Einer der wichtigsten Beiträge, die wir leisten können, ist natürlich die Senkung des Standes aller Rüstungen, vor allem der Nuklearrüstungen ... Wenn sich die Sowjetunion unseren Bemühungen anschließen wird, große Rüstungsverringerungen herbeizuführen, dann wird es uns gelingen, das nukleare Gleichgewicht zu stabilisieren. Trotzdem wird es weiterhin nötig sein, sich auf das Schreckgespenst der Abschrekkung zu verlassen – auf gegenseitige Bedrohung –, und das ist schlimm für die Menschheit ...
Wäre es nicht besser, Menschenleben zu retten, als sie zu rächen: Sind wir nicht in der Lage, unsere friedlichen Absichten zu demonstrieren, indem wir alle unsere Fähigkeiten und unseren ganzen Einfallsreichtum aufbieten, um eine wirklich dauerhafte Stabilität zu erreichen? Ich glaube: Wir können es, ja, wir müssen es! ...
Ich bin zu der Überzeugung gekommen, daß es einen Weg gibt. Teilen Sie mit mir eine Vision der Zukunft, die Hoffnung bietet. Sie liegt darin, daß wir ein Programm in die Wege leiten, um der schrecklichen sowjetischen Raketendrohung mit Maßnahmen zu begegnen, die defensiv sind ...
Ich weiß, daß dies eine gewaltige technische Aufgabe ist – eine Aufgabe, die nicht vor Ende dieses Jahrhunderts bewältigt sein dürfte ...
Ich bin mir völlig im klaren darüber, daß Verteidigungssysteme Grenzen haben und bestimmte Probleme und Unsicherheiten aufwerfen. Wenn sie mit Offensivsystemen gepaart werden, dann könnten sie als Nährboden einer aggressiven Politik betrachtet werden – und das will niemand! Aber unter genauer Berücksichtigung aller dieser Überlegungen rufe ich die Gemeinschaft der Wissenschaftler, die uns die Kernwaffen gegeben haben, auf, ihre großen Talente der Sache der Menschheit und des Weltfriedens zu widmen: uns die Mittel an die Hand zu geben, um diese Kernwaffen unwirksam und überflüssig (impotent and obsolete) zu machen ...
Heute abend unternehme ich einen ersten wichtigen Schritt. Ich gebe die Anweisung zu einer umfassenden und intensiven Anstrengung, ein langfristiges Forschungs- und Entwicklungsprogramm auszuarbeiten, um unserem Endziel näher zu kommen, die Bedrohung durch strategische Nuklearraketen zu beseitigen ...«

Soweit Reagan – fürwahr eine grandiose Vision. Ein Aufruf an die Wissenschaftler der Welt, die Atombombe wegzuerfinden.

Die Rede Reagans enthält einige wesentliche Punkte, die ich voll akzeptieren kann. Es ist meines Erachtens richtig:

- Die Abschreckungsdoktrin ist inhuman. Die Friedensbewegung hat diesen Standpunkt schon seit langem leidenschaftlich betont.
- Die Abschreckungsdoktrin ist langfristig instabil. Eine Verteidigungsform, die darin besteht, daß sie auf eine Bedrohung durch den Gegner mit einer verstärkten Gegendrohung reagiert, führt notwendig zu einem Rüstungswettlauf, der letztlich in einer Katastrophe enden muß. Diese positive Rückkopplung (Selbstaufschaukelung) läßt sich nur auflösen, wenn man eine Verteidigungsform wählt, welche eine »strukturelle Nichtangriffsfähigkeit« gewährleistet, also eine Verteidigungsstruktur, welche für eine Offensive, insbesondere eine Besetzung oder Zerstörung des gegnerischen Territoriums, ungeeignet ist. Diese These wurde in der Vergangenheit von Horst Afheldt und anderen (defensive oder nichtprovokative Verteidigung) besonders artikuliert.
- Es sind dringend Maßnahmen notwendig, welche die Nuklearwaffen für die Friedenssicherung überflüssig machen. Nuklearwaffen bedrohen die ganze Menschheit. Sie sind für die Durchsetzung jeglicher Ziele deshalb völlig ungeeignet, weil sie zerstören würden, was sie verteidigen wollen. Es gibt prinzipiell keine Möglichkeit, sie unwirksam zu machen, da selbst bei einer Verschrottung aller bestehenden Nuklearwaffen, ihre Wirkung durch einen Neubau innerhalb von wenigen Wochen aufgrund der existierenden Kenntnisse jederzeit voll wieder hergestellt werden kann. Eine Beseitigung oder Verringerung der Bedrohung kann wohl nur dadurch erfolgen, daß man Nuklearwaffen von möglichen Krisen abkoppelt.

Ich möchte im folgenden aufzeigen, daß SDI die angekündigten Erwartungen nicht erfüllen kann, da sie auf falschen Vorstellungen beruhen. Der Versuch einer Verwirklichung der durch SDI aufgezeigten Vision würde nämlich mit erdrückender Wahrscheinlichkeit gerade das Gegenteil des beabsichtigten Zwecks erreichen, er würde nämlich zu einer extremen Destabilisierung der jetzt schon prekären Situation führen und damit unsere Sicherheit, die Überlebenschance der Menschheit, weiter verringern. Friedenssicherung kann nicht durch technische Kniffe und militärische Mittel bewirkt werden. Nur politische Konzepte können langfristig erfolgreich sein. Um die für politische Lösungen notwendige Zeit zu gewährleisten, muß der Krisenstabilität allerhöchste Priorität eingeräumt werden. SDI wird langfristig nicht zu einem Abbau der Offensivwaffen führen, sondern scheint im Gegenteil in Übereinstimmung mit einer Politik der Stärke und der Überlegenheit zu sein, da sie den Angreifer einseitig bevorzugt.

Im ersten und längeren Teil meines Vortrags möchte ich die technischen Aspekte eines Raketenabwehrsystems besprechen. Ich möchte mit einer Beschreibung der strategischen Nuklearwaffen und den militärischen Satellitensystemen beginnen, dann die verschiedenen Abfangmöglichkeiten für diese Raketen in ihren verschiedenen Flugphasen besprechen und schließlich auf prinzipielle Probleme bei einem solchen Abfangsystem und seine speziellen Verwundbarkeiten hinweisen.

In einem zweiten, kürzeren Teil möchte ich dann auf die möglichen politischen und strategischen Folgen eines solchen nuklearen Schutzschirms eingehen, seine Auswirkungen auf die Stabilität, das Wettrüsten, die bestehenden Rüstungskontrollverträge, seine Bedeutung für Europa und schließlich seine Bedeutung für die wirtschaftliche Entwicklung.

1. Technische Aspekte von SDI

Ich bin Elementarteilchenphysiker und Kernphysiker. Dies bedeutet aber nicht, daß ich mit den technischen Fragen, die mit einem Raketenabwehrsystem verbunden sind, besonders detailliert vertraut bin. Ich habe mich durch ein Studium der veröffentlichten Literatur, insbesondere auch der amerikanischen Literatur informiert. Was ich zu sagen habe, ist nicht neu. Es ist an vielen Stellen mit großer Sachkenntnis beschrieben und mit Überzeugung dargelegt worden. Einige der leichter zugänglichen amerikanischen und deutschen Veröffentlichungen, aus denen ich mit Profit gelernt habe, habe ich als Anmerkung zusammengestellt.

Viele wichtige Informationen unterliegen allerdings der militärischen Geheimhaltung. Was können also ich oder die Autoren der Veröffentlichungen, so wird man fragen, zu diesem Fragenkomplex Wesentliches beitragen? Denn, so wird behauptet, nur einer, der Zugang zu geheimen Informationen hat, kann letztlich solche komplexen militärischen Systeme kompetent bewerten. Mein früherer Lehrer, Edward Teller, vertritt diesen Standpunkt manchmal wirkungsvoll in der Öffentlichkeit, besonders, wie ich meine, wenn er argumentativ in Bedrängnis gerät.

Mit den meisten meiner Kollegen vertrete ich demgegenüber die Meinung, daß für ein allgemeines Urteil über SDI, insbesondere wenn man dabei die Forderung nach einer *totalen* Verteidigungsfähigkeit gegen die nukleare Bedrohung im Auge hat, keine technischen Details nötig sind, sondern daß eine Bewertung allein auf der Grundlage allgemeiner physikalischer und geometrischer Überlegungen möglich ist. Die Situation erscheint hier ähnlich wie bei der Beurteilung eines »Perpetuum mobile«. Aus der Kenntnis des 1. und 2. Hauptsatzes der Thermodynamik weiß man, daß so eine Maschine nie funktionieren kann. Es ist deshalb gar nicht nötig, sich in die mühseligen Details einer solchen Maschine zu vertiefen.

Ich werde mich daher im folgenden, wie viele meiner Kollegen, die sich über SDI geäußert haben, auf den Standpunkt stellen, daß alles, was physikalischen Gesetzen nicht widerspricht, auch irgendwie technisch machbar und funktionsfähig sein soll. Ich werde mich also nicht mit der Frage befassen, wie weit der jetzige Stand der Technik von dieser prinzipiellen Möglichkeit entfernt ist. Für die Beantwortung dieser Frage benötigt man eine genauere Kenntnis des jetzigen technischen Standes, über die ich nicht verfüge. Es obliegt der Kunst und dem Einfallsreichtum des Wissenschaftlers, eine solche Lücke zwischen Stand der Technik und prinzipieller Möglichkeit zu verringern oder sogar zu schließen.

Aufgrund der Gültigkeit allgemeiner physikalischer Gesetzmäßigkeit gilt deshalb nicht, daß *alle* technischen Probleme letztlich gelöst werden können, wenn man nur genügend Zeit und Phantasie und vor allem Geld investiert. Es gilt darüber hinaus, daß bei der Realisierung besonders extremer Anforderungen, also Anforderungen, die hart an die Grenze des physikalisch Möglichen heranreichen, besonders hohe Opfer bezüglich anderer Eigenschaften abverlangt werden – eine extreme Optimierung eines Systems bezüglich eines bestimmten Parameters führt meist zu einem ganz schlechten Verhalten bezüglich anderer Größen. In jedem Fall steigen die Kosten unverhältnismäßig stark mit den Anforderungen an.

Beim Flug der *Interkontinentalrakete* vom Start bis zum Ziel unterscheidet man vier wichtige Phasen (die landgestützten Interkontinentalraketen, ICBM, bilden das Kernstück des sowjetischen strategischen Nuklearwaffenarsenals):

Die Start- oder Antriebsphase: Der Deckel des Raketensilos wird abgesprengt und die Rakete durch heiße Gase ausgestoßen; es erfolgt Zündung der 1. Stufe, dann der 2. Stufe und eventuell einer 3. und weiteren Stufe; Brennschluß nach etwa 2 bis 5 Minuten nach dem Start; bei der amerikanischen MX nach 3 Minuten in etwa 200 Kilometer Höhe, bei der sowjetischen SS-18 nach 5 Minuten in 400 Kilometer.

Die Ausstoßphase: Die Raketenspitze öffnet sich und stößt einen sogenannten »Bus« aus, der im allgemeinen mehrere unabhängige (10 bei der MX und der SS-18) und eine große Zahl von Attrappen und Eindringhilfen enthält. Während der 2 bis 10 Minuten dauernden Ausstoßphase bringt der Bus, durch kleine Raketen angetrieben, die Sprengköpfe und Attrappen, etwa 100 verschiedene Objekte an Zahl, auf verschiedene benachbarte Bahnen. Die Attrappen und Eindringhilfen bestehen aus Maskierungen, zum Beispiel Ballonen mit metallischen Oberflächen, die einen Sprengkopf enthalten können oder auch nicht, aus metallischen Objekten, wie Drahtflitter, aus elektronischen Geräten, welche auf Radarsignale wie echte Sprengköpfe reagieren, aus Aerosolen, welche starke Infrarotemitter sind, und so weiter, das heißt alles Objekte, welche Abwehrsysteme bei der Identifizierung der Sprengköpfe täuschen sollen.

Die ballistische oder Freiflugphase: Alle die etwa 100 aus einem Raketenkopf ausgestoßenen Flugkörper fliegen wegen des (bei über 100 Kilometer) fehlenden Luftwiderstands ununterscheidbar auf fast gleichen elliptischen Bahnen (ähnlich den Keplerellipsen der Planeten). Bei einer Reichweite der Rakete von etwa 10000 Kilometer erreichen sie den höchsten Punkt (Apogäum) bei etwa 1200 Kilometer, bevor sie dann wieder der Erdoberfläche zustreben. Bei höherem Energieaufwand können sie jedoch auch auf steilere und flachere Flugbahnen gebracht werden. Die ballistische Phase dauert etwa 15 bis 20 Minuten.

Die Endanflugphase: Bei etwa 100 Kilometer Höhe tritt die Flugkörperwolke wieder in die Atmosphäre ein und verglüht hierbei durch Luftreibung bis auf die hitzebeständigen Sprengköpfe, die unter starker Ionisation der Luft nach 1,5 bis 2 Minuten unter einem Winkel von etwa 20 Grad auf dem Erdboden aufschlagen und ihr Vernichtungswerk verrichten.

Die U-Boot gestützten ballistischen Raketen (SLBM) haben eine ähnliche Bahncharakteristik wie die Interkontinentalraketen. Da sie meist näher am Ziel sind, ist ihre Bahn jedoch nicht so hoch und in der Regel steiler, so daß sie unter einem Einfallwinkel von 30 bis 40 Grad am Ziel eintreffen.

Die *Mittelstreckenraketen* (IRBM) haben eine Bahncharakteristik im wesentlichen wie die U-Boot gestützten ballistischen Raketen. Dasselbe gilt für die weitreichenden taktischen Nuklearraketen (TBM). Entsprechend der kürzeren Reichweite ist die Flugbahn noch niedriger und steiler.

Marschflugkörper (Cruise Missiles CM) sind keine Raketen, sondern sehr tieffliegende und weitreichende (einige tausend Kilometer), automatisch gesteuerte Flugkörper (ähnlich der deutschen V-2 im Zweiten Weltkrieg) mit eingebautem Radar und Zielfindungskopf. Sie können land-, luft- oder seegestützt sein. Sie sind wegen ihres Tiefflugs und der Verwendung einer modernen »stealth«-Technik sehr schwer durch Radar zu erfassen.

Beobachtung und Aufklärung spielen im Militärischen eine mindestens so wichtige Rolle wie die Feuerkraft der Waffen. Zur Erkundung möglicher wichtiger Ziele für die eigenen Raketen, aber auch für die Ausspähung der militärischen Aktivitäten des Gegners, sind geeignete *Satellitensysteme* von großer militärischer Bedeutung. Satelliten laufen auf sehr verschiedenen Bahnen um die Erde.

Hier haben wir zunächst die *erdnahen* Kreisbahnen, gerade außerhalb der Atmosphäre in etwa 150 bis 2000 Kilometer Höhe. Sie verlaufen meist im wesentlichen über die Pole, genauer: in einer Bahnebene, die um 65 bis 115 Grad zur Äquatorebene geneigt ist. Die Umlaufzeit der Satelliten auf diesen Bahnen beträgt etwa 2 Stunden.

Von besonderer Wichtigkeit sind Satelliten auf sogenannten *geostationären* Bahnen. Diese Satelliten zirkulieren um die Erde auf einer Bahn in der Äquatorialebene in der riesigen Höhe von etwa 36000 Kilometer (Bahnradius etwa 42000 Kilometer), die genau so gewählt ist, damit der Umlauf gerade einen Tag (genauer: 23 Stunden und 56 Minuten, die Zeit einer Erdumdrehung) dauert. Von der Erde aus betrachtet, stehen diese Satelliten am Himmel dann immer an der gleichen Stelle über dem Äquator.

Daneben gibt es noch stark *elliptische* Bahnen, die hauptsächlich von der Sowjetunion bevorzugt werden, die wieder im wesentlichen über die Pole (Neigung zur Äquatorialebene 63 Grad) führen mit dem größeren Abstand, etwa 40000 Kilometer im Norden, wo der Satellit langsamer läuft, und dem kleinen Abstand im Süden, wo er nur kurz verweilt, mit einer Umlaufzeit (nach dem 3. Keplerschen Gesetz sind die Quadrate der Umlaufzeiten proportional den Kuben der großen Hauptachse der Ellipse) von etwa 12 Stunden (2 mal pro Tag) bei einer großen Hauptachse von etwa 26000 Kilometer.

Eine ähnliche Umlaufzeit haben Satelliten auf den sogenannten *semistationären kreisförmigen* Bahnen, die ebenfalls eine Neigung von etwa 65 Grad zur Äquatorialebene haben und etwa 20000 Kilometer von der Erdoberfläche entfernt sind.

Als Mittel der Fernerkundung wird die elektromagnetische Strahlung in verschiedenen Frequenzbereichen verwendet. Als Detektoren bedient man sich des photographischen Films, der im sichtbaren, infraroten und ultravioletten Bereich empfindlich ist, und sehr genaue Beobachtungen (bis etwa 15 Zentimeter im Quadrat) erlaubt, allerdings vom guten Wetter abhängig und in der Handhabung umständlich ist (die Filme müssen zur Auswertung auf die Erde zurückgebracht werden). Die letztere Schwierigkeit wird bei elektrooptischen Sensoren vermieden, bei denen das Bild elektronisch gespeichert wird und durch geeignete Signale von der Erde abgerufen werden kann. Das Auflösungsvermögen ist hier allerdings nicht ganz so gut (nur bis zu 10 Meter im Quadrat).

Will man auch noch die Abhängigkeit vom guten Wetter loswerden, also auch durch Wolken und Rauch hindurchsehen, so muß man Mikrowellen im Millimeter- bis Dezimeterbereich verwenden, die auch aktiv (Radar) vom Satelliten ausgesandt werden können.

Nach ihrem Verwendungszweck unterscheidet man verschiedene Satelliten: Die *Beobachtungs-* und *Aufklärungssatelliten,* die meist in erdnahen Bahnen umlaufen (zum Beispiel der amerikanische Satellit »Big Bird« in 250 Kilometer Höhe oder die »Ferret«-Satelliten, die den Sprech- und Tastfunkverkehr »abhören«); die *Frühwarnsatelliten,* die auf geostationären Bahnen laufen und mit Infrarotdetektoren Raketenstarts beobachten oder auch mögliche Atomexplosionen wahrnehmen und überwachen können; die *Nachrichtensatelliten,* die auf verschiedenen Umlaufbahnen sind und der Nachrichtenübermittlung dienen, insbesondere auch zwischen U-Booten; die *Wetter-* und *Geodäsiesatelliten,* die der Wettererkundung und einer, für die Trägheitssteuerung der Raketen wichtigen, genauen Vermessung der Erde dienen.

Eine ganz neue Klasse von Satelliten bilden die *Navigationssatelliten,* die auf semistationären Kreisbahnen umlaufen. Es ist geplant, diese Navigationssatelliten bis Ende der achtziger Jahre so weiterzuentwickeln (NAVSTAR-System), daß von jedem beliebigen Punkt der Erde aus, zu jeder beliebigen Zeit vier dieser Satelliten sichtbar sind und durch eine geeignete Verwendung der von diesen (auf zwei Frequenzbändern) ausgestrahlten Signale erlaubt, den eigenen Ort auf ± 10 Meter und die eigene Geschwindigkeit auf ± 10 Zentimeter/Sekunde genau zu bestimmen. Diese Orientierungsmöglichkeit wird die Zielfindung von Raketen, die bisher auf Trägheitssteuerung oder – bei raffinierteren Systemen – auf Zielerkennung beruhen, vollständig revolutionieren und insbesondere die Treffsicherheit von U-Boot-gestützten Systemen dramatisch erhöhen.

Wie man sich einen strategischen Nuklearangriff vorzustellen hat, darüber gehen die Meinungen weit auseinander, und unsere einzige Hoffnung ist, daß wir es auch nie wissen werden. Die einen halten schlimmstenfalls nur einen »ungefährlichen« nuklearen Warnschuß oberhalb der Atmosphäre für möglich, die anderen befürchten den großangelegten Raketenangriff. Da wir es nicht wissen, müssen wir uns notgedrungenermaßen auf die schlimmste Situation (worst case) einstellen.

Im Augenblick und in naher Zukunft würde dies bedeuten, daß mehr als 9000 nukleare Sprengköpfe auf über 2000 sowjetischen Interkontinentalraketen (ICBM) und seegestützten Raketen (SLBM) den Westen gleichzeitig angreifen könnten, wobei jeder Sprengkopf im Durchschnitt die Sprengkraft von ungefähr 50 Hiroshimabomben (also etwa 50 mal 16 Kilotonnen TNT-Äquivalent) hat und die USA in einer Flugzeit von etwa einer halben Stunde erreichen könnten. Hierzu kommt eine zusätzliche Bedrohung Westeuropas durch die vielen Mittelstreckenraketen (IRBM), die langreichweitigen taktischen Raketen (TBM) und die Marschflugkörper (GLCM) in weniger als 7 Minuten.

Schon 1 Prozent dieser Raketen, also etwa 100 Sprengköpfe mit einer Sprengkraft von insgesamt 5000 Hiroshimabomben würden ausreichen, einen nicht annehmbaren vernichtenden Schlag zu führen. Dies bedeutet, daß ein Verteidigungssystem, um seinen Zweck zu erfüllen, die phantastische Fähigkeit erlangen muß, *über 99 Prozent aller Nuklearraketen* bei einem Angriff auszuschalten. Dieser hohe Schutz darf nicht nur für die »harten Objekte«, wie militärische Ziele, also etwa Raketensilos oder Kommandozentralen, gewährleistet sein, sondern muß insbesondere auch für die viel verwundbareren »weichen Ziele«, wie Bevölkerungszentren, in denen die Mehrzahl unserer Menschen leben, erreicht werden.

Um einen so hohen Schutz nicht sofort als eine unerreichbare Utopie zu verwerfen, ist es unumgänglich, eine Verteidigung auf *allen* möglichen Ebenen aufzubauen, das heißt auf der Ebene der Interkontinentalraketen, der seegestützten Systeme und Mittelstreckenraketen, der Taktischen Raketen, der Marschflugkörper und allen anderen Ebenen, die sich in Zukunft – zum Teil als Reaktion auf diese Verteidigung – noch herausbilden werden. Auf jeder Ebene muß wiederum in jeder Phase der Flugbahn eine, bezüglich der besonderen Merkmale dieser Phase, optimierte Verteidigungsform entwickelt werden.

Eine allgemeine Überlegung zeigt, daß es absolut hoffnungslos ist, das hochgesteckte Ziel von 99 Prozent Vernichtung von Nuklearraketen zu erreichen, wenn es nicht wenigstens gelingt, den Großteil der landgestützten Interkontinentalraketen schon in ihrer kurzen Aufstiegs- und Antriebsphase unschädlich zu machen.

Wir ziehen bei diesen Überlegungen den noch früheren Zeitpunkt, nämlich eine Zerstörung der Raketen *vor* ihrem Aufstieg in ihren Silos *nicht* in Betracht, da dies ja einer Angriffsoption und nicht mehr einer Verteidigungsoption entspräche, die wir ausschließen wollen. Aber es sei hier schon angemerkt, daß ein Gegner ja nie sicher sein kann, ob er sich wirklich auf diese Einschränkung verlassen kann.

Ein Abfang in der Start- oder Antriebsphase ist durch eine Reihe von Umständen sehr günstig:

- Die Raketen sind relativ große Objekte, etwa 30 bis 50 Meter lang.
- Die Raketen sind wegen ihres empfindlichen Antriebsaggregats und entzündlichen Treibstoffs sehr verwundbar.
- Die vielen Sprengköpfe (bei der MX und der SS-18 sind es 10) sind alle noch vereinigt.
- Der stark leuchtende Feuerschweif der Rakete ist ohne große Mühe auf Zehntausende von Kilometern Entfernung durch satellitengestützte Infrarotsensoren leicht erkennbar.
- Der helle Feuerschweif ist für ein Anvisieren der Rakete zwecks Abschuß ein ausgezeichnetes Ziel. (Der verletzende

Schuß muß selbstverständlich auf die verletzlichen Teile des Triebwerks einige Meter oberhalb des Schweifs abgefeuert werden).

Die übrigen Flugphasen bieten vergleichsweise weniger günstige Bedingungen, wie wir noch besprechen werden, mit Ausnahme vielleicht der Endphase bei harten Zielen.

Einem Abfang in der Antriebsphase stehen jedoch einige gravierende Nachteile gegenüber, so insbesondere die im allgemeinen große Entfernung des Aufstiegsorts (irgendwo in Sibirien) vom Ort des Abwehrsystems (zum Beispiel irgendwo in den USA), eine Entfernung, die gut 10000 Kilometer betragen kann, wenn man nicht mit Schiffen und U-Booten näher herangeht. Aufgrund der Erdkrümmung ist deshalb der Abschußort und die Aufstiegsphase der Rakete nur von einer hohen, im erdnahen Weltraum stationierten Plattform einsehbar.

Dies führt dazu, daß eine Abwehr von Raketen in der Antriebsphase direkt oder indirekt von Weltraumstationen aus geführt werden muß. Da die Antriebsphase nur wenige Minuten dauert, muß die Abwehrwaffe dazu äußerst schnell reagieren können.

Bei der *Stationierung im Weltraum* gibt es prinzipiell zwei Möglichkeiten. Die zunächst technisch einfachere und bequemere Möglichkeit ist, die für die Abwehr nötigen Systeme schon vor dem Ernstfall im Weltraum zu stationieren. Hierbei scheint es zunächst am besten, diese Abwehrstationen in möglichst niedrige Umlaufbahnen, zum Beispiel auf 1000 Kilometer, zu bringen, um den Zielen – den aufsteigenden Raketen – möglichst nah zu sein. Die Umlaufzeit dieser niedrigen Kampfstationen ist dann allerdings nur etwa 2 Stunden, was dazu führt, daß sie nur zu einem Bruchteil ihrer Zeit überhaupt in günstiger Schußstellung sind. Man muß hierbei berücksichtigen, daß bei einer für diese Kampfstationen günstigen Bahn über die Pole hinweg die Erde sich bei jedem Umlauf dieser Kampfstationen um etwa 30 Grad, also einige tausend Kilometer, unter diesen wegdreht. Je nach Schußreichweite dieser Abwehrkampfstationen benötigt man etwa 20 solcher Satelliten, um ein einziges Raketensilo abzudecken.

Um diesen ungünstigen Umstand zu vermeiden, ist man deshalb dazu geneigt, die Kampfstation auf eine geostationäre Umlaufbahn zu bringen. Wegen ihres 36000 Kilometer großen Abstands über dem Äquator sind diese Kampfstationen dann allerdings etwa 39000 Kilometer von ihren Zielen in Sibirien entfernt, was extrem hohe Anforderungen an die Zielgenauigkeit der Abwehrwaffen stellt.

Man kann dieser Schwierigkeit auch dadurch begegnen, daß man von einer zweiten Möglichkeit einer Stationierung Gebrauch macht, nämlich das Abwehrsystem erst im Augenblick des Aufsteigens der Raketen – also durch das Frühwarnsystem ausgelöst – hochzuschießen. Solche Pop-up-Systeme müssen selbstverständlich klein und leicht sein, um genügend schnell in eine geeignete Schußposition hochgebracht zu werden.

Um die Erfolgschancen eines Abwehrsystems zu ermessen, ist es wichtig zu überlegen, welche verschiedenartigen Aufgaben dieses in der kurzen Zeit des Raketenaufstiegs erfolgreich bewältigen muß.

Der Auftakt erfolgt durch eine Frühwarnung von einem mit Infrarotsensoren ausgestatteten, über den Silos kontinuierlich lauernden geostationären Satelliten, der einen Feuerschweif oder etwas diesem Ähnliches registriert. Dieses Signal muß zunächst daraufhin bewertet werden, ob es sich wirklich um eine Rakete handelt und, wenn ja, um wie viele und von welcher Art. Es beginnt dann die genaue Ortung und Geschwindigkeitsbestimmung dieser Raketen, um die für die weitere Verfolgung und Bekämpfung dieser Objekte notwendigen Bahnen möglichst präzise ermitteln zu können (eine Aufgabe, die aus über 36000 Kilometer Entfernung einige prinzipielle Schwierigkeiten aufwirft, da man in der Zeit von mehr als einem Zehntel Sekunde, die das Licht bei einer Geschwindigkeit von 300000 Kilometer/Sekunde von der Rakete zum Satelliten braucht, diese Bahn durch geringe Kursänderungen leicht verwackeln kann).

Diese Information muß dann auf ein geeignetes Abwehrwaffensystem übertragen werden, das heißt, es muß eine Kampfstation mit geeigneter Schußposition ausgewählt, diese genau auf das Ziel ausgerichtet und schließlich der vernichtende Schuß ausgelöst werden. Danach muß die Wirkung kontrolliert und bei einem Fehlschuß die ganze Prozedur eventuell bis zum endgültigen Erfolg wiederholt werden.

Um die geforderten großen Entfernungen (mehr als mindestens 3000 Kilometer) überwinden und innerhalb der kurzen Zeiten (weniger als 2 Minuten) überhaupt reagieren zu können, sind für die Abwehrwaffen Systeme nötig, die mit extrem hoher Geschwindigkeit arbeiten, eine extrem gute Ausrichtung erlauben, um auf diese große Entfernung genügend zielgenau zu sein, und ausreichend hohe Energien übertragen können, um die bezweckte Störung oder Zerstörung zu gewährleisten.

Insbesondere im Hinblick auf die hohe Geschwindigkeit kommen hier deshalb vor allem die sogenannten *Strahlenwaffen* (oder genauer: directed energy beams, ausgerichtete Energiestrahlen) in Frage, deren »Geschosse« mit Lichtgeschwindigkeit (300000 Kilometer/Sekunde) oder fast mit Lichtgeschwindigkeit laufen.

Hier ist besonders an eine stark gebündelte elektromagnetische Strahlung in verschiedenen Wellenlängenbereichen zu denken, wie sie durch den sogenannten Laser (*l*ight *a*mplification by *s*timulated *e*mission of *r*adiation) erzeugt wird. Am bekanntesten und intensivsten sind die chemischen Laser, die auf chemischen Reaktionen basieren, und Wellenlängen im Bereich einiger Mikron (μm – Millionstel Meter oder Tausendstel Millimeter) haben, die Freien-Elektronen-Laser, die im Bereich des sichtbaren Lichts mit Wellenlängen etwa eines halben Mikrons strahlen, dem Excimer-Laser im noch etwas kurzwelligeren Ultraviolettbereich, und seit neuestem auch der Röntgenstrahl-Laser mit Wellenlängen von 1 bis 10 Ångström oder 10^{-4} bis 10^{-3} Mikron. Prinzipiell in Frage kommen auch stark gebündelte Strahlen aus hochenergetischen Elementarteilchen, wie Elektronen, Protonen oder auch ähnliche neutrale Teilchen und Atome.

Es lassen sich heute schon chemische Laser mit sehr hoher Leistung herstellen, zum Beispiel CO_2-Laser mit einer Wellenlänge $\lambda = 10{,}6$ μm bis zu 400 Kilowatt Strahlenleistung und HF-Laser mit einer Wellenlänge von $\lambda = 2{,}7$ μm sogar bis zu 2,2 Megawatt.

Wir nehmen an, daß das infrarote Licht eines solchen Lasers oder Lasersystems durch Spiegel gesammelt und durch einen großen ausrichtbaren Brennspiegel auf die weit entfernte Rakete gerichtet wird. Um konkret zu sein, wollen wir annehmen, daß dieser Laser auf einer erdnahen Umlaufbahn stationiert sein soll. Aufgrund der Wellennatur des Lichts (beziehungsweise der Heisenbergschen Unschärferelationen) kann man selbst unter der Annahme einer perfekten Optik (exakte Justierung der Laser, perfekte Spiegel) das Licht nicht beliebig scharf bündeln (Diffraktion). Es verbleibt immer ein Brennfleck mit einer endlichen Ausdehnung, der mit dem Verhältnis λ/D aus Wellenlänge λ und Spiegelgröße D zusammenhängt. Bei einem Brennspiegel von $D = 10$ Meter Durchmesser erhält man für Laserlicht von 3 Mikron (3×10^{-6} Meter) in einer Entfernung von R = 3000 Kilometer (3×10^{6} Meter) einen Brennfleck mit einem Durchmesser d von wenigstens $d = \lambda R/D \approx 1$ Meter.

Das Laserlicht soll die Rakete dadurch zerstören, daß es ein Loch in die empfindliche Hülle des Antriebsaggregats brennt, wozu bei einer Feststoffrakete, wie etwa der amerikanischen MX, eine Energiedichte von etwa 20 Kilojoule/Quadratzentimeter oder 200 Megajoule/Quadratmeter nötig ist. Gehen wir von einem Laser mit einer vielleicht in Zukunft erreichbaren und im Vergleich zu den heute größten Lasern zehnfach stärkeren kontinuierlichen Strahlleistung von 25 MW = 25 Megajoule/Sekunde aus, so benötigt die – bei Vernachlässigung aller Verluste – über den metergroßen Brennfleck gleichmäßig verteilte, pro Sekunde eingestrahlte Energiedichte von 25 Megajoule/Quadratmeter etwa 8 Sekunden, um die Rakete zu zerstören, wenn sie in den Brennfleck gerät. Dies bedeutet, daß in der insgesamt 2 Minuten = 120 Sekunden währenden Startphase der Raketen ein Laser, bei einem gleichzeitigen Aufstieg aller Raketen, maximal 120/8 = 15 Raketen zerstören kann.

Die Annahme eines Lasers in einer erdnahen Umlaufbahn bedeutet aber, daß er, bei einer Umlaufzeit von 2 Stunden, jede Stunde einmal auf- und untergeht und zudem die Satellitenbahn wegen der Erddrehung von Osten nach Westen abwandert, so daß er nur begrenzt einsatzfähig ist. Wenn man die Silos der sowjetischen Interkontinentalraketen entlang der transsibirischen Eisenbahn sich als die möglichen Ausgangspunkte der Raketen vorstellt, reichen vielleicht sieben Satellitenstationen bei der angenommenen Reichweite der Laser aus, um im Mittel ein Silo jederzeit zu erreichen. Bei 1400 ICBMs bedeutet dies, daß man wenigstens $1400 \times 7/15 \approx 700$ solcher Kampfstationen braucht, um auf jede Rakete wenigstens einen Schuß abgeben zu können.

Wir wollen jetzt eine grobe Abschätzung machen, welche Kosten durch die Stationierung der Laser entstehen. Wir wollen uns dabei zunächst darauf beschränken auszurechnen, was es kosten würde, allein den für den Laser nötigen Treibstoff in die Umlaufbahn zu bringen. Um ein Kilojoule Strahlung bei einem HF-Laser zu erzeugen, brauchen wir bei Vernachlässigung aller Verluste etwa 2 Gramm Treibstoff. Bei 25 Megajoule/Sekunde über 120 Sekunden benötigt man also $25\,000 \times 120 \times 2 = 6 \times 10^{6}$ g = 6 Tonnen Treibstoff pro Laser. Es kostet im Augenblick etwa 3 Millionen US-Dollar, um eine Tonne in eine erdnahe Umlaufbahn in der Äquatorebene bei gleichartigem Umlauf wie die Erddrehung zu schießen. (Der für unseren Zweck nötige Umlauf über die Pole wäre wesentlich teurer, da hierbei die zusätzliche Schubkraft durch die Erddrehung wegfällt.) Dies heißt bei 700 Lasern, daß etwa 13 Milliarden Dollar allein für den Treibstofftransport zu bezahlen wären. Bei einem Nutzgewicht von etwa 30 Tonnen einer Raumfähre (space shuttle) heißt dies, daß man bei 10 Flügen/Jahr etwa 14 Jahre brauchen würde, um dieses System aufzubauen.

Es ist offensichtlich, daß diese Berechnung die wirklichen Kosten bei weitem unterschätzt. So führt eine Berücksichtigung des Geräts bei den Transportkosten zu wenigstens einer Verdoppelung unserer Schätzung. Bei einem kontinuierlichen Betrieb sind wahrscheinlich auch noch Kühlmittel nötig. Dazu sind wir von Lasern mit idealem Verhalten (Wirkungsgrad 100 Prozent), von perfekten Spiegeln und perfekter Ausrichtung des Strahls ausgegangen, alles Faktoren, die unseren Ansatz für die Strahlungsleistung bei Berücksichtigung realistischer Verhältnisse nach unten korrigieren werden. Durch die Vernachlässigung aller Zeitverluste bei der Verarbeitung der Information, den Feuerentscheidungen, den Feuerbefehlen, den Neuausrichtungen des Spiegels usw. haben wir außerdem die einsatzfähige Brennzeit viel zu hoch angesetzt. Die Berücksichtigung aller dieser Faktoren würde die Notwendigkeit noch stärkerer Laser und eine weitere Vermehrung ihrer Zahl bedeuten, was die Kosten entsprechend in die Höhe treibt.

Unberücksichtigt sind weiter alle die immensen Kosten geblieben, die zur Erforschung, Entwicklung und Konstruktion dieser Laserstationen und der mit diesen zusammenhängenden Kommando- und Kontrollanlagen aufgebracht werden müssen.

Wir haben uns bisher auch keine Gedanken darüber gemacht, ob diese Abwehrsysteme im Weltraum ihrerseits wieder eines eigenen Schutzes, also eines Abwehrsystem-Abwehrsystems bedürfen, um vom Gegner ungestört ihr Zerstörungswerk zu verrichten. Doch kommen wir hierbei zu einem außerordentlich heiklen Punkt des ganzen SDI-Projekts, den wir später ausführlich diskutieren müssen.

Das im vorhergehenden vorgestellte Raketenabwehrsystem mit Lasersatelliten klingt reichlich phantastisch und utopisch, und man wird dabei mit Recht einwenden können, daß es von der Konzeption her doch reichlich primitiv und dümmlich angelegt ist. Es ist ja Ziel einer Forschung, hier ganz neue Wege aufzuzeigen und geniale, vereinfachende und kostensenkende Durchbrüche zu erzielen. Man wird sich deshalb auf die Suche nach ganz neuen Mechanismen und Technologien machen.

Ausgangspunkt für solche »Verbesserungen« sind Überlegungen in Richtung auf eine Verringerung der Zahl der Kampfstationen, von denen nach obigem Konzept zu jedem Zeitpunkt, wegen ungünstiger Schußposition, immer nur etwa 15 Prozent einsatzfähig sind. Es liegt deshalb nahe, diese Schwierigkeit dadurch zu umgehen, daß man die Kampflaser auf geeignete geostationäre Bahnen bringt, so daß sie kontinuierlich über den Silos – oder etwas südlich versetzt über dem Äquator – auf der Lauer liegen. Das schwerwiegende Problem ist hierbei jedoch, wie schon früher bemerkt, die über zehnfach größere Entfernung von den aufsteigenden Raketen, nämlich eine Entfernung von etwa 40000 Kilometer im Vergleich zu den bisher angenommenen 3000 Kilometer. Dies bedeutet aufgrund der Lichtbeugung einen zehnmal größeren Brennfleck, also um den gleichen Effekt zu erzielen, einen hundertmal intensiveren Laser (2,5 Gigawatt) oder einen zehnmal größeren fokussierenden Spiegel (100 Meter!). Dies klingt völlig aussichtslos. Man kann jedoch versuchen, die vergrößerte Entfernung dadurch wettzumachen, daß man einen Laser mit entsprechend kürzerer Wellenlänge, also zum Beispiel einen im ultravioletten Wellenlängenbereich strahlenden Excimer-Laser mit einer im Vergleich zu chemischen Lasern zehnmal kleineren Wellenlänge ($\lambda = 0{,}3\ \mu m$) verwendet. Dann hat man im wesentlichen, was Spiegelgröße, Brennfleckgröße und Leistung betrifft, wieder die früheren Verhältnisse. Es treten jedoch zwei Schwierigkeiten auf.

Der Excimer-Laser ist ein Edelgas (Xenon)-Chlorgemisch, der durch eine elektrische Gasentladung angeregt wird, die viel elektrische Energie benötigt. Er ist deshalb im Vergleich zum chemischen Laser ein ziemliches Monstrum, das sich kaum für eine Stationierung, noch dazu auf einer solch hohen Bahn, eignet.

Eine zweite Schwierigkeit besteht darin, daß die große Entfernung nicht nur die Ausdehnung des Brennflecks vergrößert, sondern auch die Zielgenauigkeit erschwert. Da das Ziel durch den im Infrarot strahlenden Feuerschweif gegeben ist, benötigt man »Zielfernrohre« von etwa 100 Meter Durchmesser.

Beide Schwierigkeiten lassen sich technisch so nicht bewältigen. Der amerikanische Physiker George Keyworth hat deshalb als alternatives Konzept vorgeschlagen, den Excimer-Laser auf der Erde zu stationieren, was viel einfacher ist, und sein ultraviolettes Laserlicht auf dem Umweg über einen großen Spiegel auf einer geostationären Bahn auf die Raketen zu lenken. Um die Schwierigkeit mit der mangelhaften Zielgenauigkeit zu umgehen, soll das UV-Laserlicht vom geostationären Spiegel zunächst auf Kampfspiegel in erdnahen Umlaufbahnen gelenkt werden, welche durch ihre größere Nähe eine präzise Ausrichtung auf die einzelnen Raketen erlauben sollen.

Bei dieser Verfahrensweise treten nun wieder ernste Nachteile auf. Da die Kampfspiegel in erdnahen Umlaufbahnen sind, haben wir wieder die alte Schwierigkeit, daß sie meistens in ungünstiger Position zu den von ihnen belauerten Silos sind. Wir müssen also ihre Zahl wieder vermehren, um eine dauernde Beschattung der Silos zu gewährleisten. Wegen der einfacheren Struktur eines Spiegels im Vergleich zu einem Laser kann man dies aber vielleicht in Kauf nehmen. Der geostationäre Hauptspiegel muß dann aber seine Ausrichtung dem schußbereiten Kampfspiegel präzise nachführen und, in bestimmten Augenblicken, auf einen neuen, in günstigerer Position stehenden Kampfspiegel umschwenken. Ob das so klappt? Aber dies sind technische Probleme, um die wir uns nicht kümmern wollen.

Nachteilig ist auch, daß bei erdstationiertem Laser die Laserstrahlen erst durch die Erdatmosphäre hindurch gehen müssen, wo sie nicht nur teilweise absorbiert werden, sondern schlimmer, auch durch Schwankungen in der Atmosphäre gestreut werden (ein Effekt, der uns zum Beispiel als Blinken der Fixsterne am Nachthimmel geläufig ist). Eine solche Streuung würde den UV-Strahl in nicht zulässiger Weise auffächern. Um dem entgegenzuwirken, kann man unter Umständen eine »aktive Optik« in Betracht ziehen. Man läßt dazu dem geostationären Hauptspiegel in etwa 900 Meter Entfernung einen kleinen Excimer-Laser voranfliegen, der sein gebündeltes UV-Licht durch die Atmosphäre auf den großen Excimer-Laser auf der Erde strahlt. Entsprechend den atmosphärischen Schwankungen ist dieser Strahl beim Auftreffen auf den Hauptlaser »verwackelt« und erzeugt deshalb, als Auslöser für die Strahlungslawine im Laser benutzt, einen entsprechend verwackelten Hauptstrahl, der nun beim Durchgang durch den gleichen Fleck der Atmosphäre gerade wieder auf eine ungestörte Form zurückgeführt wird, also nach dem Prinzip: wackeln mal gegenwackeln = nicht verwackeln.

Ich bringe dies so ausführlich, damit Sie sehen, daß man bei technischen Problemen nicht gleich die Flinte ins Korn werfen muß. Aber Sie erkennen vielleicht auch, auf welch immense Komplikationen man sich hier schon einlassen muß.

Doch nun zu den Kosten eines solchen Systems. Wenn wir wieder die 1400 Raketen vor Augen haben, müssen wir wohl mit etwa 70 Hauptspiegeln in geostationären Bahnen rechnen, wo jedem der Abschuß von etwa 20 Raketen über entsprechende Kampfspiegel – mindestens $7 \times 70 \approx 500$ an der Zahl – aufgetragen werden muß.

Wir beschränken uns auf eine Abschätzung der Energieversorgungskosten der Laser. Um 1400 Raketen zu zerstören, benötigen wir etwa 200 Gigajoule Energie, die während der etwa 100 Sekunden dauernden Aufstiegszeit der Raketen aufgeboten werden müssen. Dies heißt, daß der Laser eine Gesamtstrahlleistung von wenigstens 2 Gigawatt abgeben können muß. Ein Excimer-Laser benötigt nun für die Gasentladung vor allem elektrische Energie. Sie ist etwa 16 mal größer als die in Strahlung abgegebene Leistung (6 Prozent Wirkungsgrad), so daß also 32 Gigawatt an elektrischer Leistung, was der Leistung von etwa 32 Kernkraftwerken entspricht, bereitgestellt werden müßte, die dann allerdings nur für etwa 2 Minuten gebraucht würde.

Das ist aber noch nicht alles. Das UV-Licht wird in der Atmosphäre absorbiert und dies besonders bei bewölktem Himmel. Ein unbedeckter Himmel über dem Laser läßt sich nicht immer gewährleisten und muß deshalb durch eine Mehrzahl von Laseranlagen auf der Erde ausgeglichen werden. Dies führt leicht zu einer Verdreifachung bis Verzehnfachung der bereitzustellenden Kapazität, also auf elektrische Leistungswerte von 100 bis 300 Gigawatt, die 20 bis 60 Prozent der elektrischen Leistung der USA entsprechen. Sie muß jederzeit spontan verfügbar sein, obgleich nur für kurze Zeit, was eigens dafür konzipierte Elektrizitätswerke erfordert. Geht man bei der Installation dieser Leistung von etwa 300 Dollar/Kilowatt – ein Wert, der wesentlich unter den üblichen Installationskosten liegt –, so entspräche dies einem Kostenaufwand zwischen 40 und 120 Milliarden Dollar. Ich möchte hier wieder betonen, daß die eigentlichen Kosten bei einer realistischen Abschätzung wesentlich höher liegen.

Dies klingt also noch utopischer, und man könnte an dieser Stelle einfach aufgeben. Aber da gibt es Leute, und zu ihnen gehört Edward Teller, die meinen, daß man eben zu noch exotischeren Lösungen greifen muß.

Als solch eine exotische Lösung kann ein Röntgenstrahl-Laser gelten, der im Augenblick in der Erprobungsphase ist. Röntgenstrahlen haben eine tausendmal kleinere Wellenlänge als sichtbares Licht und haben deshalb eine entsprechend kleinere Diffraktion. Röntgenstrahl-Laserlicht, also ein scharf gebündelter, intensiver Röntgenstrahl, ist jedoch wesentlich schwerer zu erzeugen. Man muß hierbei Elektronen der inneren Schalen von höheren Atomen anregen, was hohe Energien verlangt, etwa von der Größenordnung von 1 KeV (Kiloelektronenvolt) oder dem Temperaturäquivalent von etwa 10 Millionen Grad. Trotz der geringeren Diffraktion kann man Röntgenlicht nicht so gut bündeln, weil man bei seiner Erzeugung nicht den üblichen Laserverstärkungsmechanismus verwenden kann, der von einer wiederholten Spiegelung des Lichts im Laser Gebrauch macht. Röntgenstrahlen gehen durch Materie hindurch. Um das Analogon eines Lasers zu bauen, kann man sehr lange und sehr dünne Metallfasern verwenden.

Wird der Metallfaden durch eine geeignete Energiequelle angeregt, so sendet er an seinem Ende Röntgenlaserlicht aus, das um so weniger auseinanderläuft, je kleiner der Durchmesser D und je größer die Länge L der Faser ist, das heißt, der Öffnungswinkel des Strahlkegels ist proportional zu D/L. Aufgrund der Welleneigenschaften des Röntgenlichts kommt hier noch ein Auseinanderlaufen proportional zu λ/D (Diffraktion) hinzu, wobei λ die Wellenlänge ist, was – um es klein zu halten – einen möglichst großen Faserdurchmesser erfordert. Einen optimalen Kompromiß findet man bei einem Faserdurchmesser von $D = \sqrt{\lambda \cdot L}$, was zu einem minimalen Öffnungswinkel von $\sqrt{\lambda/L}$ führt. Bei einem Röntgenstrahl-Laser mit Wellenlänge $\lambda = 12$ Å $= 12 \cdot 10^{-4}$ µm und Metallfasern von 2 Meter Länge entspricht dies Fasern von einem Durchmesser von einigen Hundertsteln Millimeter. In 4000 Kilometer Entfernung würden diese einen minimalen Brennfleck von 200 Meter Durchmesser erzeugen.

Um einen solchen Röntgenstrahl-Laser überhaupt in Gang zu setzen und dann auch am Brennfleck eine für eine Zerstörung ausreichende Energiedichte erzeugen zu können, braucht man eine gigantische Energiequelle. Als solche kommt nur die Kernenergie in Frage. Man wird also versuchen, diesen Laser mit einer Atombombe anzutreiben, zu pumpen.

Damit dies gelingt, benötigt man eine Atombombe der dritten Generation. Eine Atombombe der ersten Generation ist im wesentlichen eine Nagasakibombe, etwa ein mit normalem Sprengstoff gefüllter Metallbehälter, bei dem durch Implosion eine im Zentrum befindliche Kugel aus Plutonium unterkritischer Größe durch Zusammenstauchung kritisch gemacht wird und durch Kernspaltung explodiert. Eine Atombombe der zweiten Generation ist eine Bombe, bei der die Kernspaltungsbombe als Zünder für einen Kernfusionsprozeß von Deuterium und Tritium (schwerer und schwerster Wasserstoff) verwendet wird, wobei schon eine gewisse Ausrichtung der Strahlung nach einer Seite notwendig ist. Diese Bombe hat etwa einen Durchmesser von einem halben Meter und ist etwa anderthalb Meter lang.

Bei einer Atombombe der dritten Generation muß die Einseitigkeit der Ausstrahlung in einer bestimmten Richtung durch geeignete Maßnahmen noch weiter getrieben werden. In dieser Richtung müßten dann die langen Metallfasern eingelagert werden, die dann durch die Strahlen der Nuklearexplosion zur Ausstrahlung von Röntgenlaserlicht angeregt werden.

Ein großer Nachteil des nuklear gepumpten Röntgenlasers ist, daß er beim Auslösen durch die Nuklearexplosion selbst zerstört wird. Da die γ-Strahlen um winzige Bruchteile von Sekunden schneller sind als die zerstörende Schockwelle, kann der Röntgenstrahl gerade noch vorher entkommen. Der Röntgenstrahl-Laser erlaubt also nur einen einzigen Schuß. Um ihn zum Abschuß mehrerer Raketen verwenden zu können, muß man eine größere Zahl von Metallfasern einlagern, wobei jede, absolut gerade und präzise, auf ein anderes Ziel auszurichten wäre. (Es ist jedem unbenommen, sich die technischen Hürden für die Lösung dieses Problems auszumalen.) Ein Nachjustieren bei einem Fehlschuß ist unmöglich.

Die Wirkung des Röntgenstrahls auf die Rakete ist anders als beim kontinuierlich betriebenen chemischen Laser. Der Röntgenstrahl brennt kein Loch in die Wandung, sondern versetzt der Rakete einen Schlag, der sie aus der Bahn werfen oder sie einbeulen kann. Wegen der kurzen Zeit der Einwirkung ist eine Nachführung des Strahls unnötig, was vorteilhaft ist. Um Raketen ernstlich stören zu können, sind wohl Atombomben von mehr als 15 Hiroshimabomben Stärke als Laserpumpe nötig.

Da das Gewicht des nukleargepumpten Röntgenlasers relativ gering ist, erscheint er geeignet, als Pop-up-System verwendet zu werden. Er würde also erst im Falle eines Raketenangriffs an eine geeignete Stelle hochgeschossen werden, von dem aus ein Abschuß der Raketen am besten erfolgen kann. Hier bietet sich etwa eine Stationierung dieses Pop-up-Systems auf im nördlichen Indischen Ozean kreuzenden U-Booten an. Doch auch dieses phantastische System hat seine schwerwiegenden Nachteile.

Die Aufstiegszeit des Röntgenlasers von einem U-Boot in die notwendige Höhe wird wohl nicht unter 3,5 Minuten zu verkürzen sein. Dies reicht aber nicht aus, um die Rakete in ihrer Startphase abzufangen, da man diese ohne Schwierigkeit auf 2 Minuten oder weniger abkürzen kann. Die Notwendigkeit einer sofortigen Reaktion bedeutet dazu, daß hierbei keine menschliche Zwischenkontrolle mehr eingeschaltet werden kann. Die erste Nuklearexplosion – hier eines Röntgenlasers – im Weltraum über dem gegnerischen Territorium müßte also ohne menschliches Zutun möglich sein – mit all seinen katastrophalen Konsequenzen.

Ein zweiter, schwerwiegender Nachteil des Röntgenlasers ist, daß Röntgenstrahlen nicht in die Atmosphäre eindringen können. Solange eine Rakete also innerhalb der Atmosphäre bis etwa 100 Kilometer Höhe ist, können ihr die Röntgenstrahlen nichts anhaben. Es erscheint nun relativ leicht, die Schubkraft der Raketen derart zu verstärken, daß ihre Brennphase beendet ist, bevor sie den atmosphärischen Schutz verlassen. Doch auf die vielfältigen und relativ einfachen Gegenmaßnahmen, mit denen man Raketen wirksam gegen ein Abwehrsystem der beschriebenen Art schützen kann, soll später eingegangen werden.

Neben den elektromagnetischen Strahlen kommen im Prinzip auch hochenergetische Strahlen von *Elementarteilchen als Abwehrwaffen* in Frage, da sie sich bei ihrer Fortpflanzung durch den Raum ganz ähnlich wie Licht verhalten und in ihrer Geschwindigkeit nur ganz wenig hinter der des Lichts zurückbleiben.

Hochenergetische Strahlen lassen sich am leichtesten mit elektrisch geladenen stabilen Elementarteilchen, wie Elektronen und Protonen, erzeugen, die man in Hochenergiebeschleunigern (etwa der Art wie bei CERN in Genf und DESY in Hamburg) auf hohe Geschwindigkeiten bringt. Der Nachteil von geladenen Teilchen ist aber, daß sie – im Gegensatz zum ungeladenen Licht – im Magnetfeld der Erde abgelenkt werden. Ein Elektron von 1 GeV (10^{-9} Prozent weniger als Lichtgeschwindigkeit) wird zum Beispiel auf einen Kreis mit einem Durchmesser von 220 Kilometern umgelenkt, ein Proton derselben Energie (13 Prozent weniger als Lichtgeschwindigkeit) auf einen Kreis von 380 Meter. Man kann damit also gar nicht auf sehr lange Entfernungen schießen. Dazu führen Schwankungen im Erdmagnetfeld zu großen Bahnabweichungen, und auch irgendwelche Kernexplosionen verursachen starke Kursstörungen.

Eine Möglichkeit, dieser Schwierigkeit zu entgehen, ist, die Teilchen nach ihrer Beschleunigung zu neutralisieren. Man kann zum Beispiel einen Protonstrahl beim Durchgang durch ein geeignetes Material in einen neutralen Neutronstrahl verwandeln, der dann allerdings nicht mehr sehr gut gebündelt ist und in 1000 Kilometer Entfernung schon einen Durchmesser von 1 Kilometer hat. Besser erscheint hier die Möglichkeit, zunächst H^-–Ionen (Wasserstoffkerne mit zwei Elektronen) zu beschleunigen und diesen dann das überzählige Elektron abzustreifen, so daß ein hochenergetischer neutraler Wasserstoffstrahl entsteht. Bei diesem lassen sich auf 1000 Kilometer Entfernung wohl Strahldurchmesser von bestenfalls 10 Metern erreichen.

Es gibt weiterhin auch Gerüchte, daß man geladene Teilchen in einem Kanal einfangen kann, den ein Laserstrahl durch Ionisation in einem hochverdünnten Gas hinterläßt. Jedenfalls spielen Teilchenstrahlwaffen wegen des viel zu großen Aufwands bei der Beschleunigung und wegen der Schwierigkeit, hinreichend hohe Energien und Intensitäten zu erreichen, in der augenblicklichen Diskussion keine Rolle. Ihre Verwendung für ein Abwehrsystem gilt als nicht realisierbar.

Wir haben bisher im wesentlichen nur die technischen Möglichkeiten von Abwehrwaffen beschrieben und die bei ihrer Realisierung auftretenden Schwierigkeiten aufgezeigt. Diese Schwierigkeiten steigen aber ins Unermeßliche an, wenn wir bedenken, daß der Raketenstarter alle diese Maßnahmen ja nicht tatenlos über sich ergehen lassen, sondern geeignete Gegenmaßnahmen treffen wird. Vom technischen Standpunkt scheint die größte Schwäche eines strategischen Raketenabwehrsystems darin zu liegen, daß seine Durchführung neue, noch unbekannte, ausgeklügelte Technologien und extrem komplizierte und teure Systeme verlangt, während sich ohne große Mühe eine große Zahl von enorm wirksamen Gegenmaßnahmen angeben lassen, die heute schon oder fast schon verfügbar und beherrschbar und dazu relativ einfach und billig sind. Ein Verteidigungssystem, das mit einfacheren und billigeren Methoden als es selbst zu seiner Errichtung braucht, unwirksam gemacht werden kann, verliert seinen Sinn – im Gegenteil, es ist sogar gefährlich, da es zu einer wechselseitigen Eskalation der Vernichtungskräfte führt.

Um einen Abfang seiner Raketen durch das beschriebene Abwehrsystem zu verhindern, kann der Angreifer seine Raketen zunächst und vor allem besser zu schützen suchen. Hierzu gibt es eine Reihe von einfachen Maßnahmen:

- Er kann durch zusätzliche künstliche Feuerschweife den Abschuß weiterer Raketen vortäuschen und dadurch Abwehrwaffen binden.
- Er kann die Antriebsphase verkürzen und mit Hilfe des atmosphärischen Schutzes die Raketen für Röntgenstrahl-Laser und Teilchenstrahlwaffen unverwundbar machen.
- Er kann durch ein Herablassen einer Schürze über Teile des Feuerschweifs oder durch Brennstoffbeimischungen den Schwerpunkt der Leuchtintensität des Feuerschweifs verschieben und damit eine richtige Zielfindung vereiteln.
- Er kann durch Verspiegelung der Raketenoberfläche, durch Verstärkung ihrer Wandung, durch eine Drehung der Rakete um ihre Achse, durch wärmeabsorbierende Schichten oder durch von Sensoren gesteuerte Kühlung ein Durchbrennen verhindern, oder durch Anbringen eines Schutzschildes (Prinzip: Motorradhelm) oder Vorhangs den Schlag durch das Röntgenlaserlicht abfangen.
- Er kann durch kleine Nuklearexplosionen in der oberen Atmosphäre einen Infrarot-Hintergrund erzeugen, vor dem die aufsteigenden Raketen nicht mehr deutlich auszumachen sind.

Der Angreifer kann jedoch auch zu aktiven Gegenmaßnahmen greifen und versuchen, das Abwehrsystem zu zerstören. Hierbei ist wichtig, daß alle weltraumgestützten Systeme extrem verwundbar sind gegen alle möglichen Formen von Angriffswaffen, zum Beispiel auch mechanischer Natur. Insbesondere gilt, daß alle für die Abwehr von Raketen entwickelten Systeme auch ausgezeichnet dazu geeignet sind, solche raumgestützten Systeme, Spiegel, Laser, Kampfstationen, deren Bahnen ja genau bekannt sind, abzuschießen. Bodengestützte Teile des Systems, wie zum Beispiel ein Excimer-Laser, lassen sich durch Auswerfen von lichtabsorbierendem Material oder Staubwolken, zum Beispiel durch eine U-Boot-Rakete bewirkt, ausschalten.

Man sollte insbesondere dabei auch berücksichtigen, daß solche Gegenmaßnahmen leicht dazu führen können, daß sie ihrerseits die Bedrohung verstärken und damit den eigentlichen Zweck des Schutzschirms, einer Verbesserung der Sicherheit, vereiteln. Eine einfache und sehr naheliegende Maßnahme wäre, zum Beispiel die Zahl der Interkontinentalraketen zu erhöhen, um die Abfangmöglichkeiten auszugleichen. Man benötigt keine große Phantasie, um sich weitere geeignete Gegenmaßnahmen auszudenken, welche in der Folge als Nebeneffekte die allgemeine Situation gefährlich destabilisieren würden.

In den nach dem Brennschluß der Rakete folgenden Flugphasen bestehen im Prinzip ähnliche Möglichkeiten der Bekämpfung der Raketen wie in ihrer Aufstiegsphase. Ein Vorteil bei den späteren Phasen ist zunächst, daß man wesentlich mehr Zeit hat, nämlich etwa 20 bis 30 Minuten bei den Interkontinentalraketen und etwa 10 bis 15 Minuten bei den seegestützten Raketen. Diesem Vorteil stehen jedoch ganz empfindliche Nachteile gegenüber, die daher rühren, daß nach dem Ende des Brennvorgangs die Objekte viel kälter werden und deshalb nur ganz schwer zu »sehen« sind. Enorme Komplikationen verursacht auch die sehr große Zahl von Objekten, die bei 1400 Raketen leicht in die Hunderttausende gehen kann.

Um hier noch eine wirksame Bekämpfung durchführen zu können, ist es notwendig, mit passiven und aktiven Methoden der Strahlungssondierung bei verschiedenen Wellenlängen (Infrarot, Kurzwelle etc.) zu einer Unterscheidung zwischen echten Sprengköpfen und dem vielfachen täuschenden Beiwerk zu gelangen, da die Bahncharakteristik der verschiedenen Objekte im luftleeren Raum keine solche Unterscheidung erlaubt. Dies bildet eine horrende Aufgabe für Supercomputer, die für ein effektives Kampf-Management wohl mehr als eine Milliarde arithmetischer Operationen in der Sekunde bewältigen müssen. Denn es müssen ja die verschiedenen Objekte nicht nur identifiziert, sondern auch ihre Flugbahnen präzise ausgerechnet werden, um eine Abwehrwaffe für ihren Abschuß ausrichten zu können.

Als Abwehrwaffen kommen im Prinzip wieder alle die früher beschriebenen Waffensysteme (chemische Laser, nukleargepumpte Röntgenlaser) in Frage, dazu wohl auch sogenannte Elektromagnetische Schienengeschütze oder Kinetische Energiewaffen, bei denen magnetisch hochbeschleunigte Geschosse auf die Zielobjekte abgefeuert werden.

Bei der extrem hohen Zahl an hochgefährlichen Objekten, die hier in einer mehr oder weniger großen Materiewolke angebraust kommen, erscheint es erwägenswert, in diesen Haufen einfach gleichmäßig eine große Zahl von großen Atombomben zur Explosion zu bringen. Das zu säubernde Volumen ist jedoch so groß und die zerstörende Reichweite der von einer Nuklearexplosion ausgehenden Strahlung zu klein (100 Kilometer), daß dazu wohl Kernexplosionen in der Größenordnung von 100 Millionen Hiroshimabomben nötig wären, deren horrende »Nebeneffekte« sich niemand ausmalen kann. Wir haben ja bisher nur sehr geringe Vorstellungen, welche Konsequenzen der Abschuß eines einzigen Nuklearsprengkopfs im Weltraum hat, und zwar weder im Falle, daß er dabei explodiert (die Folgen lassen sich hier wohl eher ermessen), aber auch wenn er nicht explodiert und seine hochgiftige und radioaktive Ladung gleichmäßig über die Atmosphäre ausstreut. So harmlos, wie dies in den Star-Wars-Imitationen auf dem Fernsehschirm demonstriert wird, wird es jedenfalls nicht sein.

Ein effektiver Abfang in den Mittelphasen ist auch deshalb problematisch, da es auch hier zahlreiche und relativ einfache Maßnahmen gibt, die Abwehr zu stören. So läßt sich zum Beispiel ohne Mühe die Zahl der Attrappen wesentlich erhöhen oder die Sensoren des Abwehrsystems durch alle raffinierten Tricks täuschen, so daß die Großcomputer zur Verzweiflung getrieben, das heißt in ihrer Kapazität gesättigt werden können.

In der letzten Phase des Flugs tritt die Materiewolke in die Atmosphäre ein, und zu diesem Zeitpunkt 1 bis 2 Minuten vor dem Aufschlag, erfolgt eine klare Trennung der hitzebeständigen Sprengköpfe von den Attrappen, die sofort verglühen.

Hier unterscheidet man zwei verschiedene Verteidigungszonen, eine hohe Zone (HEADS = high endo-atmospheric defense system) zwischen 90 und 46 Kilometern, in der die Sprengköpfe stark glühen und die umgebende Luft ionisieren, und eine tiefere Zone (LOADS = low endo-atmospheric defense system) unterhalb von 46 Kilometern.

Allgemein läßt sich sagen, daß in der Endphase eine Verteidigung von Punktzielen (zum Beispiel Silos oder Kommandozentren) wohl in gewissem Grade möglich sein wird, da hierbei der Kegel, innerhalb dessen ein angreifender Sprengkopf einfliegen muß, gut bekannt ist. Andererseits erscheint eine Verteidigung von weichen Zielen, wie Großstädte, praktisch unmöglich.

Als mögliche Abwehrwaffen können zunächst die auf beiden Seiten entwickelten ABM-Systeme gelten, so das mit nuklearen Abfangraketen arbeitende amerikanische SAFEGUARD-System (seit 1970) und das sowjetische GALOSH-System. Der Nachteil dieses nuklear ausgerüsteten Abwehrsystems ist, daß durch die Nuklearexplosionen erheblicher Schaden auftreten kann, zumindest der gefürchtete »elektromagnetische Stoß« (elektromagnetic pulse = EMP), der eventuell die eigene Elektronik zerstören und damit das Nachrichten- und Steuerungssystem unwirksam machen kann. Dies läßt sich vermeiden, wenn man nicht in allzu großen Höhen abfängt und kleinere nukleare Sprengladungen (etwa 2 Kilotonnen) verwendet (wie zum Beispiel beim amerikanischen SENTRY-System).

Von zunehmender Bedeutung scheinen heute nichtnukleare Abfangsysteme in der Endphase zu sein, bei denen der anfliegende Sprengkopf etwa mechanisch durch ein beschwertes, schirmähnliches Gebilde zerstört wird.

Aus den hier zusammengetragenen Überlegungen folgt meines Erachtens eindeutig: Eine ausreichende – das heißt mit mehr als 99 Prozent Verläßlichkeit funktionierende – Verteidigung gegen Nuklearwaffen ist nach menschlichem Ermessen unmöglich. Diese Einschätzung beruht nicht auf technischem Pessimismus. Es kann im Grunde jedem überlassen bleiben, die »Genialität« oder »Einfallslosigkeit« zukünftigen Forschergeistes nach eigenem Ermessen zu berücksichtigen, soweit er dies gleichermaßen für Maßnahmen wie für Gegenmaßnahmen tut. Denn es ist offensichtlich:

- Jeder zukünftige Fortschritt in der Verwirklichung des Raketenabwehrsystems (zum Beispiel die Entwicklung eines funktionierenden Röntgenlasers) macht dieses System selbst wieder verwundbarer.
- Jedes vorstellbare, physikalisch-technisch prinzipiell mögliche Verteidigungssystem behält seine enorme Verwundbarkeit, so daß es mit vergleichsweise einfacheren, wirkungsvolleren und billigeren Mitteln überwunden werden kann.
- Jedes denkbare Verteidigungssystem muß extrem komplex sein und verlangt deshalb notwendig die Entwicklung extrem komplizierter »hardware«, »software« und Auswerteverfahren, für die ein eigentlicher umfassender Test unmöglich ist. Niemand wird deshalb bereit und imstande sein, genügend

Vertrauen zu diesem System zu fassen und seine Hand für seine Funktionsfähigkeit und Verläßlichkeit ins Feuer zu legen.
– Wenn das Vertrauen in die Verläßlichkeit des Systems gering und der Grad seiner Wirksamkeit im Ernstfall unsicher ist, dann ist es unwahrscheinlich, daß je eine Seite sich zu einem Abbau seiner Offensivwaffen entschließen wird.

Die Hauptschwächen eines Verteidigungssystems gegen Nuklearraketen sind,
– daß man es unterfliegen kann, zum Beispiel durch seegestützte Systeme, Mittelstreckenraketen, taktische Nuklearraketen und insbesondere durch Marschflugkörper, in Zukunft vielleicht auch mit exotischen Methoden, wie eingeschmuggelten Rucksack- oder Koffersprengköpfen und vielleicht noch »genialeren« Tricks;
– daß man es überwältigen kann, durch eine große Zahl von Raketen oder eine große Dichte von Silos an einem Ort, durch Störung oder Zerstörung der raumgestützten Systeme, durch Blendung der Sensoren durch Nuklearexplosionen usw., weil es eben ausreicht, mit 5 Prozent oder sogar nur 1 Prozent von 10000 Sprengköpfen einen nicht hinnehmbaren Schaden anzurichten;
– daß man es austricksen kann, durch Sättigung der Computer mit einer Unzahl von ausgeklügelten, raffinierten Attrappen und Eindringhilfen;
– daß es viel zu viel kostet, wahrscheinlich bis zu einer Billion Dollar (dreitausend Milliarden Mark) – für die erste Hauptphase – wenn es technisch überhaupt funktioniert.

2. Sicherheitspolitische Folgen von SDI

Wenn ich ehrlich bin, muß ich zugeben, daß alle die bisher erörterten und bewußt in einiger Gründlichkeit vorgetragenen technischen Fragen für meine Einschätzung des Für und Wider von SDI kaum eine Rolle spielen. Ich bitte Sie deshalb um Entschuldigung, daß ich Sie mit Problemen belästigt habe, die für mich nur von zweitrangiger Bedeutung sind. Meine versteckte Absicht war dabei, Ihnen etwas Einblick in die Gedanken und Vorstellungen von Leuten zu geben, die heute hauptberuflich an einer »stabileren« Friedenssicherung arbeiten. Vielleicht haben Sie auch erkennen können, daß hinter allen diesen Fragen eine eigentümliche Faszination steckt, überall nach den Sternen zu greifen, nicht halt zu machen in einem ehrgeizigen, ungestümen und zum Teil der eigenen Eitelkeit dienenden Streben nach dem noch Größeren, Mächtigeren, Verrückteren, obgleich alle Signale für die Menschheit schon lange auf Rot stehen. Diese Faszination ist Teil einer Eigendynamik, die jenseits aller Bedrohung von außen, dem vermeintlichen Feind, den Rüstungswettlauf anheizt und uns dem Abgrund zutreibt.

Das Ziel, das wir alle vor Augen haben, ist, nach Möglichkeiten zu suchen, den Frieden langfristig stabil zu sichern. Deshalb ist die Frage nach den sicherheitspolitischen Folgen von SDI und hierbei schon seine Vorstufe, nämlich etwas wie SDI überhaupt anzustreben, von enormer Bedeutung. Die Kürze dieses sicherheitspolitischen Kapitels steht deshalb im Kontrast zu seiner eigentlichen Wichtigkeit. Die Argumente sind aber hier wohl für jedermann leichter zugänglich und einsehbar als technische Fragen, so daß eine kurze Andeutung, zu der meine Zeit nur noch ausreicht, vielleicht genügt, um sie verständlich zu machen.

Es ist meine feste Überzeugung, daß das Problem der Friedenssicherung heute militärisch nicht mehr lösbar ist (wenn es dies jemals war) und deshalb auch nicht mit irgendwelchen technischen Kniffen. Wir brauchen neue Methoden der Konfliktlösung, und diese müssen politischer Natur sein. Technisch-militärische Maßnahmen können bestenfalls die Rolle einer Verlängerung der Zündschnur übernehmen, die manchmal gerechtfertigt sein können, um genügend Zeit für die notwendigen politischen Veränderungen zu schaffen. Sie können aber die politischen Maßnahmen nie ersetzen.

Das SDI-Programm folgt dem alten statischen Denkmuster des »Trugschlusses vom letzten Schachzug« (fallacy of the last move), bei dem man versucht, ein augenblicklich existierendes Problem zu lösen, ohne die Veränderungen zu berücksichtigen, welche durch die Lösungsmethode verursacht werden. Wir müssen lernen, dynamisch zu denken: Jede Aktion bewirkt Reaktionen, welche auf die ursprüngliche Handlung zurückwirken und sie in ihrem Wert und ihrer Bedeutung verändern.

Die durch SDI ausgelösten Gegenmaßnahmen, verstärkt durch die geringe Berechenbarkeit eines solch enorm komplexen Systems, führen aufgrund von »worst-case«-Betrachtungen notwendigerweise zu einem weiteren und noch gefährlicheren

Rüstungswettlauf auf höherer Ebene, bei dem leicht, wegen der immer schwieriger werdenden Verifizierbarkeit, ein »point of no return« erreicht werden kann.

Bei der Beurteilung von SDI ist es verhängnisvoll, von der Vorstellung eines – vielleicht prinzipiell nie realisierbaren – Endzustands, eines perfekten Schutzschirms ohne nennenswerte Offensivwaffen, auszugehen, ohne sich vor Augen zu halten, wie ein Weg von der augenblicklichen Situation mit enormer Offensivkapazität zu dieser visionären Situation führen soll. Dieser Weg ist wegen einer Kombination von starken Offensivwaffen und unzureichendem Schirm durch extrem instabile Zwischenphasen gekennzeichnet. Da die Gefahr eines willentlich von der einen oder anderen Seite vom Zaune gebrochenen Nuklearkriegs, angesichts der damit erdrückend wahrscheinlichen Selbstvernichtung, gering erscheint, muß die Frage der Krisenstabilität bei allen zukünftigen Entscheidungen und Handlungen allerhöchste Priorität erhalten.

Alle Maßnahmen, welche stabilisierend auf die Situation wirken, müssen gefördert werden. Hierzu gehört auch die strikte Einhaltung aller existierenden Rüstungskontrollverträge.

SDI ist letztlich unverträglich mit dem ABM-Vertrag von 1972, der »die Entwicklung, Erprobung, Stationierung von allen ABM-Systemen und ihren see-, luft-, raum- und beweglichen landgestützten Komponenten« verbietet mit der Ausnahme von je einem System und einem zusätzlichen System um die jeweilige Hauptstadt und mit gewissen Einschränkungen (was später in einem Zusatzprotokoll auf ein System reduziert wurde). Beide Seiten haben sich bisher an diesen Vertrag über Antiraketen-Raketen (Anti-Ballistic Missile) gehalten. Die Amerikaner haben ihr eigenes ABM-System aus Effizienzüberlegungen einseitig aufgegeben, während die Sowjets ihr GALOSH-System um Moskau unter den erlaubten Bedingungen weiter ausgebaut haben. Eine Verletzung des ABM-Vertrages durch die Sowjets durch den Bau der phasengesteuerten Flächenradaranlage in Abalakova bei Krasnojarsk in Sibirien ist bisher nicht erwiesen, läßt sich aber spätestens nach seiner Inbetriebnahme eindeutig verifizieren. Eine Gefährdung der USA besteht zwischenzeitlich dadurch nicht.

Ein nuklear-gepumpter Röntgenlaser wäre auch unverträglich mit dem Teil-Test-Stopp-Abkommen von 1963 und dem Weltraumvertrag von 1967.

Es erscheint dringend nötig, den ABM-Vertrag zu erweitern

und darin auch ein Verbot von jeglichen Antisatellitenwaffen aufzunehmen. Solche Waffen wurden von beiden Seiten seit 1960 entwickelt. 1978 waren bilaterale Gespräche im Gange, um diese zu verbieten, da beide Seiten die stabilisierende Wirkung der unbewaffneten Satelliten erkannten. Sie führten jedoch leider zu keinem Abschluß. Von 1968 bis 1978 haben die Sowjets 20 Abfangtests an einem Satelliten mit einem von einer SS-9-Rakete in eine ähnliche Umlaufbahn getragenen Killersatelliten durchgeführt, von denen nur 9 erfolgreich waren. Diese Killersatelliten haben zu keiner Zeit die amerikanischen Satelliten bedroht. Seit 1984 entwickeln die USA eine kleine, zielsuchende Satellitenrakete, die von einem F-15 Jäger abgeschossen werden kann. Sie stellt eine neue gefährlichere Stufe dar und macht das Verbot aller Antisatellitenwaffen dringend nötig, insbesondere weil eine Entwicklung von Antisatellitenwaffen, wegen ihrer Ähnlichkeit zu den Raketenabwehrwaffen, den ABM-Vertrag unterhöhlt. Eine Kündigung des ABM-Vertrags hätte verheerende Folgen für die Rüstungskontrollvereinbarungen.

In der Kombination von Offensivpotential und teilweise von Verteidigungsschutz hätte SDI in allen Zwischenstufen große Vorteile für den Angreifer. Denn ein Schirm, der als Schutz bei einem Erstangriff unzureichend erscheint, könnte enorm wirksam den Zweitschlag des Gegners abwehren, nachdem man ihn selbst zuerst angegriffen hat. Diese prinzipielle Möglichkeit eines erfolgreichen Erstschlags, oder allein die Befürchtung, der andere könnte eine solche Erstschlagsfähigkeit erlangen, beschwört eine extreme Destabilisierung herauf.

Dieser Destabilisierungsgefahr gegenüber ist die Verbesserung der Abschreckung durch eine Erhöhung ihrer Glaubwürdigkeit, wie dies Caspar Weinberger zu propagieren versucht, vernachlässigbar, da wegen der ohnehin existierenden, mehrfachen Overkill-Kapazitäten der Nuklearwaffen solche marginale Änderungen nicht ins Gewicht fallen.

Offensichtlich hat jedoch auch nur ein teilweiser Schutz durch SDI – und dies schon in der Vorstufe, wo man glaubt, ein solcher Schutz bestünde – eine Verbesserung des Schutzes der USA im Vergleich zu Europa zur Folge, weil dieser Schutzschirm wegen der wesentlich kürzeren Flugzeiten der Mittelstreckenraketen, Taktischen Raketen und Marschflugkörper nur wenig gegen diese Waffen ausrichten kann. Zur Abwehr dieser Europa bedrohenden Raketen müßte ein eigenes Abwehrsystem entwickelt werden.

Nach all diesem bleibt die große Frage, was wohl die eigentlichen Ursachen sind, daß ein so stark mit Mängeln belastetes Projekt heute einen so hohen Stellenwert in der militärischen und politischen Diskussion erlangt hat. Ich vermute dahinter im wesentlichen drei Gründe:

- Es mag in der Tat bei vielen die Vision eine Rolle spielen, daß Wissenschaftler, welche dieses Teufelszeug in die Welt gebracht haben, auch imstande sein müßten, dieses wieder zu beseitigen. Weil man politisch keinen Ausweg mehr sieht, hofft man in seiner Wissenschafts- und Technikgläubigkeit, daß Wisssenschaft und Technik Wunder schaffen können.
- Die Ankündigung von SDI paßt nahtlos in eine »Politik der Stärke und Überlegenheit«, da man genau in dem Bereich »durchstartet«, wo man schon bisher dem Gegner überlegen war, nämlich in der Mikroelektronik und der Datenverarbeitung. In dieser Situation wird der Gegner erpreßbar und manipulierbar. Er kehrt aus »Angst« an den Verhandlungstisch zurück. Schon ein erster Erfolg, wie man meint, bevor auch nur ein erster Schritt in Richtung auf eine technische Realisierung gemacht wird. Die Demonstration der eigenen Stärke hebt dazu die Moral und die Zuversicht im eigenen Lande, und die Verkündigung, daß jetzt nur noch an echter Verteidigung und nicht mehr an zusätzlicher Bedrohung gearbeitet wird, vermindert die moralischen Skrupel und offenbart den eigenen Friedenswillen.
- Das technische Großprojekt SDI schafft neue Perspektiven für die Wirtschaft: Es bereitet voll Euphorie den technologischen Sprung ins 21. Jahrhundert vor. Es verheißt segensreiche und lukrative Innovationen im zivilen Bereich als Abfallprodukt der monströsen militärisch-technischen Anstrengungen.

Lassen Sie mich mit einigen wenigen Worten zur Frage eines möglichen technologischen Innovationsschubs durch SDI schließen. Dieser Aspekt ist ja gerade heute in aller Munde und verursacht überall sachkundiges Stirnrunzeln, weil man einerseits mit SDI als militärischem Vorhaben – zumindest als Europäer – nicht so recht glücklich werden kann, andererseits aber den technologischen Schnellzug ins 21. Jahrhundert nicht verpassen will.

Wenn man wirklich den zivilen Sektor fördern will, dann ist es doch bei weitem die beste und effizienteste Methode, das Geld und die kreativen Kräfte direkt dorthin zu stecken, wo sie gebraucht werden, als sich nur indirekt mit den Abfallprodukten einer gigantischen Rüstungsmaschine zufrieden zu geben. Der zivilen Wirtschaft durch verstärkte Rüstung neue Impulse geben zu wollen, damit sie die wesentlichen Bedürfnisse der Menschen (noch) besser befriedigen kann, ist noch abwegiger als die andere Vorstellung, man müsse die Reichen nur noch reicher machen, damit es den Armen auf dieser Welt besser geht. Je weiter die Technologie der Rüstung sich auf die Lösung immer extremerer Aufgaben konzentriert, um so weniger wird dabei für den Alltagsgebrauch herauskommen, es sei denn, man deformiert unsere Bedürfnisse weiter in Richtung auf einen maßlosen Gigantismus. Die Fähigkeit, ein Schwert zu schmieden, mag noch nützlich für die Herstellung einer Pflugschar sein. Aber wo besteht in einem normalen Leben die Notwendigkeit, Löcher auf über 3000 Kilometer Entfernung in ein Metall zu brennen, Überschallflugzeuge mit Schwenkflügeln mehrere Meter über den Baumwipfeln dahinrasen zu lassen, oder wofür brauchen wir Schreibmaschinen, die tiefgefroren aus dem 10. Stockwerk aufs Kopfsteinpflaster geworfen und dann ins Meer versenkt, immer noch zuverlässig funktionieren? Ich weiß, daß es andere Beispiele gibt – man kann einen Hochleistungslaser für die Kernfusion verwenden (was nicht heißt, daß daraus je ein brauchbarer Kernfusionsreaktor wird), man kann hochgezüchtete Mikroelektronik, Supercomputer und Superprogramme für die industrielle Fertigung verwenden usw. Aber warum dann nicht gleich direkt und ohne noch zusätzlich mit Geheimhaltungsauflagen belastet? Geben nicht die Japaner ein Beispiel dafür ab, daß man trotz minimaler Rüstungsindustrie wirtschaftlich ganz gut über die Runden kommen kann?

Warum – so frage ich mich – ist es eigentlich nicht möglich, die wirklich großen Herausforderungen unserer Zeit – die Probleme des Ressourcenschutzes, des Umweltschutzes, der Dritten Welt, der Weltwirtschaft einschließlich des Arbeitslosenproblems – auch einmal unmittelbar und gezielt zum Mittelpunkt eines großen Forschungs- und Entwicklungsprogramms zu machen? Denn auch diese Probleme signalisieren doch weltweite Katastrophen, wenn wir nicht bald und entschlossen sie zu lösen versuchen, auch sie bedrohen unsere Sicherheit. Ich weiß, daß diese Möglichkeit utopisch ist – und trotzdem sehe ich nicht ein, warum. Ich sehe mit Wehmut, mit Groll und auch Verzweiflung, wie viele der jungen, aufgeschlossenen, begeisterungsfähigen, opferbereiten, tatenfreudigen Geister unserer

Zeit mißbraucht werden, den Himmel zum Vorhof der Hölle zu machen, anstatt diesen Talenten die Chance zu bieten, ihre Kräfte den hohen Zielen der Menschheit, der Möglichkeit ihres Überlebens, den Möglichkeiten eines friedlichen Zusammenlebens der Völker zu widmen.

Geben wir die Hoffnung nicht auf. Nur diese Utopie kann uns retten. Dies ist meine Vision.

Rainer Fuchs

Einstein, Heisenberg, Oppenheimer – über die geschichtliche Verantwortung der Wissenschaft

Wenn es um die Verantwortung des Physikers geht, so muß man von vornherein unterscheiden zwischen dem Physiker, der reine Grundlagenforschung betreibt, und dem Physiker der ingenieurwissenschaftlichen Zweckforschung. Dieser hat ein praktisches Ziel vor Augen, das einen abschätzbaren Wert oder Unwert darstellt, und man wird ihm mit Recht ein gewisses Maß an Verantwortung dafür aufbürden. Allerdings sind die Spätfolgen einer Erfindung häufig nicht zu überblicken, und insofern wird vielfach mit der Erfindung – man denke etwa an die Entwicklung der Pestizide als Pflanzenschutzmittel – ein Risiko eingegangen. Ein Risiko kann allerdings auch mit reiner Grundlagenforschung verbunden sein. Ja, es hat sogar Fälle gegeben, in denen das Risiko von vornherein offenkundig war. Hierzu gehört die Atomkernforschung, denn sie gilt einem Gebilde, in dem ungeheure Energien konzentriert sind und aus dem in kosmischem Maße Wärme und Strahlungsenergie freigegeben wird.

Am Beispiel dieser Forschungen hat sich die Verantwortungsfrage entzündet und vor allen Dingen für die Physiker selber gestellt, die im Krieg der Kriegsgerichtsbarkeit unterworfen, in weltpolitische Machtkämpfe verstrickt, in die Rolle des Zweckforschers gelangten und Dinge bewirkten, die sich später vollständig ihrer Kontrolle entzogen.

Woher wußten die Kernforscher um das Risiko, und in welchen naturwissenschaftlichen Problemzusammenhängen reiner Forschung standen ihre Untersuchungen?

Einer davon war das Rätsel des Ursprungs jener Energie, die das Leben auf der Erde ermöglicht: das Rätsel der Sonnenenergie. Der einschlägige Problemstand von 1932 sei belegt durch ein Zitat aus den Vorlesungen des Astrophysikers und Erkenntnistheoretikers Sir Arthur Eddington. Ich zitiere: »Geologische, physikalische und biologische Gründe sprechen mit Sicherheit dafür, daß die Sonne die Erde seit mehr als tausend Millionen Jahren erwärmt. Aber die zuerst von Kelvin angestellte Berechnung, daß die Sonnenwärme (erzeugt als normale Verbrennungswärme) für höchstens zwanzig Millionen Jahre ausgereicht haben kann, steht auch heute noch unanfechtbar da.« Die Sonnenwärme »muß aus einem geheimen Energievorrat gespeist werden, von dessen Art man zu Kelvins Zeit noch keine Ahnung hatte. Nach allen sonst geltenden Regeln der Erzeugung von Wärmeenergie hätte das Sternenall, das wir in hellem Lichte strahlen sehen, schon seit langer Zeit kalt und tot sein müssen. Keine der Energiequellen, die unsere heutige Zivilisation sich zunutze macht, könnte das Sternenall länger am Leben halten als einen kleinen Bruchteil der Zeitdauer, die es nach allem, was wir heute wissen, bestanden hat.«

Welches war diese geheimnisvolle Energiequelle, die das lebensspendende Feuer des Zentralgestirns unseres Planetensystems, ja des gesamten Sternenalls, unterhält? Nach den Erfahrungen über die Größe der Energien, die beim radioaktiven Zerfall von Atomkernen freiwerden, konnte es sich bei dieser Quelle nur um Kernenergie handeln. Damit hatte sich die Frage nach der Erzeugung der lebensspendenden Energie im Universum zugespitzt auf die Frage nach der Freisetzung der Kernenergie. Ich zitiere Eddington: »Als Astrophysiker haben wir das Dasein von Quellen inneratomarer Energie nicht einfach zur Kenntnis zu nehmen, wir müssen erforschen, wie sie frei wird, indem wir nämlich untersuchen, wie sich der freiwerdende Betrag an inneratomarer Energie mit der Temperatur, der Dichte oder dem Alter des betreffenden Sternes ändert. Wir müssen die Bedingungen für die Stabilität eines Sterns untersuchen und herausfinden, wie die Energiezufuhr reguliert wird, so daß ein auf diese Weise mit Wärme gespeister Stern nicht explodiert oder in gewaltsame Schwingungen versetzt wird.«

Soweit der Problemstand im Jahre 1932. Wie man sieht, ist es ein Problem, das unmittelbar die Frage nach der Stabilität der kosmischen Bedingungen des Lebens auf der Erde und der Existenz der Menschheit betrifft. Man kann sich schwer vorstellen, daß ein Astrophysiker moralische Skrupel haben sollte, das erörterte Problem weiter zu verfolgen.

Oder doch? Ergebnisse reiner Forschung haben ja zumeist auch technische Konsequenzen. Mit welchen Chancen, welchen Gefahren war in diesem Fall zu rechnen? Hierzu Eddington: »Während ich betone, daß die Freisetzung von Kernenergie ein Forschungsgegenstand der Astronomie ist, behaupte ich, daß es für den Ingenieur nur ein Traum für müßige Stunden sein könnte. Ich komme nicht um den Schluß herum, daß inneratomare Energie der Brennstoff ist, der in den himmlischen Öfen verheizt wird, aber es wäre ungerecht, die trügerische Hoffnung zu erwecken, daß der Astronom gleich Prometheus das himmlische Feuer stehlen und dem Menschen dienstbar machen könnte.« Und nun kommt der entscheidende Satz: »Ich habe die technische Nutzbarmachung inneratomarer Energie eine trügerische Hoffnung genannt, die zu ermutigen unrecht wäre. Aber bei dem jetzigen Zustand der Welt ist sie eher eine Drohung, die man nicht verkleinern darf, wenn man nicht eine schwere Verantwortung auf sich laden will. Man kann nicht leugnen, daß für eine menschliche Gesellschaft, für die unerschöpfliche Energie unerschöpfliche Möglichkeit für Krieg und Zerstörung bedeutet, daß für eine solche Gesellschaft eine dunkle Wolke am fernen Horizont erscheint, obgleich sie vorläufig noch nicht größer ist als eines Menschen Hand.«

Nun, die Wolke sollte sich im folgenden Jahrzehnt mit unheimlicher Geschwindigkeit vergrößern. Das astrophysikalische Problem wurde noch in den dreißiger Jahren durch die Physiker von Weizsäcker, Bethe und Chrichfield gelöst. Es handelt sich um einen mit Massenverlust verbundenen Kernverschmelzungsprozeß, bei dem über verwickelte Zwischenstadien aus Wasserstoffkernen Heliumkerne entstehen.

Diese Prozesse laufen bei Temperaturen zwischen 10 und 100 Millionen Grad ab und sind zur Zeit für friedliche Zwecke noch nicht technisch regulierbar, sondern stehen nur in der Wasserstoffbombe als Zerstörungspotential zur Verfügung.

Allerdings ging der Weg zur technisch kontrollierten Nutzung der Kernenergie aus einem anderen wissenschaftlichen Problemzusammenhang hervor, dessen Bearbeitung zur Entdeckung der künstlichen Radioaktivität geführt hatte: Mit der zugrunde liegenden Technik des Bombardierens von Atomkernen eines Elementes mit schnellen Materiepartikeln ergab sich die Möglichkeit, die Atome eines Elementes, über radioaktive Zwischenglieder, in stabile Atome eines anderen Elementes zu verwandeln. Damit eröffnete sich ein Eingang in die Kernchemie – sozusagen die experimentell fundierte Verwirklichung des Traumes der Alchimisten, Gold herzustellen. Mehr noch, die Kernchemie versprach die Möglichkeit, Einblick in die Naturgeschichte der Entstehung der verschiedenen Elemente im Sonnensystem zu gewähren. In diesem Zusammenhang interessierte auch die Frage nach den Bedingungen für die Stabilität von Atomkernen (sozusagen in Analogie zu der Frage nach der Stabilität von Sternen). Dabei kam dem Eingangselement der radioaktiven Zerfallsreihe instabiler Kerne eine besondere Bedeutung zu, dem Uran. Uran war außerdem das Element mit der höchsten Ordnungszahl. Der Kern enthält 92 positive Elementarladungen und ist demgemäß von 92 Elektronen umgeben und, wie gesagt, nicht mehr stabil.

Das wirft eine Reihe von wichtigen Fragen auf, so zum Beispiel: Warum zerfällt das Uranatom? Kann man diesen Zerfallsprozeß künstlich beschleunigen? Wie ist das Uran in der Natur entstanden? Wieso finden sich in der Natur keine Elemente mit höheren Ordnungszahlen? Kann man Elemente, vielleicht sogar stabile, mit höherer Ordnungszahl herstellen?

Für die experimentelle Beantwortung dieser Fragen bot sich zur Kernumwandlung des Urans eine neue Materiestrahlung an, die von Bothe und Becker entdeckten und von Chadwick aus dem Rutherford-Laboratorium richtig gedeuteten Neutronenstrahlen. Es handelt sich dabei um Elementarteilchen, deren Masse fast der des Protons gleicht, die offenbar elektrisch neutral sind, weil sie durch elektrische und magnetische Felder nicht ablenkbar sind, und die wegen dieser Neutralität besonders leicht in Atomkerne eindringen. Mit diesen Strahlen, zum Beschuß auf Uranatome angewendet, sollte es möglich sein, Kernumwandlungen zu erzielen und damit tiefere Einblicke in die Struktur der Materie und der Zerfalls- wie auch Stabilitätsbedingungen ihrer Atome zu gewinnen.

So ergab sich für Hahn und Straßmann der experimentelle Ansatz: Uran wird mit Neutronen bestrahlt. Welche neuen chemischen Elemente werden gebildet? Wird vielleicht ein Transuran mit der Ordnungszahl 93 oder ein radioaktives Element mit der Ordnungszahl 90 oder gar Radium mit der Ordnungszahl 88 gebildet? Hahn und Straßmann glaubten zunächst, letzteres nachgewiesen zu haben. Als sie dann ihren Ergebnissen aber weiter nachgingen, kamen sie zu einem endgültigen Resultat, das allen Erwartungen widersprach: Aus den von Neutronen getroffenen Urankernen waren nicht etwa Radiumkerne entstanden, sondern Bariumkerne. Diesen kommt die Ordnungszahl 56 zu. Und das erfordert ein weiteres Bruchstück des Urankerns, nämlich einen Kern mit der Ordnungszahl 36, weil diese 56 zu 92 ergänzt. Dabei handelt es sich um Krypton-Atomkerne: also kein radioaktiver Zerfall, sondern eine Kernspaltung! Nach einer Überlegung von Lise Meitner und Otto Robert Frisch wurde der Massendefekt dieser Kernspaltung abgeschätzt, und es ergab sich nach dem Einsteinschen Energieäquivalent der Masse pro gespaltenes Uranatom eine freigesetzte Energie von zweihundert Millionen Elektronenvolt.

Das Ergebnis wurde an Niels Bohr und über diesen an die amerikanischen Physiker übermittelt, außerdem über die Veröffentlichungen in der Zeitschrift ›Die Naturwissenschaft‹ an führende europäische Physiker, so Fermi in Italien und Joliot in Frankreich.

Die Versuche zur Urankernspaltung wurden wiederholt, und es ergab sich unter den Kernphysikern uneingeschränkter Konsens über folgende Ergebnisse:

- Bei der Bombardierung von Urankernen mit Neutronen kommt es zur Kernspaltung.
- Bei dieser Spaltung wird pro Atomkern kinetische Energie der Spaltprodukte sowie Strahlungsenergie freigesetzt, Energien, die zusammen etwa 200mal so groß sind, wie die kinetische Energie des Neutronengeschosses (insgesamt etwa 200 Millionen Elektronenvolt gegenüber einer kinetischen Energie des Neutrons von etwa 1 MeV.)
- Bei jeder Kernspaltung werden insgesamt 1 bis 3 schnelle Neutronen als Spaltprodukte freigesetzt.

Damit zeichnete sich die Möglichkeit ab, eine Kettenreaktion der Urankernspaltung durch Neutronen in Gang zu setzen, denn, wenn mit jeder Spaltung eines Urankerns 2 oder 3 Geschosse für weitere Kernspaltungen freigesetzt werden, so müssen unter Bedingungen einer hohen Trefferwahrscheinlichkeit binnen Sekundenbruchteilen alle vorhandenen Atomkerne gespalten werden. Das wäre dann eine Explosion von unerhörter Gewalt, oder, wenn es gelänge, die Reaktion zu bremsen, eine technische Energieerzeugung von phantastischer Leistungsfähigkeit: Die aus der Spaltung von 1 Gramm Uran 235 freiwerdende Energie beträgt rund 2300 Kilowatt-Stunden. Das entspricht der Explosionsenergie von 20 Tonnen TNT.

Was bedeutete dies im Zusammenhang mit der Warnung Eddingtons, der mit der Aussicht auf die Verfügung über die Kernenergie eine dunkle Wolke am fernen Horizont erblickt hatte? Nun, das Ergebnis der Kernphysiker bedeutete, daß die dunkle Wolke mit ungeahnter Geschwindigkeit heraufgezogen war, denn der Zugang zur technischen Verfügung war nun eröffnet worden.

Die menschliche Gesellschaft stand an einer Wegscheide von existentieller Bedeutung. Die Menschen mit ihrer Tendenz, sich in Solidaritätsgruppen zu organisieren und als solidarische

Kampfgemeinschaften ihre zumeist territorialen Gruppenkonflikte auszutragen, hatten im Laufe der kulturellen Evolution immer wirksamere Waffen und – im Rahmen der Arbeitsteilung – Streitkräfte entwickelt und über kriegerische Gewalt Staats- und Reichsgründungen zustande gebracht. Diese hatten bereits eine Geschichte der kriegerischen Auseinandersetzung auf der Ebene souveräner Großreiche hinter sich; Auseinandersetzungen, die mit den Mitteln einer Kriegstechnik geführt wurden, die auf dem Zerstörungspotential hochexplosiver chemischer Sprengstoffe beruhte. Das Ende des Ersten Weltkrieges lag gerade 20 Jahre vor Entdeckung der Kernspaltung. Dies war der von Eddington eingeschätzte Zustand der menschlichen Gesellschaft. Nun ergab sich die Möglichkeit, Kriege mit einem millionenfach vergrößerten Zerstörungspotential zu führen. Was sagte Eddington: »Eine Drohung, die man nicht verkleinern darf, wenn man nicht eine schwere Verantwortung auf sich laden will.«

Wer trug diese Verantwortung? Für eine kurze Zeit war es eine kleine Elite von Kernphysikern. Sie kannten sich untereinander, waren zum Teil befreundet und bildeten sozusagen eine internationale Kollegenschaft. Als Gruppe von Gelehrten waren sie in einer einmaligen weltpolitischen Situation. Sie hatten es in der Hand, den politischen Machthabern die Entwicklung der Atombombe als in absehbarer Zeit technisch aussichtslos auszureden oder ihnen die Atombombe als machbare und für denjenigen, der sie zuerst besitzt, als kriegsentscheidende Waffe zu empfehlen. In der Tat ist beides von verschiedenen Teilgruppen der Physiker versucht worden, und zwar jeweils mit durchschlagendem Erfolg.

Wer hat das eine, wer das andere getan? Aus welchen Beweggründen beziehungsweise aus welchen historischen Perspektiven heraus wurde gehandelt?

Der Initiator des Wettrüstens war einer der profiliertesten ethischen Pazifisten, ein bedeutender Mann, der wenige Jahre zuvor mit einem Brief an Sigmund Freud die Psychoanalytiker dazu angeregt hatte, die tiefenpsychologischen Ursachen der Kriegsbereitschaft aufzuspüren und Wege zu weisen, sie unter Kontrolle zu bringen. Also nicht nur ein ethischer Pazifist, sondern auch ein Initiator der Friedensforschung: Albert Einstein. Der zweite war ein um die Betreuung deutscher Emigranten, später um die Friedenssicherung hochverdienter Physiker: Leo Szillard.

Einstein warf nach Beratung mit Szillard das ganze Gewicht seiner wissenschaftlichen Autorität in die Waagschale, um durch ein Schreiben, verfaßt am 2. August 1939 (einen Monat vor Kriegsausbruch), Präsident F. D. Roosevelt auf die Notwendigkeit hinzuweisen, einer möglichen Atombombenentwicklung in Deutschland zuvorzukommen. In Deutschland, das hieß, in dem von Hitler regierten Deutschland.

Auf die andere Gruppe von Physikern, die ihrer Regierung die Atombombenentwicklung als in absehbarer Zeit nicht machbar dargestellt und damit ausgeredet hat, kommen wir noch zurück.

Roosevelts Reaktion auf Einsteins Brief: »Dies hier bedeutet: Wir müssen handeln.« Die sofort in Gang gesetzten amerikanischen Voruntersuchungen ergaben, daß Frankreich und Großbritannien bereits einen gewissen kerntechnischen Vorsprung hatten. In Frankreich wurde bereits vor Beginn des Krieges mit Erfolg an der Kerntechnik gearbeitet, und zwar an der Konstruktion eines Kernreaktors (Kernkraftwerkes). Der Spitzenmann der französischen Kernphysiker, Frederic Joliot-Curie, hatte bereits einige Patente über Bauprinzipien eines Kernreaktors angemeldet. Die kerntechnischen Forschungsergebnisse aus dem Collège de France waren eine beträchtlich zeitsparende Hilfe für die britischen Kernphysiker. Diese stellten in einem regierungsamtlichen Gutachten, datiert vom 15. Juli 1941, fest, daß die Entwicklung einer Atombombe möglich und praktikabel sei: Ein Gutachten, auf dessen Grundlage ein geheimes Regierungsprogramm für die Bombenentwicklung unter dem Code Tube Alloys beschlossen wurde. Ein Jahr später vereinbarten Churchill und Roosevelt, die britische Bombenentwicklung über den Ozean in die USA zu verlegen, fernab von der deutschen Luftaufklärung. Das Manhattan-Projekt unter der Leitung des amerikanischen Kernphysikers Oppenheimer begann.

Wer war Oppenheimer? Wie stand der bedeutende Gelehrte und Humanist zur Atombombenentwicklung? Oppenheimer, der von 1936 bis 1941 die kommunistische Partei der USA aktiv unterstützte, war geprägt durch die Erfahrung »bitterer und grausamer Dinge, wie ich sie in der großen Wirtschaftsdepression sah (1929–1932), als meine Studenten hungerten und keine Arbeit fanden, wie Millionen andere. Ich fand, daß eine Welt nicht in Ordnung ist, in der das geschehen kann.« Er wollte die Gründe herausfinden und gelangte, wie viele seiner Kollegen, durch das Studium einschlägiger Schriften zur Kapitalismus-Kritik und über diese zur »Übereinstimmung mit Teilen des kommunistischen Programms«.

Oppenheimer: »Ich finde das nicht unnatürlich. Es gab eine Zeit, in der das sowjetische Experiment große Anziehungskraft auf alle diejenigen ausübte, die den Zustand unserer Welt nicht befriedigend empfanden. Ich denke, er ist wirklich nicht befriedigend.«

Vielleicht noch stärker prägend war Oppenheimers ambivalente Beziehung zu Deutschland: Sein Vater war Deutscher, desgleichen sein Doktorvater, der bedeutende Physiker Max Born, in dessen Kreis er 1929 in Göttingen zum Dr. rer. nat. promovierte. Um so mehr mußte er sich betroffen fühlen durch die nach seiner Rückkehr nach Amerika einsetzende antisemitisch-rassistische Verfolgungspolitik der Nazis, betraf sie doch viele seiner Freunde und Verwandten aus seiner »wissenschaftlichen Heimat«: »Ich hatte Verwandte in Deutschland, Juden, denen ich helfen konnte, in dieses Land (USA) zu kommen, und die erzählten mir, was damals dort geschah.«

Oppenheimer in bezug auf die Zeit seines stärksten kommunistischen Engagements, die Zeit des spanischen Bürgerkriegs (1936–1939): »Die Verhältnisse in Spanien und Deutschland haben mich tief beunruhigt. Ich sah, was sich von Deutschland, Italien und Japan über die Welt ausbreitete, und ich wollte es hier (in den USA) nicht haben. In dieser Zeit stimmte ich mit der Idee der Kommunisten überein, daß eine Volksfront gegen die Ausbreitung des Faschismus in der Welt gebildet werden müßte.«

Bei dieser Erwägung spielte wohl eine wesentliche Rolle, daß Oppenheimer an das Theorem glaubte, der »Faschismus« sei nicht etwa in den besonderen soziologischen und historischen Bedingungen Deutschlands und Italiens begründet, sondern sei eine ökonomisch-soziologische Ausgeburt des Kapitalismus, die somit auch in den Vereinigten Staaten möglich, ja wahrscheinlich war (»Ich wollte es hier nicht haben.«)

Noch vor Beginn des Zweiten Weltkrieges änderten sich seine Sympathien für den Kommunismus: »Sie waren schon während der Schauprozesse unter Stalin sehr zurückgegangen und waren während des Paktes zwischen den Nazis und den Sowjets nahezu erloschen. Mir wurde übel, als ich hörte, daß die Sowjets den begabten deutschen Physiker Houtermann mit hundert anderen deutschen Kommunisten an die Gestapo ausgeliefert hatten.«

Später scheinen Oppenheimers Sympathien ins Gegenteil umgeschlagen zu sein, und er hat wohl einen Gesinnungswandel durchgemacht, der dem des Spanienkämpfers George Orwell ähnelt. Oppenheimer: »Die immer besser beherrschte Kunst der Zerstörung des menschlichen Geistes durch Polizeigewalt« wirke schlimmer, wenn nicht gar furchtbarer, als die verheerende Naturgewalt der Bomben. »Es ist eine grausame und unmenschliche Ironie, daß sich eine so gewaltige Form moderner Tyrannei gerade mit jenem Glauben an die Gemeinschaft gleichsetzt und mit dem Wort ›Kommunismus‹ bezeichnet, von dem zu anderen Zeiten der Gedanke an ein kleines Dorf mit seinen Gasthäusern und seinen Handwerkern ausging, die gemeinsam ihre Fähigkeiten nutzten ... Dies ist nicht des Menschen Bestimmung, nicht sein Weg. Ihn auf diesen Weg zu zwingen, heißt, ihn nicht zum Ebenbild des Allwissenden und Allmächtigen, sondern zum hilflosen, in Eisen gelegten Gefangenen einer sterbenden Welt zu machen.«[1]

Welche historische Perspektive ergab sich im Jahre 1942 für die in Amerika arbeitenden Kernforscher? Das Manhattan-Projekt begann wenige Monate vor der Schlacht um Stalingrad, nach deren Abschluß die Wende zur Überlegenheit der sowjetischen Streitkräfte besiegelt war. Im gleichen Zeitabschnitt fand auf dem pazifischen Kriegsschauplatz die Entscheidungsschlacht um die Midway-Insel statt, durch die die Wende zugunsten der Amerikaner eingetreten war, sowie auch die Offensive der 8. britischen Armee unter Montgomery, die die Wende im Afrikafeldzug brachte. Halten wir also fest: Das Manhattan-Projekt wurde gestartet zu einem Zeitpunkt, als es für die Alliierten kaum noch Zweifel am Ausgang des Krieges geben konnte.

Im Grunde genommen war die Entscheidung schon ein Jahr früher gefallen, als nämlich der deutsche Vormarsch im Oktober 1941 in der Schlacht um Moskau zum Stehen kam und die Voraussetzungen für die russische Winter-Offensive geschaffen wurden, die entlang einer 800 Kilometer langen Front den deutschen Armeen einen Rückzug von durchschnittlich 120 Kilometer aufzwang.

In dieser Zeit, das heißt im Oktober 1941, also ein Vierteljahr nach den britischen Kollegen, hatten die deutschen Kernphysiker Carl Friedrich von Weizsäcker und Werner Heisenberg ihre kerntechnischen Voruntersuchungen abgeschlossen, die nach ihrer Dienstverpflichtung im Auftrag des Heereswaffenamtes durchzuführen waren. Wie war die historische Perspektive unter der die deutschen Kernphysiker ihr Gutachten abgaben? Nun, diese Perspektive war nicht nur durch die russische Winteroffensive gekennzeichnet, sondern durch die steigende Heftigkeit der Luftangriffe britischer Bombergeschwader auf deutsche Städte. Die Briten hatten damit bereits im Mai 1940 begonnen, das heißt zu Beginn des Frankreichfeldzuges. Bei den Verhandlungen Molotows am 13. November 1940 in Berlin wurde bereits Fliegeralarm gegeben, und die Verhandlungen mußten im Luftschutzbunker fortgesetzt werden. Es war für die von Wunschdenken freien deutschen Physiker vorauszusehen, daß der Bombenkrieg weiter verstärkt werden würde. Tatsächlich erfolgte dann der Übergang zu Flächenangriffen auf geschlossene Wohngebiete, ohne daß die schwachen deutschen Luftstreitkräfte im Westen zu wirksamer Gegenwehr imstande waren. Kurz, es war vorauszusehen, was der deutschen Zivilbevölkerung blühen würde im Falle der Niederlage.

Was taten die deutschen Kernphysiker in Anbetracht des Sachverhaltes, daß die rechtzeitige Entwicklung der Atombombe die einzige Möglichkeit war, die Niederlage abzuwenden, daß es andererseits unwahrscheinlich war, diese Entwicklung rechtzeitig, das heißt noch vor der deutschen Niederlage, erfolgreich abzuschließen, und daß darüber hinaus der Erfolg bedeutet hätte, daß einem Mann wie Hitler ein solches Vernichtungs- und Machtinstrument in die Hand gegeben würde?

Als Antwort auf diese Frage zitiere ich zunächst Bernt Engelmann aus seinem Buch ›Einig gegen Recht und Freiheit‹. Der Verfasser hat sich nach sorgfältigen Studien die Auffassung Robert Jungks zu eigen gemacht und zitiert ihn: »Die wichtigste Ursache für die Vereitelung des Baus einer deutschen Atombombe sei die persönliche Haltung der wichtigsten deutschen Atomforscher gewesen, die glücklicherweise nichts taten, um den Bau einer solchen Bombe gegen behördliches Unverständnis und technische Unzulänglichkeiten durchzusetzen, sondern mit Erfolg die nationalsozialistischen Amtsstellen von dem Gedanken an eine so unmenschliche Waffe ablenkten«. Aus derselben Quelle: Otto Hahn gegenüber Carl Friedrich von Weizsäkker im Februar 1939: »Wenn meine Entdeckung dazu führen sollte, daß Hitler eine Atombombe bekommt, begehe ich Selbstmord.«

Max von Laue äußerte gegenüber dem Physiker Fritz Houtermann, der zusammen mit hundert anderen deutschen Kommunisten nach Abschluß des Stalin-Hitler-Paktes von den Sowjets an die Gestapo ausgeliefert worden war, dann aber von der Gestapo bedingt freigelassen wurde, und von Laue seine Besorgnis über den Erfolg einer deutschen Atomwaffenentwicklung ausdrückte: »Herr Kollege, eine Erfindung, die man nicht machen will, macht man auch nicht«.

Werner Heisenberg in ›Der Teil und das Ganze‹ über die Entscheidungskompetenz der Experten: »Mir schien es (im Jahre 1941) äußerst wichtig, daß diese tatsächliche Situation den Physikern bis zu einem gewissen Grad die Möglichkeit gab, zu entscheiden, ob der Bau von Atombomben versucht werden sollte oder nicht. Denn die Physiker konnten ihren Regierungen gegenüber mit Recht argumentieren, daß die Atombomben wahrscheinlich im Laufe des Krieges nicht mehr ins Spiel kommen würden, oder sie konnten auch argumentieren, daß es mit der äußersten Anstrengung vielleicht doch noch möglich sein werde, sie ins Spiel zu bringen.«

Offenbar hat Jungk mit seiner Deutung recht, daß die deutschen Kernphysiker ihr Gutachten im Sinne der Empfehlung gegen die Atombombenentwicklung abgegeben haben, also von den beiden von Heisenberg genannten Möglichkeiten die erste gewählt hatten, denn im Juni 1942 entschied die Reichsregierung, daß die Arbeiten am Reaktorprojekt nur im bescheidenen Maße weitergeführt werden sollten.

Heisenberg: »Ein Versuch zur Konstruktion von Atombomben wurde nicht angeordnet. Die Physiker hatten keinen Grund, eine Revision dieser Entscheidung anzustreben. Damit wurde die Arbeit am Uranprojekt in der Folgezeit zu einer Vorbereitung für die friedliche Atomtechnik, und als solche hat sie, trotz der Verwüstungen in den letzten Kriegsjahren, noch brauchbare Früchte getragen. Es ist vielleicht kein Zufall, daß das erste Atomkraftwerk, das von einer deutschen Firma ins Ausland geliefert wurde, mit einem Reaktorkern versehen war, der so, wie wir es im Kriege geplant hatten, aus Natur-Uran und schwerem Wasser besteht.«

War das nicht vielleicht doch als Beginn einer Atombombenentwicklung gedacht? Immerhin hat der ›Spiegel‹ in seiner Ausgabe vom 7. Juli 1982 die folgende Version gebracht: »Die Briten steckten von Weizsäcker wegen seiner Mitwirkung an der Entwicklung von Atomwaffen nach 1945 ein Jahr in ein Internierungslager.« Eine Publikation, mit der die Geschichtslegende verbreitet wurde, daß es im Krieg eine deutsche Atomwaffenentwicklung gegeben habe. Oder war dies doch keine Legende?

Man wird sich fragen, ob die deutsche Reaktorentwicklung deutlich abgrenzbar ist von der auf die Schaffung einer Atombombe abzielenden Entwicklung. Nun, als Sprengstoff für Atombomben eignen sich nur das Uran-Isotop 235 und das Plutonium-Isotop Pu 339. Die Gewinnung dieser Isotope erfordert Isotopentrennung. Und daher war die Entwicklung von Isotopen-Trennanlagen, beziehungsweise der Verzicht darauf, der kennzeichnende Unterschied der technischen Entwicklung im Manhattan-Projekt und im deutschen Uran-Projekt. Zur Anreicherung von Plutonium 239 mußten Spezial-Reaktoren der Plutoniumgewinnung entwickelt werden (im Krieg in Hanford/USA). Zur Gewinnung von Uran 235 mußten besondere Isotopen-Trennanlagen entwickelt werden, so die massenspektrometrischen Anlagen oder die Diffusionsanlagen, die heute, wie im Kriege in den Riesenanlagen von Oak-Ridge, großtechnisch betrieben werden. Im Uran-Projekt der deutschen Kernphysiker fand sich überhaupt kein Ansatz für die ungeheuer aufwendigen Isotopen-Trenn- oder Anreicherungsverfahren.

Wir kommen nun zur Frage der Beweggründe der deutschen Kernphysiker. Heisenberg schildert seine und von Weizsäckers Überlegungen als sie 1939 einen Einberufungsbefehl zum Heereswaffenamt erhalten hatten: »Wenn die technische Ausnutzung der Atomenergie noch in unabsehbar weiter Ferne liegt, so kann es nichts schaden, daß wir uns damit beschäftigen. Dann gibt uns dieses Projekt sogar die Möglichkeit, die begabtesten der jungen Menschen, die wir im letzten Jahrzehnt für die Atomphysik gewonnen haben, relativ ungefährdet durch den Krieg zu bringen. Wenn aber die Atomtechnik sozusagen vor der Tür steht, so ist es besser, Einfluß auf die Entwicklung nehmen zu können, als sie anderen oder dem Zufall zu überlassen. Natürlich weiß man nicht, wie lange man als Wissenschaftler eine solche Entwicklung in der Hand behalten könnte. Aber es mag doch ein länger dauerndes Zwischenstadium geben, in dem die Physiker tatsächlich die Kontrolle über das Geschehen ausüben.«[2]

Schöne Worte, wohlfeile Rationalisierungen? Diese Frage läßt sich nur an Hand der Beziehung von Worten und Taten überprüfen.

Was das Kontrollargument anbelangt: Die führenden deutschen Kernphysiker haben in der Tat während des Krieges die

Entwicklung der Kerntechnik unter ihre Kontrolle gebracht und aus der waffentechnischen Gefahrenzone herausgehalten. Was das Argument der Verantwortung für seine Schüler anbelangt, so ist zu beachten, daß Heisenberg in einer Tradition stand, in der die Aufgabe als Lehrer und Mentor eine Schule hochqualifizierter Nachwuchsforscher aufzubauen zu den zentralen Lehraufgaben gemäß der Einheit von Forschung und Lehre gehörte.

Das wichtigste Indiz für die Übereinstimmung von Worten und Taten liegt allerdings darin, daß Heisenberg sich kurz vor Ausbruch des Krieges dazu entschieden hatte, in Deutschland zu bleiben, obwohl er die Möglichkeit hatte, in die USA auszuwandern, und obwohl er voraussah, daß Deutschland den Krieg verlieren würde. Er war ein an der europäischen Kulturtradition orientierter deutscher Patriot. Gleichzeitig war er sich bewußt, daß dieser Krieg für Deutschland nicht zu gewinnen war. Heisenberg: »Ich hätte das Gefühl, Verrat zu begehen, wenn ich diese jungen Menschen jetzt im Stich ließe. Die Jungen können ja wohl viel weniger leicht auswandern als wir. Sie würden nicht so leicht eine Stellung finden, und es käme mir unbillig vor, wenn ich diese jungen Menschen im Stich ließe. Ich hoffe, daß sie, wenn es zum Krieg kommt, nach dem Krieg zusammen mit anderen dafür sorgen können, daß es wieder gute Wissenschaft gibt.«

Aus heutiger Sicht ist es schwer, die historischen Vorgänge in ihrer ganzen Komplexität zu erfassen, da die Motive der maßgebenden Physiker Hahn, Heisenberg und von Weizsäcker eingebettet waren in die jeweiligen Erfahrungen der jüngsten deutschen Geschichte.

Das Bestreben, den Physikern selber in einer längeren Zwischenphase die Kontrolle über die Kerntechnik zu sichern, insbesondere auch in Anbetracht der kriegsbedingten Waffenentwicklung, zeigt sich auch in Heisenbergs Versuch, im Oktober 1941, also noch vor Beginn des Manhattan-Projektes, über seinen Freund Niels Bohr den Kollegen in den USA zu signalisieren, daß die deutschen Physiker eine Verständigung der Kernphysiker über die Grenzen der kriegführenden Länder hinweg anstrebten, und zwar in dem Sinn, daß sie in allen Ländern gegenüber ihren Regierungen ähnlich wie Heisenberg und von Weizsäcker argumentieren und damit die Kontrolle über die Kerntechnik nicht aus der Hand geben.

Von Weizsäcker und Heisenberg hatten sich durch einen personalpolitischen Schachzug die Leitung des Uranunternehmens zugespielt. Neben ihren Bedenken, die denen Hahns entsprachen, stand maßgebend die Überlegung, daß die deutsche Atomwaffenentwicklung nicht rechtzeitig, das heißt vor der deutschen Niederlage, abgeschlossen werden konnte. Daher war die Abstinenz in der Entwicklung von Isotopentrennanlagen und der Versuch, einen grenzüberschreitenden Verzichtkonsens herbeizuführen, die logische Folge. Daß dies trotz der Freundschaft und des ursprünglichen Vertrauens zwischen Heisenberg und Niels Bohr nicht gelang, ist für Carl Friedrich von Weizsäcker eine der größten Tragödien der Weltgeschichte.

Im Sinne der Nazigesetzgebung grenzte Heisenbergs Versuch an Landesverrat, auf den die Todesstrafe stand. Heisenberg: »Da ich fürchten mußte, daß Niels Bohr von deutschen Stellen überwacht würde«, (Dänemark war mittlerweile bereits von deutschen Truppen besetzt worden), »sprach ich mit äußerster Vorsicht, um nicht später auf irgendeine bestimmte Äußerung festgelegt werden zu können.« Aber Heisenberg deutete Niels Bohr doch unverkennbar an, worum es ihm ging. Trotzdem scheiterte die Kommunikation. Nach den mir vorliegenden Fakten lag das im wesentlichen daran, daß Bohr sich der Aufgabe, einen internationalen Konsens der Kernphysiker herbeizuführen, versagte. Er kannte höchstwahrscheinlich den Einstein-Szillard-Brief an Roosevelt und offenbarte später seine Einstellung zur Atomwaffenentwicklung gegen Hitler, indem er von 1943 bis 1945 in Los Alamos am Manhattan-Projekt mitarbeitete. Anscheinend faßte er im Jahre 1942 die Darlegungen Heisenbergs derart selektiv auf, daß die Einstein-Szillard-Linie, das Wettrüsten um die Atombombe zu gewinnen, eher unterstützt wurde. Natürlich war der grenzüberschreitende Konsens eine Vertrauenssache.

Heisenberg: »Vielleicht hinderte ihn die gewaltsame Besetzung seines Landes durch deutsche Truppen daran, eine Verständigung der Physiker über die Grenzen der Länder hinweg überhaupt in Betracht zu ziehen. Es war für mich schmerzlich zu sehen, daß die Wirklichkeit des Krieges auch Jahrzehnte alte menschliche Beziehungen wenigstens zeitweise zu unterbrechen vermag.« Später wurde deutlich, daß Niels Bohr durchaus Anhänger einer internationalen Verständigung über die Kernenergie war, daß er eine solche Verständigung nur ablehnte, wenn sie die Chancen zur Vernichtung der Hitler-Macht verringerte. Als im Verlauf des Manhattan-Projektes offenkundig wurde, daß Deutschland den Krieg verlieren würde, war er bestrebt, seine Autorität einzusetzen, um die Kernenergie unter internationale Kontrolle zu bringen, und zwar mit Einschluß der Sowjetunion. Er richtete an Präsident Roosevelt ein Schreiben, in dem es hieß: »Gegenwärtig entsteht eine Waffe von nie dagewesener Stärke. Wenn nicht rechtzeitig ein internationales Abkommen über die Verwendung der neuen Energieform getroffen wird, wird jede zeitweilige und noch so bedeutende Überlegenheit durch die ständige Gefahr für die Sicherheit der Menschheit zunichte gemacht.«

Das waren prophetische Worte, aber es war bereits zu spät. Alle späteren Versuche, Einfluß auf die Politik zu gewinnen, blieben erfolglos. So der am 15. Juni 1945 an den amerikanischen Präsidenten gerichtete Aufruf der unter Szillard in Chicago am Kernreaktor arbeitenden Mitarbeitergruppe, auf Atombombenschläge gegen Japan zu verzichten, um damit die Chancen für ein internationales Kontrollabkommen nicht zu schmälern.

Noch während der Potsdamer Konferenz, die am 17. Juni 1945 begann, wurde der japanischen Regierung ein britisch-amerikanisch-chinesisches Ultimatum zur bedingungslosen Kapitulation übersandt. Die an sich kapitulationsbereite japanische Regierung versuchte über Molotow die Zusicherung zu erhalten, daß die Stellung des Tennos erhalten bleibe, und sie lehnte damit formal das Ultimatum ab. Am 6. August wurde die Uranbombe über Hiroshima abgeworfen, am 8. August trat die Sowjetunion gemäß den Jalta-Vereinbarungen in den Krieg gegen Japan ein, am 9. August wurde eine Plutoniumbombe über Nagasaki gezündet. Die russischen Armeegruppen eroberten die Mandschurei und Nord-Korea, und die japanische Kwantung-Armee kapitulierte am 22. August. Am 2. September wurde auf dem Schlachtschiff Missouri die japanische Kapitulation besiegelt.

In den 27 Tagen zwischen 6. August und 2. September 1945 starben – außer den Opfern der Atombomben (allein 26000 Tote in Hiroshima) – 80000 japanische und etwa 40000 sowjetische Soldaten im Zuge der sowjetischen Offensive. Außerdem wurden 600000 Japaner gefangengenommen. Von ihnen dürften 300000 überlebt haben.

Warum wurde die Bombe über Japan gezündet? Ursprünglich wird die Überlegung maßgebend gewesen sein, daß ein konventioneller Angriff auf das japanische Mutterland auf beiden Seiten wesentlich mehr Menschenleben gefordert hätte als die Atombomben. Aber nachdem die japanische Regierung, als Reaktion auf das britisch-chinesisch-amerikanische Ultimatum, Kapitulationsbereitschaft signalisiert hatte, muß ein anderer Grund ausschlaggebend gewesen sein.

Alexander Werth, ein britischer Journalist und Historiker, schreibt über die machtpolitischen Motive: »Daß die Bombe in verzweifelter Eile am 6. August geworfen wurde, deutet darauf hin, daß Truman entschlossen war, sie zu werfen, ehe die Russen in den Krieg eintraten, womit nach Jalta nicht viel später als am 8. August zu rechnen war. Der Bombenabwurf war eine Demonstration der Stärke. Worauf es ankam, war, die Russen in Asien zu stoppen und sie in Osteuropa im Zaum zu halten.«

Für Stalin dagegen war der Gesichtspunkt maßgebend, den Kriegseintritt vor einer japanischen Kapitulation zu vollziehen, um die territoriale Kriegsbeute (Südteil von Sachalin und die Kurileninseln) zu gewinnen und eine Rolle bei der Besetzung Nordkoreas und Japans spielen zu können.

Am 7. August, einen Tag nach Hiroshima, berief Stalin 5 führende russische Kernphysiker in den Kreml und befahl ihnen, den Vorsprung der Vereinigten Staaten ohne Rücksicht auf die Kosten binnen kürzester Zeit einzuholen. Dem Chef der Geheimpolizei Berija wurde die Aufsicht über alle Institute und Industrien übertragen, die mit der Herstellung der russischen Atombombe beauftragt wurden. Bereits am 10. Juli 1949 wurde die erste sowjetische Atombombe gezündet, in der Ust-Ur-Wüste, zwischen dem Kaspischen Meer und dem Aralsee. Zwei weitere Bomben wurden in der darauf folgenden Woche gezündet. Die sowjetische Wasserstoffbombe wurde 4 Jahre später zur Explosion gebracht, am 12. August 1953, 5 Monate nach Stalins Tod. Der erste Kernverschmelzungsversuch der USA mit einem transportablen Wasserstoffsprengkörper fand am 1. März 1954 statt, nach vorausgegangenen Versuchen mit ortsfest montierten Sprengkörpern.

Wie beurteilten die Initiatoren der amerikanischen Atomwaffenentwicklung ihre Aktion? Szillard nach seinem vergeblichen Versuch, im Frühjahr 1945 »den unheimlichen Dschinn, den wir, wie der Fischer in 1001 Nacht, aus der Flasche herausgelassen hatten, wieder einzufangen und einzusperren, ehe er Unheil anrichten konnte«: »Während des ganzen Jahres 1943 und eines Teiles von 1944 war es unsere größte Sorge, daß die Deutschen eine Atombombe vor der Landung der Westalliierten in Europa fertigstellen könnten. 1945 aber, als wir aufhörten, uns Sorgen zu machen, was uns die Deutschen antun könnten, da begannen wir uns besorgt zu fragen, was die Regierung der Vereinigten Staaten wohl anderen Ländern antun könnte.«

Und Einstein? Szillard berichtete: »Nicht lange nach Hiroshima besuchte ich Einstein. Als ich sein Arbeitszimmer betrat, schaute er mich traurig an und sagte: ›Da haben sie es nun. Die alten Chinesen haben schon recht gehabt: Am besten ist es, überhaupt nicht zu handeln.‹« Neun Jahre später, kurz vor Einsteins Tod, besuchte ihn sein Neffe, Josef Spier. Er berichtete: »Am Schluß seines Lebens war er der unglücklichste Mensch. Und ich verrate Ihnen jetzt ein Geheimnis, das er mir damals, 1954, offenbarte. Er verpflichtete mich, es nie zu sagen, bevor er das Zeitliche gesegnet hätte. An diesem Tag, an dem ich ihn zum letzten Mal lebend sah, sagte er mir: ›Weißt du, mein Sohn, ich habe noch etwas gefunden, auf dem Grenzgebiet der Mathematik und der Astronomie. Das habe ich jüngstens kaputtgemacht. Einmal im Leben ein Verbrecher gegen die Menschheit gewesen zu sein, genügt mir.‹« Offenbar hat sich Einstein die Folgen seiner Initiative so zu Herzen genommen, daß er auch das Risiko der Publikation von Ergebnissen der reinen Forschung nicht mehr eingehen wollte.

Oppenheimer, der führende Kopf des Manhattan-Projektes, mußte in besonders krasser Weise erleben, was es heißt, sich in eine Entwicklung einzuschalten, deren Kontrolle man aus der Hand gibt. Ich zitiere aus Heinar Kipphardts Schauspiel ›In der Sache J. Robert Oppenheimer‹. Seine Quelle ist das 2000 Maschinenseiten umfassende Protokoll des Untersuchungsverfahrens gegen Oppenheimer, das von der Atomenergiekommission der Vereinigten Staaten im Mai 1954 veröffentlicht wurde. Kipphardt: »Es ist die Absicht des Verfassers, ein abgekürztes Bild des Verfahrens zu liefern, das szenisch darstellbar ist und das die Wahrheit nicht beschädigt ...«

Robb (Anwalt der Energiekommission): Aber Sie unterstützten den Abwurf der Atombombe auf Japan, oder nicht?

Oppenheimer: Was meinen Sie mit »unterstützen«?

Robb: Sie halfen die Ziele aussuchen, nicht wahr?

Oppenheimer: Ich tat meine Arbeit. Wir bekamen eine Liste mit den möglichen Zielen.

Robb: Welche?

Oppenheimer: Hiroshima, Kokura, Nigata, Kyoto. Und wir wurden als Fachleute gefragt, welche Ziele sich für den

Abwurf der Atombombe nach unseren Testerfahrungen am besten eignen würden.

Robb: Wer ist wir?

Oppenheimer: Ein Rat von Atomphysikern, den der Kriegsminister eingesetzt hatte.

Robb: Wer gehörte dazu?

Oppenheimer: Fermi, Lawrence, A. H. Compton und ich.

Robb: Und Sie hatten die Ziele auszusuchen?

Oppenheimer: Nein, wir gaben die wissenschaftlichen Daten über die Eignung der Ziele.

Robb: Welche Eigenschaften hielten Sie für wünschenswert?

Oppenheimer: Nach unseren Berechnungen sollte das Areal einen Durchmesser von zwei Meilen haben, mindestens dicht bebaut sein, möglichst mit Holzgebäuden, des Luftdruckes und der nachfolgenden Brandwelle wegen. Die ausgewählten Ziele sollten ferner einen hohen militärisch-strategischen Wert haben und von früheren Bombardements unberührt sein.

Robb: Wieviele wurden getötet?

Oppenheimer: 70000.

Robb: Hatten Sie deshalb moralische Skrupel?

Oppenheimer: Schreckliche.

Oppenheimer zog sich danach aus der Kernwaffenentwicklung zurück und unterschrieb in einem Bericht des Wissenschaftsrates den Satz: »Wir sind der Ansicht, daß eine Wasserstoffbombe niemals hergestellt werden sollte.«

Inzwischen war der »Dschinn« soweit aus der Flasche, daß die Zwangsläufigkeit des Wettrüstens mit Stalin zur Realität geworden war, während sie im Falle des Wettlaufs mit den deutschen Kernphysikern unter Hitler eine Fiktion gewesen war. Die sowjetischen Physiker, darunter auch Sacharow, hatten unter Stalin gleichgezogen. Ein Entwicklungsverzicht der USA hätte das Wasserstoffbombenmonopol der Sowjetmacht zur Folge gehabt.

Allerdings haben die Physiker nach 1945 eine starke Lobby gebildet, um die öffentliche Meinung in den Vereinigten Staaten vorzubereiten auf die Notwendigkeit, die Atomenergie unter internationale Kontrolle zu bringen. So trugen sie dazu bei, daß der Baruch-Plan zur offiziellen Empfehlung des Weißen Hauses und des State Departements gemacht wurde. Er mutete Stalin zu, unter internationaler Kontrolle auf die Eigenentwicklung von Atomwaffen zu verzichten und der Truman-Administration zu vertrauen, daß nach Errichtung der internationalen Kontrollbehörde, an der auch die Sowjetunion beteiligt werden sollte, die USA ihr Monopol aufgeben, die vorhandenen Waffen zerstören und die Verwaltung der Energienutzung der internationalen Behörde übertragen würden. Stalin dagegen mutete der Truman-Administration zu, zunächst alle Atomwaffen zu zerstören und unter Verzicht auf gegenseitige Inspektion ihm zu vertrauen, daß er keine Atomwaffen entwickele. Der Plan scheiterte daran, daß Stalin an seinem Plan, den Vorsprung der USA in der Atomwaffenentwicklung mit allen Mitteln aufzuholen, festhielt. Das Wettrüsten setzt sich bis heute fort.

Fassen wir zusammen: Das Unheil entsprang zwei Ergebnissen der reinen Forschung über so grundlegende Fragen wie die Frage nach der Bildung der chemischen Elemente im Kosmos und nach den Stabilitätsbedingungen ihrer Atome sowie der Frage nach den Quellen der lebensspendenden Sonnenenergie und den Gründen für die Stabilität der Sterne. Bei den einschlägigen Forschungen ergab sich mit der Entdeckung der Kernspaltung des Urans der Zugang zur Verfügung über die Kernenergie: Die Kernphysiker hatten es vorübergehend in der Hand, die Entwicklung der technischen Nutzung unter Kontrolle zu halten, aber das wäre unter den Bedingungen des Krieges nur möglich gewesen, hätte es zu einem grenzüberschreitenden Konsens unter den Physikern kommen können. Der von Heisenberg gemachte Versuch, einen solchen internationalen Konsens herbeizuführen, scheiterte. Er scheiterte aus Gründen, die sich als Fehleinschätzung erwiesen, und er scheiterte aufgrund des mangelhaften Überblicks über den von Eddington erkannten Zustand der menschlichen Gesellschaft. Diese Fehleinschätzungen entsprangen verständlichen Emotionen des Abscheus europäischer Emigranten und britischer Physiker gegenüber der wissenschaftsfeindlichen Hitlerdiktatur.

Diese Emotionen wurden von den in Deutschland gebliebenen und als »weiße Juden« angeprangerten Kernphysikern durchaus geteilt. Trotz des Unterschiedes zwischen ihrer Handlungsweise und der ihrer emigrierten Kollegen wurzelte das Verhalten beider Gruppen in einer gleichartigen Bewertung des Nationalsozialismus: einer Bewertung aus der Perspektive hochrangiger naturwissenschaftlicher Gelehrter, die von ihrer ganzen Denkungsart her dem Irrationalismus einer arischen Herrschafts- und Kulturmythologie, nebst antisemitischem Sendungsbewußtsein ablehnend gegenüber standen. Zudem waren sie von dem primitiven und haßerfüllten Antisemitismus, wie er von der Hitlerregierung verkündet und praktiziert wurde, in ihrem eigenen Wirkungsbereich persönlich betroffen, und zwar durch das Nazi-Programm der »Säuberung der deutschen Wissenschaft vom jüdischen Geist«, ein Programm, das sie als zerstörenden Eingriff von halbgebildeten Fanatikern in den Kulturbereich erlebten, dessen Entwicklung sie sich zur Lebensaufgabe gemacht hatten. Andererseits waren Heisenberg und von Weizsäcker frei von der emotionalen Belastung des Wechsels der nationalen Identität und der Solidarisierung mit einer amerikanischen Nation, deren öffentliche Meinung geprägt war durch die klischeehafte Gleichsetzung von Deutschtum mit Barbarei, Kadavergehorsam und militaristischer Gewalttätigkeit.

Herbert Begemann

Ärztliche Ethik im Widerspruch zur staatlichen Machtpolitik

Ärzte haben in den letzten Jahren viel über die ethischen Prämissen ihres Handelns nachdenken müssen. Im Streit um die Aktivitäten von Ärzteinitiativen und IPPNW, die sich unter dem verstärkten Druck der atomaren Bedrohung zusammengeschlossen haben, kam sehr bald die ärztliche Ethik ins Gespräch. In dieser Diskussion wurden Probleme angesprochen, die eine nähere Beschreibung des ärztlichen Auftrags im Verhältnis zum einzelnen Kranken, zur Allgemeinheit und zur Staatsmacht verlangte. Über das Ergebnis der dadurch induzierten Überlegungen soll hier in der gebotenen Kürze berichtet werden.

Wir erinnern uns, daß Rudolf Virchow bereits im Jahre 1849 anläßlich einer Typhusepidemie, die er als junger Arzt in Oberschlesien miterlebte, die psychosoziale Genese von Krankheiten postuliert und, auf ihr basierend, eine im sozialen Bereich verankerte Prophylaxe als wesentlichen Teil ärztlichen Tuns angesprochen hatte. Retrospektiv müssen wir feststellen, wie unfruchtbar dieser Anstoß für das ärztliche Selbstverständnis geblieben ist. Virchow sollte sein selbstloses Eintreten für die ausgebeuteten Land- und Fabrikarbeiter, die an Wohlstand und Bildung der Zeit keinen Anteil hatten, mit erheblichen Schwierigkeiten bei seiner späteren Bewerbung um Staatsanstellungen bezahlen. Für uns heute ist Rudolf Virchow der bedeutende Schöpfer der Zellularpathologie, doch haben wir vergessen oder verdrängt, daß er der eigentliche Begründer der psychosomatischen Medizin und der Medizinsoziologie gewesen ist.

Fast gleichzeitig wurden dem ärztlichen Stand von Staats wegen andersartige neue Aufgaben zugewiesen, die dieser für attraktiver hielt als die aufrührerischen Lehren Rudolf Virchows. War es die durch die Anklammerung an die naturwissenschaftliche Methodologie notwendige Objektivierung des Menschen und die damit verbundene Distanzierung von der schicksalhaften Biographie des Kranken, welche die meisten Ärzte veranlaßte, sich den Forderungen der neuen Nationalstaaten zu beugen und sich an der Aufstellung und dem Ausbau von Sanitätsabteilungen innerhalb der sich inzwischen aus Dienstpflichtigen rekrutierenden »Volksheere« zu beteiligen? Wir erinnern uns aus der Geschichte, daß der Gründung dieser Sanitätsabteilungen zunächst keine humanen Überlegungen zugrunde lagen, sondern das Verlangen der Militärs, die kämpfende Truppe von Toten und Verwundeten zu entlasten und für eine möglichst rasche Wiederverwendungsfähigkeit der Verletzten zu sorgen. Die späteren Äußerungen auch prominenter Militär- und Zivilärzte zum Problem der »Kriegszitterer« und anderer psychosomatischer Störungen bei Menschen, die dem Massenmorden auf den Schlachtfeldern seelisch nicht gewachsen waren, und ihre teilweise zynisch-brutalen Vorschläge zur Behandlung solcher Kranken beweisen mehr als viele Sonntagsreden zur ärztlichen Ethik, was diese Ärzte vom Menschen wußten und wie sie ihn einstuften.[1] Diese Verhaltensweise trug den Ärzten später den Vorwurf Sigmund Freuds ein, sie seien »Maschinengewehre hinter der Front« gewesen (Freud 1920 im Prozeß gegen Wagner/v. Jauregg).

Immerhin ist es bemerkenswert, daß die größte medizinisch-humanitäre Leistung des letzten Jahrhunderts, die Gründung des internationalen Komitees vom Roten Kreuz, nicht auf die Initiative der Ärzteschaft oder eines einzelnen Arztes zurückgeht, sondern seine Entstehung den Anstrengungen und Opfern eines jungen Genfer Kaufmanns, Henri Dunant, verdankt. Dieser war zufällig Zeuge der Schlacht bei Solferino und von dem sich seinen Augen bietenden Drama so entsetzt, daß er mit einigen honorigen Genfer Bürgern 1863 das »Comité international de secours aux blessées« gründete. Doch hätte er seine praktisch auf eine Entmilitarisierung und Entnationalisierung von Sanitätswesen und Ärzteschaft hinauslaufenden Bestrebungen nicht verwirklichen können, wenn er nicht in den beteiligten Staaten nationale Rote-Kreuz-Gesellschaften etabliert hätte, welche die Verbindung zu den jeweiligen Nationalarmeen herstellen sollten, sich aber bald mehr als eine dem entsprechenden Heer assoziierte Gruppierung verstanden denn als Bindeglied zum Internationalen Komitee.[2]

Diejenigen Ärzte, die es für sinnvoller hielten, anstatt Wunden zu verbinden, lieber deren Entstehung und damit Kriege zu verhindern, blieben nicht nur in unserem Land eine verschwindende Minderheit. Ihr bekanntester Vertreter wurde Georg Friedrich Nicolai, der 1914 zusammen mit Albert Einstein den »Appell an alle Europäer« verfaßte. Darin nahmen die Unterzeichner prononciert Stellung gegen den von fast der ganzen deutschen wissenschaftlichen Prominenz unterschriebenen

»Oktoberaufruf der Dreiundneunzig«, der den deutschen Chauvinismus verteidigen und den Überfall der deutschen Armee auf das neutrale Belgien rechtfertigen sollte. Nicolais 1917 fertiggestelltes Buch ›Die Biologie des Krieges‹, das erst nach Kriegsende erscheinen konnte, und seine früheren pazifistischen Aktivitäten hatten ihm schließlich so viele berufliche und persönliche Schwierigkeiten eingetragen, daß er 1922 Deutschland verließ und nach Argentinien auswanderte. Selbst in dem inzwischen zur Demokratie gewordenen Deutschen Reich gab es für einen Arzt, der den Krieg öffentlich verdammte, keinen Platz.

Die Zahl der Ärzte, die versuchten, die humanen Anliegen ihres Berufs höher zu werten als nationale Machtinteressen, ist sicherlich nicht auf Virchow, Freud und Nicolai beschränkt. Doch bilden sie ein nur bescheidenes Rinnsal gegenüber dem breiten, behäbig dahinfließenden Strom der sich wohlig im politischen Konformismus sonnenden Kollegen. Diesem breiten Strom entstiegen unter anderem auch jene Ärzte, die sich während der Hitler-Zeit in den deutschen Konzentrationslagern und in den »unwertes Leben« vernichtenden Anstalten einen traurigen Namen machten.

Man sollte das aktuelle zwiespältige Verhalten der Ärzteschaft unter dem Eindruck der atomaren Bedrohung im Kontext dieser gerafft dargestellten Medizingeschichte zu verstehen suchen. 1958 hatte der Deutsche Ärztetag auf Anstoß von Paul Eckel, der damals die deutsche Ärzteschaft bei der Europäischen Atomenergie-Agentur vertrat, eine Resolution beschlossen, in der »alle Verantwortlichen der ganzen Welt vor dem frevlerischen Mißbrauch der Atomenergie« gewarnt und beschworen wurden, »der Humanität und der Ehrfurcht vor dem Leben wieder Geltung zu verschaffen, durch Ächtung aller Massenvernichtungswaffen und Verzicht auf Atomversuche«. Darüber hinaus formulierte Eckel schon damals die Forderungen derjenigen Ärzte, die sich erst etwa 20 Jahre später zur IPPNW und anderen Ärzte-Initiativen zusammenschlossen.

Die Geschichte der Organisation »Internationale Ärzte zur Verhinderung eines Atomkriegs (IPPNW)«, der inzwischen weltweit in West und Ost etwa 150000 Ärzte aus 50 Nationen angehören und die 1985 mit dem Friedensnobelpreis ausgezeichnet wurde, dürfte weitgehend bekannt sein. Vielfach ist darüber berichtet worden.[3] Doch möchte ich, da in meinem Thema die ärztliche Ethik angesprochen ist, versuchen, in wenigen Worten eine Quintessenz der Erfahrungen und Überlegungen zu geben, die schließlich die Handlungsprämissen ärztlichen Tuns bestimmen:

Der Arzt ist grundsätzlich dem Leben verpflichtet! Die Erhaltung des Lebens sollte für ihn eine unbedingte Priorität haben vor allen anderen Werten. Nationalitäts-, Rassen- und Religionszugehörigkeit sowie die sozialen Verhältnisse des Kranken müssen für die ärztlichen Entscheidungen irrelevant bleiben.

Seit alters her hat der ärztliche Auftrag zwei Stoßrichtungen: Die Krankenbehandlung erfolgt zumeist (aber keineswegs immer) in einer dyadischen Beziehung, die vom therapeutischen Imperativ bestimmt wird. Ebenso wichtig ist die zweite Perspektive der ärztlichen Tätigkeit, die Verhinderung von Krankheiten; diese ist um so bedeutsamer, je größer die Zahl der unbehandelbaren und unheilbaren Krankheiten wird. Krankheitsprophylaxe kann definiert werden als die (Wieder-)Herstellung von Lebensbedingungen, die Leben und Gesundheit ermöglichen. Der prophylaktische Auftrag verpflichtet den Arzt, die Sphäre des Privaten zu verlassen und politisch tätig zu werden. Er muß öffentliche Verantwortung übernehmen. Auf das Gebot der Prophylaxe gründet sich auch die politische Tätigkeit der Ärzte, die sich gegen Krieg und atomare Bedrohung wenden!

Ich kann es mir versagen, an dieser Stelle die Sofort- und Spätfolgen der Atombombenabwürfe über den Städten Hiroshima und Nagasaki im einzelnen aufzuzählen. Kaum wagen wir zu entscheiden, was uns mehr erschüttert, das maßlose Leid, das über die Bewohner dieser Städte gebracht wurde und in Sekunden Hunderttausende von Toten und Verwundeten forderte, oder die Mentalität derjenigen, welche die Planung solcher Schrecken ermöglichten und menschliches Elend in bisher nicht gekanntem Ausmaß in ihre militärischen Pläne einkalkulierten.

Die Erfahrungen von Hiroshima und Nagasaki, die Ergebnisse der seit 40 Jahren immer wiederholten, mit eigenem Gefahrenpotential ausgestatteten Atombombentests und zahlreiche, auf unterschiedlichen Ausgangspositionen berechneten Szenarien haben übereinstimmend gezeigt, daß es in einem Atomkrieg in Europa und anderen Industriestaaten, überall dort, wo Atomwaffen stationiert sind, keinerlei organisierbare Hilfe für die betroffene Bevölkerung geben kann. Hilfe wird es bestenfalls auf der Ebene einfachster Samaritertätigkeit geben können.

In dieser Einschätzung sind sich namhafte wissenschaftliche Gesellschaften, die Weltgesundheitsorganisation und selbst die Planer dieser makabren Unternehmungen einig.

Politische, wirtschaftliche, ökologische, technologische, psychologische und systemimmanente Faktoren widerlegen die Behauptung, ein dauerhafter Frieden könne nur das Ergebnis einer wirksamen Rüstung sein, und diese könne gegenwärtig nur im Gleichgewicht der atomaren Abschreckung bestehen. Selbst wenn man der oft vorgebrachten Hypothese folgt, wonach der seit nunmehr 40 Jahren anhaltende Zustand von Nicht-Krieg seine Fortdauer allein der wechselseitigen atomaren Bedrohung verdanke (was keineswegs bewiesen ist), so sollte uns diese Behauptung nicht glauben machen, daß das Gleichgewicht des Schreckens Kriege auf die Dauer zu verhindern vermag. Die Destabilisierungsfaktoren dieses Abschreckungssystems sind zu mannigfach und mit menschlichen Fähigkeiten und Einsichten nicht dauerhaft zu kontrollieren. Frieden *mit* Waffen ist eine Illusion – Frieden *ohne* Waffen eine Chance.

Ein künftiger Atomkrieg wird nicht nur die Territorien der Supermächte und ihrer Vasallen vernichten, sondern durch die Zerstörung der ökologischen Gleichgewichte die Lebensbedingungen für den größten Teil der Lebewesen dieser Erde zunichte machen. Die Autoren der TTAPS-Studie haben errechnet, daß der gesamte Erdgürtel zwischen 60 Grad nördlicher und 30 Grad südlicher Breite in einem globalen Atomkrieg vom »nuklearen Winter« betroffen sein würde.[4] Unsere Warnung vor einem Atomkrieg ist also nicht nur durch unseren ärztlich-prophylaktischen Auftrag begründet, der uns zwingt, für Lebensbedingungen zu kämpfen, die Leben und Gesundheit ermöglichen; ärztliche Handlungsprämissen sind in einer allgemeinen anthropologischen Ethik aufgegangen: Wir müssen unseren Lebensraum bewahren, weil der Fortbestand des Lebens auf unserem Planeten ein Teil unserer eigenen Unsterblichkeit ist!

Die Verhinderung eines Atomkriegs ist ein existenzielles Anliegen. Einzelschritte auf dem Weg zu diesem Ziel sind eine drastische Verminderung aller Atomwaffen in Ost und West mit der Schaffung ausgedehnter atomwaffenfreier Zonen bis hin zur Ächtung aller nuklearen Waffen. Doch dürfte das auch dann noch verbleibende Zerstörungspotential eines »konventionellen« Krieges beträchtlicher sein als alles, was wir bis zum Ende des Zweiten Weltkrieges an Schrecken erlebt haben.

Abgesehen von der Tatsache, daß durch die zahlreichen Atomkraftwerke auch ein nicht-nuklearer Krieg hinsichtlich der Strahlenbelastung der betroffenen Bevölkerung mit einem Atomkrieg vergleichbar sein dürfte, wird ein »konventioneller« Krieg durch die moderne Waffentechnik mit Raketen, Marschflugkörpern, Giftgasen und neuartigen Sprengstoffen (vielleicht sogar mit biologischen Waffen) für alle Lebewesen kaum weniger grauenhaft und zerstörerisch sein als ein Atomkrieg. Zudem sollten wir bedenken, daß einmal erworbenes menschliches Wissen niemals wieder ausgelöscht werden kann. Individuelle und kollektive Erinnerung – Grundeigenschaften menschlicher Existenz, die erst Kultur möglich machten – übertragen auch technische Fähigkeiten und anderes faktisches Wissen von einer Generation auf die folgende. Die vergleichsweise einfache Herstellung von Atomwaffen werden die Menschen nicht vergessen, und sie werden darauf zurückgreifen, wenn ihnen das im Verlauf eines »konventionell« begonnenen Krieges opportun erscheint.

Eine Verstärkung der konventionellen Rüstung, wie sie immer wieder von Militärs gefordert wird, würde die Rüstungskosten nochmals in die Höhe treiben, die Menschheit aber nicht vom Alptraum eines Vernichtungskrieges befreien. Anders ist es mit den in jüngster Zeit oft zur Diskussion gestellten alternativen Verteidigungsmaßnahmen mit ausschließlich defensiven Waffensystemen. Sie lassen bei potentiellen Gegnern die sonst berechtigte Angst nicht aufkommen, daß unter dem Vorwand der Verteidigungsbereitschaft bereits wieder ein Angriffskrieg geplant werde. Zudem sind die vorgeschlagenen Defensivmaßnahmen sehr viel billiger als die übrige Rüstung.

Immer werden wir aber in unseren Köpfen das Fernziel bewahren und in allen unseren Planungen vorantreiben müssen: Bedingungen unter den Völkern zu schaffen, die schließlich einen allgemeinen und dauerhaften Frieden garantieren, der nicht aus Angst vor dem möglichen Gegner aufrechterhalten wird, sondern dem ein wechselseitiges Vertrauen zugrunde liegt. Indem die Existenz der Atomwaffen uns allen den Abgrund der Selbstvernichtung vor Augen führte, schuf sie den Boden für eine neue, internationale Ethik, denn der Krieg wurde ad absurdum geführt.

Tatsächlich braucht ein grundsätzlicher Wandel in den die eigene Sicherheit betreffenden Denkmodellen der Völker nicht so ausgeschlossen zu sein, wie uns das zunächst anmutet. Der

Paradigmawandel vom ptolemäischen zum kopernikanischen Weltbild oder von der klassischen Physik zur allgemeinen Relativitätstheorie waren von der Allgemeinheit schwerer zu vollziehen, da in beiden Fällen eine jedermann wahrnehmbare und seit Menschengedenken unbestrittene Wirklichkeit zugunsten einer nur für wenige Experten einsehbaren Theorie aufgegeben werden sollte. Demgegenüber sind die Vorteile eines antimilitaristischen, dauerhaften Friedenskonzeptes für jeden Menschen sofort zu verstehen. Trotzdem wird eine stetige und nachhaltige Aufklärungsarbeit zu leisten sein, wenn wir die althergebrachte Überzeugung ausrotten wollen, daß Kriege unvermeidliche, gewissermaßen im Schöpfungsplan vorgesehene Übel seien. Neuere paläoanthropologische und ethnologische Untersuchungen haben ergeben, daß unsere frühen Vorfahren, die Sammler und Jäger der Steinzeit, keine Kriege kannten, sondern mit ihren Nachbarn in gutem Einvernehmen lebten, dessen Basis ein täglich geübtes Teilen und Geben war. »Erst in den letzten zehntausend Jahren dürfte die Fähigkeit, sich wirtschaftlich oder militärisch gegenüber anderen Gruppen durchzusetzen, eine gewisse Bedeutung bekommen haben – und auch das nur an einzelnen Stellen der Erde.«[5] Wir alle sollten zur Kenntnis nehmen, daß Kriege innerhalb der menschlichen Evolution nur vorübergehend eine Rolle gespielt haben und daß ihre Zeit jetzt vorüber ist.

Weiterhin werden wir unsere Mitbürger davon überzeugen müssen, daß es zwischen den Staaten keinerlei politische Differenzen geben kann, die das Risiko eines Krieges rechtfertigen. Die in unserer Zeit immer wieder als Alternative beschworenen »Freiheit oder Sozialismus« sind in Wirklichkeit keine Antithesen, sondern bestenfalls Metaphern für zwei Grenzpunkte auf einer imaginären Linie, auf der sich Gesellschaften formieren: Der Weg der Sozialisation, der vom Individuum in die Gemeinschaft führt, ist für den einzelnen immer einengend und dadurch traumatisierend. Wer heute noch den liberalistischen Freiheitsbegriff verteidigt und gesellschaftliche Dynamik als einen permanenten Prozeß sich gegenseitig paralysierender Egoismen begreift, hat offenbar an der Entwicklung der Industriegesellschaft vorbeigelebt und von einem modernen Ökologie-Verständnis noch nichts gehört. Freiheit hat etwas zu tun mit Einsicht in die Notwendigkeit der für jede Zeit adäquaten politischen und sozialen Veränderungen. Wer in kollektiv betonten Gesellschaftsformen das schlechthin Böse wittert, sollte sich in der Geschichte umsehen, bei den Essenern, den Urchristen, den Mönchsorden und vielen christlichen Sekten (Wiedertäufer, Shaker, Hutterer). Gesellschaftsstrukturen und Staatsformen haftet immer etwas Prozessuales an. Ihre konkrete Prägung wird bestimmt von den jeweiligen historischen Erfahrungen sowie von den ökonomischen und mancherlei anderen Umständen.

Solche Erkenntnisse sind wichtig, wenn man erfolgreich gegen die herrschenden Feindbilder angehen will, wie das vom Weltärztebund, dem Deutschen Ärztetag 1982 und in der Resolution der IPPNW ausdrücklich gefordert wird. Es gibt keine primär bösartigen Völker, und Kriege sind nicht der richtige Weg, um menschenverachtende Regierungen zu beseitigen, da letztendlich die Ohnmächtigen und Unterdrückten, deren Befreiung als Kriegsziel vom Angreifer ausgegeben wird, unter den Kriegseinwirkungen am meisten zu leiden haben. Feindbilder schaffen die Motivation für die Bevölkerung, einen möglichen Krieg gegen einen bestimmten Gegner zu akzeptieren und sich an seinen Vorbereitungen zu beteiligen. Ihre Gestaltung ist abhängig von dem Risiko des hinzunehmenden Krieges.

Da ein zukünftiger Atomkrieg grauenhafter würde als alles, was die Menschheit bisher an Katastrophen erlebt hat, müssen auch die beiderseitigen Feindbilder besonders schrecklich sein. Horst-Eberhard Richter hat auf diese Zusammenhänge erstmals hingewiesen und darauf aufmerksam gemacht, daß die wechselseitigen Feindbilder gegenwärtig oft paranoide Züge annehmen.[6] Der jeweilige Gegner wird zum Monster, dessen Handlungen nur noch als Ausdruck perfider Hinterhältigkeit gedeutet werden. Solche Feindbilder sind nicht nur gefährlich, sondern auch unserem Selbstverständnis abträglich. Ob wir nun als Christen die Brüderlichkeit aller Menschen mit ihrer gemeinsamen Gotteskindschaft begründen, oder ob wir die Gleichheit aller Menschen aus der Vorstellungswelt des säkularisierten Humanismus ableiten, immer ist es überheblich und unstatthaft, ganze Völker in dieser Weise zu erniedrigen. Ärzten, denen es durch ihre Berufsverpflichtung ausdrücklich untersagt ist, Bewertungsunterschiede zwischen Menschen vorzunehmen, steht die Übernahme solcher Feindbilder besonders schlecht an.

Der geforderte Abbau von Feindbildern hat aber noch eine weitere selbstreflektierende Perspektive. Wir *haben* ja nicht nur Nachbarn, wir *sind* auch Nachbarn. Wir sollten uns immer wieder selbst fragen, ob unser eigenes Verhalten in Vergangenheit oder Gegenwart für unsere Nachbarn und möglichen Gegner vertrauenswürdig war und ist, so daß sie der von uns beteuerten Friedfertigkeit Glauben schenken können. Mir scheint, daß diese Selbstbefragung besonders kritisch und vorurteilslos sein muß, wenn wir unsere Beziehungen zu unseren östlichen Nachbarn erforschen wollen. Fällt es uns vergleichsweise leicht, unsere Kriegsschuld gegenüber unseren westlichen Nachbarn einzugestehen, so zögern die meisten von uns, wenn es darum geht, zu bekennen, daß wir die Sowjetunion ohne Kriegserklärung angriffen, nachdem wir kaum zwei Jahre zuvor einen Nichtangriffspakt mit ihr geschlossen hatten, und daß 20 Millionen im Krieg getöteter Russen großenteils auf unser Schuldkonto gehen. Vertrauen kann sich nur entwickeln in einer vertrauenswürdigen Atmosphäre und durch Vertrauen fördernde Maßnahmen. Zu diesen zählen auch das Eingeständnis unserer geschichtlichen Schuld ebenso wie die Verwirklichung des christlich-humanistischen Prinzips von der Gleichheit aller Menschen, das keine Feindbilder dulden kann.

Die Produktion von Feindbildern ist ein wichtiges Hilfsmittel zur Militarisierung unserer Gesellschaft. Dabei fasse ich als »Militarisierung« alle Maßnahmen zusammen, die die Bevölkerung auf einen künftigen Krieg vorbereiten. Militarisierung ist das psychische Äquivalent zur Aufrüstung. Innerhalb der Ärzteschaft hat sich in den letzten Jahren der Streit vor allem an den sogenannten katastrophenmedizinischen Übungen (der aktuellen Form der Militarisierung der Ärzteschaft) entzündet, die von den ärztlichen Standesorganisationen in Verbindung mit Dienststellen der Bundeswehr zunächst als freiwillige Fortbildung empfohlen wurden, wahrscheinlich aber bald als ein Teilstück des »Zivilschutzgesetzes« verpflichtend eingeführt werden. Das Für und Wider dieser Übungen ist oft und überall kontrovers diskutiert worden, so daß ich mir Einzelheiten an dieser Stelle ersparen kann. Die in der IPPNW und anderen Ärzteinitiativen zusammengeschlossenen Ärzte verweigern solche Übungen,

– weil sie in der Öffentlichkeit die illusionäre Vorstellung wekken, auch die Schrecken eines Atomkrieges seien durch ärztliche Maßnahmen zu mildern – eine Annahme, durch welche die allgemeine Bereitschaft zum Krieg gefördert und die Schwelle, die uns von einem Atomkrieg trennt, gesenkt werden könnte;

– weil im Zentrum dieser paramilitärischen Ausbildung ein Selektionsverfahren, genannt »Triage«, steht, das den bisher üblichen Prinzipien ärztlicher Ethik zuwiderläuft. Die immer auf das Wohl des einzelnen zugeschnittene ärztliche Handlungsweise wird verkehrt in eine Maßnahme zur verbesserten Aktionsfähigkeit der Kampftruppen; Hilfe wird pervertiert zur Beihilfe.[7]

Daß, unabhängig von dieser gezielten Verweigerung, Ärzte in jeder Situation Kranken und Verletzten ihr Können zur Verfügung stellen, ist in der Frankfurter Erklärung der IPPNW ausdrücklich festgelegt. Natürlich würden sie auch im unseligen Fall eines Atomkrieges ärztliche Hilfe leisten, die dann aber wohl günstigenfalls auf der Ebene primitivster Samariterdienste erfolgen könnte. Das alles ist zwar schon tausendmal gesagt, aber offenbar von unseren Widersachern noch nicht gehört worden, sei es weil sie an einer partiellen Taubheit leiden, sei es aufgrund einer gezielten Böswilligkeit.

Die seelische Zurichtung der Menschen auf künftige Kriegsfälle ist offenbar eine wesentliche Voraussetzung für die Entwicklung von Kriegen. Daß in einem künftigen Krieg Millionen Menschen ihr Leben unter schrecklichen Qualen lassen müssen, daß ganze Kulturen zerstört werden, daß die Natur unwiderbringlichen Schaden nimmt, das alles ist furchtbar. Schlimmer noch ist es, daß wir alle an diesem Zerstörungswerk teilnehmen müssen, daß jeder von uns zum fakultativen Massenmörder werden soll. Erst durch eine militärische Erziehung werden veränderte Wertmaßstäbe in uns geschaffen, die notwendig sind, damit wir den Krieg in unseren Lebensplan integrieren, ihn für einen unvermeidlichen Teil des Lebens halten. Wollen wir das umgekehrte Ziel, die Verhinderung künftiger Kriege erreichen, so wird in erster Linie erzieherischen Maßnahmen eine entscheidende Bedeutung zukommen.

Tradierte Begriffe wie Ehre, Heldentum, Sieg, Niederlage, Kraft, Macht, Treue und viele andere sind auf ihre Tragfähigkeit auch in einer militärfreien Gesellschaft zu prüfen. Wir werden diese und viele andere Begriffe mit neuen Inhalten füllen müssen, die keine Verherrlichung des Massenmordens – Krieg genannt – bedeuten. Es ist dies der erste, aber auch wichtigste Schritt auf dem Weg zu einer fundamentalen Änderung unseres Bewußtseins und unserer Wertmaßstäbe, die Voraussetzung für eine »Umkehr zu einer Politik mit neuen Grundideen«, wie das Horst-Eberhard Richter kürzlich gefordert hat.

Wenn wir davon überzeugt sind, daß einer der wichtigsten Schritte zum dauerhaften Frieden in einer grundsätzlichen Änderung unserer Erziehungsziele besteht, dürfen wir nicht davor zurückschrecken, die Militärdienstpflicht hinsichtlich ihrer persönlichkeitsprägenden Auswirkungen zu untersuchen. Da die allgemeine Wehrpflicht einen gut funktionierenden Militärapparat garantieren soll, müssen während der Dienstzeit bestimmte »charakterliche« Zielvorstellungen erreicht werden. Unter ihnen sind in unserem Zusammenhang zwei grundsätzliche Verhaltensänderungen wichtig:

1. Da, wie allgemein bekannt und immer wieder betont, der unbedingte Gehorsam eine der wichtigsten Voraussetzungen für das reibungslose Funktionieren eines jeden Heeres ist, muß der Soldat so konditioniert werden, daß eine Befehlsaufnahme sofort und unmittelbar die Ausführung des erhaltenen Befehls in Gang setzt. Überlegungen, ob dieser Befehl sinnvoll oder moralisch gerechtfertigt ist, führen zu Zeitverzögerungen und sind daher unerwünscht, Einwände gegen den Befehl sind nur formal statthaft. Die unreflektierte Handlungssequenz von Befehl und Gehorsam ist eine der unverzichtbaren Voraussetzungen für ein zeitgerechtes Funktionieren des Heeres im »Ernstfall«.
2. Jede militärische Handlung im Kriegsfall hat das Ziel, das feindliche Heer aktionsunfähig zu machen. Je größer die Zahl der getöteten oder verwundeten Gegner ist, um so eher wird dieses Ziel erreicht. Der Soldat muß lernen, Menschen zu töten, also eine durch seine bisherige Erziehung erworbene fundamentale Handlungsprämisse, nämlich das ethisch und gesetzlich verankerte Tötungsverbot, aufzugeben.

Die hier genannten soldatischen »Tugenden« widersprechen wesentlichen Zielen unserer »zivilen« Erziehung grundsätzlich. Durch die Relativierung des Tötungsverbots wird ein Fundamentalgesetz unterhöhlt, ohne das keine menschliche Gemeinschaft bestehen kann; durch die Anerziehung des unbedingten Gehorsams wird eine Verhaltensweise erzeugt, die einer Haupteigenschaft des mündigen Bürgers eines demokratischen Staates diametral entgegengerichtet ist – der allgegenwärtigen kritischen Vernunft.

»Bürger in Uniform«, dieser Begriff evoziert mancherlei, gelegentlich sogar etwas romantische Vorstellungen zwischen Rütlischwur und Freiheitskriegen. Darüber vergißt man nur allzu leicht die weitverzweigten wirtschafts- und machtpolitischen Interessen moderner Großstaaten, die die Notwendigkeit eines militärischen Eingreifens für den zum Wehrdienst verpflichteten Bürger oft nicht erkennen lassen, ihn darüber hinaus aber zwingen, an irgendeinem Ort der Erde seiner schrecklichen Tötungspflicht an Menschen nachzukommen, die ihm bis dato gänzlich unbekannt waren. Das Morden wird dadurch zu einem anonymen, geradezu unverbindlichen Geschäft.

Welche Folgen die Verinnerlichung der beiden erwähnten militärischen Eigenschaften hat, wurde uns in den letzten Jahrzehnten vielfach vor Augen geführt. Exemplarisch sollen hier nur zwei Männer erwähnt werden, die in dieser Zeit viel von sich reden machten: Adolf Eichmann, der mittelmäßige, bürgerlich erzogene »Befehlsempfänger«, der – wie viele andere vor und nach ihm – seine Verteidigung darauf konzentrierte, daß er immer nur auf Befehl und als Soldat an einer besonderen »inneren« Front gehandelt habe.

Ebenso erschreckend ist die Lebensgeschichte des amerikanischen Leutnants Calley, der durch das Massaker bekannt wurde, das er in dem vietnamesischen Dorf My-Lai veranstaltete, und der schließlich vor ein amerikanisches Kriegsgericht gestellt und wegen Kriegsverbrechen verurteilt wurde. Aus seinen Gesprächen mit dem amerikanischen Journalisten John Sack seien exemplarisch zwei Passagen wiedergegeben: »Wir lernten auch etwas, was wir zwanzig Jahre lang für verabscheuungswürdig gehalten hatten: töten. Ein Feldwebel in Turnhosen und Turnhemd brachte es uns bei. Wir saßen in einer Runde, und er trat jemandem in die Nieren – genauer gesagt einige Zentimeter tiefer, da der Tritt sonst tödlich gewesen wäre. Es war grauenhaft: Zack – und ich dachte, mein Gott, das kann kein Mensch durchstehen. Er trat wirklich zu oder legte jemanden mit einem Karate-Schlag um: Wumm!« – »Denn das ist die Armee: ein Messer, das schön scharf bleiben muß, damit das amerikanische Volk es benützen kann. Wenn das Volk sagt: ›Los, mach Südamerika dem Erdboden gleich‹, dann wird's die Armee tun. Eben Mehrheitsbeschlüsse, und wenn eine Mehrheit zu mir sagt: ›Gehe nach Südvietnam‹, gehe ich auch. Und wenn sie mir sagt: ›Leutnant Calley ..., los, massakrieren Sie tausend Kommunisten‹, werde ich tausend Kommunisten massakrieren. Aber ich werde das nicht verteidigen. Ich bin gegen das Massaker, und ich werde es auch nicht predigen. Ich bin kein Scheinheiliger. Oder ist das gerade scheinheilig? Aber ich mache das, was mir gesagt wird. Ich werde nicht dagegen revoltieren. Ich stelle immer das amerikanische Volk über mein Gewissen. Ich bin ein amerikanischer Bürger.«[8]

Natürlich behaupte ich nicht, daß jeder junge Mann, der seinen Wehrdienst absolviert hat, in seinem Verhalten so grundsätzlich verändert wird, wie das unsere beiden Beispiele andeuten. Ein Blick in die Geschichte mag uns aber auch davor bewahren, das Ergebnis unserer militärischen Erziehung zu verharmlosen. Wenn wir der Frage nachgehen, wie diese sich auf das Verhalten im zivilen Alltag auswirkt, sollten wir berücksichtigen, daß die Militärdienstzeit mit allen ihren Einflußnahmen in die psychisch besonders sensitive Adoleszentenphase fällt, in der Unbewußtheit konstituiert wird und in der unsere Beziehungen zum gesellschaftlichen Umfeld ihre bleibende Normierung erhalten.

Wir müssen uns fragen, ob derartige, in ihren Forderungen fundamental widersprüchliche Gebote (Liebesgebot versus Tötungsgebot) schließlich Situationen bedingen können, die in der Kommunikationslehre als Double-bind-Situationen bezeichnet werden und die inzwischen nicht nur als bedeutungsvoll für die Psychopathologie des Individuums erkannt, sondern auch als prägend für bestimmte Formen des Verhaltens innerhalb menschlicher Gruppen angesehen werden (Cultural double bind).[9] Untersuchungen über die Auswirkungen der militärischen Erziehung auf das Verhalten des einzelnen sowie auf zwischengesellschaftliche Kommunikationen liegen bisher wohl noch nicht vor. Doch ist es denkbar, daß derartige Studien erschreckende Zusammenhänge offenlegen würden.

Die Überwindung von Kriegen und allem, was zum Krieg führt, ist die wichtigste, aber auch schwierigste Aufgabe, die in der Zukunft zu leisten ist. An ihrer Lösung müssen sich alle Bereiche unserer Gesellschaft beteiligen. Wir gingen von der ärztlichen Ethik aus und müssen nun erkennen, daß diese in ihren Tiefen mit einer anthropologischen Ethik identisch ist; denn schließlich kann sich kein Mensch seiner Verpflichtung für das Leben und die gesamte Schöpfung entziehen. Ärzte können aus ihrem speziellen beruflichen Auftrag heraus bestenfalls als Induktoren für eine Entwicklung wirken, ohne die wir alle zugrunde gehen. Wissenschaft und Technik haben der Menschheit erstmals die Fähigkeit verliehen, über ihre eigene Existenz zu entscheiden. Damit haben wir eine Verantwortung übernommen, der nichts innerhalb unserer Geschichte gleichzusetzen ist. Wenn das Wort Hölderlins richtig ist, daß, wo die Gefahr wächst, auch das Rettende wächst, kann dieses Rettende nur aus uns selbst kommen, aus einer grundsätzlichen Änderung unseres Bewußtseins, das heißt einer Überprüfung unserer ethischen Handlungsprämissen.

Heiner Dürr
Geographie und Friedensforschung und das Beispiel Dritte Welt

Daß sich die Geographie zum Thema »Frieden« meldet, mag manchen überraschen. Im Geographieunterricht haben die meisten wohl eher etwas über Klimazonen und eiszeitlich geschaffene Formen der Erdoberfläche gehört, vielleicht auch über zentrale Orte, Regionalplanung oder Probleme der Verstädterung in der Dritten Welt. Aber Geographie und Frieden?

Ich verfolge in diesem Beitrag drei Hauptziele. Zum einen soll der sozialwissenschaftliche Zweig der Geographie an das weite Feld der Friedens- und Konfliktforschung herangeführt werden. Zweitens wird, gleichsam als Demonstration für die Aussagekraft einer friedensgeographischen Fragestellung, ein einfaches Phasenmodell der räumlichen Entwicklung für besonders friedensbedrohte Länder der Dritten Welt skizziert. Schließlich wird gefragt, welche Schlußfolgerungen daraus für die Praxis der Entwicklungshilfe und der Wissenschaft gezogen werden können.

1. Geographie und Friedensforschung

In diesem Abschnitt ist zunächst zu zeigen, daß die Humangeographie – synonym werden die Ausdrücke Anthropo- und Sozialgeographie verwendet – aufgrund ihrer traditionellen Fragehaltungen etwas zum Thema Frieden und Konflikt sagen *kann*. Sodann wird gefragt, weshalb sich das Fach dennoch so weitgehend aus dem Fragefeld unserer Vortragsreihe herausgehalten hat.

Wohl keine andere Forschungsdisziplin hat sich in jüngster Zeit so schnell verändert und dabei inhaltlich so stark aufgefächert wie die alte »Erdkunde«. Die Programme der Deutschen Geographentage, auf denen sich das Fach alle zwei Jahre vor einer breiten Öffentlichkeit darstellt, lesen sich immer mehr wie Querschnitte aus allen möglichen Sozial- und Naturwissenschaften. Zwei beliebig herausgegriffene Beispiele vom jüngsten, dem 45. Geographentag 1985 in Berlin: Das Thema »Weltwirtschaftsordnung und supranationale Integration« steht dort neben »Terrassen und Terrassensysteme auf der Ostseite der Halbinsel Sinai«. Und während man in einem Saal etwas hören konnte über »Belastungen des naturnahen Fremdenverkehrs- und Erholungspotentials durch Umwelteinflüsse, aufgezeigt am Beispiel des Lärms«, wurde gleichzeitig in einem anderen Raum über »Modernisierung und Urbanisierungsstrategien in der VR China« gesprochen und diskutiert. Was für ein Fach also! Wo sonst herrscht eine derartige Vielfalt von Themenbereichen und Sichtweisen, wo sonst gibt es so wenige für die Fachkollegen verbindliche Modelle und Erklärungsansätze?

Will man diese »synchrone Heterogenität«[1], diese – übrigens gar nicht neue – Unübersichtlichkeit der Geographie ordnend vereinfachen, so könnte man drei Traditionsstränge mit je einem konkreteren Fragebereich ausmachen. Sie seien hier sogleich auch durch mögliche friedensgeographische Fragestellungen näher erläutert. Aus welchen Blickrichtungen also könnten Geographen sich mit dem Frieden befassen?

Fragefeld 1: Räumliche Verbreitungs- und Verknüpfungsmuster
Immer wieder rechnet sich die Geographie die Beschreibung und die Erklärung von räumlichen Verteilungen beliebiger Sachverhalte als eine »genuine« Aufgabe zu – etwa von Bodenpreisen, Waldschadensdichten, Einkommen oder Schulbeteiligungsquoten. Die relativ große Bedeutung, die das Medium Landkarte in der Geographie nach wie vor hat, spiegelt den hohen Stellenwert solcher Verbreitungsstudien. Wenn in ihnen nicht nur dargestellt, sondern auch erklärt werden soll, so bringen Geographen sehr oft Erklärungsgrößen wie Lage, Distanz, Erreichbarkeit und Richtung ins Spiel. Gibt es etwa typische Muster der räumlichen Verbreitung von Konflikten und Friedenszuständen? Hängt die Häufung militärischer Konflikte in bestimmten Teilen der Welt (auch) mit deren Lage zu den Machtzentren und den Habenichtsen auf der Erde zusammen? Wie verändern sich herkömmliche Einschätzungen von strategischer Lagegunst mit der Veränderung der militärischen Technologie und des machtpolitischen Bedrohungspotentials?

Fragefeld 2: Inwertsetzung der Natur
Zu welchen Zwecken und mit welchen Zielen nutzen Individuen, menschliche Gruppen oder Organisationen die natürliche Umwelt? Welche räumlichen Strukturen resultieren aus solcher

»In-Wert-Setzung«? Etwa: Kommt es im Zuge der zunehmenden Technisierung der Wirtschaft zu Standortentscheidungen, welche den Frieden im betroffenen Raum beeinträchtigen? Ein aktuelles Beispiel für die Relevanz solcher Fragen liefert die Diskussion um Standorte der Atomenergiewirtschaft in der Bundesrepublik. Aus der Dritten Welt könnte man die Tragödie im Chemiewerk der Union Carbide in Bhopal/Indien vom Dezember 1984 nennen.

Fragefeld 3: Verhaltensrelevanz von Raumstrukturen
Gleichsam als Fortsetzung der eben genannten Fragestellungen arbeiten Geographen zunehmend auch über die Auswirkungen bestimmter Raumstrukturen auf menschliche Verhaltensweisen, Werte und Einstellungen. Ein aktuelles Beispiel auf mikrogeographischer Ebene sind die Forschungen über den Einfluß neuer Sozialwohnbauten auf die Aggressivität von Stadtbewohnern.[2] Aber gibt es nicht auch im Maßstabsbereich von Regionen und ganzen Ländern räumliche Strukturmuster, die etwa Unzufriedenheit schüren oder menschliche Grundbedürfnisse beeinträchtigen? Hierüber ist noch recht wenig bekannt, eine vom Standpunkt der Friedensforschung aus gesehen beklagenswerte Forschungslücke.

Die folgende Liste von Ländern und Regionen möge andeuten, daß und wie die genannten friedensgeographischen Fragestellungen »greifen« können; auf eine inhaltliche Konkretisierung sei hier noch verzichtet. Wie man sieht, weisen alle Beispielsfälle eine einheitliche konflikt*geographische* Konstellation auf; in allen Staaten besteht ein markantes Raummuster aus friedlicheren und unfriedlichen Regionen und zugleich ein räumliches Nebeneinander verschiedener ethnischer und/oder kultureller Gruppen. Gerade in der Dritten Welt weisen solche Staaten ein besonders hohes Konfliktpotential auf; das Sichern oder Wiederherstellen von Frieden ist dort besonders schwierig.

Beispiele ausgeprägter ethnogeographischer Konfliktlagen

Staat	von Minderheiten bewohnte Peripherregionen (Auswahl)
Äthiopien	Eritrea, Tigre
Australien	Nord-Territorium (Aborigenes)
China	Xinjiang (Uiguren u. a.), Tibet

Staat	von Minderheiten bewohnte Peripherregionen (Auswahl)
Frankreich	Korsika
Großbritannien	Wales
Indien	Khalistan (Sikhs), Assam (Bengalen)
Indonesien	Molukken
Iran	Kurden
Nicaragua	Atlantik-Tiefland (Miskitos)
Pakistan	Belutschistan
Philippinen	Mindanao (Moros)
Sri Lanka	Nordregion (Tamilen)
Südafrika	»Homelands« (schwarze Bevölkerung)
Thailand	Nordregion (Miao u. a. Bergvölker)
Zimbabwe	Matabeleland (Ndebele)

Aber ganz ähnlich stellen sich friedensräumliche Probleme in alten und neuen Industriestaaten. Die regionalistischen Bewegungen in vielen Teilen Europas sind für uns die naheliegendsten Beispiele. Hier, wie in der Dritten Welt, machen sich zunehmende inter-ethnische Spannungen bemerkbar. Das gilt um so eher, je härter »ein Land« (schon hier sei vor solcher Anonymisierung gewarnt!) mit den Anforderungen eines international organisierten Wirtschaftssystems konfrontiert und je stärker es von hochtechnologisch verfaßten Macht-Rüstungs-Komplexen beeinflußt wird. Der innere Friede autochthoner Kulturen gerät unter solchen Bedingungen in größte Gefahr. Ein aktuelles Beispiel aus Australien, abgedruckt in der ›Süddeutschen Zeitung‹ vom 30. Oktober 1985, möge die Verursachung und Folgen dieser Konstellation vorab verdeutlichen (man vergleiche dazu auch den Film ›Wo die grünen Ameisen träumen‹ von Werner Herzog, 1984):

»Ureinwohner wollen Uranmine stoppen. Darwin (dpa/vwd) – Ureinwohner im australischen Nordterritorium wollen die Stilllegung der mit deutscher Beteiligung betriebenen Uranmine ›Ranger‹ erreichen. Sie haben jetzt Schritte vor einem Gericht in Darwin eingeleitet. Nach ihren Behauptungen gefährdet das Auslaufen von radioaktiven Abwässern aus einem Abraumdamm der Mine die Umwelt. Die auch in die Bundesrepublik exportierende ›Ranger‹-Mine wird von dem Gemeinschaftsunternehmen *Energy Resources of Australia Ltd. (ERA), Melbourne,* betrieben. An ihr ist neben australischen, japanischen und schwedischen Unternehmen auch die UrangesellschaftmbH,

Frankfurt, beteiligt, eine Gemeinschaftsgründung der Frankfurter Metallgesellschaft AG, der Essener STEAG AG und des Düsseldorfer VEBA-Konzerns, sowie die Rheinisch-Westfälischen Elektrizitäts-Werke AG und die Saarberg-Interplan Uran GmbH.«

Bevor solche weit verbreiteten regelhaften Konfliktmuster im nachfolgenden Abschnitt näher erläutert werden, sei untersucht, welche Voraussetzungen die Geographie als Forschungsfach mitbringt, um an der Erforschung derartiger konfliktgeographischer Konstellationen mitzuwirken.

Ob ein Fach neue Fragefelder erschließt oder alte rekultiviert, hängt von vielen Randbedingungen und Überlegungen innerhalb des Faches ab. Die Existenz geeigneter, fachspezifischer Methoden im weiteren Sinne (das heißt Frageansätze, Verfahren der Datensammlung und -analyse) ist eine Einflußgröße, sozusagen eine fach*logische*. Oftmals wichtiger sind aber fach*soziologische* Bestimmungsgründe: neben der (zufälligen) fachlichen Spezialisierung des Einzelforschers etwa die Wertschätzung durch Fachkollegen und die Karriereträchtigkeit, die das gewählte Thema besitzt. Schließlich gibt es fach*externe* Kriterien für die Wahl eines Forschungsthemas: Welche Forschungsergebnisse erwartet die Gesellschaft von mir, für welches Thema bekomme ich Forschungsgelder? Daß die deutschsprachige Geographie[3] sich in der Nachkriegszeit so auffällig wenig an der Friedensforschung beteiligte, hat nun weniger forschungslogische, sondern vielmehr forschungssoziologische und externe Gründe.

Als erstes ist in diesem Zusammenhang an die aktive, ja oft führende Rolle zu erinnern, die deutsche Geographen auf dem Gebiet der Geopolitik vor und während des Dritten Reiches gespielt haben. Fragen nach »Volk und Raum« waren ja in Deutschland bald nach dem Ersten Weltkrieg erneut gestellt und gesellschaftlich schnell aufgewertet worden. Schon lange vor der Machtübernahme durch das Hitler-Regime haben führende Geographie-Professoren über dieses Thema gearbeitet. Der Inhalt und die Rigorosität mancher Auffassungen, die dabei geäußert wurden, sind erschreckend! Hier muß ein exemplarischer Beleg genügen; er stammt aus einem Buch des Hamburger Geographie-Ordinarius Siegfried Passarge aus dem Jahr 1925:[4]

»Es gibt keine kulturfeindlichere Bewegung auf der Erde als den internationalen Phantom-Idealismus und Pazifismus. Der

blutigste Krieg ist kulturfördernder als jene. So manche bleibende, wichtige Erfindungen sind seine Folgen. Die ihn Überlebenden sind körperlich und geistig gesund und kulturfähig,* jene aber erzeugen ein dem moralischen und physischen Untergang geweihtes, körperlich und geistig verfallendes Geschlecht. *(Fußnote:* Dieser Satz gilt für den normalen Ausgang eines Krieges, der zu einer Verwüstung des unterliegenden Landes und zu einer Reinigung des Volkes von schwachen Bestandteilen durch Hunger und Seuchen führt.)*«

Hier und in vielen anderen Arbeiten deutschsprachiger Geographen war eine Saat gelegt, die in furchtbarer Weise aufgehen sollte. Gerade hier in München sollte immer wieder in Erinnerung gebracht werden, daß die geopolitische Konzeption der Nationalsozialisten maßgeblich durch die Geographen Karl Haushofer und dessen Sohn Albrecht beeinflußt worden ist. Beide Haushofers haben hier an der Ludwig-Maximilians-Universität im Fach Geographie promoviert. Karl Haushofer, 1869 in München geboren, war 1919 als General aus der Armee ausgeschieden, habilitierte sich dann an der Münchener Universität für das Fach Geographie und wirkte dort seit 1921 zunächst als Honorarprofessor und ab 1933 als Ordinarius. Seine Auffassungen zur Geopolitik, also zur Lehre von der »Erdgebundenheit der politischen Systeme«, gewann vor allem auch deshalb politische Durchschlagskraft, weil der Führerstellvertreter Rudolf Heß sein persönlicher Schüler war. Erst nach Heß' Flucht nach England (1938) ging Haushofers Einfluß auf die NSDAP zurück. Karl Haushofer hat seinen Irrtum zuletzt erkannt; er löste sich von der NS-Gefolgschaft, kam 1944 in Lagerhaft nach Dachau und beging 1946 gemeinsam mit seiner Frau Selbstmord.[5]

Wie sein Vater hat auch Albrecht Haushofer bei Erich von Drygalski in Geographie promoviert (1924). Er ging 1925 nach Berlin, wo er 1940 Professor wurde. Ihm half die persönliche Bekanntschaft mit Rudolf Heß, eine Funktion als Berater und freier wissenschaftlicher Mitarbeiter in der Dienststelle des Außenministers Ribbentrop zu erlangen. In dieser Stellung hat auch Albrecht Haushofer mit seinen geopolitischen, geographisch-völkischen Auffassungen zur Festigung der unseligen Idee vom »Volk ohne Raum« beigetragen. Wie sein Vater, so hat auch Albrecht Haushofer diese Folgen seines Tuns eingesehen und sich dazu offen bekannt. Er nahm im Verlauf des Zweiten Weltkriegs Kontakte zur Widerstandsbewegung auf und wurde im April 1945 in Berlin-Moabit von einem SS-Kommando erschossen.

Die *scientific community* der deutschen Nachkriegsgeographie hätte angesichts solcher schweren Verfehlungen, andauernden Verirrungen und zum Teil tragischen persönlichen Schicksalen von Fachkollegen ein Anliegen darin sehen können, das Friedensthema in kritischer Auseinandersetzung mit der Fachgeschichte breit zu entfalten und in systematischer Anstrengung empirisch neu zu bearbeiten. Aber das ist, von wenigen Ausnahmen abgesehen,[6] nicht geschehen. Erst neuerdings sind breiter angelegte Studien über die Rolle der Geographie im Dritten Reich angefertigt worden. Die Impulse kommen dabei eher von »unten«, von politisch wie fachlich sensiblen Studenten. Nicht überall können sie mit dem Beifall des offiziellen Faches rechnen.

Aufs Ganze der Bundesrepublik gesehen, ist diese zögernde, wenn nicht gar abwehrende Haltung »des Faches« gegenüber seiner nationalsozialistischen Vergangenheit nicht einmal ungewöhnlich. Eine solche »Entsorgungsmentalität« (H. Dubiel) war und ist weit verbreitet. »Wenn man die Selbstbehauptungskräfte durch ein gesundes Identitäts- und Geschichtsbewußtsein stärken wolle, müßten eben zustimmungsfähige Vergangenheiten mobilisiert werden, und nur solche.«[7] Das gilt wohl auch für Wissenschaftler-Gemeinden, und für die Humangeographie noch mehr als für manche anderen sozialwissenschaftlichen Disziplinen. Seien wir als Geographen deshalb ganz besonders auf der Hut. Hüten wir uns davor, gegenüber schamlosen Auffassungen einer sich fehlleitenden Disziplin abzustumpfen. Sorgen wir dafür, daß aus der Feigheit vor der Geschichte des Faches nicht eine unendliche Geschichte der Feigheit wird.

Es dürfte auch mit den traumatischen Erfahrungen der Geographie im Dritten Reich zu tun haben, daß in der Geographie heute starke Berührungsängste in horizontaler Richtung herrschen, das heißt gegenüber bestimmten Teilfeldern der benachbarten Fächer Soziologie und Politikwissenschaft. Während die interdisziplinäre Kooperation mit diesen auf »harmloseren« Gebieten wie Innovationsdiffusion oder Migration (zum Beispiel Land-Stadt-Wanderung) recht eng ist, wurde das weite Feld der Macht- und Herrschaftstheorien von der deutschen Geographie viel weniger beachtet und auf räumliche Problemstellungen kaum angewendet. Vor diesem Hintergrund erscheint es noch weniger zufällig, daß die Geographie in der ansonsten breit gefächerten Friedens- und Konfliktforschung über ein Randdasein nicht hinausgekommen ist.

Hierfür ist wohl aber auch ein weiterer Grundzug geographischer Forschungspraxis bedeutsam: ihre verbreitete Scheu vor normativen Aussagen. Der wichtige sogenannte Werturteilsstreit in den Sozialwissenschaften[8] ist ohne aktive Teilnahme von Geographen geführt und bis heute im Fach kaum rezipiert und diskutiert worden. Unterscheidet man mit Jürgen Habermas zwischen Wahrheits-, Geschmacks- und Gerechtigkeitsfragen,[9] so hat sich die Geographie ganz überwiegend mit ersteren befaßt.

Wodurch entstehen und verändern sich Raumstrukturen? So lautete ihre *wahrheits*orientierte Leitfrage. Frühere *ästhetische* Aspekte der Landschaftsforschung, wie sie etwa im Werk Alexander von Humboldts vorkommen, finden erst neuerdings wieder größeres Interesse.[10] Was ist eine schöne Landschaft? Welches Landschaftsbild, welche räumlichen Zuordnungen von Gebäuden und Grünflächen, von privatem und öffentlichem Raum, welche Bauensembles empfinden Menschen als wohltuend, akzeptabel, beruhigend? Derartige Fragestellungen erleben derzeit einen anhaltenden Aufwind; wie in anderen Sozialwissenschaften herrscht auch in der Geographie ein anhaltendes Unbehagen gegenüber der Dominanz *verstandes*gemäßer Vorgehensweisen und gegenüber der Vernachlässigung *gefühls*mäßiger affektiver Gesichtspunkte. Indessen sind *normativ*-planerische Problemstellungen weiterhin am Rande des geographischen Forschungsinteresses geblieben. Die Tradition einer möglichst wertfreien Beschreibung räumlicher Prozesse hat ihre Wirkung behalten und, wie es scheint, in jüngster Zeit sogar wieder verstärkt. Das schmälert das öffentliche Interesse an unserem Fach. Was ist eine zweckmäßige Landschaft? Wie muß eine Raumstruktur aussehen, wenn kurzfristiges Wirtschaftswachstum das gesellschaftliche Oberziel ist? Und wie ist eine Landschaft zu gestalten, um ihren Bewohnern und Besuchern Halt geben zu können, um ihre Identitätsfindung zu erleichtern, um sie zu tätiger Mitgestaltung der Umwelt anzuregen? Schließlich also auch: Welche Raumstrukturen fördern und welche beeinträchtigen den inneren und äußeren Frieden? Wie schon gesagt: All diese Fragen sind in der Angewandten Geographie nur sehr oberflächlich bearbeitet worden.

Noch eine letzte, wissenschafts-technische Eigenart geographischen Arbeitens muß angesprochen werden, wenn man den aktuellen Stellenwert und die künftigen Möglichkeiten einer Friedens-Geographie einschätzen will. Das Beschreiben, Analysieren und »Beplanen« von *Räumen,* also von sozialen Aggregaten wie Regionen, Städten, Bezirken, Gemeinden, Slumvierteln, Neubaugebieten und anderem macht es dem Geographen leicht, die *innerhalb* solcher Einheiten abrollende Lebenswirklichkeit zu übergehen. Damit bleiben auch die oftmals konfliktreichen Beziehungen zwischen Individuen und Klassen, die Meinungsunterschiede und divergenten Lebensorientierungen der Bewohner, außerhalb des Gesichtsfeldes. Dieses Manko wiegt natürlich um so schwerer, je größer und/oder je heterogener die betreffende Raumeinheit ist. Immer aber gilt: Räume haben keine Gefühle, Räume können nicht leiden, wohl aber Menschen. Räume haben auch keine Interessen und keine Macht, wohl aber Menschen – Individuen und menschliche Gruppen. So trivial das ist, so bedenkenswert ist es doch. Vergißt man nämlich das »Menschliche« über dem »Räumlichen«, so fällt es auch schwer, politisch umsetzbare Zukunftsentwürfe zu entwickeln. Denn Räume können keine Träger von Entwicklung sein. Sie sind Behälter von Entwicklungen, hinter denen die mehr oder minder autonomen Entscheidungen und Handlungen von Menschen stehen. Nur auf sie können und auf sie müssen die Empfehlungen einer engagierten Wissenschaft ausgerichtet sein.

Zusammenfassend ist also festzuhalten, daß die Geographie das Thema »Konflikt, Frieden und Raum« nicht etwa zufällig vernachlässigt hat. Vielmehr sind dafür eine Vielzahl miteinander verzahnter wissenschaftslogischer, -historischer und -soziologischer Eigenarten verantwortlich. Von dieser Basis aus einen Blick in die Zukunft zu richten, heißt wohl: Euphorie vermeiden, Hoffnungen dämpfen! Auch im Fach Geographie herrscht ein starker Überhang an Nachwuchswissenschaftlern und demzufolge ein großer Druck auf die wenigen freiwerdenden Stellen. Für sie empfiehlt man sich – unter sonst gleichen Bedingungen – nicht gerade dadurch, daß man unbequeme, »politisch getönte« Themen aus geographischer Perspektive aufgreift. Erwarten wir also nicht zuviel von einer künftigen Konflikt- und Friedens-Geographie!

2. Friedensbedrohungen in der Dritten Welt: eine geographische Skizze

Im folgenden soll das erwähnte Potential friedensgeographischer Problemstellungen ein wenig mehr freigelegt und genutzt werden. Als Beispielmaterial dient vor allem die anfangs erwähnte Gruppe von Drittweltländern, Staaten also, in denen verschiedene ethnisch-kulturelle Gruppen mit- und nebeneinander leben. Ich gehe in zwei Schritten vor. Zunächst sind die Begriffe »friedlicher Raum« und »befriedeter Raum« etwas näher zu betrachten und zu problematisieren. Anschließend wird ein einfaches Phasenmodell entwickelt mit dem Ziel, die Mechanik für (un-)friedliche Raumstrukturen in multi-ethnischen Drittweltländern besser zu verstehen.

Was sind friedliche, was befriedete Räume? Selbst wenn Frieden lediglich als Abwesenheit von Krieg und offener Gewalt verstanden wird, gibt es in der Dritten Welt nur wenige friedliche Großräume, Länder und Regionen. Ihre Zahl sinkt noch einmal stark ab, wenn man eine erweiterte und mehr auf Einzelpersonen bezogene Vorstellung von Frieden zugrundelegt, etwa diese: Friedlich leben, zufrieden sein, echten Frieden haben heißt »sich mit den gegebenen Umständen in Einklang finden und daher innerlich ausgeglichen sein und keine Veränderung der Umstände wünschen«. Mit anderen Worten: Friedliche Lebensräume gibt es nur dort, wo möglichst viele Bewohner möglichst alle ihre Grundbedürfnisse befriedigen können. Die Bewahrung der Würde jedes einzelnen Menschen muß der letztlich gültige Maßstab für die Existenz von Frieden sein.

Das ist leicht gesagt, fordert die Sozialwissenschaften und die praktische Entwicklungspolitik aber stark heraus. Was sind Grundbedürfnisse? Wer legt sie fest? Und in welcher Reihenfolge sollen sie berücksichtigt werden? Wann wird die Würde eines Menschen verletzt? Diese und ähnliche Fragen sind schon für unsere eigene Gesellschaft schwer zu beantworten. Wieviel mehr gilt das im Hinblick auf die Dritte Welt mit ihrer nach Kulturerdteilen so verschiedenen Wertestruktur und Wertevielfalt. Kaum bestritten werden in dieser Hinsicht jedoch drei Sachverhalte und Setzungen.

Zum einen bilden die *funktionalen Haben*-Bedürfnisse die Basis jeder Bedürfnis-Hierarchie.[11] Wo Hunger herrscht, wo Menschen frieren müssen, wo Krankheiten die Entfaltungsmöglichkeiten von Kindern einschränken, wo unwürdige

Wohnbedingungen bestehen: dort kann es keinen wirklichen Frieden geben.

Zweitens zeigt die Erfahrung, daß in der Dritten Welt viele Menschen auch *Seins*-Bedürfnisse wie Lieben, Teilen und Geben zu ihren *Grund*bedürfnissen rechnen. Solidarische Einstellungen gegenüber Bedrängten, Armen und Entwicklungsopfern sind vor allem in den ländlichen Gebieten vieler Drittweltkulturen weiter verbreitet als in vielen Industrieländern. Als die Regierung von Nigeria im Dezember 1983 in einer brutalen Blitzaktion Millionen von ausländischen Arbeitskräften des Landes verwies, kam es an den Flüchtlingsrouten nicht zu dem im Westen befürchteten Massensterben. Auf dem Weg in ihre Heimat wurden die Zwangswanderer von der ansässigen Bevölkerung notdürftig versorgt; die Solidarität der Armen mit den Ärmeren bestand eine große Bewährungsprobe.

Drittens schließlich ist wesentlich, daß *charakterbedingte Haben*-Bedürfnisse wie Erwerben, Besitzen und Gewinnmachen in den Kulturen der Drittweltländer zwar insgesamt weniger zählen, für viele Angehörige der dortigen ökonomischen und politischen Elite aber immer maßgebender geworden sind. Hier ist die bereits geäußerte Warnung vor pauschalierenden und harmonisierenden Aussagen über ganze »Länder« zu beherzigen. Die Wertvorstellungen und Bedürfnisstrukturen werden auch im Süden der Welt vielfältiger; sie unterscheiden sich vor allem nach Maßgabe der Ausbildung und Bildung, die jemand erhalten hat. Von den deutschen Geographen hat vor allem Theo Rauch die Bedeutung dieser Tatsachen für wirtschafts- und kulturräumliche Entwicklungen in der Dritten Welt sowohl theoretisch als auch empirisch besonders präzise nachgewiesen.[12]

Angesichts dieser Erkenntnisse erscheint es heute unmöglich, in der Dritten Welt (oder sonst irgendwo) friedliche Zustände im strengen Sinne der oben formulierten Definition zu schaffen. Wo große Machtkonzentration herrscht, wird es immer Opfer geben, deren Bedürfnisse auf der Strecke bleiben. Wo technologisch überlegene Mächte in Form von Regierungen, Entwicklungsagenturen oder Großkonzernen die alltägliche Lebenspraxis bestimmen, ist Entfremdung allgegenwärtig. Nur wenige können dann noch wirklich »in Frieden mit sich selbst« leben. Das gilt, wie einige genaue sozialpsychologische Studien belegt haben, in den meisten Kulturen der Dritten Welt noch mehr als in unserer eigenen Gesellschaft.[13]

Was nun könnte man unter *befriedeten* Räumen verstehen? Nähern wir uns dieser Frage aus etymologischer Sicht. Die deutschen Präfixverben mit *be* setzen ein »Bestehendes voraus, das von außen in eine bestimmte Lage versetzt oder zusätzlich mit Merkmalen versehen« wird.[14] Etwas Sauberes wird beschmutzt, eine kahle Fläche bepflanzt. Ein befriedeter Raum kann demnach als ein Teilgebiet verstanden werden, in dem Unfriede geherrscht hat und der irgendwann in den Zustand des Friedens versetzt worden ist. Wer hat dafür gesorgt? Und wer könnte heute und in Zukunft als Be-Frieder wirken? Ein zweites einheitliches Merkmal der *be*-Verben ist, daß sie oft einen »amtlichen Geschmack« haben; der Beamte bescheinigt, bereinigt, beschönigt und wird dafür besoldet. Allein schon dieser Wortgebrauch legt die weitergehende Frage nahe, ob die Befriedung von Regionen in der Dritten Welt, wenn sie denn überhaupt möglich ist, durch amtliche, staatliche Akte geleistet werden kann.

Wie entsteht nun Friedlosigkeit in der Dritten Welt? Dazu möchte ich folgende Thesen erläutern und konkretisieren: Die erwähnte klassenspezifische Differenzierung der Bedürfnisse und Lebensziele in Gesellschaften von Drittweltländern bildet den Kern eines insgesamt sehr komplexen Ursachengefüges, dessen Wirken zum Unfrieden in vielen Regionen der Dritten Welt führt. Diese Doppelstruktur von westlichen und autochthonen Werten ist sowohl Resultat als auch Motor einer regelhaften Wirtschafts- und Raumentwicklung in Drittweltländern. Deren Verlauf wird im folgenden anhand des abgebildeten einfachen Vier-Phasen-Modells erläutert. Es versteht sich, daß die Vielfalt kulturerdteil-spezifischer, regionaler und lokaler Entwicklungen damit nur grob eingefangen werden kann. Als leitende Gesichtspunkte in der folgenden Erläuterung des Modells dienen die eingangs herausgearbeiteten friedens- und konfliktgeographischen Fragestellungen.

Phase 1: Zellenstrukturen (siehe Abbildung Seite 93)
Vor Beginn der weltweiten Expansion der europäischen Kolonialreiche haben viele Bewohner in den Südkontinenten in überschaubaren Lebensräumen relativ autark gelebt. Es bestand eine zellulare Raumstruktur, wie sie etwa von G. William Skinner für das kaiserzeitliche China nachgewiesen worden ist.[15] Die Außenkontakte zu angrenzenden Lebensräumen waren eher sporadischer Natur. Vielerorts beschränkten sie sich auf

die Abgabe von Naturalien oder Geldleistungen an übergeordnete staatliche Einheiten, die diese zur Erhaltung ihrer Machtstellung gegenüber angrenzenden Großreichen benötigten. Nur in naturräumlich ungleich ausgestatteten Lebensräumen hatte der regelmäßige Warenaustausch mit benachbarten Raumzellen größere Bedeutung. Das gilt beispielsweise für die Grenzräume zwischen Savanne und Regenwald, oder für die monsunalen Tieflandskammern des südostasiatischen Kulturraums, wo Reisbauern immer schon Produkte mit den Hackbauvölkern austauschten, die in den Bergumrahmungen siedelten. Ebenso wie die relative Abgeschlossenheit eine lokale Vielfalt von Sprachen und Dialekten begünstigte, trug sie auch dazu bei, daß sich die Regeln der Alltagsgestaltung von Ort zu Ort unterschieden. Das Leben mit und von der Natur war mittels lokal und regional wechselnder Riten, Gewohnheiten und Technologien geregelt; besonders eindrucksvoll ist das etwa in den Arbeiten des Anthropologen Harold Conklin aufgezeigt worden. Die Führerschaft im Dorf wechselte oft und zwischen vielen Familien.[16] In den lebensgestaltenden Grundregeln konnten sich dadurch viele Menschen wiederfinden. Mehr Menschen als in jeder späteren Phase konnten ihre materiellen und immateriellen Grundbedürfnisse befriedigen. Dabei ist die relativierende Form dieser Aussage wichtig: Sie übersieht nicht, daß der Alltag in vielen Lokalgesellschaften immer auch durch Hungersnöte, hohe Kindersterblichkeitsraten, grausame Lokalkriege und kannibalische Opferriten bestimmt sein konnte.

Phase 2: Koloniale Unterdrückung

Seit dem 16. Jahrhundert wurden immer mehr und immer entferntere Regionen in den Einflußbereich der technologisch überlegenen europäischen Mächte gezwungen. Immer mehr Kolonialmächte (Abbildung: K) bedienen sich von nun an der Potentiale in der Südhemisphäre und führen sie ihren Zwecken zu. Gold-, Elfenbein- und Sklavenküste: Diese zum Teil bis heute gebräuchlichen Namen weisen auf diesen Prozeß und das sie auslösende ausbeuterische Interesse hin. Die *räumlichen Folgewirkungen* dieser gewaltsamen Ankopplung tropischer und subtropischer Gebiete an transozeanische Handelsnetze sind weltweit sehr einheitlich:[17] (1) Die städtisch-höfischen Zentren der autochthonen Kulturen werden küstenwärts verlagert (z. B. Burma). (2) Größere binnenländische Handelsstädte oder Potentialflächen werden zunächst mit Stichstraßen, dann mit lei-

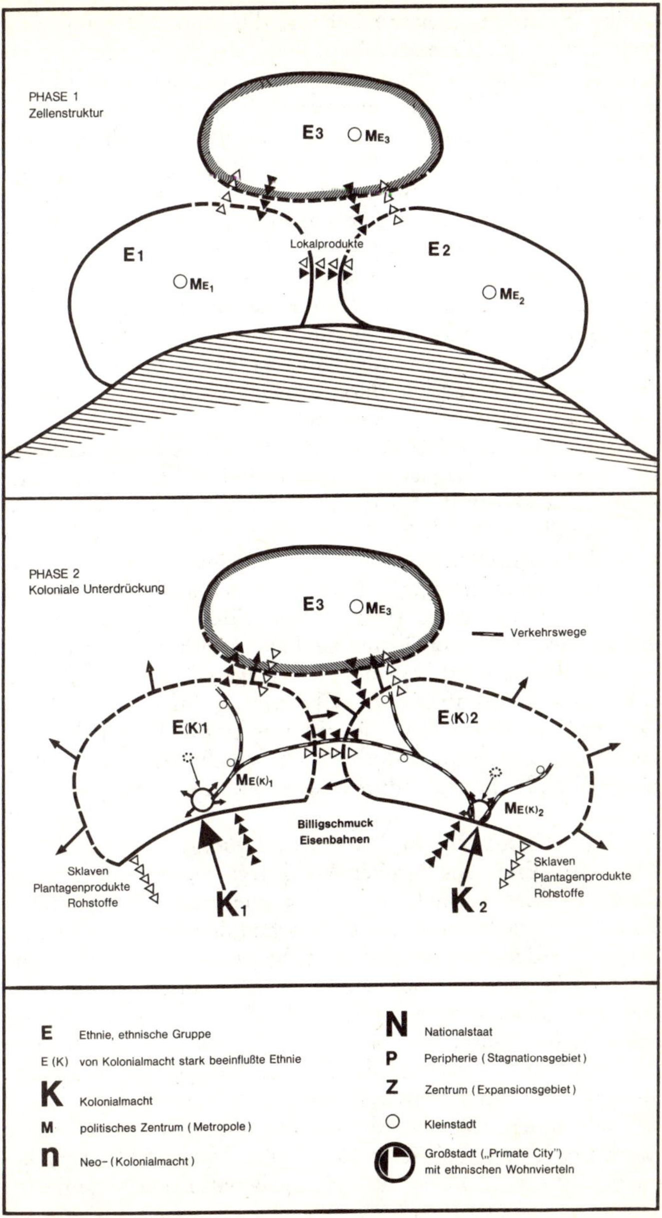
PHASE 1
Zellenstruktur
E3
ME3
E1
ME1
E2
ME2
Lokalprodukte
PHASE 2
Koloniale Unterdrückung
E3
ME3
Verkehrswege
E(K)1
E(K)2
ME(K)1
ME(K)2
Billigschmuck
Eisenbahnen
Sklaven
Plantagenprodukte
Rohstoffe
K1
K2
Sklaven
Plantagenprodukte
Rohstoffe
E Ethnie, ethnische Gruppe
E (K) von Kolonialmacht stark beeinflußte Ethnie
K Kolonialmacht
M politisches Zentrum (Metropole)
n Neo- (Kolonialmacht)
N Nationalstaat
P Peripherie (Stagnationsgebiet)
Z Zentrum (Expansionsgebiet)
Kleinstadt
Großstadt („Primate City")
mit ethnischen Wohnvierteln

stungsfähigeren Sticheisenbahnen, an die Exporthäfen angebunden; dabei erfolgt eine Selektion nach der Bodengüte; die ertragreichsten und -sichersten Flächen werden bevorzugt in exportorientierte Plantagen umgewandelt. (3) Der zunehmende Handel führt zu einem überdurchschnittlich schnellen Städtewachstum, vor allem natürlich an der Küste. (4) Die insgesamt, für »das Land«, verbesserte ökonomische Situation sowie der Erwerb überlegeneren militärischen Geräts begünstigt den Expansionsdrang der Lokalkulturen. Ihr Bedrohungspotential gegenüber den Nachbarkulturen nimmt zu. (5) Das gilt vor allem gegenüber den küstenfernen Kulturräumen; sie sind infolge der geschilderten Entwicklungen zunehmend in eine Abseits- und Defensivlage gedrängt worden; die hier lebenden Völker verlieren andauernd Menschen durch Abwanderung; ihre ökonomische und militärische Macht sinkt.

Insgesamt ist in dieser Phase eine allmähliche Polarisierung in Expansions- und Stagnationsräume zu beobachten (Abbildung: Z bzw. P). Davon profitieren nicht nur die Kolonialherren als die eigentlichen Macher. Neben ihnen und durch sie können auch die städtischen Händler und die Plantagenbesitzer materiell und sozial aufsteigen. Ersteres trifft schließlich auch auf die Kompradoren zu, meist fremdethnische Bevölkerungsgruppen, die von den Kolonialmächten ins Land geholt wurden, um die »schmutzigeren« Arbeiten des Kolonialgeschäftes zu erledigen. Die Inder in Ostafrika, die Chinesen in Südostasien, beide Gruppen in Westindien: überall tragen die Kolonialmächte absichtlich zur ethnisch-kulturellen Schichtung der Bevölkerung bei und erhöhen dadurch das Konfliktpotential.

Phase 3: »Unabhängige« Staatenentwicklung

Nach dem Ende des Zweiten Weltkriegs werden immer mehr Kolonialgebiete formell in die politische Eigenständigkeit entlassen. Bei der Grenzziehung zwischen den neu entstehenden Staaten werden die gewachsenen Lebensräume der Stämme und Völker nur selten berücksichtigt, man orientiert sich eher an dem von europäischen Geodäten erfundenen Gradnetz. Hauptopfer dieser Politik sind wiederum die machtlosen Völker in küstenfernen Gebieten. Sie können ihre Belange bei der Grenzziehung der Neuen Staaten kaum zur Geltung bringen. Diese wurde vielmehr zwischen den Kolonialmächten oder zwischen ihnen und den Eliten jener küstennah und handelsgünstig liegenden »Z«-Völker ausgehandelt, die bereits in der Kolonialzeit

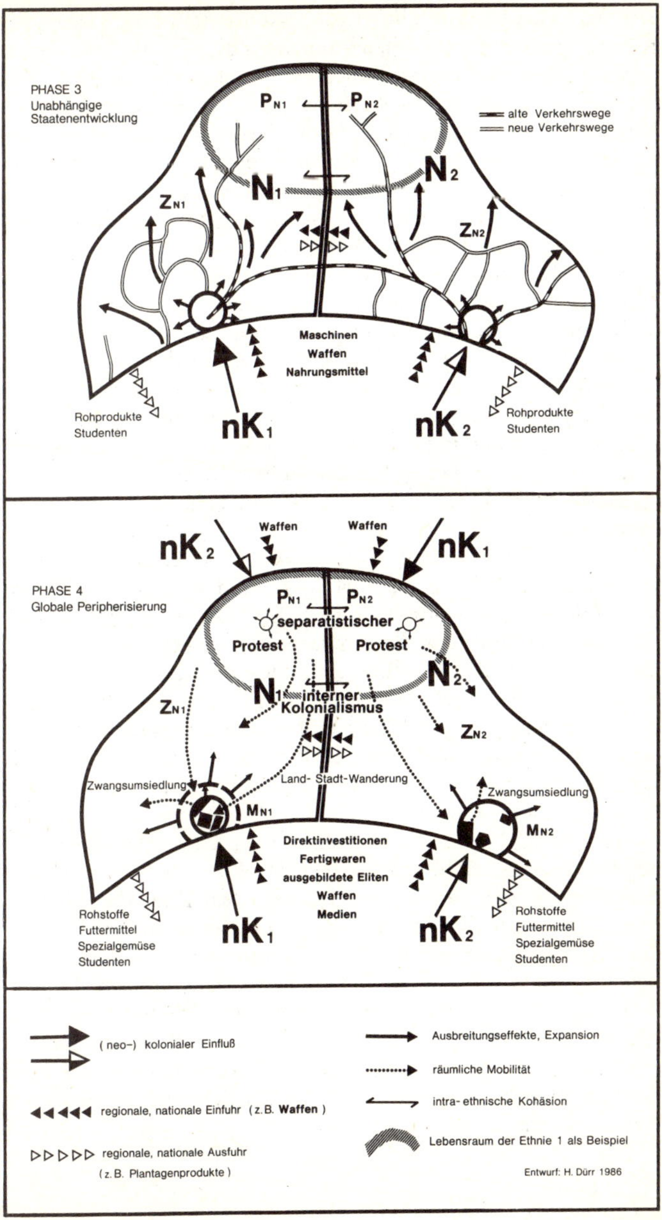
PHASE 3
Unabhängige Staatenentwicklung
alte Verkehrswege
neue Verkehrswege
P_{N1}
P_{N2}
N_1
N_2
Z_{N1}
Z_{N2}
Maschinen
Waffen
Nahrungsmittel
Rohprodukte
Studenten
nK_1
nK_2
Rohprodukte
Studenten
PHASE 4
Globale Peripherisierung
nK_2
Waffen
Waffen
nK_1
P_{N1}
P_{N2}
separatistischer
Protest
Protest
N_1
N_2
interner Kolonialismus
Z_{N1}
Z_{N2}
Land-Stadt-Wanderung
Zwangsumsiedlung
Zwangsumsiedlung
M_{N1}
M_{N2}
Direktinvestitionen
Fertigwaren
ausgebildete Eliten
Waffen
Medien
Rohstoffe
Futtermittel
Spezialgemüse
Studenten
nK_1
nK_2
Rohstoffe
Futtermittel
Spezialgemüse
Studenten
(neo-) kolonialer Einfluß
Ausbreitungseffekte, Expansion
räumliche Mobilität
intra-ethnische Kohäsion
regionale, nationale Einfuhr (z.B. Waffen)
Lebensraum der Ethnie 1 als Beispiel
regionale, nationale Ausfuhr (z.B. Plantagenprodukte)
Entwurf: H. Dürr 1986

ihre Ansprüche und Bedürfnisse besser hatten durchsetzen beziehungsweise verwirklichen können als die »P«-Völker. Deren Lebensräume wurden infolgedessen oft auf zwei, zuweilen auch auf drei der neuen Staatsgebiete aufgeteilt. Nach der politischen Unabhängigkeit wurden bevorzugt Vertreter dieser »Z«-Eliten an den Schulen und Hochschulen ihrer alten Kolonial-»Herren« ausgebildet. Damit war ein Fundament gelegt für einen Modernisierungskurs nach industriegesellschaftlichen Vorstellungen. Das heißt auch: Es Waren die verkehrsmäßige Integration und die kulturräumliche Einebnung zu im- oder expliziten Zielen der neuen Staatsführung geworden. Fernstraßen erhielten Priorität; landesweit einheitliche Bildungsprogramme sollten die alten kulturell-regionalen Bindungen durch eine neue, *staatliche* Identität ersetzen; eine einheitlich formulierte Agrarpolitik schenkte den regionalen Eigenarten der ökologischen Potentiale und den lokalen Anbautraditionen nur wenig Beachtung; eine von westlichen Beratern unterstützte Industriepolitik operierte überwiegend mit – oft zweitrangigen – Großtechnologien.

Die *raumstrukturellen Folgen* dieser Modernisierung nach westlichen oder östlichen Vorbildern sind weltweit wiederum sehr einheitlich: Zunehmende Küstenorientierung, insbesondere durch das überschnelle Anwachsen von exportorientierten Industrieballungen; zunehmende Abwanderung aus den ländlichen Minderheitengebieten; zunehmende regionale Unterschiede des industriewirtschaftlichen, aber auch des agrarwirtschaftlichen Wachstums; letzteres vor allem als Folge der Wirksamkeit kultureller Barrieren bei der Verbreitung technischer Neuerungen; zunehmende regionale Unzufriedenheit bei den Minderheiten; als Ursache und Folge dieser Unzufriedenheit zunehmende Entfremdung zwischen den Ethnien, weil die Minderheiten immer deutlicher erkennen, daß ihre Marginalisierung nun *kausal* mit der Aufwärtsentwicklung in den Lebensräumen des staatstragenden Volkes verbunden ist. Aus dem Nebeneinander von Expansions- und Stagnationsgebieten (Dualismus) wird in dieser Phase immer mehr ein Mit- und Ineinander von Aufschwung- und Entzugsgebieten (strukturelle Heterogenität). Als Gesamtresultat all dieser Prozesse nehmen die Zahl der betroffenen Raumopfer und die Ausdehnung unfriedlicher Räume drastisch zu.

Phase 4: Globale Peripherisierung

Die gesellschaftlichen und kulturellen Schadfolgen der Nachahmungsstrategie waren Ende der sechziger Jahre nicht mehr zu übersehen. In den Sozialwissenschaften wurden Gegenmodelle entwickelt. Der Modernisierung nach westlichem Muster wurde eine autozentrierte Strategie entgegengesetzt; statt Integration in den Weltmarkt wurde nun Abkopplung gefordert. Aber die praktische Durchschlagskraft dieser Gegenentwürfe blieb gering. Die Wirtschaftsdynamik der westlichen Industrienationen blieb auch für die gesellschaftliche Entwicklung in der Dritten Welt bestimmend. Großtechnologie, bürokratische Zentralisierung, Vereinheitlichung der Konsumbedürfnisse, Internationalisierung, Standardisierung von Saatgut: diese bis heute anhaltenden Trends haben in vielen Drittweltländern räumliche Muster geschaffen, die eine immer größere Gefahr für den inneren und äußeren Frieden der dort lebenden Kulturen bedeuten. Sei es, daß traditionell einflußreiche Wirtschaftskreise ihre Macht durch die Internationalisierung des Handels bedroht sehen (wie im Falle der Bazar-Händler im Iran, die eine führende Rolle beim Umsturz des Schah-Regimes gespielt haben); sei es, daß besonders innovative Gruppen durch den erfolgreichen Einsatz der »Grünen Revolution« in der Landwirtschaft den Neid anderer Völker und Stämme wecken (wie im Falle der Sikhs in Nordindien); sei es, daß der Einsatz unangepaßter Agrartechnologien in ökologisch labilen Gebieten zu schweren Störungen des Naturhaushalts beitragen (wie im Falle der Sahel-Länder oder auch im Falle der forcierten Getreidepolitik in der maoistischen Ära der Volksrepublik China); sei es, daß hochgiftige Chemieprodukte als Folge unzureichender Wartung Katastrophen in den Elendsvierteln der industriellen Ballungszentren auslösen (wie im bereits erwähnten Fall Bhopal): Überall entsteht neue Friedlosigkeit als Folge der zuvor erwähnten, mit der Verwestlichung der Welt einhergehenden strukturellen Veränderungen. Wie man auch sieht, handelt es sich bei den ihres Friedens beraubten Opfern um Menschen mit unterschiedlichster sozialer Herkunft und unterschiedlichen Lebensräumen. Drei Hauptgebiete des Unfriedens zeichnen sich ab.

Nach wie vor sind die ethnischen Minderheiten in den peripheren Gebieten am meisten bedroht. Ihre Seins-Bedürfnisse werden zum einen von den Zentralregierungen nur bedingt geachtet. Insbesondere wenn sich grenzüberschreitende ethnische Integrationsbewegungen bemerkbar machen, wie etwa im Falle der Kurden oder einiger südostasiatischer Bergstämme, weisen die Staatsführer ihre separatistischen Landsleute oft mit Waffengewalt in die Schranken. Darüber hinaus aber werden auf verschiedene Staaten verteilte Teilgruppen eines Volkes besonders gern von den Supermächten als Plattformen zur Wahrung ihrer Großmachtinteressen benutzt. Die damit gegebene kreuzweise Verschränkung der politischen Bündnisse, wie sie in der Abbildung (Phase 4) dargestellt ist, ist ein konfliktgeographisches Grundmuster, dessen weltweite Verbreitung zunimmt.

Ein zweites Schwerpunktgebiet der Friedlosigkeit sind die Armenviertel der immer schneller wachsenden Industriemetropolen. Ethnische Segregation in den Ballungsgebieten ist eine regelmäßige Folgeerscheinung der Land-Stadt-Wanderungen, nicht zuletzt wegen der anhaltenden Funktionstüchtigkeit der Familien- und Stammessolidarität unter alten und neuen Zuwanderern. Während das Zusammenleben mit Angehörigen der eigenen Kultur die Pflege der kulturellen Identität erleichtert, begünstigt sie zugleich auch die Diskriminierung ganzer Stadtteilbevölkerungen und kann so Unfrieden zwischen ethnischen Gruppen stiften. Häufige Opfer solcher inter-ethnischen Konflikte sind die Nachkommen der ehemaligen Kompradoren-Ethnien, die meist auf klar abgrenzbare Viertel in den Primat- und anderen Großstädten konzentriert sind. Die furchtbaren Chinesen-Pogrome, die 1965 den Sturz des linksorientierten Sukarno-Regimes in Indonesien begleiteten, sind dafür ein Beispiel.

Drittens schließlich ist der Friede in vielen (ehemaligen) Plantagengebieten latent oder akut bedroht. Der Betrieb dieser exportorientierten Großunternehmen war anfangs nur mit Hilfe zahlreicher Lohnarbeiter möglich. Oft hatten die Arbeiter kein Land, an anderen Orten wurden ihnen nur kleine Parzellen zur Eigenwirtschaft überlassen, selten groß genug für den eigenen Lebensunterhalt. Wurde nun die Plantage von einer der häufigen Preiseinbrüche betroffen (was derzeit wieder auf den Zukkerinseln der Philippinen der Fall ist) oder wanderte sie in andere Gebiete ab, so stürzten die Arbeiterfamilien ökonomisch ins Bodenlose. Das anhaltende Massenelend der Kleinbauern in Nordostbrasilien liefert dafür ein »gutes« Beispiel.

Die unterschiedliche Verursachung dieser typischen Unfriedens-Zustände sowie die soziale und räumliche Vielgestaltigkeit

der von ihr betroffenen Gruppen, läßt sie aus der Sicht der Staatsregierungen als besonders bedrohlich erscheinen. Der Unfriede und die Unzufriedenheit lauern an allen Ecken! In dieser – nicht unbegründeten – Angst vor Opposition und Separatismus geraten die Zentralregierungen nur zu leicht in jenen Teufelskreis der Militarisierung hinein, dessen entwicklungshemmende Wirkung andernorts genauer beschrieben worden ist.[18] Aufrüsten gegen die tatsächlichen und vermeintlichen Gegner im eigenen Land: das heißt Vergeudung von Entwicklungsmitteln, von Befriedigungspotential: das heißt zunehmende Marginalisierung: das heißt mehr Friedlosigkeit usw. usw.! In den Rüstungskonzernen der Industrie- und Schwellenländer reibt man sich die Hände, wenn dieser circulus vitiosus in Gang gekommen ist ...

3. Schlußfolgerungen für Politik und Wissenschaft

Wie könnte man dem Frieden in der Dritten Welt dienen? Diese übergroße Frage kann hier nur sehr ausschnitthaft erörtert und beantwortet werden. Ich konzentriere mich auf unsere Rolle als »reine« und »angewandte« Sozialwissenschaftler, lasse also andere Möglichkeiten der Friedenssicherung beiseite, die jeder von uns in seiner Rolle als Bürger hat: als Mitglied in Initiativgruppen, in der Solidaritätsarbeit (zum Beispiel Hilfe durch Handel) und gelegentlich auch als Spender bei Hilfsaktionen.

Die im vorstehenden Abschnitt entwickelte konfliktgeographische Skizze hat einige maßgebliche Verursachungsmuster für aktuelle Probleme in Drittweltländern freigelegt. Die dabei gewonnenen Einsichten zwingen uns zu Bescheidenheit und Geduld. Eine Beseitigung der Problemursachen selbst liegt nicht in unserer unmittelbaren Reichweite. Ohne durchschlagende Reform des weltwirtschaftlichen Austausches und ohne Preisgabe von rüstungstreibenden Weltmachtansprüchen wird letztlich nichts geändert. Auch ohne einen Wandel unserer Konsumgewohnheiten und ohne Zurücknahme unseres (latenten) eurozentrischen Überlegenheitsdenkens sind keine wirklichen Lösungen zu erwarten.

Aber das alles muß und darf uns nicht in die Resignation treiben. Was nützen überzogene und überstürzte Schlußfolgerungen, wie die von namhaften Entwicklungsfachleuten erhobene und in der Bundesrepublik neuerdings von Brigitte Erler wiederholte Forderung nach Einstellung aller Entwicklungshilfeleistungen?[19] Diese Experten wissen doch, daß die Forderung aus politisch-diplomatischen Gründen in absehbarer Zeit nicht durchsetzbar ist. Solange wir Erdöl aus Indonesien beziehen, müssen wir dorthin Entwicklungshilfegelder transferieren, das gehört zum schwer beeinflußbaren Ritual internationaler Beziehungen. Solange durch Aufträge aus Drittweltländern im Großanlagenbau der Bundesrepublik Arbeitsplätze gesichert werden, wird unsere Regierung auch solche privaten Entwicklungs-»Hilfe«-Leistungen durch Ausfallgarantien und ähnliches abstützen und damit für ihre Fortsetzung sorgen. Und auch dies wissen die Experten: Selbst wenn die staatlichen Programme der technischen und finanziellen Zusammenarbeit gestoppt würden, der Kampf der multinationalen Konzerne um Marktanteile in der Dritten Welt wird nicht aufhören, die Rüstungskonzerne würden sich nicht zurückziehen. Ob es da nicht doch besser, humaner, gerechter, friedenserhaltender ist, die ungebremste Wucht mancher dieser privatwirtschaftlichen Eingriffe durch sozialstaatliche Programme abzufedern und diese durch Leistungen von außen zu unterstützen? Auch wenn man weiß, daß solche Programme bestenfalls an die Symptome, nicht aber an die Ursachen selbst heranreichen?

Jeder Bürger muß diese und ähnliche Fragen für sich selbst beantworten. Für den Wissenschaftler besteht meiner Meinung nach keine wirkliche Alternative zu einer offensiven, mühsamen – und oft enttäuschungsreichen – Stückwerksarbeit, sowohl in der reinen Forschung als auch bei angewandten Tätigkeiten als Referent auf Tagungen, Gutachter oder Lieferant von Schulbuchwissen. Allerdings: Diese Arbeit sollte sich immer erneut ihrer Oberziele versichern und ihre Grundsätze selbstkritisch bedenken. Das Schwimmen im Strom der Alltagspraxis reicht nicht aus. Aber wir können, als beamtete Wissenschaftler, uns die dazu erforderliche Muße ja auch verschaffen, eher jedenfalls als jede andere in der Entwicklungsarbeit tätige Berufsgruppe.

In diesem Sinne seien in der hier gebotenen Kürze drei Abschlußthesen zur Diskussion gestellt – Thesen zur aktiven Aus- und Umgestaltung jener Lebens- und Wirkungsbereiche, die jeder Sozialwissenschaftler mehr oder minder direkt, immer aber aktiv, beeinflussen *kann*, wenn er das *will*: 1. die generelle Zielorientierung staatlicher Entwicklungspolitik (qua Ausbildung künftiger Entwicklungs»agenten«), 2. die Beratung dieser Politik (qua Gutachten) sowie 3. die alltägliche Forschungs- und Lehrtätigkeit, unsere eigentliche Aufgabe.

Zu 1.: Die Entwicklungspolitik der Industriegesellschaften muß vorrangig als Befriedungspolitik gegenüber den Kulturen (nicht: Staaten) in der Dritten Welt verstanden werden, so wie sie in diesem Beitrag skizziert worden ist. Grundsätzlich steht einer solchen Neuorientierung unserer Entwicklungspolitik nichts im Wege. Ziele wie die »Bewahrung der kulturellen Identität« werden in der Programmatik der Entwicklungsbehörden schon seit geraumer Zeit aufgewertet. Demgegenüber hinkt die Veränderung der Entwicklungshilfe*praxis* nach: Sie wird weiterhin von ökonomistischen Überlegungen bestimmt und von vermeintlichen Sachzwängen unserer industriegesellschaftlichen Problemlagen gesteuert. Daß sich dies in naher Zukunft ändert, ist nicht wahrscheinlich. Zu bedenken ist vielmehr, daß »die Sorge um den Erhalt des kulturellen Spektrums um so nachdrücklicher formuliert (wird), je weniger lösbar die Probleme weltwirtschaftlicher Verflechtung erscheinen«.[20] Kultur- und damit friedensorientierte Entwicklungspolitik also lediglich als Kind wirtschaftspolitischen Krisenmanagements? Die Drohung für die Zukunft, die in dieser Frage steckt, sollten wir ernst nehmen. Die Folgen unserer bisher gängigen, eurozentrisch-ökonomistischen Politik gegenüber der Dritten Welt genauestens zu analysieren und im Lehrbetrieb an den Hochschulen aufzuzeigen ist deshalb eine Minimalforderung an die Entwicklungswissenschaftler.

Zu 2.: Wir hören es nicht gern, wenn die von uns geleistete Gutachtertätigkeit kritisiert und wir damit in Mithaftung für Fehlschläge genommen werden. Hans Bosses präzise Analyse der wissenschaftlichen und »wissenschaftlichen« Beratungspraxis auf dem Gebiet der bundesdeutschen Bildungshilfe für Drittweltländer, 1978 publiziert, hat längst nicht die gebührende Aufmerksamkeit gefunden.[21] Und in der sehr breit geführten öffentlichen Diskussion über Brigitte Erlers Buch ›Tödliche Hilfe‹ ist ihre deutliche Kritik an der Gutachtenpraxis meines Wissens gar nicht aufgegriffen worden. Vielleicht, weil diese Diskussion überwiegend unter Wissenschaftlern – und damit zumindest potentiellen Gutachtern – geführt worden ist? Jedenfalls wären derzeit gängige Praktiken der wissenschaftlichen Vorbereitung, Ausformung und Kontrolle von Entwicklungshilfevorhaben nachhaltig zu revidieren, wenn sich eine friedensorientierte Politik gegenüber der Dritten Welt durchsetzen sollte. Enge Zeitrahmen müßten erweitert werden; die Beratungsanteile von Fächern wie Sozialpsychologie und Ethnologie müßten entscheidend vergrößert werden; in der problemorientierten Feldforschung müßten anspruchsvolle und zeitaufwendige Verfahren der partizipatorischen oder Aktionsforschung Einzug halten. Denn in einer auf inneren Frieden ausgerichteten Entwicklungsarbeit ist die Erforschung von Problemen ohne aktive Teilhabe der »Beforschten« undenkbar.

Die Tragweite solcher methodischen Neuorientierungen sollte man nicht unterschätzen; sie geht rasch über technische Dinge hinaus. Wie etwa wollen wir reagieren, wenn wir im Rahmen eines auf Basis-Partizipation angelegten ländlichen Entwicklungsprojektes im Laufe der soziokulturellen Bestandsaufnahme entdecken, daß für viele Kleinbauern die paternalistische Bevormundung durch Großgrundbesitzer Teil ihrer Lebenswelt ist und von ihnen weder hinterfragt noch kritisiert wird? Im Sinne der oben entwickelten Vorstellung von Frieden würden sie ja friedlich leben. Machen wir sie »unzufrieden«, indem wir ihr vermeintlich falsches Bewußtsein aufdecken und sie zur Emanzipation auffordern? Das hieße doch wohl (auch) abendländisch-eurozentrisch handeln! Oder halten wir auch in dieser Situation an einem uneingeschränkten Relativismus fest, lassen die Kleinbauern »in Frieden«, akzeptieren ihre durch jahrhundertelange Herrschaftspraktiken bedingte Apathie und – verzichten auf echte Basis-Partizipation?

Es ist an der Zeit, daß die Sozialwissenschaftler solche und andere Implikationen einer Neuen Entwicklungspolitik offensiver darstellen und ihre weitreichenden Konsequenzen mit den Praktikern des Entwicklungsbetriebs diskutieren. Dazu muß die entsprechende Diskussion zunächst in der Wissenschaft selbst in Gang gebracht werden. Das wiederum setzt die Bereitschaft zur selbstkritischen Auseinandersetzung mit bisher üblichen Praktiken der wissenschaftlichen Beratungsarbeit voraus.

Zu 3.: Schließlich bieten Lehre und Forschung an den Hochschulen weiten Spielraum für die geforderte schrittweise Arbeit in Richtung auf eine verbesserte Entwicklungspraxis. In der *Forschung* kann die Auswahl der konkreten Themen konsequenter an aktuellen Problemen ausgerichtet werden, als das vielerorts der Fall ist. In der Geographie beispielsweise sind besonders problemhaltige Aspekte wie Fremdbestimmung oder regionale Identität in ihren jeweils spezifischen kulturellen

Kontexten erst wenig erforscht. Um das zu ändern, bedarf es allerdings interdisziplinärer Zusammenarbeit; sie im Rahmen problemrelevanter Forschungsprojekte zu intensivieren, ist eine weitere, bereits vielfach erhobene Forderung.

Auf dem Gebiet der *Lehre* erscheinen drei Maßnahmen geeignet, den erforderlichen entwicklungspolitischen Kurswechsel zu beschleunigen. Die Einrichtung eines obligatorischen sozialwissenschaftlichen Studium Generale in allen Technikdisziplinen an unseren Hochschulen wäre eine *erste* Forderung, auch und gerade, weil sie dem neuen Zeitgeist an vielen (Technischen) Hochschulen nicht entspricht. Mit der *zweiten* Forderung sollte man eigentlich offene Türen einrennen: ein Veranstaltungsangebot an *jeder* Hochschule, das den existierenden Pluralismus der entwicklungstheoretischen und -strategischen Auffassungen widerspiegelt. Daß dies überall geschieht – daß etwa Johan Galtung die gleiche Chance hat wie Walter Rostow, im Hochschulunterricht vorzukommen –, ist zumindest in der deutschen Sozialgeographie nicht selbstverständlich. *Drittens* schließlich sind Realbegegnungen (Arbeitsexkursionen) mit der Wirklichkeit in verschiedenen Regionen der Dritten Welt zu fördern, wo immer das geht. Betont sei noch, daß die beiden ersten Grundsätze gerade für die Ausbildung von Studierenden aus Ländern der Dritten Welt wichtig sind – gleichgültig, ob diese Lehre hier bei uns oder in den Ländern selbst stattfindet. Die Hochschulabsolventen werden in ihren Heimatländern oft an internationalen Schalt- und Verbindungsstellen sitzen oder diese beeinflussen. Ob sie dabei unkritisch als Brückenköpfe westlicher Wirtschafts- und Machtinteressen fungieren oder sich in ständiger Kleinarbeit bemühen, die kulturellen Traditionen ihrer Völker zu berücksichtigen, hängt auch davon ab, was sie bei uns und von uns gelernt haben.

WILHELM HANKEL
Weltfrieden und Weltwährungssystem

1. Weltfrieden und Geldfrieden – ein Widerspruch?

Der Weltfriede – so scheint es – hängt von Politikern und Physikern ab. Daran mag vieles wahr sein – aber auch *alles*? Wir Nicht-Politiker, Nicht-Physiker mögen vor den Formeln, Geräten, den Abschußvorrichtungen, Trägersystemen, Projektilen, der wahnwitzigen killing-capacity einer Kriegstechnik kapitulieren, deren »science« uns längst zur »fiction« geworden ist, wir haben dennoch etwas Handgreiflicheres, an das wir uns halten können – das *Geld.*

Der moderne Krieg, den man uns als moderne »Friedenssicherung« verkauft, kostet bereits im Frieden unheimlich viel Geld. Er verschlingt schier unvorstellbare Summen, ohne die, in diese Art Forschung und Anwendung investiert, nichts liefe – weder Raketenaufstellung noch SDI! Weil Krieg und Frieden auf Erden wie im Himmel bezahlt werden wollen und müssen, lohnt es sich schon, darüber nachzudenken, woher das dafür benötigte große Geld kommt, wer es aufbringt, wer es erhält und auf welchem Wege. Denn nur ein Narr kann glauben, daß die Finanzierung des »teuren« Kriegs oder Friedens (ganz wie es beliebt) noch etwas mit Parlamentarismus und den »vom Volke« – zumindest mehrheitlich – dafür bewilligten Verteidigungsbudgets und Steuermilliarden zu tun hat. Es wird mehr ausgegeben, als dafür demokratisch gesittet, begrenzt und kontrolliert weltweit bereitgestellt wird. Würden die nicht nur technisch, sondern auch finanziell »omnipotenten« USA sonst so beredt und mit so vielem Nachdruck für die wirtschaftliche Unterstützung ihrer Superaufrüstung durch unsere private Wirtschaft eintreten und werben?

Die Vermutung der USA hat Hand und Fuß. Denn nichts ist in unserer weltweiten und weltabhängigen Arbeits- und Industriegesellschaft so unübersehbar, geheimnisvoll und anonym geworden wie die Aufbringung von immer mehr Geld, für welchen Zweck auch immer. Die ebenso freien wie unerfaßbaren, ungreifbaren Weltfinanzmärkte pumpen Jahr für Jahr aus ihren buchstäblich »schwarzen Löchern« nicht ein paar Millionen, sondern Hunderte von Milliarden Spar-, Anlage- und Kreditgelder aus allen Teilen der Welt(wirtschaft) in den einen – in die USA selber, die uns dafür die Mühe der technischen Superaufrüstung, vulgo: der Weltfriedenssicherung abnehmen. Gewiß, kein ehrlicher, friedlicher Erwerber von US-Dollaranlagen, Spar- und Schuldtiteln zeichnet wissentlich US-Kriegsvorbereitungs- oder Weltfriedenssicherungsanleihen. Aber unwissentlich nicht vielleicht doch?

Verstehen Sie nun, daß und warum wir Friedenssehnsüchtigen auch über Geld und seine geheimnisvollen Kanäle und Antriebskräfte reden müssen?

Meine Analyse des Themas: Weltfriedenssicherung durch ein anderes, besseres Weltwährungssystem als das, was wir derzeit haben, ist damit vorgezeichnet.

Es geht *erstens* darum aufzuzeigen, wie das heutige Weltfinanzsystem funktioniert, warum der Argwohn berechtigt ist, daß und wie es »versteckt« – in seinem System und Rechenwerk angelegt – die Superaufrüstung der westlichen Welt, insonderheit die der USA, aus »unschuldigen« Geldersparnissen von Bürgern aus aller Welt (am wenigsten denen aus den USA selber) mitfinanziert. Was dabei herauskommen wird, wird manchen erstaunen: Die USA mögen zwar als Trittbrettfahrer der Weltfinanzverhältnisse diese nach Kräften für sich ausnutzen, ja für ihre gigantischen und keineswegs nur technisch gemeinten Aufrüstungspläne mißbrauchen – allein schuld an diesem Stand der Dinge sind sie nicht; auch nicht ein Präsident Reagan, der diese Politik bewußt will und betreibt. Die Geschichte erinnert in ihrer vertrackten Logik sehr an die von Dürrenmatt bereits 1959 verfaßte und alles andere als »komische« Oper einer Privatbank: ›Frank V.‹, in der die Vertrauensseligkeit des geldeinzahlenden Publikums eine ganz und gar ehrenhafte Bankiersgesellschaft (der Chef liebt Goethe und Mörike, seine Angestellten träumen vom selbstersparten Eigenheim!) überhaupt erst auf ihre »ungewöhnlichen« Möglichkeiten stößt!

Es geht *zweitens* darum aufzuzeigen, daß es durchaus rationale und friedliche Auswege aus dieser, auch die Interessen der USA und ihrer Bürger verletzenden, Misere gibt, oder bescheidener: geben könnte. Denn auch die USA fahren mit diesem, sie scheinbar begünstigenden Weltgeld- und Finanzsystem auf Dauer schlecht: Es unterminiert ihre reale Wirtschaftskraft und -leistung und ihre Wohlfahrt und innerstaatliche Ordnung. Die USA als Weltgeldinstitut, der US-Dollar als vermeintlich anlagesicheres, wertstabiles Weltgeld können durchaus mit Dürrenmatt als Gleichnis für unser Weltmodell und -verständnis verstanden, kritisiert und angeklagt werden. Gerade weil es seine Vor- und Nachteile so unübersehbar transparent macht, läßt es sich im gewünschten Sinne abändern, weiterentwickeln, reformieren – menschen-, sozial- und friedensverträglich gestalten. Gehen wir an die Arbeit.

2. Defekte der bestehenden Weltgeldverfassung – ein bißchen Logik und Geschichte

Wo liegen die Defekte der gegenwärtigen Weltwährungsverfassung und wo ihre Risiken? Warum erlaubt sie einem Land (den USA), mit seinem Geld (dem US-Dollar) dem Rest der Welt Ressourcen wegzukaufen, ohne selbst – allzu viel – sparen und haushalten zu müssen? Um uns diese Fragen beantworten zu können, brauchen wir nicht mehr als ein bißchen elementare Logik und ein lediglich rudimentäres Geschichtsverständnis.

Beginnen wir mit der Logik. Um im wirtschaftlichen Kosmos Güter und Dienstleistungen friedlich und bedarfsgerecht produzieren und gegeneinander austauschen zu können, bedarf es ihres Vergleichs, ihrer Bewertung. Beides ist nur möglich, wenn man über ein Vergleichsgut, einen Bewertungsmaßstab verfügt – unser Geld.

Nur: Indem man es einführt, gleichviel in welcher Form, in der primitiven Agrargesellschaft als Vergleichs-Kuh (daher »pekuniär«, von lateinisch peccus: das Rind), in der Metallgesellschaft als edles, aber vergleichsweise unnützes, produktionsuntaugliches Metall (Gold, Silber, Kupfer), in der modernen Papiergesellschaft als Ansprüche verbriefender Geldschein, als Scheckformular oder -karte, man hat immer ein »zusätzliches« Gut als Recheneinheit oder monetäres Metermaß gleichsam aus dem Nichts geschaffen – qua gesellschaftlicher Übereinkunft, Konvention.

Daß dieses Gut zusätzlich ist, ergibt sich aus der Logik. Denn angenommen, unsere Gesellschaft, gleichviel ob primitiv, feudalistisch oder kapitalistisch, produziere und tausche n Güter und Dienstleistungen, dann bildet sie ohne das Extragut Geld (was immer dieses sei) nur n-1 Gütertauschrelationen oder reale Güterpreise. Erst das Geld als n.tes Gut: Vergleichs- oder Recheneinheit, verhilft ihr zu n Geldpreisen. Erst dann läßt sich für alle n produzierten und getauschten Güter und Dienstleistungen auch jeweils *ein* Marktpreis finden, der diese Märkte beliefert und räumt, der die vorhandenen Produktions- und Arbeitskraftpotentiale auslasten kann, freilich, wie wir inzwischen wissen, nicht unbedingt und in jedem Falle muß.

Das Geld ist also die zwar »notwendige«, wenn auch nicht immer »hinreichende« Bedingung dafür, daß es in unserer Gesellschaft zu bedarfsgerechter Versorgung, einem Maximum, im Idealfall auch Optimum an friedlicher, leistungs- und sozialgerechter Güterproduktion und -verteilung kommt, oder vorsichtiger: kommen kann.

Das Geld, das als abstrakte Recheneinheit erfunden und zwecks reibungsloser Abwicklung des Produktions- und Tauschprozesses eingeführt und von allen n-1 Tauschpartnern akzeptiert wird, konkretisiert sich im Vollzug des Prozesses eigengesetzlich zu einem realen »Ressourcenbezugsschein« und einem realen »Geldvermögensspeicher«. Der Ressourcenbezugsschein regelt, was wir für unsere Arbeitskraft und -leistung, bewertet in Geld, im Gegentausch bekommen; der Geldvermögensspeicher erlaubt es uns, Geldansprüche, die wir heute erworben haben, auf morgen zu verlagern, damit wir, alt und einkommenslos geworden, unsere materielle Zukunft sichern können.

Und es sind diese Zusatzvorteile, die dem Gelde – kaum eingeführt und akzeptiert – einen »Mehrwert« verleihen, der weit über seinen natürlichen Produktions- oder Herstellungskosten liegt: den Aufzuchtkosten einer Kuh, den Förder- und Prägekosten einer Metallmünze, erst recht den Papier- und Druckkosten einer Banknote oder eines Scheckformulars.

Und damit beginnt unser Problem.

Seit es die Geldgesellschaft gibt, also sehr lange, teilt sie ihre Benutzer in zwei Gruppen: die vielen, die sich ihre Geldansprüche sauer »im Schweiße ihres Angesichts« erarbeiten müssen, und die wenigen, die über das Privileg verfügen, ihre Gesellschaft mit dem von allen begehrten Geldstoff »versorgen« zu dürfen. Denn wer Geld »macht«, macht es billiger als die, die es gegen Hingabe teurer Arbeitsleistung und Realgüter sich erst noch verdienen müssen!

Geld, seit es dies gibt, wird immer »unter Preis« (dem Preis der realen Güter und Dienstleistungen, die es kauft) erstellt und in den Verkehr gebracht – ein Prozeß, der sich mit jeder neuen Runde und Umdrehung des Geldfortschritts: vom unbeweglichen Kuh- zum leichter transportablen Metall- bis hin zum abstrakten Giral- oder Bank-Geld unserer Tage verselbständigt hat. Da die realen Güter und Dienstleistungen immer »teurer«, die Kosten der Geldherstellung im Laufe der Zeiten immer »billiger« wurden, mußten sich ergo die Geldschöpfungsgewinne oder -renten der Geldanbieter zu Lasten der Geldbenutzer oder -nachfrager immer opulenter gestalten!

Verstehen Sie nun, warum sich der Berufsstand der Geldverleiher und Kreditschöpfer im Laufe der Jahrhunderte immer größerer Beliebtheit bei denen, die ihn ausübten, erfreute? Sie konnten die übrige, real produzierende und arbeitende Menschheit mit ihrem billigen, gleichwohl unverzichtbaren Gelde »leer kaufen«! Und hier nun beginnt unser rudimentäres Geschichtsverständnis.

Zunächst reklamierte der Staat das Geldangebots- und Geldschöpfungsmonopol für sich. In Antike, Mittelalter und Absolutismus bezahlte der Staat aus seinen Münzgewinnen seinen Aufwand: Luxus und Kriege eingeschlossen. Deswegen waren damals, verglichen mit heute, die Steuern niedrig, die Inflationsraten hoch. Unsere Vorväter wurden eben über die Inflation besteuert.

Dann revoltierte der private Sektor gegen die »monetäre Ausbeutung« durch den öffentlichen Sektor in zwei Etappen. In der ersten evolutorischen Etappe ersetzte privates Bank- oder Kreditgeld das öffentliche. Die aufstrebende Wirtschaft des Früh-Industrialismus und Früh-Kapitalismus schuf sich ihr eigenes Geld und finanzierte damit die ersten Stadien und Sprünge unserer gesellschaftlichen Entwicklung. Aber die den Bürger ausplündernde und enteignende Inflation blieb, ja verstärkte sich. Sie hatte ja nur den Wirt, die Quelle und den Nutznießer gewechselt. In der zweiten, revolutionären Etappe ertrotzte das Bürgertum – neben Verfassung, Grundrechten, Parlament – auch die Kontrolle und Eindämmung der privaten Geldschöpfung: Die ersten Zentralbanken entstanden, zuerst in England, dann überall in der geldbenutzenden Welt, zuletzt in Deutschland (1873) und in den USA (1913).

Geldschöpfungsrenten, Inflationssteuern, monetäre Ausbeutung wurden zunehmend besser überwacht und im Rahmen einer nationalstaatlichen Geldverfassung mit unabhängigen und autonomen *Zentralbanken* als ihren Mandataren und Exekutivorganen ausgeräumt, eine Verfassung, die seit dem vorigen Jahrhundert »nur« noch in Kriegs-, Revolutions- und illegalen

Diktaturzeiten außer Kraft und Kurs gesetzt werden kann – wie in Deutschland zuletzt in den Jahren des NS-Staates!

Verzichten wir darauf zu untersuchen, was denn an dieser heute zumindest in der Ersten Welt verbreiteten und dominanten nationalstaatlichen Geldverfassung offensichtlich »falsch« oder »defekt« ist, weil es trotzdem immer wieder sowohl zu inflatorischer Ausbeutung sowie zu lang anhaltenden, widersprüchlichen Beschäftigungskrisen kommt. Der Grund wird sofort deutlich werden, wenn wir unsere elementare Geldlogik und unser rudimentäres Geschichtsverständnis auf die Weltwirtschaftskrise der Gegenwart – ihre Gründe und nicht ihre Symptome – anwenden.

3. Die USA – ein betrügerischer Weltbankier?

Was nützt eine noch so vollkommene nationalstaatliche, die nationale Geldschöpfungsprivilegien und -renten eingrenzende, wegsteuernde Geldverfassung, wenn sich immer größere Teile der realen Produktions- und Handelsumsätze jenseits der »künstlichen« Grenzen der jeweiligen Staaten und ihrer Währungen abspielen? Nicht allzu viel, wenn es *jenseits* der Landes- und Währungsgrenzen keine oder nur eine jeweils höchst »unvollkommene« zwischenstaatliche Geldverfassung gibt!

Und genau das ist der Fall. Denn auch miteinander austauschbare Währungen, die sich auf einem Weltmarkt treffen und vergleichbar machen wollen, ja es zwecks internationaler Arbeitsteilung müssen, stehen vor dem Problem der »n.ten« Währung: Sie brauchen eine internationale Geld-»Recheneinheit«.

Denn: Verzichten sie darauf, so würden sie eine gänzlich »unmögliche« Zahl von bilateralen Währungstausch- oder Wechselkursrelationen bilden, nach der jedem Primaner geläufigen Formel $n(n-1):2$; bei derzeit $n = 150$ Währungen, wie sie in etwa beim Internationalen Währungsfonds (IWF) registriert und akkreditiert sind, entspräche das 11175 Wechselkursen, noch dazu tagtäglich schwankend: ein Telefonbuch von Nummern, jeden Tag neu zu drucken! Keine Weltwirtschaft kann mit so etwas arbeiten, geschweige denn leben und überleben!

Deswegen basieren alle Weltwirtschafts- und Weltwährungssysteme – die der Vergangenheit wie der Gegenwart – betriebsnotwendig auf der Auswahl und auf der Verständigung auf *eine* n.te Währung als *gemeinsamer* Recheneinheit und Wechselkursbezugsbasis, weil sich nur so die Unzahl n(n–1):2 auf die übersehbare Vielzahl von n–1, in unserem Falle 149 Wechselkurse bringen läßt, eine Zahl, die man ohne größere Schwierigkeit auf jeder Börsenkurstafel, jedem Bildschirm eines weltweit abrufbaren Tele-Computersystems unterbringen und abrufen kann: jeden Tag, ja jede Stunde und Minute, nach Bedarf.

Es ist also nicht die Frage »fester« oder »flexibler« Wechselkurse, die über das Zustandekommen oder Nicht-Zustandekommen eines Weltwährungssystems entscheidet: Es ist viel simpler und technisch vordergründiger die – möglichst übersehbare – Zahl der Wechselkurse, die es einem solchen System erlaubt, zu funktionieren oder nicht! Wenn es – Computer her, Computer hin – mangels Übersichtlichkeit aufhört, *berechenbar* zu sein oder es droht zu werden, hilft sich die Geldwirtschaft selbst und produziert eigengesetzlich das *eine* Geld des *einen* Marktes, in unserem Fall: des Weltmarktes.

Eine Geschichte, die wir bis zu den Tagen der Phönizier zurückverfolgen können, wenn wir wollen. Ursprünglich war es das Gold zu einem festen Preis je festgesetzter Menge, das als n.tes Verrechnungsgut jede Währung mit jeder vergleichbar und austauschbar machte. Nach dem Ende der Napoleonischen Kriege bis zum Ausbruch des Ersten Weltkrieges übernahm das britische Pfund-Sterling diese Rolle; nach dem Zweiten Weltkrieg der US-Dollar. Und jedesmal ging es um das Gleiche, nämlich gemäß Euklids berühmtem, ursprünglich nicht monetär gemeintem Satz: aus der Vielzahl der n nationalen Währungen durch ihre Beziehung auf eine, aus der n-Zahl ausgewählte »dritte« oder n.te Währung, zu einer übersehbaren Zahl vergleichbarer Währungs- oder Wechselkursrelationen zu gelangen.

Und spätestens an dieser Stelle beginnt sich der nationale Geldfilm auf der internationalen Geldebene zu wiederholen. Die Vorteile einer monetär geeinten, vergleichbaren und übersehbaren Weltwährungswelt sind nur um den Preis der Geldschöpfungsprivilegien und -renten des n.ten Währungsemittenten zu haben!

Im alten Goldstandard hatten Goldförderländer diesen Vorteil; im Pfund-Sterlingstandard des 19. Jahrhunderts kassierte ihn England, im US-Dollarstandard der Gegenwart kassiert ihn folgerichtig das Land USA! Wer immer im Besitz der n.ten

Weltwährung ist, die die übrigen n-1 Mitglieder des Währungssystems (der »Rest der Welt«) als Recheneinheit akzeptieren kann, wenn er es darauf anlegt, die anderen mit seinem selbst-gedruckten Gelde auf die billigste Weise leer zu kaufen: Er bezahlt seine Defizite in Leistungsbilanz und laufender Rechnung mit der Ausgabe immer neuer Geldzeichen: billig gefördertem Gold, billiger gedruckten Pfund- oder US-Dollar-Noten!

Spätestens an dieser Stelle wird aber auch die Weltwirtschaftskrise der Gegenwart verständlich. Im Frühjahr 1973 – Zufall oder nicht: 6 Monate vor Ausbruch des ersten Ölschocks – machten die westlichen Industrieländer den Versuch, ihren bis dahin recht selbstherrlichen Währungsmonarchen, den US-Dollar, vom Thron zu stoßen; sie verweigerten ihm das Recht der n.ten Weltwährung und verboten ihren Zentralbanken, ihn wie bislang zu »festen«, aber irrealen Kursen anzukaufen. Aber sie machten ihre Rechnung ohne den Wirt, die freien, internationalen Fremdwährungs-, Geld-, Kredit- und Kapitalmärkte!

Diese behielten den US-Dollar als privates n.tes Weltgeld und als Recheneinheit bei und hatten dafür zwei starke Motive. Erstens produzierte der alsbald einsetzende Ölschock weltweit einen gewaltigen Zusatzbedarf an Öl-, Petro- oder richtiger: Leistungsbilanzdefizit-Finanzierungs-*Dollar*, ein buchstäblich grenzenloses US-Dollar-Kreditgeschäft. Zweitens überboten sich »überschüssige«, aber investitionsarme und -unwillige OPEC-Staaten und über den Rückgriff auf ihre, US-Dollar druckende Zentralbank verfügende US-Geschäftsbanken, in Angeboten an die übrige international banking community, das neue Milliarden-US-Dollar-Defizit in den ölgeschädigten Leistungsbilanzen fast aller Welt zu refinanzieren.

Was nach dem ersten Ölschock von 1973 passierte, ist zwar noch in frischer Erinnerung, aber selten sind Fakten, die jeder kennt und mit verfolgen konnte, so kunstvoll interpretiert und der Öffentlichkeit serviert worden, daß diese noch immer weitgehend davon überzeugt ist, die Weltschulden- und Verelendungskrise der Dritten Welt sei wie ein Naturereignis vom Himmel gefallen, unvorhersehbar wie ein Vulkanausbruch oder Erdbeben. Sie ist das Ergebnis eines monetären Verfassungsdefizits!

Dabei verdrängte die nach 1973 zum internationalen Kreditwettlauf antretende Gilde der privaten US-Dollar-Kreditanbieter und -verleiher die älteste und ehrwürdigste ihrer Buchhalterweisheiten, daß nämlich ein gewährter Kredit zugleich auch immer ein geschuldeter ist! Wenn also in den Jahren 1973 bis 1979/80 die internationalen, auf US-Dollar lautenden Kreditmengen um das Drei- bis Vierfache pro anno schneller wuchsen als die realen Welthandelsumsätze, so war eigentlich klar, daß man eine ebenso gigantische wie unsinnige Weltkredit-, also Schuldenpyramide aufbaute, deren Einsturz nur eine Frage des Datums war und noch immer ist.

Und die mit Mehrheitsmeinung zum weltweiten Wechselkursfloating als Ausweg aus allen Weltwährungsmiseren konvertierte Geldökonomen- und Geldpolitikerzunft verdrängte – noch unverständlicher – die trotz der offiziellen US-Dollar-Entthronung als Reservewährung gesicherte Fortgeltung seiner privaten n.ten Weltgeldnatur. Denn in welcher anderen Weltwährung sollten die ins internationale Groß- und Mengengeschäft drängenden Privatbankiers kontrahieren? Sie brauchten den US-Dollar zur Absicherung ihrer eigenen Währungsrisiken gegenüber ihren, nicht nur monetär schwachen Schuldnern und zur Sicherstellung ihrer eigenen Refinanzierung und Geldaufnahme; denn dafür stand letztlich nur das in US-Dollar abrechnende OPEC-Ausland oder die US-Banken-Geschäftswelt selber zur Verfügung! Somit *mußte* der als Zentralbank-Dollar abgewertete US-Dollar als Geschäftsbank-Dollar wiederkehren und seine Position als Weltgeld der Kaufleute verstärken: sowohl was seine Verbreitung wie auch den Grad seiner »Härte« gegenüber den anderen n-1-Währungen betraf!

Es konnte daher nur schlechte Geldtheoretiker und naive Geldpolitiker überraschen, daß und warum der US-Dollar-Höhenflug alsbald nach seiner Abwertung einsetzte und seitdem (seit Ende 1979) auch nicht mehr zu Ende zu kommen scheint. Wer im Besitz der n.ten Weltwährung ist oder bleibt, kann sich fast alles leisten: ein Riesendefizit seiner Leistungsbilanz mit dem Ausland, ein Riesendefizit seines Budgets, eine Riesenaufrüstung, das heißt einseitige Verwendung von Ressourcen wie im Krieg bis hin zur unproduktivsten Verschwendung. Denn er kann anders als alle anderen n-1-Partner der einen, gemeinsamen Weltwirtschaft, seine Leistungsbilanz – je nachdem »sorglos« oder »barmherzig« – vernachlässigen. Eine Politik, die auch ohne Mr. Reagan möglich, wenn nicht gar zwangsläufig gewesen wäre.

4. Die Weltkrise – programmiert oder vermeidbar?

Unsere Analyse der gegenwärtigen Weltkrise, -misere und -mißhelligkeiten kommt also nicht zu einem eindeutigen Schuldspruch der USA und ihrer Politik, an dem, was seit 1973 geschehen und aufgetürmt worden ist. Wenn sich fast die gesamte Welt verschwört, einem einzigen Land, noch dazu dem reichsten, Jahr für Jahr eine privat-finanzierte Entwicklungshilfe zu überweisen: in Gestalt unerhörter Geldkapitalanlagen in seiner Währung, dem US-Dollar, die woanders bitter fehlen und bessere Realdienste leisten würden – dann muß sich nicht nur der Nehmer fragen, ob und womit er diese »Hilfe« verdient. Auch die Geber müssen sich fragen, was sie sich selber antun, wenn sie ihr Geld und ihre Ersparnisse in einer Währung anlegen, die zwar heute noch ihre Privilegien genießt und ausnutzt, aber sie vielleicht morgen schon verlieren kann.

Denn in der internationalen Geldgeschichte und -entwicklung schreiben wir noch immer das 16. bis 17. Jahrhundert; die Zeit *vor* den großen Sozialrevolutionen und ihrer Befriedung durch demokratische Verfassungen und Institutionen, zu denen auch ein Zentralbankstatut gehört, das den monetären Verteilungskampf eingrenzt, ordnet! Zwar teilen sich heute noch das Land USA als Emittent der n.ten Weltgeld-Recheneinheit und das internationale Xeno-Kreditbanken- und -marktkartell, das den US-Dollar managt, die Weltgeldschöpfungsrenten und -privilegien. Aber, wie lange noch?

Zwei Szenarien sind ebenso wahrscheinlich wie letztlich unausweichlich:

- Entweder beseitigt der Aufstand der Schuldner – die Sprengung des Schuldturms, in dem sie dank der Politik unserer Banken einsitzen, darben und hungern – auch die monetären Herrenrechte der US-Dollar-Macher oder -besitzer,
- oder die USA selber räumen die Position der n.ten Weltwährung, spätestens dann, wenn deren Vorteile verbraucht sind: Wenn der dem Ausland zu leistende Schuldendienst den gleichzeitigen Zugang auf dem Schuldenkonto übersteigt. Spätestens dann werden die Nachfolger der Herren Reagan und Volcker entweder den US-Dollar inflationieren plus abwerten oder ganz aus dem Auslandsverkehr ziehen müssen. Das Jahr 1931, als das Pfund-Sterling freiwillig als Weltgeld abdankte, markiert bereits für die USA und ihren Dollar Zukunft und nicht Vergangenheit. Rückt es näher, haben die

dort Regierenden nur zu entscheiden, ob sie sich am damaligen Beispiel des Pfund-Sterlings oder der Reichsmark orientieren wollen: abwerten oder abkoppeln – tertium non datur. Und auf diese Aussichten haben kluge Bankiers, gerissene Finanzanleger und hoffentlich nicht allzu viele ehrliche Sparer Hunderte von Milliarden (nicht Millionen) US-Dollaranlagen getürmt!

5. Das *eine* Geld der *einen* Welt: weder national noch privat – Weltzentralbank und Sonderziehungsrechte

Für den Weltfrieden sind das keine allzu rosigen Aussichten. Wir sehen immer nur das Wettrüsten und, daß sich die hochexplosiven Waffenarsenale und -systeme von West und Ost selbstentzünden könnten. Wir vergessen oder verdrängen der Menschheit viel ältere und blutigere Erfahrung mit der kriegerischen Aneignung überlebensnotwendiger wirtschaftlicher Ressourcen. Als Getreide im vor-klassischen Hellas knapp und teuer wurde, entschlossen sich Homers Helden, den Seeweg durch den Bosporus zu den skythischen Anbaugebieten zu öffnen, den jedoch bedrohte Troja. Wann immer im Alten Rom Sklaven zu knapp und teuer wurden, plante der Senat oder ein Generals-Unternehmer den nächsten Beutefeldzug im Orient oder Okzident. Europa litt jahrhundertelang unter dem Einfall räuberischer, weil hungernder Steppennomaden aus dem Innern Asiens, und als diese, in Trojas einstigem und größerem Umfeld seßhaft geworden, den Mittelmeerhandel des christlichen Abendlandes lahmlegten, entschloß man sich zu Kreuzzügen und Entdeckungen neuer Seewege, weder des Glaubens noch der Geographie allein wegen! Eine höchst blutige Spur in unserer Geschichte, die auch in der Neuzeit nie abriß.

Dazwischen liegen die Versuche für selten mehr als ein paar Dezennien, durch rechts- und regelgebundene Handels- und Währungskonventionen Menschen- und anderen Ressourcenraub durch friedlichen und in Geld abrechenbaren Ressourcenaustausch und -transfer zu ersetzen. Aber immer war und blieb dieser Wirtschaftsfrieden fragil und gefährdet.

Als 1931 das überschuldete England sein Pfund-Sterling als Weltwährung freiwillig-unfreiwillig aus dem Verkehr ziehen mußte, das damalige Deutschland seine Mark zur für Auslandszahlung gesperrten Binnenwährung erklärte, brach nicht nur die Weltwirtschaft zusammen: 2 Jahre später war Hitler an der Macht, weil Schuldendienst und unbezahlbare Importe die Inlandskonjunktur abwürgten, 6 Millionen Menschen (ein Drittel aller damals Erwerbstätigen) arbeits- und einkommenslos machten und die erste deutsche Demokratie mit dieser Sozialhypothek nicht mehr fertig wurde. Sechs Jahre nach seiner Machtübernahme erklärte Hitler der Welt den »totalen Krieg«, weil Deutschlands zusammengebrochene Exportwirtschaft weder die Ernährungs- noch die Rohstoffgrundlage des »Großdeutschen Reiches« mehr zu sichern vermochte: Der NS-Staat mußte kriegerich expandieren, weil es ihm an »Lebensraum« fehlte.

Übertragen wir diese düstere Erfahrung und Perspektive auf die Jahre, die vor uns liegen, dann stellt sich mal wieder die Alternative:

- Entweder den wirtschaftlichen Weltfrieden sich selbst überlassen und damit nach allen Erfahrungen, die wir haben, zusammenbrechen lassen, um danach – nach einer Epoche der Irrungen, Wirrungen und Ressourcenkriege – ein neues, besseres und effizienteres Weltwirtschafts- und Weltwährungssystem aufzubauen – wie nach Napoleon, dem Ersten und Zweiten Weltkrieg –, falls es dann dieses »Danach« noch geben sollte!
- Oder wenigstens einmal, oder genaugenommen: das erste Mal versuchen, »zeitig klüger zu sein« – den Zyklus unterbrechen, bevor er beginnt. Nur wie?

Wir haben unsere Analyse so aufgebaut und geführt, daß sie die Antwort bereits in nuce enthält. Wenn wir eine n.te Weltwährung brauchen, um friedlichen, leistungs- und sozialgerechten Ressourcenaustausch weltweit zu organisieren und zu gewährleisten, dann muß diese *frei* von ihren – selbstzerstörerischen – Vergangenheitsdefekten geplant werden: den Sondervorteilen *eines* Landes oder *einer* privat-verfaßten, anonymen, staatenlosen banking community, frei vom »Nationaleigentum« *eines* Landes, aber auch frei vom »Privateigentum« des Kreditapparates. Deswegen brauchen wir, richtig gezählt, nicht eine n.te, sondern eine n+1.te Weltwährung!

Denn nur eine solche würde weder die Währungsprivilegien eines n.ten Landes, gleichviel, ob dieses sein Gold oder seine Währung zur Verfügung stellt, noch einer banker-Gruppe begründen, wenn diese die n+1.te Währung auch nicht mehr selber auf dem Kreditwege »nachschöpfen« oder »raub-drukken« kann!

Eine ganz und gar weltfremde, unrealisierbare Utopie?

Nein: Wir haben diese n+1.te Weltwährung seit 1969, seit sie Karl Schiller auch für die Bundesrepublik Deutschland hoffähig machte. Es handelt sich um die »Sonderziehungsrechte« (SZR) des Internationalen Währungsfonds, nur daß sie – wie ein monetärer Oskar Matzerath – wachstumsgestört und funktionsbehindert kleingehalten werden, was aber nicht Karl Schiller anzulasten ist, sondern seinen Nachfolgern und Kollegen in seinen Ämtern, urbi et orbi.

Überlegen wir für einen gedanklichen Moment, was aus unserer heutigen Weltwirtschaft und ihrer Krise geworden wäre und noch immer werden könnte, wenn die SZR – weder wachstumsgestört noch funktionsbehindert – zur weltweiten Reservewährung der Zentralbanken, zur weltweiten Rechnungseinheit aller weltwirtschaftlichen Transaktionen avancierten.

Es gäbe *erstens* weder Währungs- noch Zahlungsbilanzprivilegien der USA und ihres Dollars: Der US-Dollar wäre nicht mehr n.te Währung, sondern eine ganz normale n-1.te Währung wie die anderen auch. Dem »US-Billionen-Ding« der fremdfinanzierten Superaufrüstung, einschließlich SDI, wäre die Geschäftsgrundlage entzogen, der Finanzierungshahn abgedreht! Und der Vorteil der USA? Der ihre Wirtschaftskraft lähmende Höhenflug des US-Dollars käme zu Ende, ihre verschuldungsbedingt zu hohen Zinsen kämen herunter. Und alle übrigen Schuldner-Nationen in Dritter, Zweiter und Erster Welt könnten wieder aufatmen. Die Zeiten ihrer über die zu hohen Dollar-Wechselkurse und -zinsen importierten und unselig verschuldeten Depression wären überstanden. Die Weltwirtschaft würde wieder leisten, was sie soll: den friedlichen Austausch und Transfer ihrer Ressourcen von Reich zu Arm, statt von Arm zu Reich!

Es gäbe *zweitens* für alle n-Länder der einen Weltwirtschaft wieder die Möglichkeit und die Instrumente rationaler Wachstums- und Vollbeschäftigungspolitik; denn sollten wieder einmal Leistungsbilanz und Zinsen »stören«, könnte sich jedes Land davor außenwirtschaftlich absichern: seine Parität beschäftigungspolitisch ab- oder stabilitätspolitisch aufwerten – wie vor 1973!

Es gäbe *drittens* die Möglichkeit, das Welt-Schuldenproblem über die SRZ zu entschärfen: durch Vorgriffe auf künftige und berechenbare SZR-Zuteilungen die heutige Schuldenlast zu garantieren und zu re-liquidisieren und dadurch die Weltwirtschaft funktionsfähig zu erhalten: frei von Protektionismusgefahren und der Kollabierungsdrohung. Ein rettender Ausweg, der auch die USA mit ihren Superschulden interessieren müßte!

Und es gäbe *viertens* statt des Fronvogts IWF eine Weltzentralbank, die die »schwarzen« Weltfinanzmärkte überwacht und reguliert, sie an die Kette ihres n+1.ten (weder nationalen noch privaten) Weltgeldes führt und von den »Zufällen« ausreichender Goldfunde, den jeweils »richtigen« Leistungsbilanzdefiziten einer hegemonialen Währungsmacht oder den »richtigen« Kreditentscheidungen und -dosierungen ihrer »Kredithaie« freihält, so daß Weltgeldkrisen endgültig der Vergangenheit angehören. Oder vorsichtiger: nicht mehr von klar erkennbaren Defekten der Weltgeldverfassung ausgehen können – »nur« noch von menschlicher Zerstörungslust und -bereitschaft!

Das Entwicklungsgesetz der Geldwirtschaft hätte sich erfüllt: *Alle* Geldprozesse, die nationalen wie die internationalen, kämen unter eine letztinstanzliche Weltgeldkontrolle: eine *Weltzentralbank der Zentralbanken* (WZB), die – weil sie die nationalen Expansions- und Stabilitätsprozesse überwacht und aufeinander abstimmt – Inflations- und Depressionsexzesse verhindert, die *eine* Weltwirtschaft für *alle* Beteiligten *betriebssicher* macht: den Weltgeldmißbrauch verhindert!

Und was hindert uns die Utopie der WZB zu verwirklichen? Die Macht der Mächtigen, die weder ihre Geldherrschaft teilen noch auf die mit ihnen verbundenen Sonderrechte und -vorteile verzichten wollen? Nein, die Dummheit dieser Macht, die immer noch hofft, sich selbst bewahren und auch dann noch Besitzstände verteidigen zu können, wenn diese nicht einmal den Geldschein, das Papier wert sind, auf dem sie vermerkt sind. Mag sich diese Kritik anziehen, wem sie paßt und wen sie betrifft.

Der Wissenschaft aber ist aufgegeben, die *Bedingungen* herauszuarbeiten, unter denen humane Ziele und Errungenschaften, zu denen allen voran der Frieden zählt, möglich, realisierbar werden. Die *Voraussetzungen* der Utopie aufzuzeigen, das ist unser Geschäft und unser Auftrag.

Der Weltfrieden hängt sicherlich nicht allein vom Gelde ab. Aber eine funktionsfähige und gerechte Weltgeldverfassung ist sicherlich eine seiner notwendigen Bedingungen. Lernen wir diese Lektion nicht beizeiten, ist uns eines gewiß: den alten Zyklus von Aufschwung, Krise und Zusammenbruch, samt seinen Kosten und Folgen auf ewig zu wiederholen, sofern es diese Ewigkeit demnächst noch geben wird. Aber gerade weil diese Zukunft so dunkel und unheilschwanger verhangen ist, bin und bleibe ich optimistisch.

Dieter Senghaas

Hegemonialanspruch und Friedensfähigkeit der Supermächte

1. Gefährdungen des Weltfriedens in der Folge des Verfalls der überkommenen Hegemonialordnung

Die Geschichte der modernen Staatenwelt wird durch aufeinanderfolgende Ausscheidungskämpfe um weltpolitische Vormachtstellung gekennzeichnet. Hegemonialkonflikte lassen sich in der europäischen Geschichte bis in die Zeit der frühen Nationalstaatsbildungen im ausgehenden Mittelalter zurückverfolgen. Aus solcher Perspektive gleicht der gegenwärtige Konflikt zwischen den beiden Weltmächten USA und Sowjetunion dem Höhepunkt einer lang anhaltenden Machtkonzentration und Machtrivalität in der internationalen Gesellschaft. Heute stellt sich erneut die Frage, ob sich die Auseinandersetzung zwischen zwei Weltmächten auf einen großen Krieg, einen Weltkrieg, zuspitzt oder ob es Ansatzpunkte für einen friedlichen Ausweg aus der Hegemoniekrise, die wir gegenwärtig durchleben, gibt. Diese Frage berührt das friedenspolitische Grundproblem der Gegenwart.[1]

Die Entwicklung weltpolitischer Machtkonstellationen ist durch eine spezifische Zyklizität gekennzeichnet. Aus den großen Kriegen der vergangenen 300 Jahre sind jeweils Hegemonialordnungen auf Zeit entstanden. An ihrer Spitze standen Führungsmächte, denen ein Gestaltungsprivileg hinsichtlich der weltwirtschaftlichen und, darauf aufbauend, der weltpolitischen Ordnung zukam. Nach dem Zweiten Weltkrieg haben die Vereinigten Staaten von Amerika eine solche Führungsposition errungen. Viele Jahre lang konnten die USA die Spielregeln der internationalen Politik bestimmen. Damit erreichten sie eine ähnliche Stellung wie Großbritannien im 19. Jahrhundert, das aufgrund seiner überragenden weltwirtschaftlichen Rolle fast ein Jahrhundert lang weltweit Einfluß zu eigenem Vorteil ausüben konnte.

Sicherheit ist in einer Hegemonialordnung das Ergebnis einer unbestrittenen Machthierarchie. Sie resultiert nicht aus dem Gleichgewicht der Mächte, sondern aus der eindeutigen Überlegenheit der führenden Ordnungsmacht. Solange die Vorteile für die Führungsmacht größer sind als die Lasten, begründet eine solche weltpolitische Ordnung das »goldene Zeitalter« der jeweiligen Hegemonialmacht.

Bis zur Industriellen Revolution gab es in der Neuzeit mehrere, wenngleich brüchige Vormachtstellungen führender Mächte als Ergebnis erfolgreich erkämpfter Positionen an den Nahtstellen des weltweiten Fernhandels. Seit der Industriellen Revolution ist Hegemoniebildung nur noch auf der Grundlage einer jeweils überlegenen Nationalökonomie vorstellbar. Drei Faktoren begründen seitdem eine weltwirtschaftliche Spitzenstellung und den sich aus ihr ergebenden weltweit wirksamen Verdrängungswettbewerb:

- Die hohe Produktivität im landwirtschaftlichen, industriellen und Dienstleistungssektor;
- technologische Innovationen, die Leitsektoren begründen und von denen weitreichende Ausstrahlungskräfte auf die übrige Weltwirtschaft ausgehen;
- schließlich organisatorische und institutionelle Innovationen, die neue gesellschaftspolitische Perspektiven eröffnen und die auch eine Anpassung überkommener Institutionen an neue sozio-ökonomische Gegebenheiten erleichtern.

Werden solche Faktoren durch eine zivilisatorische Ausstrahlungskraft der betreffenden Gesellschaft ergänzt, gewinnt eine ökonomische Vormachtstellung zusätzlichen kulturellen Flankenschutz. Noch bis vor 10 bis 15 Jahren hatte das Bild des »American way of life« eben diese Funktion.

Dieser Hintergrund einer auf Zeit festgefügten Hegemonialordnung läßt deutlich werden, warum sie sich in ihrem »Reifestadium« eher über ökonomische Selbstregulierung als über militärische Zwangsgewalt am Leben erhält. Nicht zufällig sind solche Blüteperioden durch internationalistisch und kosmopolitisch ausgerichtete Programmatiken geprägt, insbesondere durch die Freihandelsdoktrin – die Ideologie weltwirtschaftlicher Spitzenökonomien. Und insofern die Wachstums- und Expansionsdynamik der weltwirtschaftlichen Leitökonomie positive Folgewirkungen auf nachgeordnete Nationalökonomien hat, gewinnt, wenigstens solange Wachstum anhält, die Idee der zunehmenden wohlfahrtsfördernden Interdependenz weltwirtschaftlicher Verflechtungen auch außerhalb der Hegemonialmacht an Boden.

Auch Spitzenökonomien verlieren ihre Vitalität; sie altern. Sie werden durch nachrückende Anwärter für Spitzenpositionen herausgefordert. Deren Durchschlagskraft ist, wie einst bei allen alten Hegemonialmächten seit der ersten Industriellen Revolution, in den gleichen Faktoren begründet, die ehedem auch die Vorherrschaft der nunmehr alternden Hegemonialmacht begründeten: ökonomische Leistungsfähigkeit, technologische und institutionelle Innovation. Dabei verfügen nachrückende »junge« Hegemonialaspiranten über noch mobilisierbare geistige und finanzielle Ressourcen, die bei alternden Hegemonialmächten verbraucht sind. Das führt bei letzteren zu einem Verlust an Flexibilität, wodurch sich Chancen neuer und junger Herausforderer verbessern. Einer von mehreren Gründen für den derzeitigen erfolgreichen Aufschwung Ostasiens zu einem neuen dynamischen Entwicklungs- und Wachstumspol der Weltwirtschaft liegt in einer solchen Konstellation begründet.

Dem Altern der Spitzenökonomie folgt die Erosion der einst unbestrittenen politischen Hegemonialstellung. Die überkommene internationale Ordnung, einst festgefügt in der Blütezeit, beginnt zu zerfallen. Die Entlegitimierung der Spielregeln der überkommenen Ordnung setzt ein. Die internationale Politik gewinnt wieder anarchische Züge: Aus der Hegemonialordnung erwächst ihr Zerfallsprodukt, die eine oder andere Variante von Gleichgewichtsstruktur. Eine wachsende Diskrepanz zwischen dem überkommenen institutionellen Rahmen des internationalen Systems und neuen Machtlagen führt zur Krise des internationalen Systems: zur »Krise des Weltwirtschaftssystems«, zur »Krise des Weltwährungssystems«, zur »Krise der internationalen Kommunikationsordnung«, zur »Krise der Allianzen« usf. – Das Ergebnis ist eine um sich greifende Verunsicherung. Daß in einem solchen Zusammenhang der Begriff der Sicherheitspolitik eine weit über die militärische Dimension hinausgehende Bedeutung gewinnt, überrascht nicht. An die Stelle einer tendenziellen ökonomischen Selbstregulierung tritt bewußte politische, im Grenzfall militärische Intervention als Mittel der Konfliktregulierung. Diese erscheint unausweichlich, wenn der relative Verfall einer Hegemonialposition und die Herausforderung durch nachrückende junge Hegemonialaspiranten mit einer weltwirtschaftlichen Schrumpfphase zusammenfällt und an die Stelle von Internationalismus und Kosmopolitismus nunmehr Protektionismus und Nationalismus treten. Dann ist nicht mehr Interdependenz gefragt, sondern Geopolitik und Merkantilismus. Beide sind unübersehbare Indizien für eine verfallende Hegemonialordnung in einer weltwirtschaftlichen Abschwungphase.

Auf diesem weltpolitischen und weltwirtschaftlichen Hintergrund nimmt die Konfliktträchtigkeit der internationalen Politik zu; Konfliktanlässe häufen sich. Alte und neue Mächte drohen aufeinanderzustoßen; die Gefahr kriegerischer Auseinandersetzungen wächst. Die These, größere kriegerische Auseinandersetzungen seien nicht mehr auszuschließen, gewinnt an Plausibilität. Zeitweilig breitet sich Katastrophenstimmung aus. Aus begrenzten Auseinandersetzungen drohen große, kataklysmische Konflikte zu werden: Auseinandersetzungen über die weitere Entwicklung der internationalen Ordnung überhaupt.

Internationale Politik wird sich in den kommenden zehn Jahren im Umfeld einer solchen Hegemoniekrisen-Konstellation abspielen. Um ihre Dynamik zu verstehen, ist als erstes die Frage zu beantworten, wie die bisherige Hegemonialmacht USA den *relativen* Niedergang ihrer Hegemonieposition verarbeitet. Anschließend wäre die Rolle der Sowjetunion zu kennzeichnen.

2. Wie verarbeiten die USA die Hegemoniekrise?

Vergleicht man die überragende weltwirtschaftliche Position der USA am Ende des Zweiten Weltkrieges mit ihrer heutigen Stellung, ist ein Positionsverfall nicht zu übersehen. Die ökonomische Schwächung findet insbesondere ihren Ausdruck in Stellungsverlusten gegenüber den neuen ökonomischen Herausforderern: Westeuropa, Japan und im wachsenden Maße auch einigen Schwellenländern. Die militärische Vormachtstellung wurde durch die Nach- und Hochrüstung der Sowjetunion zunichte gemacht. Weite Bereiche der internationalen Politik, die sich noch vor wenigen Jahrzehnten mit Hilfe einer Vielzahl von Militärallianzen und ökonomischen Verflechtungen kontrollieren ließen, sind der leichten und problemlosen Kontrolle entglitten. War einst aufgrund unbestreitbarer Vorteile die Hegemonialordnung für die Führungsmacht attraktiv, schlagen sich nunmehr Belastungen, die in einem überzogenen Militär- und Rüstungsaufwand begründet sind, in einer chronisch werdenden Fiskalkrise nieder.

In einer solchen Situation wäre ein Rollenwechsel erforderlich. Wenn die einstige Hegemonialposition nicht mehr aufrechtzuerhalten ist, weil zum einen sich das gesamte Umfeld durch neue Gegenspieler geändert hat und weil zum anderen sich die innere strukturelle Schwächung nicht einfach trotzig überspielen läßt, wäre ein relativer Rückzug in eine in der Tendenz anderen nachrückenden Mächten vergleichbare Position überfällig. Langfristig werden harte ökonomische Fakten – wie die Entwicklung der internationalen Wettbewerbsfähigkeit der amerikanischen Wirtschaft – eine solche Anpassung unausweichlich machen; kurzfristig stellt sich die Frage, ob eine solche Anpassung als politisch überfällig erkannt und letztlich auch bewußt angesteuert wird. Dabei ist das psychologische Problem einer solchen Neuorientierung der Außenbeziehungen nicht das geringste, zumal, wenn die überkommene Vorrangstellung (»to be the first«) noch mit einem Selbstverständnis und einem Sendungsbewußtsein verkoppelt ist, das viel älter ist als die relativ spät erreichte Hegemonialstellung.

Während der ganzen siebziger Jahre hat es nicht nur in der Publizistik, sondern auch in der Politik verschiedener Administrationen (Nixon, Ford, Carter) in den USA Ansätze zu neuen weltpolitischen Strategien gegeben. Im einzelnen waren ihre Akzente durchaus unterschiedlich, allen jedoch lag die Absicht zugrunde, den »emerging complexities« der internationalen Gesellschaft mit einer »Politik der Interdependenz« konstruktiv zu begegnen.

In einer solchen Politik sollten grundlegende Veränderungen der internationalen Politik berücksichtigt werden:

- der Verlust des Nuklearmonopols und die Aussichtslosigkeit einer Politik, es zurückzugewinnen (»Zwang zur Koexistenz«);
- der Verlust an eigenem ökonomischem Gewicht und die Existenz neuer potenter Konkurrenten auf dem Weltmarkt;
- die Anerkennung der Dritten Welt, insbesondere von OPEC und manchen Schwellenländern als einer neuen politischen und ökonomischen Kraft in der internationalen Politik;
- der Trend zur Multipolarisierung der Weltpolitik und die damit verbundene relative Machtdiffusion.

Zu keinem Zeitpunkt ist aus solchen Bemühungen ein in breiten Kreisen konsensfähiges Konzept entstanden. Nicht so sehr in der Theorie als vielmehr in der Praxis schwankte die Politik zwischen alten und neuen Orientierungen. Sie erschien dadurch nicht nur für die Umwelt, sondern auch in der eigenen Bevölkerung als unkalkulierbar. Selbst ein und dieselbe Administration folgte selten einem erkennbaren gemeinsamen Ziel, ganz zu schweigen von den enormen Schwierigkeiten des außenpolitischen Entscheidungsprozesses in den USA seit den späten sechziger Jahren.

Doch die Anpassung an veränderte Umweltbedingungen und eine relativ verringerte Leistungsfähigkeit der eigenen Gesellschaft und Ökonomie (»retrenchment«) ist nur eine von zwei denkbaren Reaktionen auf das dargelegte Problem der Hegemoniekrisenbewältigung. So lassen sich die siebziger Jahre als die »soft phase« (R. Falk) dieses Versuchs kennzeichnen. Der Versuch, das Rad der Geschichte zurückzudrehen und noch einmal eine unzweideutige Hegemonialposition zu erringen, stellt die andere denkbare Reaktion dar (»hard phase«). Zerbröckelt nach und nach die politische Kontrolle über weite Bereiche der internationalen Gesellschaft und dokumentieren dramatische Ereignisse – wie das Scheitern der amerikanischen Politik in Vietnam, die Ohnmacht gegenüber dem OPEC-Öl-Kartell, die Teheraner Geiselaffäre usf. – die eigene relative Schwäche, werden überdies solche Ereignisse als Ergebnis einer durchaus vermeidbaren eigenen Willensschwäche interpretiert, droht die Versuchung, mit Kraftakten die alte Ordnung wiederherstellen zu wollen. Wie immer schon in der neueren Geschichte, ist eine solche Krisenkonstellation ein vorzüglicher Nährboden für eine Politik geopolitisch und militärisch motivierter Interessensicherung. In den USA ist mit dem »Reaganism« die »Philosophie« der »emerging complexities« und der »Interdependenz« zu Grabe getragen worden und eine solche geopolitische Option zum Durchbruch gekommen. Sie findet ihren Niederschlag vor allem in massiven Aufrüstungsvorhaben als Grundlage für eine »coercive diplomacy« und eine neo-interventionistische Politik.

Es ist unschwer zu sehen, daß dieser Aufrüstungsschub eigentlich nicht politische Stärke ausdrückt, sondern eher Schwäche widerspiegelt. Im übrigen dürfte auf diesem Wege weder ökonomischer Einfluß noch politische Kontrolle zurückgewonnen werden. Ob sich die nicht nur im militärischen Bereich gesichteten Fenster der Verwundbarkeit schließen lassen, ist zweifelhaft; insbesondere werden sich auf diesem Wege kaum neue »windows of opportunity« (Fenster neuer Chancen) öffnen. Die seit einigen Jahren in Amerika beobachtbaren Aufrüstungsmaßnahmen haben überdies die fatale Folge, daß sie die Leistungsfähigkeit der amerikanischen Ökonomie, möglicherweise mit Ausnahme weniger Branchen, durch eine weitere

Fehlleitung von knappen Ressourcen in unproduktive Bereiche eher untergraben als stärken. Die negativen Wirkungen von Rüstungsausgaben auf die internationale Wettbewerbsfähigkeit der amerikanischen Ökonomie seit den frühen sechziger Jahren ist in vielen Untersuchungen nachdrücklich unterstrichen worden.

Gerade der Aufstieg der amerikanischen Gesellschaft zu einer Hegemonialstellung seit 1880 zeigt, wie übrigens heute Japan, daß hierfür nicht eine große Militärmacht entscheidend war, auch nicht imperiale Ausgriffe, sondern eine wachsende Leistungs- und Wettbewerbsfähigkeit, die einen erfolgreichen Verdrängungswettbewerb in anderen Gesellschaften ermöglicht. Auch die amerikanische Hegemonialposition unterliegt der Dialektik, daß zumindest langfristig militärisch nicht zu sichern ist, was an ökonomischem Einfluß und an Wettbewerbspositionen verlorenging. Auch ein neugewonnenes Selbstbewußtsein, das die Reagan-Administration auszustrahlen sich bemüht, kann diese alte historische Erfahrung nicht überspielen.

Wenn internationale Politik in der Tendenz eher unkontrollierbar wird und man über unvergleichliche Machtpotentiale verfügt, stellen sich leicht Machtphantasien ein, selbst solche über die Führbarkeit und Gewinnbarkeit von Nuklearkriegen. Ist die eigene Gesellschaft krisengeschüttelt, scheint fundamentalistische Eindeutigkeit Selbstvertrauen wiederherstellen zu helfen. Manichäische Weltbilder (»das Reich des Bösen«) gewinnen dann zumindest zeitweilig an Boden. Schon gar in einer Gesellschaft, die von ihren Anfängen an in der Außenpolitik einen Gegensatz zwischen den eigenen amerikanischen idealistischen Maßstäben und einer an Realpolitik orientierten opportunistischen Situationsethik sah. Letztere galt – mit Blick auf Europa – als zutiefst verwerflich, weil zynisch.

Solche Welt- und Selbstbilder haben in einer objektiv komplexer werdenden Umwelt eine entlastende Wirkung; sie tragen zur »Reduktion von Komplexität« bei, zu einer Art von »geistiger Selbstenthauptung« (R. Löwenthal). Dabei ist nicht die Existenz solcher Welt- und Selbstbilder bemerkenswert; in jeder hochindustrialisierten Gesellschaft gibt es derartige geistige Strömungen, wenngleich oft nur am Rande. Daß sie in einer Weltmacht zum Ausgangs- und Angelpunkt offizieller Politik wurden und diese politische Führung über unvergleichliche militärische Machtmittel verfügt, darin liegt das eigentliche Problem.

In einer Welt wachsender Komplexität und zunehmender Konfliktanlässe wird die politische Gestaltung von Konflikten zur eigentlichen Aufgabe einer Friedenspolitik. Ohne Prinzipien aufzugeben, setzt sie doch die Anerkennung von unverrückbaren Realitäten voraus, und ohne Kompromißfähigkeit ist sie kaum vorstellbar. In den siebziger Jahren waren die USA schon auf dem Wege, sich mit neuen, wenngleich damals noch unausgegorenen politischen Programmen in eine veränderte Umwelt einzufügen. Man erkannte, daß die außenpolitischen Konzepte und Instrumentarien der fünfziger und sechziger Jahre nicht mehr greifen würden. Zögernd wurde die sich abzeichnende Multipolarität in der Weltpolitik wahrgenommen. Die Rolle internationaler Organisationen sollte gestärkt werden, und ein fairer Interessenausgleich in neuen Problembereichen (wie beispielsweise bei der Nutzung des Meeresbodens) sollte sich in neuen internationalen Abmachungen niederschlagen. Die Entwicklungspolitik sollte differenziert auf die jeweiligen Bedürfnisse ausgerichtet werden.

Dieser Versuch einer Reorientierung der Weltmachtrolle Amerikas in einem veränderten weltpolitischen Umfeld ist seit dem Beginn der Reagan-Administration zunächst gescheitert. Doch nach Jahren einer perspektivlosen Ausrichtung der Politik nur auf die eigene Position und die eigenen Interessen (»Unilateralismus«) wird auch die Führung der USA zu einer Politik der Interdependenz zurückfinden müssen. Die Probleme, denen sich die USA in der Welt ausgesetzt sehen, sind nicht nur, ja nicht einmal zuallererst, das Ergebnis selbstverschuldeter Schwäche, sondern eine Folge objektiv veränderter Kräfteverhältnisse.

3. Die Probleme einer nur militärischen Weltmacht (Sowjetunion)

Nun wird eine Hegemoniekrise ebensosehr durch den relativen Niedergang einer Hegemonialmacht wie durch den relativen Aufstieg eines neuen Herausforderers geprägt. In der Geschichte der letzten 200 bis 300 Jahre standen sich dabei einigermaßen vergleichbare Gesellschaften gegenüber. Die Herausforderer (beispielsweise Deutschland und Japan am Ende des 19. und in der ersten Hälfte des 20. Jahrhunderts und insbesondere auch die USA) nutzten dabei die gleichen Mittel, denen hegemoniale Vorgänger (wie Großbritannien) den eigenen Aufstieg verdankten: eine überragende ökonomische Leistungsfähigkeit, technologische und institutionelle Innovationen und – wenn auch nicht immer durchschlagend – zivilisatorische Impulse.

Vor diesem Hintergrund gesehen, erfolgte der Aufstieg der Sowjetunion zur Weltmacht einer ganz anderen Entwicklung. Daß die Sowjetunion inzwischen eine Weltmachtposition einnimmt, ist unbezweifelbar. Doch sie verdankt diese Stellung nicht den klassischen Merkmalen einer klassischen Hegemonialmacht der Neuzeit. Trotz aller Aufbauleistungen nach 1917 zeichnet sich die sowjetische Ökonomie immer noch nicht durch eine Entwicklungsdynamik aus, die die weitere Entwicklungsrichtung der Weltwirtschaft mitbestimmen könnte. Im Gegenteil, mit Hilfe von Technologietransfer werden technologische Innovationen importiert; die politisch motivierte Verhinderung institutioneller Innovationen führt zu einer Art Sklerotisierung der Gesellschaft, die eine wachsende Kluft zwischen Produktivkraftentfaltung und Produktionsverhältnissen entstehen läßt. Auch gibt es inzwischen keinerlei Anzeichen mehr für eine politisch relevante zivilisatorische Ausstrahlungskraft, so wie sie nach 1917 in politischen Bewegungen und in intellektuellen Zirkeln außerhalb der Sowjetunion wahrgenommen wurde. Mit dem Eurokommunismus haben die intellektuellen und politischen Absetzbewegungen vom »sowjetischen Modell« und vom »Sozialismus sowjetischen Typs« einen Höhepunkt erreicht. Dieser Vorgang dürfte unumkehrbar sein.

So fehlt der Weltmacht Sowjetunion sowohl der Unter- als auch der Überbau für eine wirkliche Hegemoniebildung. Der weltpolitische Status der Sowjetunion verdankt sich nur dem inzwischen erreichten Militärpotential. Wie in alten Weltreichen (China, Mogul, Osmanen usf.) wird die eigene Gesellschaft durch einen hoch zentralistischen bürokratischen Apparat zusammengehalten, dessen Rückgrat Sicherheitsorgane und Militär sind. Das hat erhebliche Folgen. So sind vielfältige Möglichkeiten ökonomischer Selbststeuerung, die marktwirtschaftlich organisierte Konkurrenzökonomien kennzeichnen, nicht vorhanden. Da Konkurrenz zwischen unabhängigen Wirtschaftssubjekten nicht stattfindet, muß Innovation zum Gegenstand staatlich-bürokratisierter Planung werden – weithin ein Widerspruch in sich selbst. In dem Maße, in dem ökonomische Selbstregulierung ausfällt, tritt administratives Diktat in den

Vordergrund. Das geht, wie die geschichtliche Erfahrung zeigt, so lange leidlich gut, wie brachliegende Ressourcen extensiv mobilisierbar sind. Werden Ressourcen jedoch knapp und ist ein Übergang aus der extensiven Wachstumsphase in eine intensive überfällig, zeichnet sich eine Systemkrise ab. Sie könnte nur bewältigt werden, wenn neue Prioritäten gesetzt und strukturelle Reformen in den Lenkungsinstrumentarien durchgesetzt würden.

Solche Veränderungen berührten jedoch den Kern der politischen Struktur, das Machtmonopol der zentralen Partei- und Staatsorgane. Wie jüngst in einem internen Papier von Wirtschaftswissenschaftlern in der Sowjetunion geschrieben wurde, scheiterten alle bisherigen Versuche überfälliger Reformen am Widerstand eben dieser Machtapparate. Auch in den Außenbeziehungen der Sowjetunion fallen weithin die für westlich-kapitalistische Gesellschaften typischen Möglichkeiten und Instrumentarien ökonomischer Selbstregulierung aus. Eine einigermaßen verläßliche Einflußsicherung ist bisher nur dort zu beobachten, wo die Sowjetunion direkte politische Kontrolle mit Hilfe des Militärs ausüben kann, so in Osteuropa. Aber auch hier sind Autonomisierungsbestrebungen nicht zu übersehen.

Es ist bezeichnend, daß in anderen Fällen, wo ursprünglich ein erheblicher Einfluß bestand, gemeinsame ideologische Orientierungen als Grundlage der Einflußsicherung nicht ausreichten (Jugoslawien, China, Albanien, Nordkorea, eurokommunistische Parteien). Einmal für sicher gehaltene Brückenköpfe ohne ideologische oder militärische Bindung stellten sich als äußerst brüchig heraus (Indonesien, Ägypten usf.). Und auch bei den in den siebziger Jahren hinzugewonnenen Einflußsphären (Angola, Mozambique, Äthiopien, Süd-Jemen usf.) ist keineswegs sicher, daß sie unter sowjetischer Kontrolle bleiben werden. Von einer solchen historisch-vergleichenden Perspektive aus ist allerdings die militärische Intervention in Afghanistan als ein markanter weltpolitischer Schritt zu betrachten.

Im übrigen werden Militär und Rüstung nicht als Irrweg der eigenen Außenbeziehungen und der Weltpolitik begriffen; sie erscheinen vielmehr als funktional für die eigene Position als Weltmacht. Anders formuliert: Ohne das heute verfügbare Militärpotential, das die Grundlage und das Rückgrat des »Weltmachtstatus« ausmacht, wäre die Sowjetunion als Herausforderer der USA zwar immer noch eine große autarke Industriemacht, aber weltwirtschaftlich gesehen, genaugenommen, weniger als ein Schwellenland. Denn ein Schwellenland ist definiert durch Teilindustrialisierungsprozesse, die in einzelnen Sparten der Konsumgüterindustrie und des Maschinenbaus zu einer durchschlagenden Konkurrenzfähigkeit auf den Märkten hochindustrialisierter Gesellschaften führen. Davon kann heute, außerhalb politisch motivierter Handelsabkommen, in den Beziehungen zwischen der Sowjetunion und auch den meisten anderen Gesellschaften sowjetischen Typs einerseits und den in das westliche Weltwirtschaftssystem eingegliederten Gesellschaften andererseits kaum die Rede sein. Mit konkurrenzfähigen Ökonomien (OECD) spielen sich die Beziehungen daher eher auf der Ebene klassischer Nord-Süd-Geschäfte ab: Rohstoffe werden gegen hochverarbeitete Fertiggüter, Maschinen und Technologie getauscht.

Diese von bisherigen Hegemonialmächten sich grundsätzlich unterscheidende Ausgangslage der militärischen Weltmacht Sowjetunion hat erhebliche Konsequenzen, sofern der militärische Weltmachtstatus aufrechterhalten werden soll und eine Einflußerweiterung in der Weltpolitik angestrebt wird: Ohne Rüstung würde die Sowjetunion zu einer weltpolitischen Größe ohne Gestaltungsfähigkeit herabsinken. Ein differenziertes ausgebautes Militärpotential ermöglicht wenigstens anfänglich eine ansonsten nicht erreichbare Globalisierung der sowjetischen Außenbeziehungen. Es überrascht deshalb auch nicht, daß die vermeintliche oder tatsächliche Verschiebung des Kräfteverhältnisses in der Welt zugunsten der Sowjetunion auf das gewachsene eigene Militärpotential zurückgeführt wird und dieser Vorgang politisch, ideologisch und psychisch, zumindest wenn man den Selbstdarstellungen folgt, als positiv betrachtet wird. Mag die Hochrüstung kostspielig sein und angesichts knapper werdender Ressourcen problematisch erscheinen, so drohte doch infolge weitreichender Abrüstung ein Statusverlust in der Weltpolitik, der die Sowjetunion nach den konkurrenzfähigen Spitzenökonomien des Westens sowie nach den jungen Industriezentren Ostasiens und einigen teilindustrialisierten Schwellenländern auf einen dritt- oder viertrangigen Platz verweisen würde. Demgegenüber ist sie mit ihrem inzwischen erworbenen Militärpotential ein ernstzunehmender Herausforderer; ohne Militärpotential wäre sie eine vielleicht dem heutigen China vergleichbare politische Größe.

Solange die Sowjetunion den Status einer Weltmacht anstrebt und die einmal erreichte Position für erhaltenswert hält, ja sie auszubauen bestrebt ist, sind ihr deutlich Grenzen hinsichtlich der Verminderung ihres Militär- und Rüstungspotentials gesetzt. Erst der Aufbau dichter Außenwirtschaftsbeziehungen könnte hier Kompensationsmöglichkeiten schaffen; aber für einen solchen Aufbau fehlen fast alle Voraussetzungen. Dieser Sachverhalt wird im übrigen seit drei Jahrzehnten auch durch den niedrigen Integrationsgrad der Ökonomien der Sowjetunion und Osteuropas im COMECON (oder RGW) belegt.

Damit gewinnt das eigene Militärpotential einen hervorragenden Stellenwert in der politischen Selbstbehauptung und bei Versuchen, sei es der expansiven oder auch nur der »opportunistischen« Macht- und Einflußerweiterung in der Welt.

Gewöhnlich wird Planökonomien eine hohe administrative Flexibilität hinsichtlich ihrer Fähigkeit zugeschrieben, eine Rüstungswirtschaft auf Zivilgüterproduktion umzulenken. Auch hier sind Zweifel angebracht. Versuche der Investitionsumlenkung aus dem Schwerindustrie- und Investitionsgüterbereich in andere Sektoren, obgleich mehrfach an höchster politischer Stelle beschlossen, sind bisher im großen und ganzen gescheitert. Solche Vorgänge weisen auf das inzwischen erhebliche Eigengewicht der Apparate hin. Auch wären weitreichende Versuche einer Umlenkung von Ressourcen aus dem Rüstungs- in den Zivilgüterbereich mit den Imperativen einer militärisch begründeten Weltmachtstellung unvereinbar.

Welche weiteren Entwicklungen sind, von diesem Hintergrund her gesehen, erwartbar?

1. Es gibt gegenwärtig keinerlei Anzeichen dafür, daß der Weltmachtstatus der Sowjetunion in Zukunft anders als durch das erreichte Militärpotential definiert würde. Dabei kann durchaus ein Interesse an gemeinsamen Rüstungskontrollabkommen mit den USA, zumindest auf nuklearstrategischem Gebiet, unterstellt werden. Nicht weniger wahrscheinlich ist jedoch ein weiterer kontinuierlicher Ausbau eines sich auffächernden Militärpotentials und dessen laufende Modernisierung. Wie die Erfahrung der siebziger Jahre zeigt, müssen sich Rüstungskontrolle und Rüstungsmodernisierung nicht ausschließen.
2. Die Kluft zwischen den ideologischen Erwartungen einer Verschiebung der Kräfte in der Welt zugunsten der Sowjetunion und den in Wirklichkeit eher gegenteiligen Entwicklungen in den OECD-Gesellschaften und im neuen ostasiatischen Wachstumszentrum der Weltwirtschaft, aber auch in

den Gesellschaften des real existierenden Sozialismus und in weiten Bereichen der blockungebundenen Dritten Welt, wird wahrscheinlich den in der sowjetischen Sicherheitspolitik ohnehin beobachtbaren Hang zur Überversicherung, zur »absoluten Sicherheit«, verstärken. Eine Gesellschaft sowjetischen Typs, die sich einem wachsenden internationalen Problemdruck ausgesetzt sieht, wird wahrscheinlich noch mehr als ohnehin in Militär und Rüstung eine verläßliche, autonom instrumentierbare politische Rückversicherung suchen.

3. Seit dem Sturz Chruschtschows 1964 hat es in der Sowjetunion keine Anzeichen mehr für einen gravierenden Konflikt zwischen politischer Führung und Militär gegeben. Die Aufrüstung nach 1964 verlief relativ kontinuierlich und einigermaßen unabhängig von den in den USA zur selben Zeit beobachtbaren Fluktuationen. Es ist ratsam, von einer weiteren Kontinuität des Bündnisses von Politik und Militär auszugehen; im übrigen entspricht ihm der hochzentralistische, gewissermaßen immer noch kriegswirtschaftliche Charakter der sowjetischen Ökonomie.

4. Die Herrschaftsform und die von ihr geprägte Gesellschaft und Ökonomie lassen ebenso wie die militärische Eindimensionalität des »Weltmachtstatus« eine eher geringe Beeinflußbarkeit der Sowjetunion von außen als wahrscheinlich erscheinen. Wenn eine Beeinflussung im Sinne einer Stärkung von Reformkräften erreicht werden soll, dann ist sie nur über eine nicht-bedrohliche Politik des Westens erreichbar. Aber selbst unter solchen, heute nicht bestehenden Vorzeichen ist ihr Erfolg keineswegs sicher. Erfolg oder Mißerfolg hängen wesentlich davon ab, ob sich verdichtende Beziehungen zwischen Ost und West vor Ort politisch verkraftet werden können. Hier gibt es eine bleibende markante Asymmetrie zwischen Ost und West. Denn eine Entstabilisierung westlicher Gesellschaften in der Folge einer Intensivierung der Beziehungen ist äußerst unwahrscheinlich. Wenn jedoch in der Sowjetunion und insbesondere in Osteuropa innere Reformen ausbleiben und die Kluft zwischen einer wachsenden Komplexität industriegesellschaftlicher Strukturen und dem autokratischen Charakter der politischen Institutionen wächst, kann der von westlichen Gesellschaften kommende Innovationsdruck im Innern solcher Gesellschaften nicht aufgefangen werden. Früher oder später wird es zu erheblichen Abwehrreaktionen kommen. An diesem Dilemma kann

eine westlicherseits noch so wohlwollend geplante Politik des Ausgleichs und der Entspannung nichts ändern.

Diese Problematik betrifft insbesondere Osteuropa und die Beziehungen zwischen Ost- und Westeuropa. Ein vertiefter Austausch zwischen den beiden Teilen Europas wird in Osteuropa nur dann politisch verkraftet werden, wenn sich solche Kontakte aufgrund vorgängiger Reformen nicht in zusätzliche politische Probleme vor Ort übersetzen. Ungarn ist hierfür ein interessantes Beispiel. Solche Reformen sind aber ohne eine Normalisierung der Beziehungen zwischen der Sowjetunion und Osteuropa kaum denkbar. In der Art dieser Beziehungen ist deshalb ein Gradmesser für die Möglichkeit beziehungsweise Unmöglichkeit der Verbesserungsfähigkeit der Beziehungen zwischen West und Ost zumindest hier in Europa zu sehen. Die Friedensfähigkeit der sowjetischen Politik wird sich vor allem in einer Reorientierung ihrer Beziehungen zu Osteuropa zu erweisen haben. Ohne größere Autonomie Osteuropas gegenüber der Sowjetunion sind über das heute begrenzte Maß hinausgehende fruchtbare Ost-West-Beziehungen in Europa schwer vorstellbar. Die Entspannungspolitik der siebziger Jahre bot der Sowjetunion Chancen, ihr Verhältnis zu Osteuropa zu normalisieren; die Sowjetunion hätte in der Folge solcher Normalisierung erhebliche politische Impulse auslösen können. Diese Chancen blieben ungenutzt; vielmehr sollte mit untauglichen Mitteln ein brüchig gewordener Status quo noch einmal gesichert werden. Auch daran ist die Entspannungspolitik gescheitert.

Man muß diesen Zusammenhang auch im Auge behalten, wenn Entspannungspolitik wiederbelebt werden soll, beispielsweise mit Hilfe des Konzepts defensiver Verteidigung, das an und für sich dem Geist einer Entspannungspolitik entspricht. Es ist keineswegs sicher, daß eine solche Politik des Westens, die zu begrüßen wäre, nicht von der Sowjetunion als eine erhebliche gesellschaftspolitische Provokation empfunden würde, da sie in Osteuropa unter gegebenen Bedingungen absehbare destabilisierende Wirkungen hätte.

4. Einige Schlußüberlegungen

Auch nach dreißig Jahren der Suche nach einem politischen Modus vivendi zwischen Ost und West gibt es immer noch keine politische Grundlage für einen wie immer gearteten Entwurf einer Friedensordnung, auch nicht einer »europäischen Friedensordnung« an der Nahtstelle des Ost-Westkonfliktes. Die meisten vorliegenden Konzepte, die in eine solche Richtung weisen, lassen neben der immer noch unbewältigten Hegemoniekrisenproblematik, die Ostdimension einer solchen Ordnung, das heißt die Problematik der Sowjetunion und Osteuropas und insbesondere des Verhältnisses der Sowjetunion zu Osteuropa unberücksichtigt. Aber auch ganz bescheidene Konzepte, wie das die erste Phase der Entspannungspolitik prägende Konzept des »Wandels durch Annäherung«, mußte in eine Sackgasse geraten, sobald es in Osteuropa nicht mehr kontrollierbare Folgen zeitigte.

Weiterhin kann man in Ost und West, gegenwärtig zumindest innerhalb Europas, ein rein geschäftsmäßiges Interesse an Wirtschaftsbeziehungen zu beiderseitigem Nutzen unterstellen, abgetrennt von jeglichen weiterreichenden friedenspolitischen Erwartungen. Diese Feststellung gilt allerdings nicht für die gegenwärtige Reagan-Administration und deren Versuche, über eine Art von Wirtschaftskrieg den Kontrahenten unter Druck zu setzen.

Wenn sich realisierbare große friedenspolitische Entwürfe nicht abzeichnen, aber andererseits gewisse geschäftliche Austauschbeziehungen ausbaufähig sind, ohne daß große friedenspolitische Erwartungen an sie zu knüpfen wären, spitzt sich auf einer pragmatischen Ebene die friedenspolitische Problematik auf zwei Fragen zu:

1. Läßt sich wenigstens die Rüstungsentwicklung wieder in den Griff bekommen, läßt sich der Ost-West-Konflikt ein Stück weit entmilitarisieren? Ist Rüstungskontrolle, »kooperative Rüstungssteuerung«, »kooperative Sicherheit« oder gar »Sicherheitspartnerschaft« in einem gesellschaftspolitisch, wenn nicht gar friedenspolitisch, neutralisierten Rahmen vorstellbar?

Zum gegenwärtigen Zeitpunkt gibt es nicht einmal Anzeichen für Rüstungskontrollabsprachen bei anhaltender Modernisierung der Militärapparate. Nicht einmal die Kombination von Aufrüstung und Rüstungskontrolle, die es in den sechziger und siebziger Jahren ermöglichte, zu Absprachen zwischen den beiden Weltmächten zu kommen, scheint politikfähig zu sein. Der Trend zur »Konventionalisierung der Nukleardoktrin«, der in den fünfziger Jahren einsetzte, ist ungebrochen; die entsprechenden Ausdifferenzierungen der Rüstungsapparate und waffentechnologischen Entwicklungen zeigen eine erhebliche Eigendynamik. Dennoch ist die weltpolitische Entstabilisierung nicht zuallererst ein Ergebnis waffentechnologischer Entwicklungen, sondern die Folge weltpolitischer Machtverschiebungen. Erst im Zusammenhang dieser weltpolitischen Machtverschiebungen entfalten die in den vergangenen Jahren viel erörterten neueren waffentechnologischen Entwicklungen eine erhebliche politische Brisanz. Deshalb läßt sich eine Kontrolle der Rüstungsdynamik ohne eine Verständigung über weltpolitische Konfliktstoffe kaum vorstellen. Diese Überlegung führt unmittelbar zur zweiten Frage:

2. Gibt es Aussichten auf eine Verständigung über eine Politik der Nicht-Intervention der beiden Weltmächte in die Konflikte der Dritten Welt?

Eine Verständigung zwischen den beiden Weltmächten, beispielsweise im Sinne eines Verhaltenskodexes, ist zur Zeit äußerst unwahrscheinlich. Einem solchen Vorhaben stehen sowohl östliche Ideologie als auch eine seit langem kurzsichtige Interessenpolitik des Westens entgegen. Hoffnungsvoller ist, daß Entwicklungen in der Dritten Welt selbst interventionistischer Politik entgegenwirken. So wird ein wachsender Nationalismus, der das Ergebnis tiefgreifender gesellschaftlicher Umstrukturierungen ist, beispielsweise einer wachsenden Alphabetisierung, einer übermäßigen Urbanisierung, einer weit fortgeschrittenen Verlagerung der erwerbstätigen Bevölkerung aus bäuerlichen Tätigkeitsfeldern in einen urban-industriellen Sektor, die Grundlage für eine zunehmende Politisierung vieler Länder der Dritten Welt. Wo Nationalismus sich ausbreitet, werden aller Wahrscheinlichkeit nach auch innergesellschaftliche und zwischenstaatliche Konflikte zunehmen, aber gleichzeitig wird – zumindest in der Tendenz – dem Interventionismus von außen vor Ort der Boden entzogen. Wenn Konflikte in der Dritten Welt, die in aller Regel lokale Ursachen haben, kaum noch erfolgreich von außen kontrollierbar sind und militärische Interventionen immer häufiger negative Wirkungen zeitigen, werden solche Erfahrungen zu einem bedeutsamen Faktor gegen die Versuchungen des Interventionismus; möglicherweise sind solche Erfahrungen bedeutsamer als ohnehin kaum erreichbare Absprachen zwischen den Weltmächten.

An Europa als einer eigenständigen politischen Kraft, die durch eine umsichtige Südpolitik mit eigenem Gewicht dem Interventionismus der Weltmächte entgegenwirken könnte, wagt man in diesen Jahren kaum noch zu denken. Aber es wäre um die Chancen des Weltfriedens sicher besser bestellt, wenn Europa, gerade weil es keine wirkliche Weltmachtrolle mehr spielen kann, dort vermittelnd und ausgleichend wirken würde, wo die Großmächte immer noch aufeinanderzustoßen drohen, mit der bleibenden Gefahr, durch ihre Konfrontation in einer unberechenbaren Dritten Welt auch Europa in den Abgrund zu zerren.

Jürgen Wertheimer

Ästhetik der Gewalt – Literatur im Dienst der Friedenssicherung?

Für die Literaturproduzenten wie auch für die bildenden Künstler ist der Umgang mit den Phänomenen des »Häßlichen«, des »Bösen«, der »Gewalt« komplizierter und doppeldeutiger als für die Strafrechtler, die Politologen und natürlich die Theologen. Denn die Literatur arbeitet ja exakt mit demselben blutigen Material, das sie seit 2000 Jahren zu analysieren vorgibt. Sie arbeitet erfolgreich mit diesem Material, und sie zieht daraus ihre wirkungsvollsten Effekte.

Darüber hinaus – und auch dies ganz im Gegensatz zu den genannten wissenschaftlichen Disziplinen – ist die Literatur unmittelbar an die Wirklichkeit gebunden, ist ihr verpflichtet, ist Teil von ihr. Jede Schizophrenie, jeder Defekt, jede Dissonanz wird hier emblematisch dichte Erfahrung.

Von drei Punkten gilt es deshalb im folgenden zu sprechen:

- von der Wirklichkeit, und von der Synchronie der Gegensätze;
- von der Stilisierung und der Fiktionalisierung dieser Wirklichkeit;
- von der analytischen Verarbeitung gewalttätiger Wirklichkeit.

1. Die Wirklichkeit der Fakten

Kaum ein Bereich – vielleicht mit Ausnahme der Pornographie – ist so sehr mit dem Odium der Heuchelei belegt wie die Gewalt. An kaum einer Lüge auch wird so gut verdient. Im gleichen Maße wie die Gewalt tabuisiert und geächtet wird, steigen die Verkaufszahlen und die Marktanteile der parasitären Ebenen Waffenhandel (rund 8,6 Milliarden Mark Waffenexporte der Bundesrepublik im Geschäftsjahr 1983) und Medienvertrieb.

Die Schere zwischen ethischem Anspruch und wirtschaftspolitischer »Notwendigkeit« öffnet sich klaffend weit: Das reicht als Struktur von den Rüstungskontrollabkommen bis zum

Gleichgewicht des Schreckens und des Abschreckens im Alltag. Und es durchzieht die Ästhetik unserer Wahrnehmung, die Muster unserer gegenwärtigen Produktion, Rezeption, unseres Konsums an Bildern und Worten:

Da herrscht – selbstredend – vollständiger Akkord darüber, daß der Vertrieb gewalttätiger Produkte auf dem Video-Markt durch geeignete juristische Maßnahmen gestoppt werden müsse. *Gleichzeitig* erbebt derselbe Markt vom Boom einer neuen Gattung, die das Phänomen auf eine bisher nicht gekannte Weise perfektioniert: Ich spreche von jenen Video-clips, die in der Art wagnerischer Gesamtkunstwerke im Taschenformat in Destruktion und Apokalyptik schwelgen. Man sieht, es bedarf noch nicht einmal eines Wechsels des Mediums – eine Verschiebung im Genre genügt; und – was das Wichtigste ist – die Gewinnanteile steigen. Wundertätige Synchronie der Gegensätze.

Synchronie auch in den TV-Medien, wenn eine ARD-Diskussion über das Thema »Frieden« zeitgleich mit einem technokratisch-euphorischen ZDF-Bericht über das SDI-Projekt in Sendung geht. Zufällige Zeitgleichheit oder höhere Einheit der Gegensätze? Ist das die synthetische Aufhebung der Gegensätze oder höherer Blödsinn des Proporzes? Man weiß es nicht immer.

Doch sind nicht nur die breiten Medien von der Malaise der Doppelzüngigkeit befallen: Ähnliche Spaltung oder Doppelung läßt sich in den hohen kulturproduzierenden Instituten beobachten. So geben die Münchner Kammerspiele zum einen eine anrührende Lesung von Christa Wolfs ›Kassandra‹ durch Gisela Stein, während in der Dependence Botho Strauß' ›Kalldewey-Farce‹ in Szene geht, bei der ein Mensch auf offener Bühne in seine Bestandteile zerlegt wird. Auf der anderen Seite der Münchner Theaterstraße wiederum gibt man William Mastrosimones Vergewaltigungsthriller ›Bis zum Äußersten‹, bei dem es während der naturalistischen Darstellung schon mal zu veritablen Knochenbrüchen der Akteure zu kommen pflegt.

Regie und Auditorium dieser Produktionen pflegen sich im allgemeinen köstlich an diesen hard-core Angeboten für kritische Intellektuelle zu delektieren – selbstredend nicht nur in Münchens Maximilianstraße, sondern umfassend: Konjunkturritter aller Couleur können sich ein authentisches theatralisches Lebensgefühl ohne härteste Gewaltdarstellungen kaum mehr vorstellen – man denke an Peter Zadeks Rituale, von Hopkins

Bestiarium ›Verlorene Zeit‹ bis hin zum sadomasochistischen Elisabethanerspektakel ›Die Gräfin von Malfi‹.

Wie überhaupt festzustellen ist, daß die progressive Elite sich in besonderem Maße empfänglich zeigt für den diskreten Charme edel verpackter Gewalt – »Terrorist chic« pflegt man die flott gemachte Ware zu nennen. Spielerische Effekte »sind angesagt«, Russ Meyers formalistische Twists ins »Komische« machen gewalttätige Exzesse und Phantasmagorien angenehm konsumierbar, und die ganz ausgefuchsten unter den Ex-Moralisten wittern selbst beim nicht mehr fragwürdigen Genuß der Machwerke im Stil von ›Indiana Jones‹, ›Body Double‹, ›The Terminator‹ und ›Rambo‹ noch die Chance eines verquasten kathartischen Alibis: Von »bildertrunkener Apotheose der blanken ästhetischen Mord-Lust« sprechen alerte ›Zeit‹-Rezensenten, und die US-Kritikerin Pauline Kael konstatiert in eben derselben ›Zeit‹ eine Art reinigendes Suhlen im eigenen Matsch: »Häufig ist es im Film [Body Double], auf den das Publikum um mich lautstark reagiert, als hätte es ›a high, great time‹ – und ich spüre diesen Nihilismus, der natürlich kein gedanklicher oder philosophischer ist –, er ist von der Art, wie dort alles, man selber eingeschlossen, in Dung verwandelt wird.«[1]

Genüßlich wird diese Verwandlung von der Berichterstatterin dokumentiert, und es steht zu vermuten, daß ein gut Teil der stupenden Erfolge dieser niederträchtigen Machwerke aus eben jener intellektuellen Lust am Selbstbesudeln im »kollektiven« Konsumentenrausch resultiert. Nur so ist zu erklären, daß eine kultivierte Kritikerin sich in Unbefangenheit ergeht und von »der absolut vergnüglichsten und pursten physischen Komödie, die je gedreht wurde« spricht, von »hübsch schrecklichem Terror«, »köstlichen Meta-Monstern« und zu allem Überfluß auch noch von »pansexuell, dunklen, magischen Nächten der Libido« – Billig-Gewalt als Lösemittel für gelehrten Trieb-Stau? Oder erschöpft sich auch hier alles im Wort. Fast steht dies zu vermuten, liest man die zeittypische Sprache des »kritischen« Genusses, vergegenwärtigt man sich die selbstgefälligen Wortspielgeräusche der spätbildungsbürgerlichen Feuilletonisten: »Triebwerk des Teufels« überschreibt einer von ihnen seine Glosse im ›Spiegel‹, in der das Szenarium der Grausamkeit dann folgendermaßen gestylt wird: »Die Bühne ist eine Folterkammer. Auf dem Spielplan steht moderner Grand-Guignol. Blut und Tränen fließen, Knochen knacken, Frauen wimmern im Würgegriff brutaler Gangster ... Haßerfüllt und hochgerüstet stehen sie einander gegenüber. Sex und Gewalt, Ekel vor dem anderen, das sind offenbar zentrale Themen der laufenden Saison; das Grauen geht um.«[2]

Wir sind uns darüber klar, daß hier derselbe Personenkreis spricht, der morgen Nebenmann in der Friedenskette sein kann: Es ist offenkundig, daß dabei gesellschaftsspezifische Vermarktungsgesetze ihren Ausdruck finden. Nicht so sehr um Gespaltenheit oder Schizophrenie ist es bei all den angedeuteten Gleichzeitigkeiten von Tabu und Konsum zu tun, sondern einzig um die profitorientierte Regel des »Sowohl-als-Auch«. Emblematisches Abbild dieses verwirrten Simultandenkens ist selbstverständlich und in unüberbietbarer Prägnanz der mittlerweile legendäre »Doppelbeschluß«.

2. Die Stilisierungsmodi der hohen Literatur

Es soll hier keinesfalls der Eindruck entstehen, man sei gezwungen, in die Niederungen der sogenannten Trivialliteratur hinabzusteigen, um den erwähnten Doppelstrategien zu begegnen. Ganz im Gegenteil wird in überreichem Maße fündig, wer die Theorie (zum Beispiel Aristoteles) oder Praxis der hohen Literatur sichtet. Und mit dem Scheinargument, daß dort – im Unterschied zum Trivialen – stets reflektierend, analysierend mit dem Phänomen der Gewalt umgegangen werde, ist eben auch nur Scheinsicherheit gewonnen: Denn nicht zuletzt kommt es auf den Modus dieser Reflexion oder Analyse an, nicht so sehr auf das Konstatieren des bloßen Fakts.

Aus der umfangreichen Liste möglicher Beispiele hier zum Beleg nur wenige und ganz bewußt nicht die extremsten und spektakulärsten, man denke zum Beispiel an Richard Wagners oder Ernst Jüngers Textgebilde. Ich erlaube mir vielmehr aus den Werken so hochkultivierter, humanistischer Autoren wie Friedrich Nietzsche, Stefan George, Thomas Mann zu zitieren; dessen stets bewußt, daß eine Menge feinphilologischer Einwände meiner Interpretation entgegengesetzt werden könnten.

Wenn ich dennoch an einer weniger reflektiert anmutenden Sehweise festhalte, so auch aus dem Wissen, daß literarische Texte nicht primär über den Weg philologischer Richtigstellung rezipiert werden, sondern oft genug über die mutmaßlichen

»Mißverständnisse« einer breiteren Leserschaft. Insbesondere für den Fall Nietzsche trifft dies zu, und so muß sehr offen gefragt werden, was denn eigentlich mißzuverstehen sein soll, wenn einer fordernd schreibt: »So will ich Mann und Weib: kriegstüchtig den einen, gebärtüchtig das andere«, und wenn er das Szenarium eines »kriegerischen Zeitalters« skizziert, wie folgt:

»Der Krieg unentbehrlich. – Es ist eitel Schwärmerei und Schönseelentum, von der Menschheit noch viel (oder gar: erst recht viel) zu erwarten, wenn sie verlernt hat, Kriege zu führen. Einstweilen kennen wir keine anderen Mittel, wodurch mattwerdenden Völkern jene rauhe Energie des Feldlagers, jener tiefe unpersönliche Haß [...], jene gemeinsame organisierende Glut in der Vernichtung des Feindes, jene stolze Gleichgültigkeit gegen große Verluste, gegen das eigene Dasein und das der Befreundeten, jenes dumpfe erdbebenhafte Erschüttern der Seele ebenso stark und sicher mitgeteilt werden könnte, wie dies jeder große Krieg tut: von den hier hervorbrechenden Bächen und Strömen, welche freilich Steine und Unrat aller Art mit sich wälzen und die Wiesen zarter Kulturen zugrunde richten, werden nachher unter günstigen Umständen die Räderwerke in den Werkstätten des Geistes mit neuer Kraft umgedreht «[3]

Und was ist mißzuverstehen, wenn er seine ideologischen Leitbilder dem Bereich des »Raubtier«-haften, des »Raubmenschen«-haften entlehnt, vom »gefährlichen« als dem »eigentlichen« Leben und von »Friedensversicherungen« als »Betäubungsmitteln« spricht?

Eine ganz ähnlich geartete Allianz von Intellekt, Terror und ästhetischem Gestus findet sich bei zahlreichen Autoren der Jahrhundertwende, etwa bei Stefan George. In seinem Zyklus ›Algabal‹ (1892) schildert er in einem Gedicht die Szene, in der ein Sklave unbedacht die absolute Isolation des autonomen Herrschers in seiner hermetischen Gegenwelt für einen Moment durchbricht. Aus dem unbedeutenden Vorkommnis zieht die Figur des Dieners einen unerwarteten, tödlichen Entschluß, dessen Konsequenzen George in folgende Verse bringt:

»›Ich sterbe gern weil mein gebieter schrak‹
Ein breiter dolch ihm schon im busen stak.
Mit grünem flure spielt die rote lache.«

Bemerkenswert ist hier zweierlei: zum einen die forcierte Reduktion der Emotionalität des Vorgangs, sodann ein Element des Disproportionalen in bezug auf die Gesamtwahrnehmung; aus der dramatischen, spontanen Reaktion eines irrwitzigen Selbstmordes wird so kühl-distanzierter Gestus des Konstatierens eines – Farbkontrastes: Die Perspektive verengt sich auf die Wahrnehmung des reizvollen Spiels zweier Töne. Solche Reduktion verfolgt natürlich eine Absicht, will provokativ wirken. Normative Erwartungshaltungen (zum Beispiel Erregung, Schreck, Mitleid, Trauer) werden so gezielt unterlaufen. Gleichzeitig wird das Ideal absoluter Autonomie, Unabhängigkeit von gültiger Wertvorstellung signalisiert.

Wird in diesem Text der aggressiv-autonome Anspruch eher in seiner passiven Variante erfahrbar, so öffnet das nachfolgende Beispiel den Blick auf die aktive Variante des Verfahrens. Von seiner Umwelt zur Rechtfertigung gezogen, antwortet der Kaiser mit latent drohendem Gestus, in dessen Zentrum wiederum die Stilisierung einer tödlichen Gewalttat steht:

»Hernieder steig ich eine marmortreppe.
Ein leichnam ohne haupt inmitten ruht.
Dort sickert meines teuren bruders blut.
Ich raffe leise nur die purpurschleppe.«

Auch hier impliziert das Ausbleiben einer Spontanreaktion zugunsten des ästhetisch stilisierten Gestus ein Moment der Aggression, das unmittelbar davor auch expressis verbis thematisiert wird:

»Sieh ich bin zart wie eine apfelblüte
Und friedenfroher denn ein neues lamm.
Doch liegen eisen stein und feuerschwamm
Gefährlich in erschüttertem gemüte.«[4]

Die auffällige Koppelung von Fragilität und rabiatem Gewaltgestus (synthetisiert durch ein ästhetisches Moment) begegnet auch im Fall des dritten der hier zur Diskussion stehenden Autoren.

Thomas Manns ›Zauberberg‹ entsteht 1924: zwischen den Weltkriegen. Ambivalent auch ist die ideologische Ausrichtung des Werks, das mit dem Beginn des Ersten Weltkrieges endet und eine Perspektive andeutet, die bereits ins faschistische Vorfeld des Zweiten Weltkrieges verweist. Für einen geschichtlich so sensiblen Autor wie Thomas Mann mußte oder müßte es eine Selbstverständlichkeit sein, an einem solch heiklen historischen Moment mit besonderer Behutsamkeit ans Wort-Werk zu gehen. Um so mehr muß es erstaunen, festzustellen, wie unbekümmert der Autor mit dem Bewußtsein seiner Figuren hantiert.

Man erinnert sich vielleicht an Hans Castorps Neigung, gewisse Musikstücke programmatisch zu interpretieren – was sich im Schlußteil des Romans extrem potenziert. Ins Zentrum der Melodienfolge tritt überraschenderweise das ideologisch neutral erscheinende romantische Lied ›Am Brunnen vor dem Tore‹. Es ist nun interessant zu sehen, auf welche Art Thomas Mann das unbedarfte Liedchen zum Todeshymnus umdeutet:

»Es war der Tod.

Aber das war ja erklärter Wahnsinn! Ein so wunderherrliches Lied! Reines Meisterwerk, geboren aus letzten und heiligsten Tiefen des Volksgemüts; ein höchster Besitz, das Urbild des Innigen, die Liebenswürdigkeit selbst! Welch häßliche Verunglimpfung.

Ei ja, ja, ja, das war recht schön, so mußte wohl jeder Redliche sprechen. Und dennoch stand hinter diesem holden Produkte der Tod. Es unterhielt Beziehungen zu ihm, die man lieben mochte, aber nicht ohne sich von einer bestimmten Unerlaubtheit solcher Liebe ahnungsvoll-regierungsweise Rechenschaft zu geben. Es mochte seinem eigenen ursprünglichen Wesen nach nicht Sympathie mit dem Tode, sondern etwas sehr Volkstümlich-Lebensvolles sein, aber die geistige Sympathie damit war Sympathie mit dem Tode, – lautere Frömmigkeit, das Sinnige selbst an ihrem Anfang, das sollte auch nicht aufs leiseste bestritten werden; aber in ihrer Folge lagen Ergebnisse der Finsternis [. . .] sein bester Sohn mochte doch derjenige sein, der in seiner Überwindung sein Leben verzehrte und starb, auf den Lippen das neue Wort der Liebe, das er noch nicht zu sprechen wußte. Es war so wert, dafür zu sterben, das Zauberlied! Aber wer dafür starb, der starb schon eigentlich nicht mehr dafür und war ein Held nur, weil er im Grunde schon für das Neue starb, das neue Wort der Liebe und der Zukunft in seinem Herzen.«

Wenngleich in dieser Phase noch notdürftig mit jener bekannten Ironie relativiert, ist hier ein umfassendes Potential morbider Todesverklärung doch hinreichend semantisiert. Dennoch versteht die Passage sich nur als Vorbereitung der eigentlich intendierten Deutungsrichtung, die im Schlußteil aktiviert werden wird. Hans Castorp hat nun das Sanatorium auf dem Zauberberg verlassen. Er marschiert an die Flandrische Front und erlebt den Krieg in seiner ganzen Härte, und für einen Moment könnte man glauben, der Erzähler wolle die Traumbilder im Kopf seines Helden durch diese Konfrontation zerstören. Schonungslos realistisch und weit entfernt von heroischer Verklärung im Sinne Jüngers zeichnet er das Geschehen auf dem Schlachtfeld:

»Sie werfen sich nieder vor anheulenden Projektilen, um wieder aufzuspringen und weiterzuhasten, mit jungsprödem Mutgeschrei, weil es sie nicht getroffen hat. Sie werden getroffen, sie fallen, mit den Armen fechtend, in die Stirn, in das Herz, ins Gedärm geschossen. Sie liegen, die Gesichter im Kot, und rühren sich nicht mehr. Sie liegen, den Rücken vom Tornister gehoben, den Hinterkopf in den Grund gebohrt, und greifen krallend mit ihren Händen in die Luft. Aber der Wald sendet neue, die sich hinwerfen und springen und schreiend oder stumm zwischen den Ausgefallenen vorwärts stolpern.

Das junge Blut mit seinen Ranzen und Spießgewehren, seinen verschmutzten Mänteln und Stiefeln! Man könnte sich humanistisch-schönseliger Weise auch andere Bilder erträumen in seiner Betrachtung. Man könnte es sich denken: Rosse regend und schwemmend in einer Meeresbucht, mit der Geliebten am Strande wandelnd, die Lippen am Ohre der weichen Braut, auch wie es glücklich freundschaftlich einander im Bogenschuß unterweist. Statt dessen liegt es, die Nase im Feuerdreck. Daß es das freudig tut, wenn auch in grenzenlosen Ängsten und unaussprechlichem Mutterheimweh, ist eine erhabene und beschämende Sache für sich, sollte jedoch kein Grund sein, es in die Lage zu bringen.«

Doch exakt an dieser Stelle nimmt der Text jene entscheidende Wendung, in deren Zusammenhang das bereits halbvergessene Lied vom Lindenbaum wiederum anklingt. Es gelingt innerhalb weniger Sätze, den rational-realistischen, den kritischen Diskurs auf der Basis einer irrational-suggestiven Gegenstimme zu sublimieren und dadurch aufzulösen:

»Da ist unser Bekannter, da ist Hans Castorp! Schon ganz von weitem haben wir ihn erkannt an seinem Bärtchen, das er sich am Schlechten Russentisch hat stehen lassen. Er glüht durchnäßt, wie alle. Er läuft mit ackerschweren Füßen, das Spießgewehr in hängender Faust. Seht, er tritt einem ausgefallenen Kameraden auf die Hand, – tritt diese Hand mit seinem Nagelstiefel tief in den schlammigen, mit Splitterzweigen bedeckten Grund hinein. Er ist es trotzdem. Was denn, er singt! Wie man in stierer, gedankenloser Erregung vor sich hin singt, ohne es zu wissen, so nutzt er seinen abgerissenen Atem, um halblaut für sich zu singen:

Ich schnitt in seine Rinde
So manches liebe Wort –

Er stürzt. Nein, er hat sich platt hingeworfen, da ein Höllenhund anheult, ein großes Brisanzgeschoß, ein ekelhafter Zukkerhut des Abgrunds. Er liegt, das Gesicht im kühlen Kot, die Beine gespreizt, die Füße gedreht, die Absätze erdwärts. Das Produkt einer verwilderten Wissenschaft, geladen mit dem Schlimmsten, fährt dreißig Schritte schräg vor ihm wie der Teufel selbst tief in den Grund, zerplatzt dort unten mit gräßlicher Übergewalt und reißt einen haushohen Springbrunnen von Erdreich, Feuer, Eisen, Blei und zerstückeltem Menschentum in die Lüfte empor.«

Aller Detailrealistik zum Trotz erhält so die Gewalt eine Perspektive der Transzendenz: Erde, Dreck, Eisen und Blut, das Chaos des gemachten Krieges wandelt sich durch das Zauberwort zum Boden einer Wiederauferstehung im neuen Geiste; wer hier wie Thomas Mann vom »Weltfest des Todes« sprechen mag, von einem »argen Tanzvergnügen«, bedient sich eines zutiefst fragwürdigen ästhetischen Konstrukts zwischen Spiel und blankem Zynismus:

»Fahr wohl – du lebest nun oder bleibest! Deine Aussichten sind schlecht; das arge Tanzvergnügen, worein du gerissen bist, dauert noch manches Sündenjährchen, und wir möchten nicht hoch wetten, daß du davonkommst. Ehrlich gestanden, lassen wir ziemlich unbekümmert die Frage offen. Abenteuer im Fleische und Geist, die deine Einfachheit steigerten, ließen dich im Geist überleben, was du im Fleisch wohl kaum überleben sollst. Augenblicke kamen, wo dir aus Tod und Körperunzucht ahnungsvoll und regierungsweise ein Traum von Liebe erwuchs. Wird auch aus diesem Weltfest des Todes, auch aus der schlimmen Fieberbrunst, die ringst den regnerischen Abendhimmel entzündet, einmal die Liebe steigen?«[5]

Auf diese Art bewältigt und vage beschwichtigt, ist nicht verwunderlich, daß auf so bereitetem Boden ganz andere Saat wenige Jahren später wachsen sollte.

Innerhalb des »christlich-abendländischen« Kulturbereichs gibt es im wesentlichen zwei Grundthesen in bezug auf das Phänomen Gewalt. Sie sehen Gewalt als Opfer mit transzendenter

Bedeutung oder als biologisch vorgegebenes Aggressionspotential. Was die erste These betrifft, so öffnet sich ihr in Deutschland eine äußerst wirkungsvolle Tradition, die insbesondere durch die todesverklärenden Ideen der Romantik (Novalis) gekennzeichnet ist.

Was die zweite Linie betrifft, verwundert vor allem ihre Nachwirkung, Wiederbelebung und Neuinterpretation in der Moderne. Ich verweise hier auf Sigmund Freud und dessen, in den Auswirkungen nicht zu überschätzende (weil »wissenschaftlich« beglaubigte), Legende vom »Todestrieb«. Noch in einem Briefwechsel mit Albert Einstein im Jahre 1932 erneuert Freud diese These:

»Ich kann nun daran gehen, einen anderen Ihrer Sätze zu glossieren. Sie verwundern sich darüber, daß es so leicht ist, die Menschen für den Krieg zu begeistern und vermuten, daß etwas in ihnen wirksam ist, ein Trieb zum Hassen und Vernichten, der solcher Verhetzung entgegenkommt. Wiederum kann ich Ihnen nur uneingeschränkt beistimmen. Wir glauben an die Existenz eines solchen Triebes und haben uns gerade in den letzten Jahren bemüht, seine Äußerungen zu studieren. Darf ich Ihnen aus diesem Anlaß ein Stück der Trieblehre vortragen, zu der wir in der Psychoanalyse nach vielem Tasten und Schwanken gekommen sind? Wir nehmen an, daß die Triebe des Menschen nur von zweierlei Art sind, entweder solche, die erhalten und vereinigen wollen – wir heißen sie erotische, ganz im Sinne des Eros im Symposion Platos oder sexuelle mit bewußter Überdehnung des populären Begriffs von Sexualität – und andere, die zerstören und töten wollen; wir fassen diese als Aggressionstrieb oder Destruktionstrieb zusammen.«[6]

Es ist hier im übrigen angebracht, darauf hinzuweisen, daß die umrissene Position von der modernen Verhaltensforschung zwar revidiert, keineswegs jedoch restlos überwunden wurde.

Beide Thesen sollen im nachfolgenden weitgehend ausgespart bleiben zugunsten einer dritten, vielleicht weniger attraktiven Gegenposition, die das Phänomen der Gewalt weder als sublime Bestimmung noch als biologische Heimsuchung begreift, sondern als provokative Herausforderung an den menschlichen Verstand und seine Fähigkeit zur Analyse.

Deshalb werde ich mich im dritten Abschnitt ausschließlich mit solch analytischen Formen der Gewaltdarstellung in der Literatur auseinandersetzen. Die präpotenten Gewaltdelirien des großen Zauberers, Artauds, Ezra Pounds, D'Annunzios, Jüngers, die Manifeste der Futuristen, Surrealisten müssen hier notwendig zurückstehen, so faszinierend es manchen erscheinen mag, wenn davon geredet wird, daß »die Schönheit terroristisch, atemberaubend und dämonisch zu sein habe«. Oder wenn André Breton postuliert, daß der Surrealismus letztlich nichts anderes erstrebe als »die Gewalt«.

Auch Marinettis ›Manifest des Futurismus‹ soll hier nur gestreift werden. Ingeborg Bachmann zitiert aus diesem Text im Rahmen ihrer Frankfurter Poetischen Vorlesungen, und sie scheut sich nicht, angesichts der hier manifest werdenden ästhetischen Lust ernsthaft die »Schuldfrage in der Kunst« zu stellen. Etwa wenn es dort vor dem Hintergrund des Ausbruchs des äthiopischen Kolonialkriegs heißt:

»Seit siebenundzwanzig Jahren erheben wir Futuristen uns dagegen, daß der Krieg als antiästhetisch bezeichnet wird ... wir stellen fest: ... Der Krieg ist schön, weil er dank der Gasmasken, der schreckenerregenden Megaphone, der Flammenwerfer und der kleinen Tanks, die Herrschaft des Menschen über die unterjochte Maschine begründet ... Der Krieg ist schön, weil er eine blühende Wiese um die feurigen Orchideen der Mitrailleusen bereichert. Der Krieg ist schön, weil er das Gewehrfeuer, die Kanonaden, die Feuerpausen, die Parfüms und Verwesungsgerüche zu einer Symphonie vereinigt. Der Krieg ist schön, weil er neue Architekturen, wie die der großen Tanks, der geometrischen Fliegergeschwader, der Rauchspiralen aus brennenden Dörfern und vieles andere schafft ...«

Gegen solches Umschlagen der l'art-pour-l'art-Konzepte der unterschiedlichsten Provenienz protestiert Bachmann, indem sie eine poetische Gegenposition setzt: gegen die entmenschlichende Gasmasken-Ästhetik Marinettis stellt sie programmatisch das kritische, humane Entlarvungsgedicht ›Bräutigam Froschkönig‹ von Marie Luise Kaschnitz; kontrapunktisch wird so die ästhetische Stilisierung als Fälschung, als Lüge erfahrbar gemacht:

»Wie häßlich ist
Dein Bräutigam
Jungfrau Leben

Eine Rüsselmaske sein Antlitz
Eine Patronentasche sein Gürtel
Ein Flammenwerfer
Seine Hand

Dein Bräutigam Froschkönig
Fährt mit Dir
(Ein Rad fliegt hierhin, eins dorthin)
Über die Häuser der Toten

Zwischen zwei
Weltuntergängen
Preßt er sich
In Deinen Schoß

Im Dunkeln nur
Ertastest Du
Sein feuchtes Haar

Im Morgengrauen
Nur im
Morgengrauen
Nur im

Erblickst Du seine
Traurigen
Schönen
Augen.«[7]

Kaschnitz und mittels ihrer Stimme Bachmann bekämpfen so im Ansatz – nämlich auf der Ebene des falschen Wortes – die bewußtseinsdeformierende Wirkung derartiger Texte. Die Auflösung der Ambivalenz besitzt hier gegenüber der Autonomie des artistischen Freiraums absolute Priorität.

Ein zweites Beispiel dieser Art analytischer Texte soll das Gemeinte verdeutlichen. Christa Wolfs Erzählung ›Kassandra‹ aus dem Jahr 1983 zeigt exemplarisch, daß es nicht um ein steriles Tabuisieren des Themenbereichs, sondern sehr viel mehr um das Transparentmachen der Ursachen, die dann zu faktischer Gewaltanwendung führen, zu tun ist. Hintergrund ist dabei das klassische Szenarium der Heldenepik, der Trojanische Krieg. Hier geht es nun nicht um dessen Verklärung noch um modernistisches Ironisieren (zum Beispiel im Stil Anouilhs), sondern um ein Begreifen aus der Zeit unter Einschluß ihrer konkreten historischen Bedingungen. Diese Bewußtwerdungs-Arbeit leistet die Seherin Kassandra – wenige Stunden vor der eigenen Hinrichtung – in einem durchgehenden Monolog, der die Geschehnisse von den Anfängen her beleuchtet. Von der Vorkriegszeit spricht sie und von der Täuschung durch die Eigenen. Von der wechselseitigen Fehleinschätzung der Parteien. Von den diversen Tarnsprachen. Von der Belehrung durch die sich auch seinerzeit stets »pragmatisch« Wähnenden. Vom allmählichen Anpassen des eigenen Verhaltens an das des Feindes – vielleicht auch nur an das des selbstentworfenen Feindbildes. Und schließlich von der konkret wirklich gewordenen Gewalt:

»Dann kam Achill das Vieh. Des Mörders Eintritt in den Tempel, der, als er im Eingang stand, verdunkelt wurde. Was wollte dieser Mensch. Was suchte er bewaffnet hier im Tempel. Gräßlichster Augenblick: Ich wußt es schon. Dann lachte er. Jedes Haar auf meinem Kopf stand mir zu Berge, und in die Augen meines Bruders trat der reine Schrecken. Ich warf mich über ihn und wurde weggeschoben wie ein Ding aus Nichts. Wie näherte sich dieser Feind dem Bruder. Als Mörder? Als Verführer? Ja gab es das denn: Mörderlust und Liebeslust in einem Mann? Durfte unter Menschen das geduldet werden? Des Opfers starrer Blick. Das tänzelnde Herannahn des Verfolgers, den ich jetzt von hinten sah, ein geiles Vieh. Das Troilos, den Knaben, bei den Schultern nahm, das ihn streichelte – den Wehrlosen, dem ich Unglückselige den Panzer abgenommen hatte! – ihn befingerte. Lachend, alles lachend. Ihm an den Hals griff. An die Kehle ging. Die plumpe kurzfingrige haarige Hand an des Bruders Kehle. Pressend, pressend. Ich an des Mörders Arm gehängt, an dem die Adernstränge hervortraten wie Schnüre. Des Bruders Augen aus den Höhlen quellend. Und in Achills Gesicht die Lust. Die nackte gräßliche männliche Lust. Wenn es das gibt, ist alles möglich. Es war totenstill. Ich wurde abgeschüttelt, spürte nichts. Nun hob der Feind, das Monstrum, im Anblick der Apollon-Statue sein Schwert und trennte meines Bruders Kopf vom Rumpf. Nun schoß das Menschenblut auf den Altar, wie sonst Blut aus den Rümpfen unserer Opfertiere. Das Opfer Troilos. Der Schlächter, schauerlich und lustvoll heulend, floh. Achill das Vieh. Ich fühllos lange Zeit.«[8]

Weder Wolf noch ihre Figur, Kassandra, geraten, aller Emotionalität zum Trotz, in einen diffusen Blutrausch. Die Erstarrung löst sich im Nach-Denken und läßt hinter der Tat ein ursächliches Prinzip erkennbar werden – das Prinzip des »Objektmachens«. Ein Prinzip, das Täter gegenüber ihren Opfern, Männer gegenüber Frauen, Menschen gegenüber Menschen als Machtstruktur strategisch anwenden. Dieser Systemzusammenhang wird anhand des exemplarischen Einzelschicksals erfahrbar, spürbar gemacht.

Eine ähnliche Aufklärungsarbeit mit dem Wort leistet der Autor unseres letzten Beispiels. Auch hier ist die Gewalttat nicht »zweckfrei« oder »ästhetisiert« dargestellt, sondern als logische Konsequenz einer verhängnisvollen Handlungskette. Das Abschlachten Santiago Nasars in Gabriel García Márquez' ›Chronik eines angekündigten Todes‹ resultiert nicht aus Lust noch aus blindem Schicksal. Es ist gemacht; seine »Notwendigkeit« ist die Notwendigkeit überkommener patriarchalischer Strukturen, ist ein regressiv wirkender Ehrkodex, der Täter zum Handeln zwingt, die vor ihrer eigenen Tat erschrecken:

»Pedro Vicario zog das Messer mit seiner wilden Schlachterfaust wieder heraus und versetzte ihm fast an der gleichen Stelle einen zweiten Stich. ›Merkwürdig war, daß das Messer sauber herauskam‹, erklärte Pedro Vicario dem Untersuchungsrichter. ›Ich hatte wenigstens dreimal zugestoßen, und es kam kein Tropfen Blut mit.‹ Santiago Nasar krümmte sich nach dem dritten Messerstich, verschränkte die Arme über dem Bauch, gab einen Klagelaut wie ein Jungstier von sich und versuchte, ihnen den Rücken zu kehren. Pablo Vicario, der mit dem krummen Messer links von ihm stand, versetzte ihm jetzt den einzigen Stich in die Lende, und mit hohem Druck durchweichte ein Blutstrahl sein Hemd. ›Ich roch wie er‹, sagte er zu mir. Dreimal tödlich verwundet, drehte er ihnen von neuem die Vorderseite zu und lehnte sich mit dem Rücken an die Tür seiner Mutter, ohne den geringsten Widerstand, als wolle er nur dabei helfen, daß sie ihn zu gleichen Teilen vollends töteten. ›Er schrie nicht wieder‹, sagte Pedro Vicario vor dem Untersuchungsrichter. ›Im Gegenteil: es kam mir vor, als lache er.‹ Dann stachen beide weiter gegen die Tür auf ihn ein, abwechselnd und mit leichter Hand, und schwammen dabei in dem betörenden Stausee, den sie jenseits der Angst fanden. Sie hörten nicht die Schreie des über sein eigenes Verbrechen entsetzten Dorfs. ›Ich fühlte mich wie auf einem dahingaloppierenden Pferd‹, erklärte

Pablo Vicario. Doch beide erwachten plötzlich zur Wirklichkeit, weil sie erschöpft waren, und trotzdem kam es ihnen so vor, als würde Santiago Nasar nie zusammenbrechen. ›Scheiße, Vetter‹, sagte Pablo Vicario zu mir, ›du kannst dir nicht vorstellen, wie schwierig es ist, einen Menschen zu töten!‹ Um ein für alle Mal Schluß zu machen, zielte Pedro Vicario auf sein Herz, aber er zielte dabei fast auf die Achsel, wo es die Schweine haben. In Wirklichkeit fiel Santiago Nasar nicht, weil sie ihn beide mit Messerstichen an die Tür nagelten. Verzweifelt versetzte Pablo Vicario ihm einen waagerechten Schnitt in den Bauch, und die Eingeweide spritzten wie eine Explosion vollständig heraus. Pedro Vicario wollte das gleiche machen, aber sein Handgelenk krümmte sich vor Entsetzen, und er traf ihn nur am Schenkel. Santiago Nasar stand noch eine Sekunde an die Tür gelehnt, bis er seine eigenen Weichteile in der Sonne sah, sauber und blau, und brach dann in die Knie.«[9]

Gewalt wird hier dominant als öffentliches Phänomen begreifbar, als soziale Kategorie, jenseits von »Motivationen« wie Trieb oder Haß. Aus dem tödlichen Zusammenspiel von Banalität, Phlegma und Fatalismus erwächst »zwingend« die Katastrophe – eine Kombination, die ich mir im übrigen auch gut vorstellen könnte als Anlaß eines eventuellen Weltkrieges III.

Deshalb plädiere ich hier nicht für eine Literatur der neuen Harmlosigkeit oder der »Innerlichkeit«. Und genauso wenig für die naive Möglichkeit, einer auf das Thema »Frieden« sich beschränkenden Literaturwissenschaft. Denn, Ingeborg Bachmann hat recht, »die wirklich großen Leistungen der Literatur«, (und dort auch liegen die größten Möglichkeiten der Literaturwissenschaft), »entstanden immer dort, wo vor jeder Erkenntnis ein neues Denken wie ein ›Sprengstoff‹ den Anstoß gab – wo vor jeder formulierbaren Moral, ein moralischer Antrieb groß genug war, eine neue sittliche Möglichkeit zu begreifen und zu entwerfen ... Mit einer neuen Sprache wird der Wirklichkeit immer dort begegnet, wo ein moralischer, erkenntnishafter Ruck geschieht, und nicht, wo man versucht, die Sprache an sich neu zu machen, als könnte die Sprache selber die Erkenntnis eintreiben, die man nie gehabt hat.«[10]

Wir suchen eine Literatur »scharf von Erkenntnis und bitter vor Sehnsucht«, eine, die an unseren Schlaf rührt. Unsere Existenz liegt heute im Schnittpunkt zahlloser unverbundener Realitäten, die von widersprüchlichsten Werten besetzt sind. Die Kunst hat sich diesem Netz der Außenwelt zu stellen und mit ihr die Wissenschaften von der Kunst. Wir können uns nicht mehr mit dem statischen Nebeneinander der Kategorien abfinden, mit diesem Verhängnisvollen: »Moral ist Moral. Geschäft ist Geschäft. Krieg ist Krieg. Kunst ist Kunst.«

Denn dies ist nicht nur objektiv falsch – sondern: verantwortungslos tödlich. Friedenssichernde Wissenschaft ist deshalb immer bewußtseinsöffnende Wissenschaft. Sie kann und muß rücksichtslos, ja, gewalttätig sein. So gewalttätig wie derjenige, der in Baudelaires Prosagedicht ›Nieder mit den Armen‹ dem Bettler statt einer Gabe Prügel gibt; denn es geht in der Konsequenz ums Leben, ums Überleben:

»Ich sah wie sich dieser Lappen umdrehte, wie der Kerl aufstand mit einer Energie, die ich niemals in einer so abgetakelten Maschine vermutet hätte, und mit einem Blick voller Haß, der mir das Beste versprach, warf sich der altersschwache Buschklepper auf mich, schlug mir beide Augen blau, brach mir vier Zähne aus und schlug mich munter zu Brei. Durch meine energische Kur hatte ich ihm seinen Stolz und das Leben wiedergegeben. Ich machte ihm nun die heftigsten Zeichen, um ihm zu verstehen zu geben, ich betrachte unsere Unterhaltung für beendet. ›Und falls Sie wirklich ein Menschenfreund sind, seien Sie immer eingedenk, daß Sie bei allen Ihren Kollegen, falls diese Sie um ein Almosen angehen, die Theorie anwenden müssen, die ich soeben den *Schmerz* hatte, auf Ihrem Rücken zu erproben.‹ Er hat mir geschworen, er habe meine Theorie verstanden und werde meinem Rat gehorchen.«[11]

An diesem körperlich schmerzhaften Lernprozeß möchte ich gerne teilhaben. *Auch* beim Schreiben und Lesen.

Dietrich Krusche
Den Frieden als das Fremdeste suchen

Eine Bemerkung zur Situation vorweg: Im Beruf des Universitätslehrers bedeutet (öffentlich) sprechen auch handeln; und: Sich mit Argumenten eines akademischen Faches in Politik einzumischen ist – immer noch – unübliches Handeln.

Die Formulierung meines Themas stellt den Versuch dar, zwei getrennte Fragestellungen unter einer – hypothetischen – Antwort zu bündeln:

1. Was gibt es in einer Situation extremer, einmaliger, da endgültiger Bedrohung der Menschheit für Möglichkeiten, sich von historisch gewachsenen Erfahrungsgrößen, Vorstellungs- und Denkzwängen zu lösen?
2. Was gibt es für Möglichkeiten, gegenüber einer die ganze Welt bedrohenden Kriegsgefahr politisch aktiv zu werden, ohne in die vorgegebenen Vorurteilsschemata von »Freund« und »Feind« zu verfallen?

Beide Fragen ergeben sich aus meiner Erfahrung der weltpolitischen Entwicklung der letzten Monate und Jahre: Ich erfahre die heutige akute Bedrohung des Weltfriedens und damit des Fortbestands der Menschheit – auch! – als Verfahrenheit in Vorstellungs-, Denk- und damit *Sprach*gewohnheiten, die nicht mehr gelten; denn sie stammen aus einer Zeit, als alles noch anders war: Als Waffen noch als Mittel zu einem möglichen Sieg, und wenn nicht Sieg, dann doch: zur Verteidigung gegen Angriff denkbar waren; kurz: Als Waffen noch Sicherheit bedeuten konnten, und je wirkungsvoller sie waren, desto mehr Sicherheit! Aber diese Zeit gibt es nicht mehr.

Ich erfahre die akute Bedrohung des Friedens und damit unmittelbar meines Lebens durch einen Atomkrieg als Unvermögen der gegenwärtig die Weltpolitik bestimmenden Politiker – zumal der Machteliten der beiden Supermächte –, als deren Unvermögen nämlich, eben diese Bedrohung über ihre aktuellen innen- und außenpolitischen Interessen und Binnenzwänge ihrer jeweiligen Systeme zu stellen.

Ich erfahre meine Hilflosigkeit in dieser akuten Bedrohung dort am schärfsten, wo es mir nicht gelingt, im Gespräch mit den um mich herum gleichermaßen Bedrohten zu einer Verständigung zu kommen – und sei es auch nur in einem kurzfristigen gemeinsamen Aktionsprogramm. Dabei meine ich, drei Gründe für dieses Scheitern der Gemeinsamkeit zu erkennen: Zum einen wird die Bedrohung durch das Unvorstellbare eines atomaren Holocaust immer wieder in die Unwirklichkeit abgeschoben; zum anderen wird die Angst, mit der man nicht umgehen kann, immer wieder durch andere Ängste, die besser handhabbar sind, ersetzt; schließlich hängen alle übrigen Probleme, unter denen unsere Welt leidet (Hunger, Arbeitslosigkeit, Ungerechtigkeit) auf vielerlei Weise mit der Bedrohung des Friedens zusammen.

Die Diskussion der Frage, wie *jetzt, hier* der *Friede* zu sichern sei, ist ständig in der Gefahr, in einem gleitenden Themawechsel ihr Ziel aus den Augen zu verlieren. Auch ich nehme, indem ich hier spreche, an dieser Diskussion teil. Ich versuche, mich gegen die Gefahr des Themawechsels zu sichern, indem ich meinen Standort, meinen Blickpunkt festlege. Daher schiebe ich die Erörterung der beiden vorweggenannten Fragen, die meinem Thema vorausliegen, noch ein Stück weit auf. Ich versuche zuerst, die Situation der gegenwärtigen Gefährdung des Weltfriedens in ihrer letzten Zuspitzung zu fixieren. Ich tue das, indem ich ein paar Stationen des Weges aufzeige, auf dem die Situation, in der wir uns befinden, allmählich *denkbar* geworden ist. Ich meine den Weg der Entwicklung des Bewußtseins, daß ein möglicher Krieg sich als möglicherweise letzter, da für die ganze Menschheit tödlicher, ankündigen könne; und: Daß ein solcher Bruchpunkt kontinuierlicher Geschichtsentwicklung die Menschheit zwingen könne, in *Diskontinuität* zu allen bisherigen Verläufen von Drohung und Gegendrohung zu handeln.

Vor-Formulierungen dieser Kippstelle der Geschichte

Imanuel Kant. In einer Vorlesung über Kants Friedens-Philosophie war von einem solchen »Punkt unvermeidlichen Umdenkens« die Rede. Kant war Aufklärer. Er hielt den Weg zum Frieden für unvermeidlich. Und ein Grund mehr, auf die *Vernunft* zu setzen, war für ihn die Annahme, daß die *Natur* mit ihr im Bunde sei, indem sie den Menschen durch seine »ungesellige Geselligkeit« zu einer immer weiteren Herausarbeitung seiner Vernünftigkeit und seiner Zivilisationsfähigkeit zwinge. Daher hat Kant diesen zu erwartenden Krisenpunkt letztlich in optimistischer Hinsicht fixiert. In der Schrift ›Idee zu einer allgemeinen Geschichte in weltbürgerlicher Absicht‹ von 1784 und später noch einmal in dem ›Streit der Fakultäten‹ von 1798 – in der Schrift ›Zum ewigen Frieden‹ ist der Zusammenhang nur indirekt gegeben – taucht der Gedanke auf, daß der Krieg sich einmal selbst ad absurdum führen werde. Ich zitiere aus der ›Idee einer allgemeinen Geschichte in weltbürgerlicher Absicht‹, aus dem siebenten Satz:

»Die Natur hat also die Unvertragsamkeit der Menschen, selbst der großen Gesellschaften und Staatskörper dieser Art Geschöpfe wieder zu einem Mittel gebraucht, um in diesem unvermeidlichen *antagonism* derselben einen Zustand der Ruhe und Sicherheit auszufinden; d.i. sie treibt durch die Kriege, durch die überspannte und niemals nachlassende Zurüstung zu denselben, durch die Not, die dadurch endlich ein jeder Staat selbst mitten im Frieden innerlich fühlen muß, zu anfänglich unvollkommenen Versuchen, endlich aber, nach vielen Verwüstungen, Umkippungen und selbst durchgängiger innerer Erschöpfung ihrer Kräfte zu dem, was ihnen die Vernunft auch ohne soviel traurige Erfahrung hätte sagen können, nämlich: aus dem gesetzlosen Zustand der Wilden hinauszugehen und in einen Völkerbund zu treten; ... So schwärmerisch diese Idee auch zu sein scheint und als eine solche an einem Abbé von Saint Pierre oder Rousseau verlacht worden (vielleicht weil sie solche in der Ausführung zu nahe glaubten): so ist es doch der unvermeidliche Ausgang der Not, worein sich Menschen einander versetzen, die die Starken zu eben der Entschließung (so schwer es ihnen auch eingeht) zwingen muß, wozu der wilde Mensch ebenso ungern gezwungen ward, nämlich: seine brutale Freiheit aufzugeben und in einer gesetzmäßigen Verfassung Ruhe und Sicherheit zu suchen.«

Eine Alternative zu dieser erzwungenen Vernunftlösung wird nicht diskutiert. Die Vorstellung einer buchstäblichen Ausrottung der Menschen oder gar allen Lebens war am Ende des 18. Jahrhunderts nicht möglich. Sie war es auch während des ganzen 19. und in der ersten Hälfte des 20. Jahrhunderts nicht – bei aller anwachsenden Skepsis an der »Zivilisierbarkeit« des Menschen, das heißt: an seiner Fähigkeit, dem anderen Menschen sein Recht zu geben, auch wenn man die Gewalt hat, eben das nicht zu tun.

Zwar nehmen die Befürchtungen zu, die Geschichte der Menschheit könnte in eine – vom Zeitpunkt des jeweiligen Jetzt gesehen – verhängnisvolle Sackgasse münden; aber die negativen Utopien eines Huxley und Orwell lassen die Menschheit, wenn auch in einem menschenunwürdigen Zustand, wenigstens *weiterleben.* Ein Sprung dann in der instrumentalen Handlungsfähigkeit des Menschen – und die Atomkraft wird entdeckt und freigesetzt! Aber *kein* Sprung in der kommunikativen Handlungsfähigkeit des Menschen entspricht ihm. In dieser Nicht-Entsprechung tut sich ein Abgrund auf. Ein um den Weltfrieden besorgter Naturwissenschaftler, Albert Einstein, hat das Dilemma in dürren Worten formuliert. In einem am 25. Mai 1946 in der ›New York Times‹ veröffentlichten Brief sagt er: »Die entfesselte Atomkraft hat alles verändert, nur nicht unsere Denkweise, und so treiben wir einer beispiellosen Katastrophe entgegen.«[1]

Bekannt ist der von dem amerikanischen Soziologen Ogburn geprägte Begriff des »cultural lag«, des »kulturellen Zurückbleibens« des Menschen insofern, als der materielle Bereich der Kultur einem schnelleren Wandel unterliege als die gesellschaftlichen Norm- und Wertsysteme, die Institutionen und Organisationen. Aber wie kommt es, daß die uns heute bedrohende Atomkriegsgefahr so eigenartig relativiert erscheint, daß sich gerade das Bewußtsein der Einzigartigkeit dieser Gefährdungsschwelle nur so schwach ausbildet, daß eben doch immer wieder zu historischen Analogien gegriffen wird, obgleich deren Unbrauchbarkeit eingesehen ist? Die Gefahr des Weltuntergangs steht täglich in der Zeitung, aber wir glauben es nicht, das heißt: Wir reagieren nicht entsprechend. Sollte das Zurückbleiben der kommunikativen Handlungsfähigkeit, um diesen Begriff von Jürgen Habermas noch einmal aufzunehmen, auch *dafür* die Ursache sein, daß wir die Gefährdung der Menschheit heute in ihrer Unvergleichlichkeit nicht annehmen können?

Um diesen Gedanken ein Stück weiter entfalten zu können, greife ich auf die Theorie von Norbert Elias ›Über den Prozeß der Zivilisation‹ zurück: Die 1936 abgeschlossene, 1939 erschienene und 1969 wiederaufgelegte Untersuchung nimmt Zivilisation als einen Prozeß gesamtgesellschaftlicher Strukturwandlung in Richtung auf ein immer höheres Niveau sozialer Integration und Differenzierung an. Im Verlauf dieses Prozesses – ich verkürze stark – kommt es zu immer weiter ausgreifenden Konkurrenzkämpfen um das Machtmonopol, wobei der jeweilige Sieger »das Integrationszentrum einer größeren Herrschaftseinheit« bildet; dieser wird dann jeweils »die Monopolzentrale einer Staatsorganisation, in deren Rahmen viele der ehemals konkurrierenden Gebiete und Menschengruppen allmählich zu einem mehr oder weniger einheitlichen ... Menschengewebe zusammenwachsen.« Und es deuten sich, das Jahr 1936 als Blickpunkt genommen, bereits Hinweise darauf an, daß die Vormachtkämpfe ein »Verflechtungssystem« zu bilden beginnen, das »die ganze Erde umfaßt«.[2]

Norbert Elias unterscheidet nun im Hinblick auf den Prozeß der Zivilisation zwei Aspekte: den *soziogenetischen* und den *psychogenetischen*. Wie der erste durch die Ausbildung immer umfassenderer Monopolbereiche von Gewalt, so ist der zweite durch »Rationalisierung des Verhaltens des einzelnen« gekennzeichnet. Rationalisierung bedeutet hier, daß die Steuerung des Verhaltens nicht affekthaft oder durch Zwang und auf kurzfristige Ziele gerichtet erfolgt, sondern affektkontrolliert, triebbeherrscht und in relativ langsichtiger Perspektive. Affekte und Fremdzwänge wurden also im zivilisatorischen Prozeß durch Affektkontrolle und individuelle Selbstzwänge ersetzt.[3]

Aber dieser Zivilisationsprozeß in *psycho*genetischer Hinsicht kann zu seiner Reife nur kommen, wenn viel Zeit zur Verfügung steht und wenn die *sozio*genetische Dynamik dem günstig ist. Eben diese beiden Bedingungen scheinen nicht gegeben. Besonders ausführlich weist Elias in diesem Zusammenhang auf die Spannungen und Ängste hin, die sich aus innergesellschaftlichen, innerfamiliären und intrapsychischen Konflikten ergeben – die alle wiederum mit den interstaatlichen Monopolkonkurrenzen zu tun haben. Ich zitiere:

»Man kann von Menschen, die inmitten solcher Spannungen leben, die derart schuldlos von Schuld zu Schuld gegeneinander getrieben werden, nicht erwarten, daß sie sich bereits zueinander in einer Weise verhalten, die – wie man heute oft zu glauben scheint – einen End- und Gipfelpunkt ›zivilisierten‹ Verhaltens darstellt ... sowenig wie die Art unserer gesellschaftlichen Verflechtung, ist unsere Art des Verhaltens, unser Stand der Zwänge, Gebote und Ängste etwas Endgültiges, geschweige denn ein Gipfelpunkt.«[4]

Folgt man dieser Annahme einer *Doppel*motorik gesellschaftlicher Entwicklung, bei gleichzeitiger hochgradiger Interdependenz der Dynamik ihrer Antriebskräfte, dann deutet sich eine Erklärung dafür an, warum die Gefahr eines Atomkriegs und die Drohung eines – wie Johan Galtung es nennt »Omnizids« – nicht mehr Gegen-Energien mobilisiert: Es scheint, daß die

Angst vor einem atomaren Holocaust heute mit vielen anderen Ängsten zu konkurrieren hat, von denen sie in den Schatten gerückt wird, in vielen von uns und immer wieder. Die Angst vor dem letztvorstellbaren Krieg ist eine Angst unter anderen, partikulär.

Dieser Gedanke taucht bei Horst-Eberhard Richter in seinem Buch ›Zur Psychologie des Friedens‹ an zwei Stellen auf. Einmal, so sagt Richter, seien allzu viele Mitglieder einer Gesellschaft wie der unseren damit beschäftigt, Spannungen und Ängste in sich niederzudrücken, zumal die eine, die letzte: die Todesangst. Alle diese innergesellschaftlich erzeugten Ängste führten zu depressiven Grundhaltungen, zu Neurosenbildung. Richter zitiert dabei aus dem offenen Brief, den die »Vereinigung analytischer Kinder- und Jugendlichen-Psychotherapeuten« kürzlich an die Bundesregierung geschrieben hat:

»Sehr typische Erscheinungsbilder sind tiefes Mißtrauen, Resignation, Zukunftsängste, Arbeitsstörungen, Flucht in Drogen und Alkoholismus bis hin zum Selbstmord. Viele dieser Symptome sind nicht nur als neurotische Störungen aufzufassen, sondern müssen als Antwort und Ausdruck der Zeit, in der wir alle leben, verstanden werden. Vorherrschend sind Angst vor der Zukunft und Angst vor Krieg.«[5]

Eben diese Ängste aber, so mutmaßt Richter, blockierten den Lebenswillen, verhinderten mithin ein Sich-Wehren gegen die geahnte oder auch erkannte Bedrohung.

In einem anderen Zusammenhang weist Richter darauf hin, daß ein bestimmter Angstgrund *verschoben* werden könne. Dieser psychische Mechanismus biete sich als Erklärung dafür an, daß sich neuerdings viele Menschen in einem einzigartigen Maße damit beschäftigten, wo überall sie selbst und ihr Hab und Gut in der Alltagswelt bedroht sein könnten. Das Streben nach Sicherheit sei gleichsam zu einer »kollektiven Obsession« geworden. Trifft diese Annahme zu, dann ergeben sich folgende paradoxe Verknüpfungen: Indem wir uns Hausrats-, Feuer-, Wasser-, Diebstahl-, Wind- und Wetterversicherungen zulegen, entlasten wir uns von der Notwendigkeit, etwas gegen einen drohenden Atomkrieg unternehmen zu müssen.

Um auf den Punkt des Hier und Jetzt zu kommen: Die Veranstaltungsreihe, in die auch diese meine Vorlesung hineingehört, ist – auch – eine Reaktion auf eine militärisch-politische Entwicklung, die im Herbst 1983 in eine ruckartige Beschleunigung geraten ist, als auf dem Boden der Bundesrepublik Mittelstreckenraketen stationiert wurden, die so schnell (oder so schlecht ortbar) fliegen, daß sie den – ich bleibe bei dem verfremdenden Vokabular der Theorie von Elias – »Konkurrenten um das Gewaltmonopol« unter einen ruckartig verstärkten Bedrohungsdruck setzen. Das hat zur Folge, daß die Gefahr eines aus Panik oder Panne ausbrechenden Endkrieges sich sprunghaft erhöht hat. In dem von etwa 2700 Informatikern unterzeichneten Appell an die Öffentlichkeit der Bundesrepublik heißt es:

»Pershing II, mit einer Reichweite von bis zu 1800 Kilometer, ermöglicht es, Raketensilos und verbunkerte Kommandozentralen in der Sowjetunion innerhalb von 4 bis 7 Minuten sicher zu zerstören. Durch diese außerordentlich kurze Vorwarnzeit ist bei einem vermuteten oder vom Frühwarndienst gemeldeten Angriff jede menschliche Entscheidungs- oder Verständigungsmöglichkeit ausgeschlossen. Die Sowjetunion wird, will sie nicht ihre militärische ›Enthauptung‹ riskieren, zwangsläufig, automatisch reagierende Frühwarnsysteme aufbauen. Informatiker wissen, daß derartig komplexe Computersysteme nicht fehlerfrei konstruiert werden können. Raketenanflug und Systemfehler sind technisch nicht mehr unterscheidbar. Damit ist die atomare Katastrophe in Europa vorprogrammiert.«[6]

Von diesen Raketen fühle ich mich nun – auch! – bedroht, wobei in diese plötzlich erhöhte Bedrohung das Bedrohungspotential miteingegangen ist, das von den vorher auf der Gegenseite aufgestellten Raketen und allen vorausgegangenen wechselweisen Akten gegenseitiger Bedrohung gebildet worden ist.

Das bisher Gesagte soll mir die Möglichkeit geben, mich auf die Friedensgefährdung heute so zu beziehen, daß das Unvergleichbare daran, das aus allen Kategorien der Geschichtsreflexion Herausfallende, sich zeigen kann. Ich formuliere das, was ich zu sagen habe, mit den argumentativen Mitteln des Faches, das ich in der hiesigen Universität vertrete: Deutsch als Fremdsprache, der Literaturwissenschaft darin. Der Bezug auf das Fach ist mir wichtig. Er setzt mich unter den Druck, nach spezifischen Argumenten zu suchen, zwingt mich andererseits zu realisieren, daß und wie meine Wissenschaft gerade an dieser Stelle, spätestens an dieser Stelle der Geschichte, sich in die sogenannte Friedenspolitik der Politiker einmischen muß.

Wie mit den zwei Fragen am Anfang meiner Darlegungen angedeutet, möchte ich zwei Argumentreihen von meinem Fach aus auf die Friedensproblematik heute hin entwickeln:

1. einige Anmerkungen zur Leistungsfähigkeit des literarischen Motivs der Fremde gegenüber extrem verworrenen Problemlagen im Eigenen,
2. ein paar Gedanken zur Mechanik der Vorurteile, insbesondere des Freund-Feind-Schemas, der Schwierigkeit, Vorurteilstraditionen zu brechen.

Leitgedanke ist dabei jeweils: Wie läßt sich *Diskontinuität* auf sehr lang tradierte Vorstellungsgewohnheiten erzielen!

Vorstellbarkeit, Unvorstellbarkeit und Verfremdung

Daß Mitteleuropa, und in erster, vorderster Linie die Bundesrepublik, wahrscheinlichster Schauplatz – Initialschauplatz? – einer etwaigen künftigen Auseinandersetzung zwischen den beiden Blocksystemen sein würde, ist so oft deduziert worden in den Analysen der letzten Jahre, daß ich mir Erwägungen auch nur zu einem Beweisansatz dazu schenke. Die Umstände, unter denen eine solche Katastrophe vor sich gehen würde, sind unvorstellbar. Sie übersteigen unsere Vorstellungskapazität.

Eine persönliche Anmerkung: Ich habe als zehnjähriges Kind beide Formen des letzten Krieges miterlebt: Während der Flucht aus Polen, dem damaligen Warthegau, geriet unser Treck mehrfach in sogenannte Kesselbildungen und damit Frontkämpfe hinein; danach erlebte meine Familie in Mitteldeutschland die Endphase des Bombenkriegs. Während meines Japan-Aufenthaltes in den sechziger Jahren habe ich die Dokumentationsstätten zu den Bombenabwürfen in Hiroshima und Nagasaki besucht. Ich bin mir ganz sicher: Nichts von all dem gibt mir den Ansatz zu einer Vorstellung davon, was auf einem Schlachtfeld Mitteleuropa in der Zukunft geschehen könnte.

Aber die Sprache! Die Fachsprache der strategischen Planer von heute! Ich zitiere aus dem berühmt gewordenen Air-Land-Battle-2000-Manual der USA, das Leitlinien für die Kriegsführung der Zukunft festlegt, das in der NATO auf heftigen Widerstand stieß und das nur in einer stark abgeänderten Fassung im August 1982 von dem Heeresinspekteur der Bundesrepublik, Meinhold Glanz, als auch für die Bundesrepublik verbindlich gegengezeichnet wurde. Das Zitat stammt aus der unadaptierten Fassung. Man achte auf die Fachsprachlichkeit des Textes und deren Leistungsfähigkeit in der Vorstellungs*verhinde-*

rung. (Leider kann ich einen entsprechenden Wortlaut aus einem entsprechenden Manual der Gegenseite nicht zitieren – was ich bedaure. Dort ist für Geheimhaltung gesorgt.):

»*Die menschlichen Aspekte* der Air-Land-Battle-2000 sind ein *Problem für sich.* Wir haben dazu weitaus mehr Fragen als Antworten. Werden Soldaten auf dem Schlachtfeld des Jahres 2000 überhaupt existieren können? Oder müssen wir uns eine technologisch derart feindselige Umwelt vorstellen, daß die Soldaten selbst ihr nicht angepaßt werden können? Wir erwarten zusätzlich zu mehr und schlimmeren physischen Verwundungen mehr psychische Streßopfer; es könnte erforderlich werden, Kommandeure auszuwechseln oder Doppelbefehlsstellen einzurichten. Möglicherweise werden wir human engineering brauchen, um unsere Soldaten gegen Streß zu immunisieren, so wie wir sie heute gegen Krankheit impfen. Die militärische Ausrüstung wird diesen Aspekt der Humantechnologie und -konditionierung in Betracht zu ziehen haben. Insbesondere der jüngere Teil in unserer Bevölkerung gewöhnt sich zusehends an eine Videodisplay- und Computerspiele-Umwelt. Die Waffensysteme der Zukunft müssen diesen Trend ausnutzen.«

Und an einer anderen Stelle dieser unadaptierten Fassung heißt es:

»Ein anderer Aspekt des Krieges der Zukunft besteht in seiner Letalität. Es wird mehr Verluste und vielfältigere Arten von Verletzungen geben. (In den vergangenen Kriegen haben die USA stets anfängliche Rückschläge erlitten und dann begonnen zu siegen. Wir haben immer zu spät mobilisiert, aber dann überlegene Kampfkraft entwickelt.) In künftigen Kriegen höherer Intensität und kürzerer Dauer wird sofort *auf Sieg gesetzt* werden müssen. Es wird möglicherweise nur eine einzige Schlacht geben und keine Gelegenheiten, seine Kräfte nach schweren Anfangsverlusten neu zu formieren. Unser erster Schlachtplan wird erfolgreich sein müssen.«[7]

Die Sprache macht es möglich! Die Sprache der Kriegsfachleute von heute, die vorgeben, sie seien auch Fachleute einer denkbaren Zukunft. Sie lügen. Ihre Sprache lügt. Sie verdeckt den Abgrund zwischen dem Gewohnten, aus der Vergangenheit Bekannten, und dem Chaos der Katastrophe, das zu beherrschen sie mit der Sprache vorgeben. Sie bauen mit Worten, mit gewohnten Worten, einen Steg in einen Abgrund hinaus und behaupten, es sei eine Brücke zu einem anderen Ufer: »psychische Streßopfer«, »Doppelbefehlsstellen«, »human engineering« gegen »Streß«, »Immunisierung, so wie (!) wir ... heute gegen Krankheit impfen«!

Und in dem zweiten Textausschnitt: die zahlreichen Komparative, die uns signalisieren, es werde sich bei dem, was da geschehen kann, nur um ein Mehr oder Weniger handeln, im Vergleich zu dem, was uns vertraut ist. So heißt es: »mehr Verluste und vielfältigere Arten von Verletzungen«; von »höherer Intensität und kürzerer Dauer« der Schlacht wird gesprochen. So erscheint die atomare Katastrophe nicht nur machbar, sondern auch ertragbar. Die Leute, die das schreiben, sind in ihrem Kriegsspezialistentum (von mir aus auch: Verteidigungsspezialistentum oder Abschreckungsspezialistentum) so befangen, daß sie offenbar unfähig sind, auch nur zu ahnen, was sie vorzubereiten im Begriffe sind.

Gegen diese vorwegnehmende – vorläufig nur verbale – Verwüstung der Zukunft versuche ich mich zu wehren. Wie?

Ich versuche mich zu wehren, indem ich nach Möglichkeiten suche, die *Bedrohung* durch den atomaren Holocaust als *real* vorstellbar zu machen. Das geschieht – zum Beispiel –, indem ich die Planungen der Supermächte beim Wort nehme.

Weiterhin versuche ich, mich zu wehren, indem ich die Tatsächlichkeit der Bedrohung kommunizierbar mache, meinen Handlungsspielraum zu erweitern suche durch Verständigung mit anderen in diesem Punkt. Das setzt voraus, daß der Wall von Vorstellungsgewohnheiten – gerade in ihrer Versprachlichung –, hinter dem sich Kriegsfallvorbereitungen heute verbergen, durchbrochen wird durch solche sprachlichen Bezugnahmen darauf, die die *Unvorstellbarkeit, Undenkbarkeit,* die Absurdität des rüstungs-technisch Geplanten *anschaulich* hervortreten lassen. Was zum Beispiel bedeutet: zwei Minuten Zeit für die Entscheidung, ob man auf Beobachtungen auf bestimmten Apparaturen hin – ist das ein feindlicher Raketenangriff oder nicht? – den Weltuntergang auslösen soll?

Hier nun eine These, die mit meiner Fachkompetenz als Literaturwissenschaftler zu tun hat: Die Abstraktheit atomarer Bedrohung kann nur insoweit konkretisiert, ihre Nicht-Handhabbarkeit durch jeden einzelnen von uns nur insoweit aufgebrochen und verringert werden, als es gelingt, sie aus den sie umgebenden Denk- und Vorstellungsgewohnheiten herauszuholen, sie zu *verfremden* und *diese Verfremdung kommunikabel* zu machen.

Solche Verfremdung hat – wie die anderen Künste – seit eh

und je auch die Literatur versucht: das allzu Nahe, allzu Gewohnte und damit nicht zu Verändernde erst einmal »fremdzustellen«.

Fremdstellung als Voraussetzung für Bewußtseinswandel! Ich bin mir dessen bewußt, daß ich dabei bin, einen paradoxen Widerspruch zu formulieren. Was es in unserer Situation durch Fremdstellung vorstellbar zu machen gilt, ist gerade die *Unvorstellbarkeit* von etwas, was mit entsetzlicher Konsequenz und in bestürzender Kontinuität nicht nur aus der technologischen, sondern auch aus der sozialgeschichtlichen Entwicklung der Menschheit herauszuwachsen scheint. Eben das gilt es fremdzustellen: die Zwangsläufigkeit, die Konsequenz, die Kontinuität! Aber wie kann das geschehen?

Wie läßt sich Sprache als Mittel dazu einsetzen, *Dis*kontinuität zu schaffen?

Der folgende Blick auf Verfremdungstechniken der Literatur soll mir Hinweise darauf geben, wo vielleicht auch hier und jetzt Möglichkeiten der Fremdstellung durch Sprache oder andere Zeichen liegen – ich setze hinzu: soweit wir in Sachen Friedenssicherung zu *sprechen* gewillt sind, soweit unser jeweiliger Atemstoß des Protestes reicht.

Erfolgreichster Theoretiker und Praktiker literarischer Fremdstellung in diesem Jahrhundert ist bekanntlich Bertolt Brecht. Er hat mit dem Wort der »Verfremdung« eine bestimmte Funktion der Literatur bezeichnet. Diese hatte sie längst wahrgenommen. Verfremdung als literarische Technik ist alt. Die Verlegung zum Beispiel des Schauplatzes einer Handlung an einen anderen Ort ist eins ihrer Mittel. Der Ort kann in räumlicher oder in zeitlicher Entfernung liegen. Die zeitliche Entfernung hat zwei Dimensionen: die der Vergangenheit und die der Zukunft. »Historische Romane« suchen die eine, »Zukunftsromane« die andere Dimension auf.

Da historische Romane auf eine Vorstellung von geschichtlich schon Vorgefallenem zurückgreifen, wobei dieser Rückgriff zumindest den Rahmenbedingungen der Romanhandlung gilt, fordert ihre Distanznahme gewöhnlich zu einer nachträglichen, nochmaligen, nun überhöhten Identifikation mit schon Gewesenem auf: Sie neigen daher zu Affirmation, allenfalls zu Umdeutung von Gewesenem. Denken Sie an Beispiele wie die folgenden aus dem 19. Jahrhundert: Bulwer-Lyttons ›Die letzten Tage von Pompeji‹, Gustav Freytags ›Die Ahnen‹, Felix Dahns ›Ein Kampf um Rom‹, Sienkiewicz' ›Quo vadis?‹.

Eine größere Verfremdungsenergie liegt im sogenannten Zukunftsroman. Denn die Zukunft wächst nicht aus der Gegenwart heraus wie die Gegenwart aus der Vergangenheit. Zukunft gibt es nicht als »Geschichte« – als Geschehenes! Daher sind auch gesellschaftliche Zustände, die man sich für die Zukunft erwartet (erhofft oder befürchtet), nicht aus gegenwärtigen Verhältnissen »herauszuerzählen«. Zukunft ist erzählerisch nicht anschaulich anschließbar an Gegenwart.

Wo ein solcher erzählerischer Anschluß, und sei es auch nur in Umrissen, versucht wird, ergeben sich darstellerische Probleme (wie zum Beispiel in den Anfangspartien von Hermann Hesses ›Glasperlenspiel‹). So läßt sich denn bei erfolgreichen Zukunftsromanen gewöhnlich eine andere Technik beobachten: Zukunft wird als »fertig« präsentiert, das heißt: als markant abgesetzt von der Gegenwart. Das Dazwischen wird als erzählerisches Niemandsland behandelt. (Ich denke an Romane wie Aldous Huxleys ›Brave New World‹ und George Orwells ›1984‹.) Allerdings läßt sich auch bei den phantastischen Zukunftsromanen, wieviel fiktive Zeit auch zwischen das Jetzt in der Zukunft und das Jetzt in der Lesergegenwart, also zwischen erzählte Zeit und Erzähl-Zeit gelegt wird, die Verbindung zur Gegenwart sofort herstellen: Die im Dort-Später-Zustand abgehandelten Probleme sind die Probleme unserer Jetzt-Hier-Zeit, nur gleichsam »hochgerechnet«. Das für die Gegenwart Befürchtete (Erhoffte – das freilich seltener!) wird als in der Zukunft verwirklicht und »auf die Spitze getrieben« dargestellt. Das geschichtszeitliche Dazwischen wird als Leerstelle behandelt, die aus der Zukunft zu uns sprechende Prophezeiung dagegen knüpft unmittelbar an den Defiziten (Befürchtungen, Hoffnungen) unserer Gegenwart an. Insofern sind auch Zukunftsromane Utopien, die mit ihren darstellerischen Mitteln auf die Realisierung von Anschließbarkeit, von Konsequenz, von (möglicher) Entwicklung abzielen.[8]

In unserem Zusammenhang aber der Friedenssicherung geht es um etwas anderes, nämlich um die Herausarbeitung der Nichtanschließbarkeit eines Danach in bezug auf einen Atomkrieg an ein geschichtliches Davor, um die Absurdität daher aller Versuche, mit so einem Danach zu rechnen, um den Abweis aller Zumutungen an uns, eine atomare Auseinandersetzung als Geschichtsmöglichkeit zu akzeptieren. Der Versuch, diese Einsicht sprachlich zu realisieren, muß zur Formulierung von Unvereinbarkeiten, von Paradoxien führen.

Ich sehe mich daher im Bereich der Literatur nach Werken um, die Fremdheit (die Fiktion »fremder Orte«) so einsetzen, daß diese als Abrißstelle des Vertrauten, als Unmöglichkeit des Eigenen fungiert.

In den dreißiger Jahren schreibt Alfred Döblin einen Roman, der in einer Kulturraum-Ferne spielt: ›Amazonas‹. Die Zeit des beginnenden Kolonialismus in Südamerika und die Natur im riesigen Amazonasbecken, dem La-Plata-Becken, und in den Küstenstrichen des Kontinents bilden den Hintergrund der Handlung. Aber wovon eigentlich »handelt«, wie man so sagt, der Roman? Da sind die Menschen Südamerikas, die Indios der verschiedensten Regionen und Stämme, und da sind die Europäer! Sie brechen in den spannungsreichen, aber doch heilen Zusammenhang Mensch-Natur, in dem die Indios sich befinden – ja, bei aller Blutrünstigkeit und bei allen mythisch überhöhten Geschlechterkämpfen sich befinden! –, mit ihrer europäischen zivilisatorischen Überlegenheit ein. Diese ist eine der Waffenmacht und der Kampfdisziplin – motiviert durch Beutegier. Sie wird von den Europäern bezahlt mit dem Verlust dessen, was Döblin in seiner eigenen anthropologischen Spekulation die »Resonanzfähigkeit« des Menschen gegenüber der Natur genannt hat. Die Europäer haben die Natur in sich getötet. Ein Roman, in dem europäische Barbarei der Gegenwart, in dem Rassismus der Gegenwart, in dem Ideologieverfallenheit der Gegenwart *direkt* angeprangert werden, wurde nicht geschrieben. War er schreibbar? Eine müßige Frage.

Aber andere, in der Nähe liegende Fragen können erhellend sein: Wie groß muß die Distanz auf eine als zentral zeitgenössisch empfundene Problematik werden, um für einen Autor die »richtige« Distanz zu sein? Es kommt auf den Autor an, sicher. Marcel Proust, die Gebrüder Mann, um drei große Autoren der jüngeren Vergangenheit als Kontrast zu nennen, haben Gegenwart in direktem, motivisch identifizierendem Zugriff auf eigene Zeit gestaltet. Aber kommt es nicht auch auf das Thema an, auf das Erzähltemperament des Autors? Es sieht so aus, als könnten Problemlagen von einer bestimmten spekulativen Allgemeinheit, einer bestimmten geschichtsphilosophischen Zuspitzung nicht ohne weitere Distanznahmen schon im Bewußtsein des Autors auskommen, als bedürfe es dann eines anderen Erzählprinzips, einer *Fremdheitsfolie*, vor deren Hintergrund das Ureigene der Problematik sich erst modellieren läßt.

Eben das scheint vor allem dann der Fall zu sein, wenn Europa sich selbst fremd wird. Wenn Europa als Ursprungsraum einer bestimmten Art, Welt zu bewältigen, sich in dieser spezifischen Eigenart fremd wird, dann muß irgendeine außereuropäische Ferne aufgesucht werden, um die *Fremde im Eigenen* bezeichnen zu können. Diese Einsicht ist mir wichtig.

In dem Maße, in dem Europa – und dazu gehört der ganze Großraum europäisch gewachsener Kultur – sich in zentralen Bestandteilen dessen, was seine Besonderheit unter den anderen Kulturen ausmacht, fremd zu werden beginnt, in dem Maße tauchen in der europäischen Literatur Verfremdungstechniken auf, die nicht mehr im üblichen Sinn utopisch genannt werden können. Dann geht es nicht mehr um die Verlagerung des Eigenen an einen Nicht-Ort, wo das Eigene in einem historisch unspezifizierten Raum gleichsam hochgerechnet wird, sondern um die Darstellung des Unterschieds, des Kontrasts, der Diskontinuität. Wenn zum Beispiel *das* Thema wird: europäische Rationalität, Technologie, Naturwissenschaft, europäisches Bedürfnis nach Natur-Weltbeherrschung und eine von all dem angeheizte Machtmonopolkonkurrenz.

Max Frisch hat einen Roman geschrieben – in den fünfziger Jahren, der Zeit übrigens, als das Wettrüsten zwischen den beiden Großmächten sich auf Atomwaffen verlagerte –, in dem der Held an seiner allzu dominanten Rationalität und seiner Fixierung auf Naturwissenschaft stirbt: durch Krebs. Magenkrebs. Sie wissen längst, welches Buch ich meine: ›Homo Faber‹. Aber wie wird diese Todesstelle bezeichnet? Das Weibliche tritt dem Nur-Mann Faber gegenüber, und er versucht vergeblich, fast vergeblich, es auch in sich zu finden. Aber das hätte als darstellerische Gegenwelt nicht genügt. Da ist die außereuropäische Natur, die Wüste von Tamaulipas, und – vor allem – da sind die Tropenwälder Mittelamerikas. Und hier klärt sich für die Figur Faber wie für den Leser, was das ist, was Faber nicht annehmen kann, was er bekämpft: die bewußtlose, zweckfreie Natur, auch in sich selbst. Und ohne den Umweg über Mittelamerika hätte Faber nicht ahnen können, was das ist, was, im Übermaß in ihm verwirklicht, sein Tod ist ...

Ich meine nicht, daß Literatur geeignet ist, Bewußtsein geradewegs zu verändern. Aber ich meine, sie kann Voraussetzungen dafür schaffen, daß Bewußtsein sich ändert. Indem sie festgefügte Gewohnheitsklammern, Gedankenverbindungen, Vorstellungszwänge lockert – durch Fremdstellung.

Gut, aber was besagt das in dem Zusammenhang unseres

Themas? Was besagt das im Hinblick auf die Gefährdung des Friedens heute? Welche Distanznahme, welche Verfremdung reicht aus, um den Wahnwitz des atomaren Über- und Zu-Ende-Rüstens als das erscheinen zu lassen, was er ist? Kein Ort in der Welt! Ein anderer Stern? Vielleicht. Vielleicht ein Stern in einer anderen Milchstraße. Freilich, schon bei einem Besuch auf einer Tropeninsel sagte ein Freund von mir, der dort geboren ist und dort lebt (und er sagte es zu mir in der zweiten Person Plural): »Ihr mit euerm Rüstungswahnsinn!« Er meinte, er traf mich als Vertreter beider Machtblöcke zugleich. Für Nichteuropäer reicht offenbar schon diese Distanz – auf Europa! Wir müssen, ob wir wollen oder nicht, auf unserem Stern bleiben, sogar hier in Europa, auch sprachlich.

»Euroshima« lese ich.

Von einem Allgäuer Bauern höre ich, der sagt »Atomgäu«, und ich vermute, daß diese Wortkombination sich im Ohr eines anderen Allgäuer Bauern, der sie hört, noch beißender festsetzt als in meinem. Auch das sind Mittel der Distanznahme, Mittel der Verfremdung! Die Literatur ist seit je spezialisiert darauf; ein Monopol hat oder beansprucht sie dafür nicht. Das Bedürfnis, uns durch Sprache zu orientieren, auch und gerade durch sprachliches *Experiment*, kennt jeder von uns. Und je ratloser wir sind, desto größer unser Bedürfnis, uns diese Ratlosigkeit vorzusagen: in sprachlichen Paradoxien. Dann wirkt die Phantasie der Verzweiflung, die Verfremdungsenergie der Ratlosigkeit. Und es müssen gar nicht immer Sprach-Zeichen sein, in denen wir uns unsere Ratlosigkeit vor-stellen! Die Sprache der Bilder kommt den Raketen vielleicht noch eher bei.

Während der Friedensdemonstration im Herbst 1983 sah ich Raketen in hunderterlei Dislozierung: als Würste, Bleistifte, Degen, Eßstäbchen (in der ›Süddeutschen Zeitung‹ während eines Japanaufenthaltes von Präsident Reagan), als Mülleimer, als Schirmständer, als Großmachtpenis. Semantische Fremdstellung des Unverfügbaren, um es in der Verfremdung wieder als verfügbar zu begreifen. Auffallend bei diesen Verfremdungsbewegungen: die Wichtigkeit der Leib-Dimension. Verblüffend, daß ausgerechnet in der Leib-Dimension, in dem also, was die Grundlage aller menschlichen Gemeinsamkeit ist, heute soviel Verfremdungsenergie steckt. Soweit ist unsere Kultur dem Leiblichen davongerannt! Vor allem die »Waffenkultur« fällt mir ein. Eine Fremdstellung des – inzwischen längst gewohnten – Wahnsinns der Zu-Ende-Rüstung geschieht offenbar gerade dann, wenn sie mit den Leib-Dimensionen des Menschen konfrontiert wird. Unsere Leiblichkeit als letztes Utopia? Bei Johan Galtung lese ich, daß gerade Frauen eine »einzigartige Fähigkeit für neue Sprachverwendungen« gezeigt hätten, die geeignet sind, in solcher Weise zu verfremden, und er verweist in diesem Zusammenhang auf die Frauenmärsche auf Paris (1981), Minsk und Washington (1982).[9]

Eine weitere Schlußfolgerung: Auch Protestaktionen haben einen Zeichenwert. Der Charakter des Zeichens ist bedeutungsvoll. Offenbar kommt solchen Zeichen heute eine besondere Bedeutung zu, die sich von den Kausalketten militärisch-politischer Aktionen und Gegenaktionen besonders deutlich absetzen. Blockaden, ja, Blockademaßnahmen haben die Friedensbewegung auf den Weg gebracht. Aber am erfolgreichsten war sie in Aktionen, die in ihrer Zeichenhaftigkeit zugleich leibnah und kausal entkoppelt waren: zum Beispiel in der Menschenkette. Denn die Kette als Aktion reagierte nicht auf Zwang, sie unterband nicht, war Widerstand nur kraft eigener Definition; und als Zeichen war sie abgesetzt von »Kette« als »Fessel«, eher zu denken als »Zusammenfügung«, jedenfalls positiv konnotiert, einfallshaft frei. Natürlich: Ich bin mir dessen bewußt, daß in solchen entkoppelten Aktionen auch eine Gefahr liegt: die ihrer Entpolitisierung. Und ich weiß auch: gerade darin mag ein Großteil ihrer Attraktivität, ihres Solidaritäts-Appeals stecken. Trotzdem.

Vorurteile, Feindfunktionen und Angstkonkurrenz

Die Zeitung ›International Herold Tribune‹ und das Atlantische Institut führten vor dem Gipfeltreffen westlicher Regierungschefs in Williamsburgh im Mai 1983 eine Meinungsumfrage in mehreren Ländern des Westblocks durch. Eine unter den gestellten Fragen lautete: »Was unter den folgenden Dingen erfüllt Sie heute am meisten mit Sorge für Sie und Ihr Land?« Unter den angebotenen Antworten erhielt eine in allen Ländern die niedrigste Nennung, nämlich die Antwort »ungenügende Verteidigungsbereitschaft«. In der Bundesrepublik wurde diese Antwort nur von 4 Prozent der Befragten an die erste Stelle gerückt. Dagegen wurde von 42 Prozent der Befragten die Antwort gegeben, daß die Nuklearwaffen ihnen die größte Sorge machten. Zielte die erstgenannte mögliche Antwort auf die Furcht vor dem »Feind«, so zielte die zweite auf das angehäufte Waffenpotential insgesamt.[10]

Also doch kein ausgeprägtes Feindbild in der Bundesrepublik Deutschland?

Die Anwendung von Literaturwissenschaft im Fach Deutsch als Fremdsprache, die Problemstellen der interkulturellen Vermittlung von Literatur, zwingen zu sehen, was *zwischen* verschiedenen Kulturen liegt. Qualitäten und Dimensionen der Fremde – wie ist mit ihr zu rechnen, wie ist sie abzubauen? Vorurteile sind zu bearbeiten. Das heißt nicht: zu bekämpfen! Weder geht es ganz ohne Vorurteile, noch sind Vorurteile nur zu Schlimmem gut. Es gilt aber, sie zu sehen und dann gleichsam mit ihnen als Kompaß in der Hand in zwei Richtungen zu gehen: an das Ursprungsinteresse, von dem das Vorurteil seinen Anfang nahm, also in uns selbst zurück, und zugleich in Richtung auf das Gegenüber, dem das Vorurteil gilt, das es bisher verdeckt hat. Vorurteile zeigen sich besonders dann, wenn Ausweglosigkeit sich abzeichnet, wenn – besonders in menschlichen Interaktionsprozessen – alles endgültig geklärt zu sein scheint. Dann besteht unser Bild von uns selbst und unserem Gegenüber nur noch aus Vorurteil, dann »geht nichts mehr«, weder in uns, noch auf den Anderen hin.

Was das Verhältnis zu Abrüstung und Friedenssicherung angeht, gibt es innerhalb der Bundesrepublik einen bemerkenswerten Generationswechsel. Es sieht so aus, als sei die jüngere Generation (in einem weiteren Sinne) weniger auf ein bestimmtes Vorurteil fixiert als die ältere: das Vorurteil nämlich, daß selbstverständlich immer irgendwo in der Welt der große Feind sitzen müsse, dessentwegen diesseits und jenseits der Block-Grenzen die Länder in Waffen starren müßten. Hierbei scheint ein ganz bestimmter, durch historische Ereignisse markierter Entwicklungsprozeß eine Rolle zu spielen.

Ich selbst bin in den fünfziger Jahren politisch zu Bewußtsein gekommen. Damals hatten gerade die, zu denen ich gehörte, die Deutschen also, einen unfaßbaren Irrweg, nein, eine entsetzliche Verirrung hinter sich. Sie hatten gerade den größeren Teil der Welt und insbesondere eine bestimmte Rasse darin vorverurteilt. Auch mir ging es nun so, daß ich – und ich vermute, so ist es vielen Nachkriegsdeutschen, älteren und jüngeren, ergangen – diese neue Schemaverfestigung als unvermeidlich und sogar mit einer gewissen Befriedigung hinnahm: Ost gegen

West! Als Westler konnte ich mich zwar auf der Seite der Guten sehen, befand mich aber nicht im Zentrum der Polbildung von Feindlichkeit. Rüstung, Hochrüstung lief über meinen Kopf hinweg. Daß die Wiederbewaffnung der Bundesrepublik so umstritten gewesen war, konnte als Entlastung wirken, als Beweis eines prinzipiellen deutschen Pazifismus. Das Freund-Feind-Schema blieb zwar erhalten, aber für uns günstig verändert. Wir konnten von da unter dem Vorurteilsschirm eines Mächtigeren eine Art Nebenfeind sein und doch zugleich einen Totalfeind projizieren – die ganz schlechte Sowjetunion! Und wir konnten uns so, da wir die reale Konfrontation nur als »schwacher Verbündeter« mitmachten, als aufgeklärt, womöglich friedlich, jedenfalls nicht hauptschuldig an der Hochrüstung fühlen. Da das Freund-Feind-Schema für Angehörige meiner Generation aus den vornuklearen Konfrontationszeiten *allmählich* in die nukleare hinübergewachsen ist, fällt es vielen von uns schwer, es nun plötzlich als unsinnig zu begreifen.

Im übrigen geht die europäische Neigung, das Barbarische, Bedrohliche im Osten angesiedelt zu sehen, sich also in dieser Himmelsrichtung den Totalfeind zu suchen, auf sehr frühe Zeiten zurück: Perserkriege, Hunneneinfälle, Mongolenbedrohung und Türkenkriege. Ernst Jünger hat in dem Buch-Essay ›Der gordische Knoten‹ die Stationen dieser Stereotypentwicklung nachgezeichnet. Asien – die chthonische Gegenmacht zum europäischen Geist! Auch in der deutschen Literaturgeschichte läßt sich diese Entwicklung über den Rother, das Nibelungenlied, über das Barockdrama (Katharina von Georgien!) bis in das 18. Jahrhundert hinein verfolgen. Dieser Stereotyp ist – ohne geographisch explizit zu werden – bis in Tolkiens ›Herrn der Ringe‹ gekommen. (Man sollte unter den deutschen Lesern einmal fragen, was sie sich zuallererst unter dem »Lande Mordor« vorstellen.)

Literatur wirkt also *auch* vorurteilsbildend! Und schließlich ist dieses Schema bis in die manichäistisch-trennenden Reden amerikanischer Präsidenten gelangt: die Licht-Finsternis-Metapher bei Nixon und Reagan! Solche kulturgeographisch fixierten Stereotype sitzen tief. Sie enthalten einen Bodensatz, der menschheitsgeschichtlich tief in die Vorhistorie zurückreicht: das Freund-Feind-Schema selbst, die Selbstverständlichkeit des Vorhandenseins der Waffe. Horst-Eberhard Richter hat in seinem genannten Buch unter folgenden sprechenden Überschriften von diesem Stereotyp gehandelt: »Vom Mißtrauen, das sich selbst bestätigen muß, um seinen aggressiven Hintergrund zu verdecken«, »Das sado-masochistische Weltverständnis«, »Von der phallischen Lust an Waffen«, »Die Entlastungsfunktion des Feindbildes«. Wie schwer es vielen von uns wird, auf dieses Schema zu verzichten, wird unter anderem daran deutlich, daß nach Jahrzehnten eines überwiegend stereotypen Anti-Sowjetismus sich nun ein ebenso stereotyper Anti-Amerikanismus breitmacht.

Muß das sein? Eine kritische Frage.

Wir sehen eine Welt in Hunger und Not, und wenn nicht in materieller Not, dann unter Zwang und in Angst. Und wir sehen sie in diesem Zustand vor allem infolge der Spaltung in zwei konkurrierende Ideologien und gesellschaftliche Organisationsformen. Anlässe, uns zu engagieren, gibt es genug. Das unveränderte Zu-kurz-Kommen der Dritten Welt, Umweltvernichtung, Rohstoffverschleiß, all die Großmachteinmischungen, die Stellvertreterkriege und das daraus resultierende Elend. Je nach Ausgangslage unserer Hypothesen über die Welt und den Menschen darin bringen wir womöglich das ganze Elend mit je einem der beiden Weltsysteme in Verbindung. In diesem Systemvergleich liegt für Intellektuelle, so scheint mir, ein unendlicher Anreiz, sich moralisch legitimiertes Haßmaterial zu besorgen zur Fortsetzung des archaischen Freund-Feind-Schemas.

Ein kritischer Punkt, ich weiß. Der Zwang zur Parteinahme scheint unwiderstehlich. Die Neigung zu einer monokausalen Begründung und Herleitung allen Elends aus *einer* Ecke der Machtentfaltung, aus dem Systemzwang *einer* Ideologie. Auch ich selbst empfinde hier einen Zwiespalt. Aufklärung und Emanzipation, wie sie von der Systemkritik in beiden Richtungen für sich in Anspruch genommen werden, sind weder suspendierbar noch aufschiebbar. Andererseits, und unter dem Druck der *jetzt* zu dämmenden Bedrohung der Menschheit durch das Zu-Ende-Rüsten: Ich kann mir erfolgreiche Friedensinitiativen nur *quer zur Blockbildung*, nur – von jeder Seite her – blocküberschreitend vorstellen.

Beispiele wie die Bewegung »Ärzte gegen den Atomtod« machen Mut. Die verfremdende, da gewohnte Autorität abbauende Formel: »Wir werden euch nicht helfen können!« Blockübergreifende kirchliche Bewegungen scheinen im Anwachsen zu sein. Dieses Moment der Blocktranszendenz ist mir so wichtig, weil ich darin die einzige Möglichkeit sehe, die entscheidend »blockierenden« Stereotype, die die bisherige Menschheitsgeschichte belastet haben, anzugehen, um sie zu bearbeiten: die Vorstellung, daß »Fortschreiten« nur über Konflikt und darin durch bestmögliche Sicherung der eigenen Position, folglich nur über Waffen zu gewährleisten sei.

Unvermeidlich erscheint mir, daß zunehmend der bisherige Machtkonkurrent beziehungsweise Systemfeind als Partner in der fälligen Abrüstung gesehen wird. Albert Einstein hat es einmal idealistisch-optimistisch formuliert: »Im Schatten der Atombombe sind alle Menschen Brüder.« Soweit gehe ich nicht. Ich würde lieber sagen: Im Zeitalter der Atombombe haben Feinde keine Chance! Jede der beiden Supermächte könnte sich einen ersten – vorbehaltlosen – Schritt zurück, eine Ein-Schritt-Vorgabe in der Abrüstung leisten, ohne die eigene Position entscheidend zu schwächen. Aber: Er wird von den heute Herrschenden nicht getan. Sie sehen darin eine Schwächung ihrer selbst als Herrschende!

So melden die Zeitungen uns die stereotypen Abweisungen aller jeweiligen Vorschläge auf Gemeinsamkeit der Abrüstung. Kein Vorschlag wird als »so gemeint« genommen. Böswillige Taktiken, vorwandhafte Täuschung wird als wirkliches Motiv der Vorschläge vorurteilshaft vorausgesetzt. Ich kann nicht einmal sagen, daß hinreichende Gründe vorliegen, dieses Mißtrauen *nicht* zu haben. Nur ein im Sinne der Kommunikationstheorie »paradoxes Verhalten« scheint mir heute Aussicht zu haben, den Zirkel von Vorurteil und Bestätigung des Vorurteils durch Mißtrauen zu durchbrechen: der einseitige, undiskutierte Schritt zurück. Wo immer dieser Vorschlag gemacht wird, wird er in *beiden* Machtblöcken – auch von denen, die ihre Friedensverantwortung delegiert haben – erbittert zurückgewiesen. Diese Erbitterung speist sich aus der gleichen Aggression, die sich auch auf den Feind mit der Bombe in der Hand richtet.

Was tun? Ich lande bei einem scheinbaren Widerspruch. Ich habe eben gesagt, daß die Friedensbewegung überhaupt nur als blockübergreifend vorstellbar ist. Aber wir leben, denken, handeln jeweils dort, wo wir sind, und damit auch innerhalb eines Blockes, auf einer Seite der Konfrontation. Und nur dort, also hier, können wir versuchen, Mitmacher zu finden für den friedlichen Kampf für eine – und sei es eben einseitige – Abrüstung. Das allererste Ziel muß der Abbau der hier seit kurzem stationierten Raketen sein. Wir sind am dichtesten dran, wir müssen den Anfang machen.

Während eines kürzlichen Gastaufenthaltes an einer amerikanischen Universität wurde ich immer wieder gefragt: Warum hassen uns die Europäer auf einmal? Es war nicht leicht, klarzumachen, daß es nicht Amerika-Haß ist, was in Deutschland grassiert sondern daß angesichts der Raketen das Gefühl einer Nähe zum Abgrund wächst. Und der Blick auf eine mit militärisch-strategischen Informationen aufgefüllte Weltkarte läßt das Gefühl der Bedrohung zur erkennbaren Wirklichkeit werden. Diese Erkenntnis kann sich nicht vor Loyalitätserwägungen verstecken. Was wir brauchen: Distanz zu sogenannten »Lehren aus der Geschichte«. Allenfalls die eine mag gelten, *daß nichts sich wiederholt.* Mut gegen Schemata, die Phantasie der Verfremdung. Ich setze hinzu: Verständnis für den, der uns nicht verstehen kann oder will. Auch er ist zu werben. Die *Endgültigkeit* der gegenwärtigen Bedrohung durch den »Omnizid«, die Sackgasse des Zu-Ende-Rüstens ist unsere gemeinsame Chance zu einem »Richtungswechsel«.

Willi Butollo

Angstlösungen – Modelle für inneren und äußeren Frieden

Bismillah irrahman irrahiem.

Information über eine Bedrohung zu erhalten löst Angstgefühle aus. Diese Erfahrung machte auch ich bei der Vorbereitung zu diesem Vortrag. Es war dies in erster Linie eine reale Angst, entstanden beim Suchen nach mehr Fakten über die Bedrohung des Friedens und zum geringeren Teil eine soziale Angst, etwa vor negativer Bewertung in der Vortragssituation. Es ist verlokkend, in dieser Vorbereitungsphase die Angst zu vermeiden, indem der unmittelbare Angstauslöser eliminiert wird, zum Beispiel durch eine Absage des Vortrages oder ein Ausweichen auf einige akademische Angsttheorien, hinter denen es sich gut verstecken läßt; ein paar Ableitungen und Schlußfolgerungen und damit die Sache mit Anstand »hinter sich bringen«, also loswerden. Aber für diese Art von Angstvermeidung ist die Thematik zu ernst, die reale Bedrohung atomarer, ökologischer, kultureller und sozialer Katastrophen ist keine akademische Spielwiese. Diese Art Angst zu vermeiden verschleiert die Wahrheit. Man muß sich angesichts unserer Lage bemühen, die Wahrheit, das bestmögliche Abbild der Erfahrungsrealität, zu finden, auch wenn es Angst mobilisiert und Schmerzen verursacht.

Zu prüfen ist aber auch, ob die Verwendung psychologischer Begriffe nicht zu einem alibihaften Psychologisieren führt. Leichtfertiges Einsetzen psychologischer Erklärungen, die nicht selten ohnehin Scheinerklärungen sind, bewirken, daß man sich von dem Problem distanziert, daß man Prozesse oder Personen pathologisiert, Sätze bildet, die mit »Man sollte ...« beginnen, und daß man im übrigen seine Passivität rechtfertigt.

Das impliziert, daß man im Denken trotz vorhandener Angstgefühle, an den Realitäten »dranzubleiben«, weitere Information zu suchen, ihre Echtheit zu prüfen und zu verarbeiten hat, selbst wenn das die Angst noch steigert. Die Verlokkung der Angstreduzierung durch gedankliche Unschärfe, durch irrationales Abwehren, durch unrealistische Verkürzungen und Entstellungen verspricht keine dauerhafte Lösung der

Angst – weder in der individuellen Psychopathologie noch im gesellschaftlichen Rahmen.

Während der Arbeit am Vortrag kam ich immer wieder an Punkte, an denen es verlockend und einfach gewesen wäre zu resignieren. Zu erdrückend erscheinen die Fakten der Machtverteilung, zu schwach die politischen, erzieherischen oder gar psychotherapeutischen Mittel, um am Bewußtsein der Menschen Entscheidendes zu bewegen. Erst als ich das Ziel umdefinierte, wurde es möglich, dieser drohenden Resignation zu entgehen. Die Umdefinition des Zieles lautet:

Es ist möglich, daß keine der »Friedensmaßnahmen«, trotz bester Absicht, die befürchteten Katastrophen aufhalten kann, aber der Wert der Bemühung ist nicht von vornherein am Maximalerfolg zu messen. Der Wert liegt in der *Bemühung*, bei gegebener Situation sein Leben so zu führen, daß die Überzeugung über das, was in eben dieser Situation notwendig ist, im Handeln tatsächlich zum Ausdruck kommt. Das gibt jedem die Chance, im eigenen Lebensbereich ein gewisses Maß an Authentizität zu verwirklichen, auch wenn der sichtbare Erfolg ausbleiben sollte. Authentizität im Sinne von Übereinstimmung von Denken, Fühlen und Handeln ist eine Form von innerem Frieden, selbst dann, wenn sowohl das Handeln wie auch das Fühlen sehr stürmisch sein mögen. Frieden in diesem Sinne ist nicht Ruhe, sondern Kongruenz. Selbst wenn diese Authentizität den Konflikt verschärfen sollte, vielleicht sogar die Katastrophengefahr erhöht, so ist dies dennoch ein möglicher Weg, durch das Schlamassel unserer Zeit zu gehen.

Wer auf seine innere Stimme hören kann und ohne Selbstbetrug und Alibi aus ihr handelt, ist mit sich im Einklang. Ist das nicht der Fall, hat man die Wahl, der Dissonanz nachzugehen oder sich zu betäuben beziehungsweise abzulenken. Die Angst als Folge innerer Dissonanz ist ein hervorragendes Warnsystem.

Natürlich ist es uns lieber, eine Sirene nicht hören zu müssen, weil sie akustisch und von ihrer Bedeutung her unangenehm ist. Im Falle einer realen Bedrohung aber ist es uns eine Hilfe, die Sirene zu hören und angemessen zu handeln: Von welcher Art ist die Bedrohung? Was kann ich dagegen tun? Natürlich kann es aber auch sein, daß die Sirene, wenn sie nicht aufhört zu heulen, obwohl alle bereits gewarnt sind, die Problemlösung durch ihren Lärm behindert. Dasselbe gilt für die Angst: Hat sie ihre Alarmfunktion erfüllt und bleibt sie dennoch bestehen, wird die Handlung behindert.

Das unkritische Abschalten der Sirene nimmt uns die Chance einer angemessenen Bewältigung. Daß dieses Hören auf die innere Stimme verlernt wurde, hat in der Entwicklung der Individuen zwar zur direkten Reduktion von Angst beigetragen, jedoch um den Preis der erlebten inneren Klarheit und Sensibilität. Wiederherstellung dieser Sensibilität und Wahrnehmungsfähigkeit – Ziel auch fast aller Psychotherapieformen – führt zuerst stets über die Schwelle einer Zunahme der Angst. So ist es ein leichtes für einfach strukturierte Machtsysteme und Ideologien, Angstfreiheit durch Undifferenziertheit zu versprechen. Denn sie sind an der Sensibilität des Menschen und an dessen Ausdruck in Kunst und aktiver Lebenskultur in der Regel nicht interessiert. Aber im Grunde sind sie dann auch am Menschen nicht interessiert, selbst wenn das System vorgibt, für dessen Freiheit etc. dazusein. Der Weg dazu führt über die Erziehung zum intrapsychischen Schlamassel, zur emotionalen und kognitiven Undifferenziertheit, in der Manipulierbarkeit gefördert wird und diffuse Angst als einziges Gefühl bleibt. Aber es lassen sich wenigstens einige der Bedingungen anführen, die den Weg dahin pflastern.

Es soll hier in Form einer versuchten Analogie von intrapsychischem Geschehen des einzelnen und kollektiven Phänomenen geschehen – mit vollem Kalkül des Risikos, das solchen Spekulationen anhaftet.

Kontaktstörung und die Delegation der Aggression

Ein zentrales Problem unserer Zeit, und nicht zuletzt in Deutschland, ist die reduzierte Fähigkeit zu Kontakt, die sich unter anderem als Unfähigkeit zu direkter Kommunikation äußert. Sie ist das Ergebnis einer chronischen inneren Schwächung, die verschiedene Ursachen haben kann. Eine davon ist unbewältigte individuelle, stellvertretende oder kollektive Schuld und ein daraus geborenes Weltbild, das sich mit dieser Last zu arrangieren sucht: Verdrängung von Schuld, Verleugnung der Fakten, Ausblenden von Vergangenem, die eigene Geschichte erleidet einen Bruch. Dies gilt für Individuen ebenso wie für größere Gemeinschaften.

Ein Schlüssel zur Lockerung unserer Lage liegt in einer neuen Form von Vergangenheitsbewältigung, die erhöhte Risikobereitschaft erfordert, deren Folge aber wiederum mehr Kontaktstärke und mehr Authentizität sein kann. Aber: Der Versuch, die Vergangenheit zu bewältigen, wird nicht nur auf seiten der Nachkommen des Aggressors, sondern auch auf seiten der Nachkommen des Opfers auf Widerstand stoßen. Das Opfer – oder seine Nachkommen – ist zum Schutze seiner Existenz zuerst einmal gezwungen, seine Kontaktgrenzen zu verhärten; es geht in Isolation. Der Aggressor – oder seine Nachkommen – versucht, dem Opfer auf eine neue Weise zu begegnen, wird jedoch defensiv und mißtrauisch behandelt. Das wiederum provoziert. Vertrauensbildende Maßnahmen erfordern viel Geduld bei der Wiederherstellung der Kontaktfähigkeit. Und sind denn die Bedingungen dafür überhaupt gegeben? Sind die Kinder der Opfer und der Aggressoren – hier und anderswo – hinreichend frei von vergangener Traumatisierung, um diese Änderung zu leisten, können neue Traumatisierungen wirklich verhindert werden? Was haben die nach dem Krieg Geborenen im Vergleich zur Vorkriegsgeneration gelernt?

Tatsache aus individualpsychologischer Sicht ist, daß nicht bearbeitete Angst vor der Wiederholung ganz bestimmter schmerzlicher Erfahrungen zu Sicherheitsbemühungen führt, die das Eintreffen gerade dieser Erfahrungen wahrscheinlicher machen. Ähnliches kann auf das Sicherheitsverhalten von Nationen extrapoliert werden: Erstarrung in der Defensive provoziert den Angriff, und sei es ein sogenannter »Präventivschlag«. So gesehen ist die Rüstungsspirale eine direkte Folge des Umgangs mit Mißtrauen.

Was ist Kontakt?

Nicht gewandtes Parlieren, sondern die Fähigkeit, dem anderen an der Grenze seiner Identität zu begegnen – das ist Kontakt. Das setzt Risiko zum Ungewissen, zur Öffnung fester Grenzen und damit zur Verletzbarkeit voraus.

Mohammad Asad, ein deutscher Jude aus Königsberg, der nach langen Reisen im Orient Moslem wurde, beobachtet anläßlich eines Besuchs in Berlin, daß die Menschen in der U-Bahn zwar einander ansehen, einander jedoch nicht *sehen*. Ihre Augen sind tot, ihr Gesichtsausdruck in Gram versteinert: »Und dann schaute ich mir die anderen Gesichter im Abteil an.

Gesichter, die ausnahmslos gut angezogenen, gut genährten Menschen gehörten: Und fast in jedem von ihnen lag ein Ausdruck verborgenen Leidens, so verborgen, daß sie selbst davon keine Ahnung zu haben schienen. Das war merkwürdig. Ich hatte noch nie so viele leidende Gesichter beisammen gesehen. Sie sahen aus, als litten sie Höllenqualen – und dabei lachen und reden sie und sind auf ihre Hüte und Handschuhe bedacht. Ob sie wohl selber wissen, was in ihnen vorgeht?«

Kontakt im gestalttherapeutischen Sinne ist die bewegliche Balance zwischen den Extremen der *Konfluenz* (völliges Aufgehen im anderen, im Denken, Handeln, Fühlen, durch den anderen leben) und der *Isolation* (völlige Abschirmung, Ich-Bezogenheit). Konfluenz und Isolation bezeichnen Zustände, die vorübergehend notwendig, ja sogar unerläßlich sind. Aber als zwanghaft dominante Form des Erlebens sind sie ein Hindernis für die Entwicklung des einzelnen und seiner Gemeinschaft. Das Leben ist an den Kontaktgrenzen am ausgeprägtesten, wenn man sein Selbst, seine Identität wahrnehmen kann und dennoch den anderen sehen, erkennen, sich an ihm buchstäblich und im übertragenen Sinne reiben kann.

Die Qualität des Kontaktes bestimmt die Qualität des Lebens. Sie ist der Nährboden für Kreativität, für Entwicklung, für Beziehungen. Sie gibt Kraft zum Experimentieren, dies ist eine Chance, Starrheit aufzulösen. Sie gibt Kraft, neue Wege zu suchen, auch wenn man dabei das Risiko des Mißerfolgs eingeht. Bei Konfluenz und Isolation ist kein Platz für Risiko. Entweder ich gehe kampflos im anderen auf, oder ich schließe mich in völliger Starrheit ab. Im Kontakt ist stets das Risiko der Verletzung gegeben. Diese Verletzungen können real physisch sein, meist sind es jedoch konditionierte Verletzlichkeiten archaischer Art: verlassen werden, abgelehnt werden, ausgenutzt werden. Sie mögen ihren Ursprung in frühen Erfahrungen oder Befürchtungen haben, die nicht verarbeitet werden konnten. Mag sein, daß diese Verletzlichkeit und daraus resultierende Ängste von den Eltern übernommen wurden, die sie von deren Eltern haben. Ein Thema kann so über Generationen in einer Familie bleiben und unverarbeitet weitergegeben werden, es kann durch ähnliche Defizite stets wieder provoziert werden, bis sich einer findet, es zu überwinden.

Wie aber ist die Wiederherstellung der Kontaktfähigkeit beziehungsweise eine Verbesserung der Qualität des Kontaktes möglich? Die Utopie dazu ist rasch entworfen: Wir benötigen ein Multiplikationssystem mit Menschen, die Modell sein können im Annehmen des anderen, in seinen So-Sein, ohne daß sie Übermenschen sein müssen – Modelle im Annehmen ihres eigenen So-Seins wie in dem des anderen. Und sie müßten auch Modell sein können im Dosieren der Abwehr, ohne sich zu isolieren, und im Dosieren der Annäherung, ohne sich im Gegenüber zu verlieren. Gemeint sind nicht Menschen, die sich in ihren Systemen verrennen, indem sie diesen Systemen zuliebe die Menschen opfern, denen sie dienen sollten. Gesucht sind vielmehr Menschen, die im Kontakt mit ihrem realen Gegenüber leben, mit ihm sprechen und fühlen und nicht mit den Konzepten, die sie von ihm haben. Gesucht sind Menschen, die ihre Selbstkonzepte auch leben und sie nicht nur in der Therapiestunde wie mit einem Schalter ein- und ausschalten. »Sincerety of life« ist nicht übersetzbar als Ernsthaftigkeit, besser wohl, wenn auch im übertragenen Sinn, als entschlossene Hingabe an die entscheidenden Aufgaben des Lebens.

Vermutlich ist diese hohe Stufe der Präsenz im zwischenmenschlichen Kontakt nur aus einer Lebenshaltung möglich, die das Endliche und die Bedingtheit der Kreatur voll anzunehmen weiß. Dies wiederum gelingt vermutlich nicht, ohne sich der Frage nach dem Sinn zu stellen und sie in einer die individuelle Existenz transzendierenden Weise zu beantworten.

Kontakt und Schuldverdrängung

Kontaktschwächung kann viele Ursachen haben, häufig ist unbewältigte Schuld im Spiel. Sie bestimmt nicht nur unser Verhalten untereinander, sondern auch das unserer Vertreter: der Politiker gegenüber vermeintlichen Freunden und vermeintlichen Feinden. Studien der Körperhaltung bei Staatsbesuchen sind Beispiele hierfür. Unerledigte Schuld, Ablehnung der Verantwortung, nicht Annehmen des verursachten Leidens erfordern eine Abspaltung der Erfahrung, was zu einer Spaltung der Persönlichkeit führen kann. Eine Limitierung des Lebens, der Entwicklung sowohl im einzelnen wie in größeren Gemeinschaften, ist die Folge. Dieses limitierte Leben wird seine in der Abspaltung gebundenen Kräfte gegen andere und/oder gegen sich richten. Erst die Aufhebung der Spaltung im Sinne eines Annehmens des abgespaltenen Teiles ermöglicht Frieden.

Die Art der Vergangenheitsbewältigung hierzulande – und damit ist zwar auch, aber nicht nur die KZ-Vergangenheit gemeint – erfolgt auf keiner besonders reifen Stufe. Es ist keine Bewältigung, sondern eine Abwechslung von Konfluenz (mit dem Opfer und seinem Haß) und Isolation (»Ich habe damit ja nichts zu tun«). Was fehlt, ist die Unterstützung der eigenen, gewachsenen Stärke, die eine *Bewältigung im Kontakt* möglich macht und die Spaltung intrapsychisch und in der Folge gesellschaftlich aufhebt.

Gefragt ist eine Wiederherstellung des Kontaktes mit der Gegenwart. Die jedoch bezieht das Erinnern an Vergangenes mit ein! Beim Aggressor ebenso wie beim Opfer. Das ist harte Arbeit und bringt Schmerz. Und die Deutschen haben beide Seiten, die des Aggressors wie die des Opfers, in ihrer Vergangenheit kennengelernt. Vermutlich gilt das aber letztlich für alle Menschen. Wer nur seine Opferseite sehen will, verdrängt das andere und läuft Gefahr, diese Seite im realen Geschehen erneut zu provozieren. Hierin liegt die Verantwortung der Opfer.

Im Kontakt mit der deutschen Vergangenheit kann man alles lernen, was es über die Folgen der seelischen Abspaltung und des daraus resultierenden Sich-Erhöhens über andere, zu lernen gibt. Aber auch die Nachkommen der Opfer dieser Zeit können von dieser Geschichte lernen, denn auch das Festhalten am Opfersein ist ein Vergehen. Frieden schließen mit der Vergangenheit gelingt nicht durch Verdammen einzelner, sondern im Verdammen ihrer Taten. Gleichzeitig aber ist es unsere Aufgabe, die Rudimente des Menschseins auch im größten Massenmörder zu suchen. Seine Handlungen kann ich verdammen, seine Bestrafung fordern, aber sein Schicksal, seinen Werdegang, seine Determiniertheit und seine Verantwortung zu sehen ist meine menschliche Pflicht. Der persische Sufi-Dichter Hafis formuliert das so: »Wenn jeder alles von dem anderen wüßte, es würde jeder gern und leicht verzeihen, es gäbe keinen Stolz mehr, keinen Hochmut.«

Wenn die Welt ihren Friedenswunsch ernst nimmt, muß sie sich mit dem Verzeihen auseinandersetzen. Verzeihung ermöglicht Integration, beendet Spaltung. Wer am Friedenswunsch interessiert ist, muß an der schlimmsten ideologischen Spaltung, die es in der Welt derzeit gibt und die mitten durch Deutschland läuft, auflösend mitarbeiten. Es wird keinen Frieden geben, wenn nicht in Deutschland der Kontakt zwischen Ost und West flexibel wird. Das Schlagwort der Wiedervereinigung ist zu abgedroschen, zu mißbraucht. Man denkt dabei daran, den anderen zu »befreien« und ihn sich konfluent zu machen, das heißt, ihm die eigene Ideologie aufzuzwingen, letztlich wieder zu siegen. Aber ist eine Reintegration beider Staaten bei bestehender Autonomie möglich, deren schrittweiser Abbau dann eine Frage der zukünftigen demokratischen Entscheidung sein kann? Ist die deutsch-deutsche Grenze nicht ein Beispiel für pathologische Spaltung und Isolation, bei der von außen aufgesetzte Interessen eine viel größere Rolle spielen als die Interessen der unmittelbar Betroffenen?

Wenn die Weltmächte es mit dem Frieden wirklich ernst meinen, dann sollten sie an dieser Grenze arbeiten, daß aus der Isolation eine Kontaktgrenze wird!

Die Vorbereitung zu diesen utopisch klingenden Forderungen ist im kleinen Rahmen in der Vergangenheitsintegration zu suchen – intrapsychisch ebenso wie im Kontakt zwischen den Generationen, zwischen Opfer und Aggressor. Wenn man sich ansieht, wie rund um die Erde durch Spaltung Krisen geschürt werden, wird sofort klar, daß der wirkliche Feind des Friedens nicht auf einer Seite zu suchen ist. Die Spaltung der Welt macht die Welt manipulierbar, ihr gilt der geheime Konsens der Supermächte. Die Spaltung der Welt führt zur Spaltung der menschlichen Persönlichkeit, auch sind gespaltene Menschen leichter manipulierbar.

Und so komme ich abschließend noch kurz zu der Frage: Wo ist die Grenze der Manipulierbarkeit? Der einzelne ist manipulierbar, wenn seine seelichen Kräfte durch irrelevante intrapsychische Selbstsabotage vergeudet werden, wenn er auch innerlich versucht, mehreren Herren zu dienen. Eine Erscheinungsform dessen kann sein, daß der Sinn des Lebens im Befriedigen der Gier nach materiellem Besitz gesehen wird, abgespalten von den das Diesseits transzendierenden Erfahrungen und Werten.

Als einzelner ist der Mensch dann aber abgespalten von seiner Herkunft und seiner Zukunft, letztlich abgespalten von der Geborgenheit in seinem Schöpfer; er hat den Kontakt zur Einheit des Seins als Erfahrung verloren. Die Botschaft fast aller Religionen ist es, diese Einheit zumindest im Glauben wiederherzustellen. Ob es gelingt, daraus eine Erfahrung werden zu lassen, wird davon abhängen, ob sich Religion eher im mystischen Sinne als Mittel zum Zweck versteht und dadurch der Gefahr des Erstarrens im Dogma und Machtsystem entgeht. Hingabe an das So-Sein der Lebensrealität ist nicht Resignation, im Gegenteil, sie führt zu größtmöglicher Handlungsfreiheit. Das Annehmen des So-Seins der Lebensrealität als Erfahrung ist aber auch zugleich die größtmögliche Nähe zu Gott. Das aber scheint vielen Menschen heute ein fast unüberwindlicher Sprung.

Horst-Eberhard Richter
Persönlichkeit und politisches Bewußtsein

Von Carl Friedrich von Weizsäcker stammt die bekannte Formel: Friedlosigkeit ist eine psychische Krankheit. Aber ist die Kriegsgefahr tatsächlich in hohem oder überhaupt in nennenswertem Maße ein psychologisches Problem? Ist sie nicht ganz und gar abhängig von ganz anderen gesellschaftlichen Antriebskräften? Man denke an die mächtigen Interessen der Rüstungsindustrie. Dann an die schwer durchschaubare Eigendynamik der Waffenentwicklung: Was in aller Stille von einem Heer von Forschern und Ingenieuren an immer furchtbareren Waffen erdacht, konstruiert und erprobt wird, gerät mit unheimlicher Automatik irgendwann regelmäßig in die Hände der Streitkräfte und führt unter dem Namen Modernisierung zu einer neuen Steigerung des Bedrohungswettlaufs mit seinen unerträglichen Risiken. Wir nähern uns dem Punkt, so hörte ich den Moskauer Politikwissenschaftler Daniil Proektor sagen, an dem die Politiker die Kontrolle über diesen Prozeß zu verlieren drohen. Es wird gebaut, was irgend möglich ist. Und so käme eine Seite vielleicht eines Tages in den Besitz eines Systems, das einen Angriff mit tragbar erscheinendem Eigenrisiko möglich machen würde.

Die wirtschaftlich-technischen Antriebskräfte der Militarisierung erscheinen wie abgehoben von menschlichem Wollen und Fühlen. Der Satz Weizsäckers von der Friedlosigkeit als psychischer Krankheit wirkt deshalb irgendwie naiv, auf jeden Fall anachronistisch. So naiv wie das Wort Einsteins: »Nicht die Atombombe ist das Problem, sondern das Herz des Menschen.«

Ich möchte indessen in meinem Referat begründen, warum Weizsäckers und Einsteins Formulierungen dennoch zutreffen. Warum es auf den einzelnen Menschen und sein Herz wesentlich ankommt – und zwar trotz aller übermächtig erscheinenden Sachzwänge, trotz des scheinbar vorgegebenen Zwanges zur Wirtschaftsexpansion, die ohne Rüstungswachstum undenkbar erscheint. Trotz des scheinbaren Zwanges zur ewigen Waffenmodernisierung. Trotz des scheinbaren Zwanges zu immer horrenderen strategischen Konstellationen im mörderischen Schach des Bedrohungswettlaufs.

Lassen Sie mich mit dem Bild einer märchenhaften Vision beginnen. Da sitzen Menschen in einem absonderlichen Fahrzeug, das ein hochkompliziertes Wunderwerk der Technik darstellt. Das Fahrzeug rollt auf einem Kurs, der in immer gefährlicheres Gelände führt. Den Fahrgästen dämmert, daß die Richtung unheilverheißend ist. Es befallen sie Besorgnis und Unruhe. Aber da sie sich als passive Mitfahrer vollständig der Bedienungsmannschaft ausgeliefert fühlen, lassen sie es damit bewenden, ihre Befürchtungen artig mitzuteilen. Von angesprochenen Spezialisten der Crew, die sich jeweils in einzelnen technischen Teilsystemen des Fahrzeugs auskennen, erfahren sie, daß in diesen Teilbereichen alles tadellos wie vorgesehen funktioniere. Ob indessen alles so miteinander abgestimmt sei, daß das Fahrzeug in sinnvoller Richtung laufe, das sei nur von den Hauptverantwortlichen im Cockpit zu übersehen. Dort sitzen die Lenker, die den Gesamtbetrieb zu koordinieren und zu überwachen haben.

Diese Hauptverantwortlichen sind indessen überfordert. Sie verdanken ihre Karriere nicht der Fähigkeit zu souveräner Übersicht, sondern vor allem der Gabe, sich Macht zu verschaffen und sich den Anschein unfehlbaren Könnens zu geben, an das sie am Ende auch selbst glauben. Sie wissen im Grunde kaum mehr als die Fahrgäste, wie alles zusammenspielt, und sind froh, daß es auf dem einmal programmierten Kurs vorangeht. Ihrer gewohnten Machttechnik entspricht es, Zuversicht durch hartnäckige Unbeirrbarkeit zu verbreiten und alle fremden und eigenen Zweifel offensiv zu ersticken.

So unvollkommen diese Geschichte auch unsere Situation inmitten einer immer gefährlicher militarisierten Gesellschaft abbildet, so ist sie doch wohl in einer Hinsicht passend. Sie zeigt in der Rolle von Fahrgästen Menschen, deren Vorstellungen und Empfindungen gar nichts mehr bewirken zu können scheinen. Sie haben sich Bedingungen ausgeliefert, die ihnen irgendwann plausibel vorkamen, die nun indessen mit unerbittlicher Eigendynamik das Schicksal aller gefährden. Die Hoffnung der Menschen auf souveräne Weisheit der Experten und der Führungselite, an die sie die Verantwortung abgetreten haben, erweist sich als lebensgefährliche Illusion. Sie erleben sich zu strikter Folgsamkeit und blinder Zuversicht angehalten und fühlen zugleich dumpf, daß die ihnen auferlegte Passivität die Gefahr ihrer Situation stetig erhöht.

Gegen meinen Vergleich läßt sich einwenden, daß die Bevölkerungsmehrheit zur Zeit gar nicht in dem Maße besorgt und beunruhigt sei, wie es offenbar jene Fahrgäste sind. Als Psychotherapeut möchte ich indessen diesem Anschein widersprechen. Ich finde, daß eine erhebliche latente Unruhe weit verbreitet ist, allerdings in wechselndem Maße unterdrückt wird. Es ist ein verläßliches Indiz, daß in der sensibelsten gesellschaftlichen Gruppe, nämlich unter den Kindern, diffuse Kriegsängste in bedrückendem Maße zunehmen. Das zeigen sorgfältige Untersuchungen an Kindern und Jugendlichen in zahlreichen, auch in neutralen Ländern, darunter auch in den USA, in der Sowjetunion, in Finnland und Schweden. In meiner eigenen psychotherapeutischen Arbeit mit Menschen aller Jahrgänge stoße ich vielfach auf tief verwurzelte pessimistische und angstbesetzte Zukunftsphantasien, wie ich sie in den vergangenen Jahrzehnten in dieser Form nicht erlebt habe. Allerdings sind diese Phantasien nicht leicht zugänglich. Sie unterliegen oft einem wirksamen Abspaltungsmechanismus.

Diesen hat mir unlängst eine jüngere Frau etwa folgendermaßen erläutert: »Ich bin fest überzeugt, daß nach einer Weile alles kaputtgehen wird. Es geht gar nicht anders, als daß durch einen Atomkrieg oder die Umweltzerstörung das Ende kommen wird. Es läuft doch alles auf diesen Punkt zu. Aber ich will *jetzt* mein Leben ausfüllen. Das kann ich nur, wenn ich nicht ewig daran denke, was uns irgendwann bevorsteht. Ich will intensiv leben, solange ich kann, zusammen mit meiner Familie. Ich habe ein Kind und will noch eines haben. Denn Kinder gehören zu meiner Lebensvorstellung. Ich plane also ganz normal. Und die Kinder sollen ihre Freude haben, so wie ich mir möglichst viel Freude verschaffen will. Kommt dann ein Atomkrieg, bin ich weg, und meine Familie und die Kinder sind gleichzeitig mit weg.«

Das hat die Frau so fast beiläufig gesagt, ganz beherrscht und scheinbar nüchtern. Und dann ist sie wie selbstverständlich wieder zu ihren aktuellen Tagesthemen zurückgekehrt.

In einer ähnlichen Doppelgleisigkeit leben gegenwärtig viele, insbesondere auch Jugendliche. Im Hinterkopf – wie man heute zu sagen pflegt – bewahren sie abgekapselt ihre düsteren Visionen. Aber sie verstehen es, über weite Strecken unbeirrt von diesen unterdrückten Vorstellungen ihr Dasein normal zu planen und zu entfalten. Wirklich normal? Ist es normal, wenn etwa die zitierte Mutter das Leben ihrer Kinder nicht mehr weiterdenkt? Ist es normal, wenn Menschen sich heute damit beschwichtigen, daß sie im Ernstfall niemand hinterlassen würden, vor dem sie sich noch zu verantworten hätten?

Dieser heimliche Abspaltungsmechanismus täuscht, solange er funktioniert, eine echte Zuversicht vor, die dann auch bei den üblichen oberflächlichen Meinungsbefragungen scheinbar bestätigt wird. Gelegentlich wird diese Verdrängung durchbrochen. Das geschah etwa Ende der fünfziger Jahre zu Zeiten der ersten Ostermarsch-Bewegung. Das geschah dann unlängst in der Vorphase des Stationierungsbeschlusses. Kurzfristig führen auch aktuelle Umweltprobleme, wie etwa Informationen über das Waldsterben, zu Angstausbrüchen. Aber regelmäßig flaut die allgemeine Erregung nach einer Eskalationsphase wieder ab, ohne daß der objektive Anlaß weggefallen wäre. Die Dynamik dieser affektiven Abläufe enthält somit eine unverkennbare Irrationalität. Hier wirken mehrere Faktoren zusammen, die von Psychiatern und Sozialpsychologen verschiedentlich beschrieben worden sind.

1. Die Furcht, den Gedanken an eine übermächtige Bedrohung dauerhaft nicht aushalten zu können, bewirkt, die Angst vor der Gefahr selbst nach einer Weile wieder in den Hintergrund zu drängen. Die Furcht vor der Angst mobilisiert Verdrängung.
2. Eine Bedrohung, die längere Zeit anhält, ohne konkret realisiert zu werden, führt zu abstumpfender Gewöhnung. Das spielt bei der Verarbeitung beziehungsweise Nichtverarbeitung der Atomrüstung eine deutliche Rolle. Wer von vieljährigem Kettenrauchen noch nicht krank geworden ist, pflegt sich trotz objektiv ansteigender Gefahr einzureden, daß etwas, was so lange nicht passiert ist, auch in Zukunft nicht passieren werde.
3. Es funktioniert ein naiver Glaube daran, daß menschliche Vernunft etwas so Wahnsinniges wie einen Atomkrieg am Ende doch nicht zulassen würde, wie widersinnig der nukleare Wettlauf auch sei. Dabei wird der Gedanke daran, daß die sogenannte Abschreckungsstrategie indessen gerade auf der glaubwürdigen Bereitschaft zum Abschuß der Raketen im Ernstfall beruht, hartnäckig unterdrückt.
4. Kollektive Ängste sind verschiebbar. Und diese Verschiebungen unterliegen einer erheblichen Beeinflussung durch Propagandasteuerung. Der allgemeine Durchbruch von Atomkriegsangst vor dem Stationierungsbeschluß war zum nicht geringen Teil eine Panne der offiziellen Propagandastrategie.

Die Reagan-Administration in den USA sorgte – ebenso wie Helmut Schmidt hierzulande – für eine Propagandakampagne gegen die SS-20. Ohne systematisch geschürte Furcht vor den sowjetischen Raketen und den Sowjets generell erschienen der amerikanische Aufrüstungsschub und vor allem die Mittelstreckenraketen-Stationierung in Europa schwerlich durchsetzbar. Aber die Rechnung der Experten für psychologische Kriegführung ging nur unvollkommen auf. Die pausenlosen Schreckensmeldungen über die SS-20 sensibilisierten nämlich weite Bevölkerungsteile erstmalig für die Gefahren der Nuklearrüstung überhaupt. Die mobilisierte Furcht lief also nicht nur, wie erwünscht, in die Richtung des Entsetzens über die SS-20 und die Russen, sondern Millionen Menschen wurde zugleich schrecklich klar, daß die schon vorhandenen und erst recht die vorgesehenen neuen Nato-Potentiale sie im Sinne des Zielscheibeneffektes genauso bedrohten. Der jähe Aufschwung der Friedensbewegungen bei uns und in den USA war also ein unvorhergesehener Nebeneffekt der regierungsamtlich betriebenen Propaganda. Man wurde die Geister, die man gerufen hatte, nicht mehr los und beeilte sich dann verzweifelt, der Friedensbewegung vorzuwerfen, was man selber angezettelt hatte. Die Friedensbewegung, so ließ man flugs in scheinheiliger Entrüstung verbreiten, betreibe eine unverantwortliche Angstkampagne. Daß man selbst durch die SS-20-Dämonisierung die Lawine losgetreten hatte, unterschlug man verständlicherweise.

Durch das Mißgeschick klug geworden, zog man, als die Stationierung mit Mühe unter Dach und Fach gebracht worden war, unverzüglich die Konsequenz durch eine Kehrtwendung in der Propagandastrategie. Obwohl man nun redlicherweise hätte eingestehen müssen, daß die Stationierungspolitik durch die sowjetische Nach-Nachrüstung ihren angeblichen Zweck, nämlich die Russen zum Nachgeben zu zwingen, gründlich verfehlt hatte, war von den SS-20 plötzlich kaum noch die Rede. Erst recht nicht von den SS-12 und den SS-22, die als Folge des Stationierungsbeschlusses in den Thüringer Wald und nach Böhmen vorrückten. Durch die atomare Aufrüstung der DDR und der ČSSR und durch die minimalen Flugzeiten der dort installierten neuen Raketen, hat sich unsere Bedrohungslage faktisch schwerwiegend verschärft. Aber man hat oben eingesehen, daß man bei Fortführung des Propagandakrieges gegen die Sowjetraketen unweigerlich auch der Friedensbewegung neuen

Auftrieb geben würde. Man würde Gefahr laufen, statt der gewünschten gezielten Furcht vor dem Sowjetarsenal erneut jene realistische allgemeine Atomkriegsangst zu entflammen, der man schon 1982 und 1983 nur schwer Herr werden konnte. Also deshalb ist man lieber zu lautloser Fortsetzung der Militarisierung übergegangen und findet es passend, daß andere Projektionsfelder zur Angstableitung hochgespielt werden.

Angst ist verschiebbar. Für diesen Mechanismus der Angstverschiebung hat der Philosoph Max Scheler ein plausibel erscheinendes Vorstellungsmodell entwickelt. Dieses geht davon aus, daß unser Gefühlsleben geschichtet ist. Es gibt einerseits Stimmungen, die uns im innersten Kern unserer Existenz bewegen und andererseits oberflächlichere Gefühle, die unser Ich verhältnismäßig leichter steuern und bewältigen kann. So kann es uns Erleichterung bringen, wenn es uns gelingt, eine verzweifelte existentielle Angststimmung aus der Tiefe auf eine oberflächlichere Gefühlsebene zu heben und etwa in die Form einer gerichteten Furcht zu verwandeln. Bereits an anderer Stelle habe ich ein Beispiel aus meiner klinischen Praxis angeführt. Ein kleines Mädchen hat gehört, daß ihre Mutter an unheilbarem Krebs leidet. Eines Tages entwickelt dieses Mädchen die Furcht, auf seinem Schulweg liege ein toter Vogel. Und fortan will das Kind nicht mehr zur Schule gehen. Sie hat also die unerträgliche Angst, die Mutter zu verlieren, in die Furcht vor dem toten Vogel verwandelt. Das ist eine konkrete Besorgnis, deren Anlaß vermeidbar erscheint.

Für die Verschiebung der atomaren Katastrophenangst brauchen nicht erst fiktive Furchtobjekte erfunden zu werden. Es sind genügend Mißstände zur Hand, die zur Ableitung fundamentalen Entsetzens dienen können. In den Medien ist reichlich Erfahrung gehortet, wie durch Hochspielen unterschiedlicher Schreckbilder eine Affektableitung im Sinne des Verschiebungsmechanismus gebahnt werden kann. Man braucht nur die Titelgeschichten der Magazine durchzumustern, um genügend Proben zur Hand zu haben. Da bieten sich an zum Beispiel Tierversuche, Aids, Kindesverführungen, Terroristenattentate. Während ich dieses Referat ausarbeite, fällt mein Blick auf die Titelseite eines Magazins: »Was tun gegen die Angst?« lese ich. Und erst auf der Innenseite erfahre ich, daß es um die Angst von Frauen vor Vergewaltigungen geht. Natürlich sind das alles auch ganz schlimme Probleme, die herausgehoben zu werden verdienen. Aber die Art, wie viele solcher Themen geradezu konzertiert punktuell dramatisiert und meist ebenso jäh wieder zugunsten des nächsten Schockaufmachers fallengelassen werden, verrät, daß nicht diese oder jene Sache als solche motivierend durchschlägt, vielmehr die Tendenz, laufend genügend Stoff zur Affektabfuhr anzubieten. Man verstehe mich recht: Diese manipulierten Angstverschiebungen sind nicht pures Teufelswerk der Medien-Herren, sondern diese erfüllen damit nur Ablenkungs- und Abreaktionsbedürfnisse ihrer Konsumentenscharen. Nichtsdestoweniger ist es keine Frage, daß speziell unsere öffentlich rechtlichen Anstalten seit dem Regierungswechsel von ihrem thematischen Spielraum in schwer erträglicher Weise Gebrauch machen, um die allgemeine Verführbarkeit zur Angstverschiebung in politisch willkommenem Sinne auszunützen.

Aber nun sagen die leitenden Leute im Cockpit: Angst, Furcht, Verbitterung und ähnliche Gefühlsaufwallungen sind zwar beachtliche soziale Phänomene, aber sie sind in ihrer Bedeutung auf die Volksseele beschränkt. Man sollte schon aufpassen, daß diese nicht überbrodelt. Aber auf der hohen Ebene professioneller Politik haben emotionale Phänomene ohnehin nichts zu suchen. Und schnell haben sie Max Weber parat mit seiner Warnung vor der emotionalisierten Massendemokratie. Die Masse, so sagt er, »ist stets der rein emotionalen und irrationalen Beeinflussung ausgesetzt«. Verantwortliche Politik verlange indessen Ausschluß der Emotionalität und allein nüchtern sachliche Kopfarbeit. Und Politik des kühlen Kopfes sei erst gewährleistet, wenn nur eine kleine Zahl an den maßgeblichen Erwägungen beteiligt sei. Von der emotional labilen Masse müsse man wissen, daß diese nur bis übermorgen denke.

Webers Formeln sind bekanntlich zu gängigen Schlagwörtern einiger unserer führenden Politiker geworden. Begriffe wie nüchterne Sachlichkeit, Berechenbarkeit, Entemotionalisierung, Verantwortungsethik schweben wie unanfechtbare geheiligte Wegtafeln über uns. Ich hatte einmal zufällig Gelegenheit, mit einem auf Max Weber eingeschworenen hochrangigen Politiker in nähere Berührung zu kommen. Es war ein leider sehr einflußreicher Nachrüstungspolitiker, bei dem mir deutlich wurde, wie wenig er als Person seinem geläufigen Lob nüchterner Sachlichkeit entspricht. Ich traf diesen Mann an, besessen von massiven Größen- und Unfehlbarkeitsphantasien, mit denen er unter starker Spannung das Aufkommen aller Selbstzweifel von sich fernhielt. Seine Attitüde von unanfechtbarer objektiver Klarsicht war in Wirklichkeit nur Ausdruck einer mangelhaft durchschauten emotionalen Konfliktkonstellation. Und mir wurde deutlich, wie dieser emotionale Hintergrund sich in der starren Unbeirrbarkeit seines politischen Denkens und Handelns niederschlagen mußte. Aus verständlichen Gründen muß ich darauf verzichten, diese mir unerwartet zuteil gewordene Erfahrung genauer zu belegen.

Nun könnte einer sagen, daß die Ausnahme nur die Regel bestätige und daß die Struktur dieses Politikers doch nicht die grundsätzliche These widerlege. Deshalb scheint es geboten, dem Problem noch näher nachzugehen.

Seit Nietzsche und Freud kann man kaum mehr daran zweifeln, daß bei allen komplexeren Handlungsvorgängen emotionale Impulse beteiligt sind. Ihre Auswirkung hängt von ihrer Richtung ab und davon, wie das Ich mit ihnen umgeht. Daß Emotionalität schlechthin nur Verwirrung stifte und den Blick trübe, ist als Vorurteil an einem greifbaren politischen Beispiel zu widerlegen.

Betrachten wir die neue soziale Basisbewegung mit den Hauptthemen Frieden und Umweltschutz. Aus deren eigenen Reihen stammt das geläufige Bekenntnis, daß diese Bewegung vornehmlich aus dem Bauche komme, das heißt also wesentlich mit Gefühlen zu tun habe. Nun läßt sich aber nicht verkennen, daß diese Bewegung schon sehr früh kritische Informationen von Sozial-, Ökologie- und Friedensforschern sorgfältig verarbeitet hat. Sie hat sich beispielsweise die vom Club of Rome und von ›GLOBAL 2000‹ dargestellten ökologischen Probleme schon zu Herzen genommen, als noch keiner unserer großen Parteien auch nur der Begriff »Umweltpolitik« eingefallen war. Und zum Thema Friedenspolitik sind die Gruppen der Friedensbewegung im Durchschnitt sicherlich um vieles gründlicher belesen als die übrige Bevölkerung und gewiß auch als manche Politiker. Zwischen emotionaler Sensibilität und intellektueller Sachübersicht findet sich hier also nicht nur kein Widerspruch, sondern eine konstruktive Wechselbeziehung.

Das Beispiel regt dazu an, noch ein paar grundsätzliche differenzierende Bemerkungen zum Begriff Emotionalität zu machen. Auf die Frage, was uns Menschen letztlich davon abhalten könne, uns mit modernen kriegerischen Mitteln gegenseitig auszurotten, hat Freud an zwei Stellen auf die Kraft des Eros verwiesen, nämlich auf die Triebkraft, die positive Gefühlsbindungen zwischen den Menschen schaffe – als Gegenmacht gegen die Energie der Destruktivität. In der Tat lebt in uns so etwas wie ein primäres Gefühl der Verbundenheit über nationale und Rassengrenzen hinweg, ein spontanes Gefühl der Zusammengehörigkeit mit allem Kreatürlichen wie ein solches der Verpflichtung für die Erhaltung künftigen Lebens. Gerade aus diesem emotionalen Fundus vermögen wir, wenn wir in uns hineinhorchen, entscheidende Maßstäbe für den Umgang mit gesellschaftlichen Grundproblemen zu entnehmen. Philosophen wie Pascal und Schopenhauer haben deshalb darauf hingewiesen, daß unsere Emotionalität uns auch ein unmittelbares Wertbewußtsein liefere. Wir haben ein primäres *Gefühl* für Menschlichkeit und Unmenschlichkeit, für das, was Leben fördert, und für das, was Leben bedroht. Mitgefühl, Mitleid, Gerechtigkeitssinn sind emotionale Stützen unseres Zusammenlebens. Es ist ein eingeborener Anteil unseres Gewissens, der in uns revoltiert gegen nuklearen Allmachtswahn, gegen kolonialen Imperialismus, gegen Umweltzerstörung. Unter dem Einfluß der formalistischen Ethik Kants, der alle Gefühle als ehtisch irrelevant erklärte, ist die emotional begründete Ethik Pascals und Schopenhauers zu Unrecht nachhaltig in den Hintergrund gedrängt worden. Max Scheler hat in seinem Hauptwerk ›Der Formalismus in der Ethik und die materiale Wertethik‹ die Auffassungen Pascals und Schopenhauers wieder lebendig zu machen versucht, die ich auch in meinem Buch ›Der Gotteskomplex‹ aufgegriffen habe. Mir scheint, es ist ein aktuelles Gebot, die gängige rationalistische Entwertung der Emotionalität zu revidieren.

Unbewußt findet diese Revision ja zumindest ansatzweise in unserem Sprachgebrauch bereits statt. Ich denke etwa an die Aufwertung des Begriffes »Sensibilität«. Wir sagen, daß jemand sich für politische Probleme sensibilisiere. So wird die wesentliche Mitwirkung des gefühlsmäßigen Empfindens bei kognitiven Vorgängen bekundet. Pascal hat den Begriff von der logique du coeur, von der Logik des Herzens, geprägt und darauf bestanden, daß wir im Fühlen entscheidende Hilfe für den Sinn unseres Tuns erfahren könnten und müßten. Ich meine, es steckt viel Weisheit in dem Satz Einsteins: Nicht die Atombombe ist das Problem, sondern das Herz des Menschen.

Die Wiederauferstehung des Gefühls kann allerdings auch, wie wir in manchen modernen Strömungen erfahren, zu einem radikalen Antiintellektualismus führen und in magisch-mystisches Sektierertum münden. So entstehen die diversen Kulte einer gefühlshaften Innerlichkeit als Reaktion auf eine gefühlsunterdrückende, technokratisierte Gesellschaft, die Menschen in die Rolle von anonymisierten, verplanten Maschinenteilchen drängt. Hier gehen uns wichtige Teile der jungen Generation verloren, die ihre Gefühlsbedürfnisse nur in einer bewußt apolitischen Isolation retten zu können glauben. Um so mehr verdient die neue soziale Bewegung Beachtung und Hoffnung, die aus ihrer Frustration heraus zu konstruktiver politischer Einmischung findet.

Noch eine kleine Bemerkung möchte ich zu dem geläufigen eingängigen Vorwurf machen, die Forderungen dieser neuen Bewegung entwerteten sich selbst dadurch, daß sie allenfalls gesinnungsethisch, nicht aber verantwortungsethisch begründet seien – wieder ein Rückgriff auf Max Weber. Als Unterscheidungskriterium hatte Weber angeführt, daß Gesinnungsethik in Prinzipienstarrheit von den realen Konsequenzen der politischen Handlungsschritte absehe. Aber bedenkt nicht gerade die neue soziale Bewegung am kritischsten die Konsequenzen politischer und wirtschaftlicher Strategien für die Erhaltung beziehungsweise Zerstörung unserer Lebensbedingungen? Verstellt sich nicht im Gegensatz dazu die traditionelle Parteipolitik durch machttaktische Tageskämpfe und Sachzwanghörigkeit laufend den Blick für die langfristigen Konsequenzen? Wer also verdient heute in Wahrheit den Vorwurf nach Weber, nur bis übermorgen zu denken? Diejenigen, die am Bändel ihrer mächtigen Wählergruppen diesen opportunistisch für die morgigen Wahlen Vorteile versprechen müssen, oder jene anderen, die um des Lebensschutzes für zukünftige Generationen willen durchgreifendere Schritte der Umwelt- und Abrüstungspolitik verlangen?

Wie verhält es sich aber dann mit Max Webers anderem Leitsatz, daß die für emotionale Faktoren empfängliche Masse, wir würden heute sagen: die gesellschaftliche Basis, von den Erwägungen über wichtige politische Entscheidungen eher ferngehalten werden müsse?

Als Passagiere in jenem erdachten Fahrzeug erkennen wir heute gerade die besondere Gefährdung unserer Lage dadurch, daß die führende Experten- und Machtelite sich weitgehend von der sensiblen Hellsichtigkeit der beunruhigten Gruppen an der gesellschaftlichen Basis isoliert hat. Machtwünsche und machttaktischer Kalkül schaffen gerade dort oben eine verhängnisvolle Einengung des Blickfeldes, und der Druck der technokratischen Sachzwänge tut ein übriges, um uns die Isolation der Leute im Cockpit als katastrophalen Fehler durchschauen zu lassen.

Not tut Umkehr zu einer Politik mit neuen Grundideen. Bescheidenheit anstelle von Größenwahn. Überwindung des nationalistischen und des Blockdenkens. Einsicht, daß wir in West, Ost und Süd aufeinander angewiesen sind, anstatt mit kolonialer Ausbeutung und militärischen Vernichtungsdrohungen fortzufahren. Dieser radikale Kurswechsel überfordert aber offenbar eine von der Basis abgehobene Führungselite, die eben in die bisherigen Strategien und die daraus folgenden automatischen Abläufe so weit verwickelt ist, daß sie kaum darüber hinaus denken kann.

Also ist geboten, daß wir als Fahrgäste, als passiv entmündigte Konsumenten der Politik, unsere Position revidieren und uns engagieren. In einer EMNID-Umfrage von 1982 hieß es, daß 86 Prozent der bis fünfundzwanzigjährigen und 78 Prozent der bis neunundvierzigjährigen Bürger unseres Landes glauben, daß die Politiker nicht mehr wüßten, was die Leute denken. Zweifel an den etablierten Parteien zeigen sich darin, daß 69 Prozent der bis Fünfundzwanzigjährigen und 60 Prozent der bis Neunundvierzigjährigen die Parteien ausdrücklich für unfähig zur Problemlösung halten. Solche Zahlen besagen, daß sich die Mehrheit unserer Bürger im Widerspruch zum Sinn repräsentativer Demokratie eben nicht mehr in ihren Bedürfnissen hinreichend von denen repräsentiert fühlt, welche die Macht in den Händen halten. Umfragen zur Raketenstationierung und zu Umweltproblemen bezeugen gerade hinsichtlich dieser vitalen Probleme eine massive Kluft zwischen den Wünschen der Mehrheit und den Regierenden.

Obwohl nun diese Ergebnisse hinlänglich bekannt sind, scheint es die etablierten Parteien kaum zu erschrecken, wie weit sie sich von der Basis entfremden. Sie tun vielmehr alles, um die pointierte Behauptung des Soziologen Luhmann zu bestätigen, daß Politik sich nur noch in einem abgeschotteten Kreislauf abspiele, der primär auf seine Selbsterhaltung ausgerichtet sei. Nirgends ist eine Mühe der Politiker und Parteien erkennbar, mehr zuzuhören oder gar ernstzunehmen, was an der Basis der Bevölkerung gefühlt und gedacht wird. Umgekehrt betreiben sie eine gezielte Entmündigungsstrategie dadurch, daß sie pausenlos die Unfehlbarkeit ihrer eigenen Konzepte den Leuten einhämmern. Noch nie habe ich einen bei einer Wahl geschlagenen Parteiführer in den letzten Jahren sagen hören: Wir haben offenbar nicht richtig zugehört, was die Menschen denken und wollen, sondern jedesmal hieß es: Wir haben unsere richtige Politik den Menschen nur nicht genügend intensiv vermittelt, verständlich gemacht oder – noch zynischer – verkauft.

Diese bornierte Selbstgerechtigkeit ist also nur zu durchbrechen, indem wir Bürger nicht in passiver Verdrossenheit verharren oder gar in esoterische Sekten abwandern, sondern uns aktiv das Gehör verschaffen, das man uns von oben weitgehend verweigert. Die neue soziale Bewegung und der damit zusammenhängende und zum Teil identische Aufschwung der Grünen sind bereits vielversprechende Ansätze.

Aber schon gibt es wieder viele, die in der Friedensbewegung Organisationen erblicken, die man gewissermaßen als sympathisierender Zuschauer mit Durchsetzung eigener Wünsche betrauen kann, ohne sich selbst dafür einzusetzen. Das heißt, es wird die alte politische Selbstentmündigung in neuer Variante wiederholt. Und es wird nicht die grundsätzliche Einsicht vollzogen, daß ein echter rettender Kurswandel die Aktivierung jedes einzelnen erfordert. Die Bewegung für Frieden und Umweltschutz wird wieder erlahmen oder sich in internen oder externen Auseinandersetzungen aufreiben oder erstarren, wenn ihre wohlwollenden Beobachter sich wieder in den traditionellen stillen Teilhaberstatus zurückziehen oder in diesem von vornherein verbleiben.

Wenn ich mir diese sozialpsychologische Erkenntnis vor Augen halte, sehe ich andererseits als Psychotherapeut die große Schwierigkeit bei vielen Menschen, sich von einer von Kindheit auf anerzogenen Gehorsamkeitsbereitschaft zu befreien. Ich habe diesem Problem im Jahre 1976 mein Buch ›Flüchten oder Standhalten‹ gewidmet und komme immer wieder darauf zurück, in dem traditionellen Wechselverhältnis von Autoritätsdruck und Autoritätsergebenheit in unserer Gesellschaft ein Haupthindernis für die aktuell gebotene Intensivierung von politischem Engagement festzustellen. Es nützt nichts, wenn immer größere Bevölkerungsteile für die Probleme Frieden und Umwelt sensibel werden, sofern sich ihre Einsichten nur in Meinungsumfragen oder in abgeschirmten privaten Gesprächen niederschlagen. Jeder sollte selbst etwas tun. Aber wie können die vielen, die bisher an dieser Angstschwelle scheiterten, lernen, sich aufzuraffen?

Hier kommt es für uns darauf an, uns gegenseitig zu ermutigen. Persönlich erlebte Beispiele pflegen als stärkende Vorbilder mehr zu bewirken als abstrakte Rezepte. Wer darauf achtet, findet gewiß Zeugnisse dafür, wie andere es fertigbringen, ihre aufgebrochenen realistischen Ängste statt durch Verdrängung oder Verschiebung dadurch zu bewältigen, daß sie sich couragiert aktivieren. Ich fühle mich an diesem Punkt als Vortragender deshalb unwohl, weil ich persönlich in einer relativ herausgehobenen, sozial sicheren Position über etwas rede, wofür ich Ihnen und vielen anderen schwerlich als überzeugendes Beispiel dienen kann. Denn die meisten unter uns gefährden ziemlich bald nicht nur ihr Ansehen, sondern ihre unmittelbare materielle Sicherheit, zumindest ihre Aufstiegschancen, wenn sie etwa für die Friedensbewegung unbotmäßig aktiv werden durch Proteste oder Verweigerungen. Sie erfahren im engsten Umkreis Einschüchterungen, die sie vielfach nicht nur in ihrem praktischen Engagement, sondern bereits in ihrem Denken lähmen.

Ich selbst begegne heute häufig Studenten oder Teilnehmern von Weiterbildung, die fürchten, sich durch kritische politische Aktivität die Gunst ihrer konservativen Lehrer zu verscherzen. Aus Furcht unterlassen sie, was sie eigentlich tun zu müssen glauben. Und die Gefahr ist, daß aus der äußeren Rücksichtnahme bald eine innere Korrumpierung wird. Übrig bleibt vielleicht ein unverbindliches privates Geschimpfe auf die autoritären Verhältnisse im Studien- oder Arbeitsbereich. Aber dies wird mehr zu einem sterilen Abreagieren von Unmutsgefühlen, das mit einem stetigen Nachlassen der persönlichen Widerstandskraft einhergeht. Und wozu man sich selbst nicht mehr glaubwürdig imstande fühlt, das kann man eines Tages auch nicht mehr von der Politik fordern.

Die eigene schleichende Anpassung fördert automatisch die Sympathie für eine konservative Politik. Je mehr man persönlich vereinnahmt wird, um so williger akzeptiert man schließlich die Verhältnisse und die Mechanismen, von denen man sich hat beugen lassen. Denn es ist ein tiefes Bedürfnis, dem Selbstvorwurf der Korrumpierung und der Kapitulation dadurch zu entgehen, daß man die Umstände idealisiert, denen man sich unterworfen hat. Dann verwandelt sich in freiwilligen, souveränen Entschluß, was in Wirklichkeit ein aufgenötigtes Zu-Kreuze-Kriechen war. Man steht vor sich selbst wieder als respektable Person da, die sich kein Mißverständnis zwischen Denken und Tun vorzuwerfen hat. Das zermürbende Mitfunktionieren gerät durch rationalisierende Umdeutung zu einem wohlbegründeten Einsatz für das Gute und Richtige. Im Rückblick verkehren sich frühere Protestgedanken zu unreifen Phantastereien.

Dieser knapp skizzierte Ablauf ist es, der vieles von den altersttypischen Unterschieden in der Haltung zu der neuen sozialen Bewegung plausibel macht. Der wachsende soziale Druck im Kampf um Arbeitsplätze und in der Hierarchie der Arbeitswelt bewirkt zugleich mit dem Einstieg in familiäre Verantwortung eine entscheidende Verringerung des Spielraums für kritisches politisches Engagement, der freilich auch bereits zuvor in den Bildungsinstitutionen nicht gerade großzügig war. Dieser zunehmende unerbittliche Anpassungsdruck bewirkt, was bei oberflächlicher Betrachtung als rein biologisches Phänomen deutbar erscheint. Es ist weniger die Last der Jahre, die das Rückgrat verbiegt, sondern eben vorwiegend das Gewicht der steigenden Anpassungszwänge in den mittleren Lebensabschnitten. Dabei addiert sich zu den strukturellen Zwängen natürlich heute die wiederaufgelebte konservative Ideologie der Heroisierung von Leistung, Ordnung, Einsatzwillen, Opfersinn, Gehorsam.

Aber alles Schlimme, was von *außen* kommt, wird dadurch noch gefährlicher, wenn man sich nicht Zeit dafür nimmt, sich eingehend darauf zu besinnen, wer man eigentlich *selber* ist und wo man steht. Es ist eine Gefahr, zu sehr darauf zu starren, was mit einem gemacht wird, und zu wenig danach zu fragen, wie man sich als Person definiert, woran man glaubt und welchen Sinn man in seinem Leben erfüllen will. Einen eigenständigen politischen Willen kann nur artikulieren, wer zunächst einmal eine persönliche Identität gewonnen hat. Oft wird heute zu eilig gefragt, wo was zu tun sei, noch bevor man sich vergewissert hat, mit welcher Substanz an gewachsener Überzeugung und innerer Sicherheit man zum Handeln aufbricht. Und dann verpufft so manches hektische enthusiastische Engagement und entlarvt sich im nachhinein eher als hysterisch aufgesetztes Strohfeuer.

Dies ist wohl eine der wichtigsten Lehren für mich aus meiner psychotherapeutischen Begleitung vieler Menschen: Gerade in dieser Zeit, in der der einzelne unwichtig und überall nur als funktionales Glied gefragt zu sein scheint, ist alle Anstrengung wichtig, eine *persönliche Identität* zu erwerben. Ich möchte es fast melodramatisch pointieren: Wir sind verloren, wenn wir zu anonymisierten, nivellierten Objekten in einer Maschine Gesellschaft werden, in der undurchschaute Mächte uns verdaten, verrechnen und nach Belieben programmieren. Gegen diese Entpersönlichung sich zu wehren, also sich als Subjekt zu entwickeln und zu behaupten, ist die Voraussetzung für irgendein erfolgreiches Engagement. Diejenigen Gruppen der neuen sozialen Bewegung arbeiten meines Erachtens am fruchtbarsten, die dem Argument widerstehen können, es sei keine Zeit mehr, sich noch ausgiebig um sich selbst und persönlich umeinander zu kümmern, weil die Welt morgen unterzugehen drohe, wenn man sich nicht ganz auf sofortige Aktionen konzentriere. Es ist dies ein falsches Entweder-Oder.

Vielmehr besteht eine konstruktive Wechselbeziehung zwischen Selbstbesinnung und Selbstgewinnung einerseits und Teilnahme an konstruktivem politischem Handeln andererseits. Wenn man zum Beispiel in Friedensgruppen zu wenig Spielraum läßt, sich füreinander persönlich zu interessieren und einander zuzuhören, erliegt man leicht genau den entfremdenden Mechanismen traditioneller Organisationen. Der einzelne muß sich als Person mit seinen Schwächen und meinetwegen auch Verrücktheiten ausdrücken dürfen, aber auch lernen, seine Schwestern und Brüder in der Gruppe als persönliche Wesen wahrzunehmen und zur Geltung kommen zu lassen. Eine wirklich lebendige Gruppe ermutigt alle, sich darin freiweg zu äußern, und überläßt es fortschreitenden Lernprozessen, wie man trotz oder gerade wegen dieser Offenheit befriedigende Entscheidungen ermöglichen kann. Daß auf dem Wege dahin mancherlei Frust und Chaos zu überwinden ist, darf nicht schrecken.

Wenn man großartig von persönlicher Identität als Bedingung für widerstandskräftiges Engagement redet, so klingt das leicht unverbindlich floskelhaft. Woher nehmen, wenn nicht stehlen, woher soll denn das wachsen, wonach in der Gesellschaft immer weniger gefragt wird? Da sieht man sich genötigt, überall hinterherzulaufen, um sich als passend, gefällig und nützlich zu behaupten. Wie kann man sich da noch zu einem eigenständigen Standort durcharbeiten?

Dazu kann ein anderer keine befriedigende Antwort geben. Die muß man sich selbst erarbeiten. Als Psychoanalytiker sehe ich bei Menschen, die ich begleite, ein fruchtbares Bemühen in der Auseinandersetzung mit der eigenen Geschichte. Das sind Menschen, die sich selbst darin suchen, wie sie sich in ihrer

Umwelt entwickelt haben. Da stoßen sie auf viele unverarbeitete Erinnerungen und merken, daß sie noch da und dort ein hungriges, trotziges, trauriges Kind sind, das die Erwachsenenwelt eben wegen dieser unbewältigten infantilen Positionen mangelhaft interpretiert. Alle verhaltensbiologischen, experimentalpsychologischen und statistischen Einwände gegen die Psychoanalyse entwerten nicht deren Grunderkenntnis, daß sie das, was man heute Aufarbeitung der Vergangenheit nennt, als entscheidenden Weg zur Identitätsfindung sichtbar gemacht hat.

Lange Zeit galt allerdings auch in der Psychoanalyse, daß nur der Teil der Vergangenheit aufzuarbeiten sei, der sich im Binnenraum der Familie, der Kind-Eltern-Beziehung abgespielt hat, also der sogenannte private Familienroman. Da gibt es jetzt eine Veränderung: Wie hat die Gesellschaft, wie haben zum Beispiel Hitler, Judenverfolgung, Krieg, politische Anpassung, Außenseitertum oder Widerstand in die Familien hineingewirkt? Was davon ist zwischen den Generationen besprochen oder verschwiegen worden? Was an positiver Identifikation, an narzißtischen Triumphen, an Haß, Revancheimpulsen, an Scham, Schuld und Trauer ist verdrängte oder bewußt verschwiegene Erblast in den Familien aus den damaligen politischen Verstrickungen? Hier ist noch vieles an unerledigten Erinnerungen zu integrieren, was zur Findung von Identität unerläßlich ist, die politisches Bewußtsein einschließt.

Wenn ich es recht sehe, finden zur Zeit wieder Bilder aus der Nazi-Zeit verstärkt Eingang in das allgemeine Bewußtsein. Es ist wie eine nicht endgültig überwundene Krankheit, die wieder wie in einem Fieberschub aufbricht. Und der vierzigste Jahrestag des Kriegsendes bot neuen Anlaß zu erinnern, das heißt, noch einmal auszutragen, was damals künstlich durch äußeren Eingriff erstickt worden ist. Es gehört zu diesem Krankheitsschub, daß er beides zutage fördert: Auf der einen Seite furchtbare Scham- und Schuldgefühle in erneuter bewußter Konfrontation mit den Unmenschlichkeiten des Rassenwahns, der Judenverfolgung, der Euthanasiegreuel. Die KZ-Dokumentationen im deutschen Fernsehen haben hier eine wichtige Stimulation geliefert. Aber es melden sich auf der anderen Seite teils versteckt, teils offen auch wieder Tendenzen, die ihren Ursprung aus dem Nazi-Geist verraten. Da und dort finden sich Jüngere zusammen und graben wieder aus, woran ihre Väter und Großväter – heute meist uneingestanden – gehangen haben.

Träume von einer »großen Zeit«, durch den Zusammenbruch einst schlagartig unterdrückt und nie mehr besprochen, erweisen sich gerade wegen dieser Unterdrückung noch als virulent und sind insgeheim den Nachfolgegenerationen vermittelt worden. Das drückt sich nur selten in plumpen neonazistischen Aktivitäten mit Verwendung alter Texte und Symbole aus. Gefährlicher ist das Aufleben alter Vorstellungen in modifizierten Varianten, deren Herkunft ihren Vertretern oft selbst kaum bewußt sind. Da keimen diverse Revanchismusideen, großdeutsche Visionen, traditioneller Gesinnungsmilitarismus mit seinen verblasenen heroischen Tugendbegriffen, versteckter Antisemitismus und nicht zuletzt Antikommunismus als genaue Nachbildung der alten Nazi-Kampagne.

Unausbleiblich ist, daß beide Teile des verdrängten Gesamtkomplexes wieder zum Vorschein kommen, wenn jene vergessenen Jahre wieder lebendig werden. Es bleibt uns nicht erspart, noch einmal unverhüllt anschauen zu müssen, was in unseren Familien seit Jahrzehnten im Verborgenen weitergeschwelt hat. Überwunden werden kann Vergangenheit erst, wenn noch einmal schmerzlich angeschaut und empfunden wird, was über Jahrzehnte im dunkeln vergraben war. Das ist eine Arbeit, die noch in vielen Familien zu leisten ist.

Aber auch jede Berufsgruppe hat hier noch Wichtiges zu tun. Wir Psychotherapeuten und Psychiater haben noch reichlich unbearbeitetes Material aus der Geschichte der Ermordung von 100000 psychisch Kranken zu verarbeiten. Erst in Ansätzen ist untersucht worden, warum führende Vertreter der Psychiatrie und Neurologie der Euthanasieaktion nicht nur nicht widerstanden, sondern sie willig theoretisch unterstützt oder gar praktisch mit vollzogen haben. Noch immer ist in manchen Fachkreisen als Nestbeschmutzung verpönt, die Pervertierung einer Psychiatrie voll aufzudecken, die einen regelrechten Vernichtungskrieg gegen die eigenen Kranken geführt hat. Innerhalb der Psychoanalyse ist inzwischen, wie Leser der Zeitschrift ›Psyche‹ bemerkt haben mögen, die Auseinandersetzung über das Verhalten der deutschen Psychoanalytiker unter Hitler in vollem Gange.

Andere Fach- und Berufsgruppen stehen vor ähnlichen Problemen oder sind damit bereits beschäftigt: Humangenetiker und Anthropologen, Anatomen, Theologen, Juristen, Pädagogen, last not least die Militärs.

Zur Findung der persönlichen Identität gehört also auch wesentlich die Klärung der politischen Familiengeschichte ebenso wie die der politischen Geschichte der Berufsgruppe, in die einer hineinwächst. Beides erfordert unweigerlich das Nachsinnen über die Ideen und Handlungen einer noch nicht zu Ende verarbeiteten Zeit.

Daß hier ein gemeinsames Versäumnis unserer Gesellschaft vorliegt, wird uns bezeugt oder bezeugen wir selbst dadurch, daß wir Bundesdeutsche unter Opferung gravierender kollektiver Eigeninteressen eine Politik der automatischen Überanpassung an den militanten Kurs Amerikas vollziehen beziehungsweise vollziehen lassen. Es ist stets eines der sichersten Zeichen von Identitätsschwäche, durch Flucht in totale Abhängigkeit, die als hehre Loyalität oder Treue umgemünzt wird, das Vertreten eigener Überzeugung und eigenen Willens zu vermeiden. Die mehrheitlich glatte Übernahme des amerikanischen Militarismus Reagan-Weinbergerscher Prägung spiegelt in kollektivem Maßstab das millionenfache Versäumnis in unseren Familien wider, eine eigenständige Lehre aus der letzten großen Katastrophe unserer Geschichte zu ziehen. Als Mitglieder eines Volkes, das einen Krieg mit über 60 Millionen Opfern verschuldet und auch selbst erlitten hat und das mit den unfaßbar grauenhaften Konsequenzen einer antisemitischen und antikommunistischen Kreuzzugsideologie konfrontiert ist, sollte doch jeder von uns in einem gemeinsamen Lernprozeß dazu gelangen können, sich gegen die Fortsetzung eines abenteuerlichen Militarisierungsprozesses zu wehren, in den wir mehr und mehr eingespannt werden.

Mit Vorstellungen darüber, warum und wie ein solcher Lernprozeß sinnvoll erscheint und ablaufen sollte, können wir Psychotherapeuten vielleicht da und dort eine bescheidene, klärende Hilfe leisten. Aber vorausgehen muß, daß wir wie die Vertreter der anderen Wissenschaften, die in dieser Ringvorlesung zu Worte kommen, zuerst in der eigenen Gruppe und jeder für sich persönlich auch in handelndem Engagement bezeugen, wofür wir eintreten. Und darin sind wir mit Euch alle gleich, nämlich als bislang zu passive Fahrgäste, die persönlich mehr praktisch tun müssen, um die Fahrt in Richtung Abgrund zu stoppen.

Thea Bauriedl
Kann der einzelne die Gesellschaft verändern?

Kann ein Mensch einen anderen Menschen oder eine Gruppe von Menschen verändern, und wenn ja, wie? Das ist eine der Grundfragen der Psychotherapie. Sie wurde in den verschiedenen Psychotherapieformen sehr unterschiedlich beantwortet, was die Methode der Veränderung betrifft. Was die Frage selbst betrifft, so stellt sie sich gegenwärtig vielen von uns, nicht nur im Rahmen der Psychotherapie. Die Krise, in der wir uns befinden, mit allen ihren sozialen, politischen, ökonomischen, ökologischen und kulturellen Aspekten, drängt jedem reflektierenden Menschen die Frage auf: Kann ich einzelner überhaupt an dieser bedrohlichen Situation etwas ändern? Bin ich nicht ohnmächtig gegenüber den starken Kräften und starren Strukturen des Kollektivs? Ist es nicht Größenwahn zu glauben, als einzelner etwas ausrichten zu können?

Die Antwort: »Ich kann nichts ändern, und weil ich so ohnmächtig bin, bin ich einzelner auch unschuldig« folgt dem Prinzip »Alles oder Nichts«: Wenn ich nicht alles verändern kann, brauche ich gar nichts zu versuchen. Gleichgültigkeit und Passivität sehen aus wie Bescheidenheit, wenn sie als Alternative zum Größenwahn dargestellt werden. Die Frage wird auch oft moralisch beantwortet: »Jeder ist verpflichtet, sein Scherflein dazu beizutragen, daß sich die Gesellschaft verändert.« Ich werde im folgenden ausführen, warum nach meiner Ansicht auch das Prinzip Moral alleine wenig dazu beitragen kann, die ungeheuere Anstrengung zu tragen, die wir gegenwärtig unternehmen müssen, damit die Menschheit eine Überlebenschance hat.

Ich habe mich als Psychoanalytikerin in den letzten 15 Jahren intensiv mit der Erforschung der Bedingungen von Veränderungen zwischenmenschlicher Beziehungen in Familien, Gruppen und Großgruppen beschäftigt. Ich glaube, auf diesem Weg Ansätze zu einer neuen Psychotherapie gefunden zu haben, die vergleichbar sind mit den verschiedentlich veröffentlichten Ansätzen einer neuen Physik, Chemie oder Medizin. Vor dem Hintergrund dieser Erkenntnisse möchte ich hier meine Überlegungen zur Veränderungsmöglichkeit zwischenmenschlicher Beziehungen durch jeden einzelnen, der daran beteiligt ist, darstellen. Wenn ich im Titel von »Gesellschaft« spreche, meine ich damit die Gesamtheit der zwischenmenschlichen Beziehungen, wie sie sich in charakteristischen Strukturen von kleinen und großen und sehr großen Gruppen (Völkern) zeigen. Ich hoffe, durch meine Vorstellungen zu einer interdisziplinären Diskussion beizutragen, die das Erkennen ähnlicher Prinzipien der Veränderung in der wissenschaftlichen Forschung auf vielen verschiedenen Gebieten möglich macht.

Für die Veränderung zwischenmenschlicher Beziehungen in der Psychotherapie wurde mir im Lauf der Zeit die Unterscheidung zwischen zielorientiertem und prozeßorientiertem Denken immer wichtiger. *Zielorientiertes Denken* bedeutet im Rahmen der Psychotherapie zum Beispiel die Überlegung, wie eine bestimmte Symptomatik möglichst rasch und effektiv beseitigt werden kann. Auf den Erfolg kommt es an, nicht so sehr auf den Weg dorthin. Erfolg wird in diesem Rahmen nicht als grundsätzliche Veränderung verstanden, die immer auch den Therapeuten miterfaßt, sondern oft als oberflächliche Korrektur eines anormalen, abweichenden Verhaltens. Dieser Haltung entspricht im politischen Bereich eine häufig zu beobachtende Form des Aktivismus, der versucht, einen bestimmten Soll-Zustand zu erreichen, koste es, was es wolle, und dabei vergißt, darauf zu achten, ob die Qualität des Weges, also die Methode, mit der Qualität des angestrebten Zieles übereinstimmt. So wird sowohl in der Psychotherapie als auch in der Politik gelegentlich behauptet, daß Freiheit und Friede durch Unterdrückung und kriegerische Bedrohung erreicht werden könnten.

Das Primat der Frage nach der Effektivität in diesem eingeschränkten Sinn ist bis in die Wissenschaftstheorie hinein erkennbar. Die Unterscheidung in »richtige« und »falsche« Sätze mit Hilfe des »Erfolges« bei Anwendung dieser Sätze, also die klassische naturwissenschaftlich-empirische Methode, bedient sich, so Heisenberg, einer »Verarmung der Begriffe« und entspricht einer »statischen« Darstellung der Wirklichkeit, in der ein »starres Schema von Verknüpfungsregeln zwischen den Begriffen und von Begriffen und Erfahrungsinhalten gebildet« wird, »so daß von jedem Satz, der dieses Begriffssystem benützt, eindeutig entschieden werden kann, ob er ›richtig‹ oder ›falsch‹ ist.«[1]

Dieses wissenschaftstheoretische Prinzip, das eine Einteilung menschlicher Aussagen in »richtige« und »falsche« ermöglicht und eng mit dem Primat der Effektivität, mit der Kontrolle über die Mitmenschen und über die Umwelt verbunden ist, wurde mir auch bei der Erforschung zwischenmenschlicher Beziehungen in Familien deutlich. Wie viele Konflikte in Familien laufen unter der Devise: Das Richtige muß gemacht werden, das Falsche ist zu lassen. Richtige Aussagen können daran erkannt werden, ob sie zum Erfolg führen, falsche Aussagen werden an dem ihnen folgenden Mißerfolg erkannt. Jeder ist dabei bestrebt zu beweisen, daß er selbst das Richtige denkt und sagt, jeder hat einen Soll-Zustand im Auge, den die anderen nur herbeizuführen bräuchten, damit er zufrieden und die Welt in Ordnung wäre. Der ständige Kriegszustand ist in diesem System vorprogrammiert und kann nur aufgelöst werden, wenn die Beziehungsstruktur der Familie sich verändert, das heißt, wenn das Interesse an Kontrolle, Machtausübung, Ausbeutung und Effektivität den Wünschen nach Kontakt, Austausch und gemeinsamer Befriedigung wieder Raum läßt.

Je ausschließlicher Einzelpersonen oder Familien der Ideologie des Soll-Zustandes folgen, desto weniger Leben ist in ihnen möglich, desto mehr müssen sie sich selbst und andere unterdrücken und ausbeuten. Je mehr die westliche Zivilisation glaubte, die Natur wissenschaftlich und technologisch in den Griff bekommen zu können, desto mehr produzierte sie Stoffe, die nun ihrerseits die Menschheit bedrohen. Das Plutonium zum Beispiel wird die Menschen und alles Leben auf der Erde mindestens 500000 Jahre lang bedrohen – eine unvorstellbar lange Zeit.

Die Alternative zu diesem vergewaltigenden Umgang mit den Menschen und mit der Natur, der durch Zielorientierung, Macht und Kontrolle gekennzeichnet ist, ist das *prozeßorientierte Denken.* Heisenberg nennt es die »dynamische« Art der Darstellung der Wirklichkeit. Er schreibt: »Hier kann ein Satz im Allgemeinen nicht ›richtig‹ oder ›falsch‹ sein. Aber man kann einen Satz, der fruchtbar zu einer Fülle weiterer Gedanken Anlaß gibt, als ›wahr‹ bezeichnen. Das Gegenteil eines ›richtigen‹ Satzes ist ein ›falscher‹ Satz. Das Gegenteil eines ›wahren‹ Satzes wird aber häufig wieder ein ›wahrer‹ Satz sein.«[2]

Solche wissenschaftstheoretischen Aussagen relativieren unser dichotomes Weltbild ebenso wie Freuds Entdeckung, daß sich im Unbewußten Widersprüche nicht ausschließen, sondern ergänzen. Die Qualität eines »wahren« Satzes wird nach Heisenberg daran erkannt, daß er »fruchtbar zu einer Fülle weiterer Gedanken Anlaß gibt«. Habermas würde sagen, daß ein solcher Satz die »Fortsetzung des Bildungsprozesses« ermöglicht.[3] Die (relative) Richtigkeit von Aussagen und Mitteilungen kann sich also nur in einer am Prozeß, nicht am Endergebnis orientierten Betrachtungsweise bestätigen. Der Weg wird in dieser neuen Wissenschaftlichkeit wichtiger als das Ziel, beziehungsweise der Weg *ist* das Ziel. Das Leben *ist* das Leben, ist der Veränderungsprozeß, in dem wir uns alle befinden. Auch für den Psychotherapeuten kommt es unter dieser Sicht der Dinge nicht mehr so sehr auf den Enderfolg an, sondern auf die Frage: Befriedigt mich die Qualität meines Lebens – meiner Beziehung zu meinem Patienten – *jetzt*?

Der Gegenstand der Forschung verändert sich mit der Methode: In dieser Konzeption muß ich nicht mehr die Abweichung des Ist-Zustandes vom Soll-Zustand untersuchen und beseitigen, ich muß jetzt nur noch den Ist-Zustand untersuchen. Die Veränderung besteht in der vollständigeren Erkenntnis des Ist-Zustandes, also in der Aufhebung von Wahrnehmungsbeschränkungen. Die dadurch mögliche Zunahme an Erkenntnis des Ist-Zustandes hat automatisch eine Veränderung im äußeren Verhalten zur Folge.

Für mich als Therapeutin ist es vor allem wichtig, den Veränderungsprozeß zu verstehen, in dem wir uns alle zusammen befinden, um zu erkennen, an welchen Stellen und auf welche Weise *ich selbst* diesen lebendigen Prozeß behindere. Die neue Theorie der Veränderung beruht also nicht mehr auf der Herstellung eines Soll-Zustandes, sondern auf der Erkenntnis der Beteiligung jedes einzelnen an der Aufrechterhaltung des Status quo. Nur eine zunehmende Erkenntnis der Wahrheit, also auch der verschleierten oder unbewußten Motive und Ängste, kann eine grundsätzliche Veränderung zwischenmenschlicher Beziehungen mit sich bringen, die auf Machtausübung verzichten kann.

Da wir die wissenschaftlichen Erkenntnisse über Kernspaltung und Gentechnologie und andere gefährliche Techniken nicht einfach vergessen können, kann uns nur noch eine allgemeine Bewußtseinsveränderung helfen, an der jeder einzelne von uns beteiligt sein kann. Da es keine Nischen auf der Erde mehr gibt, in denen man atomare oder ökologische Katastrophen überleben könnte, hat auch jeder einzelne einen guten Grund, sich an diesem einzigen Ausweg zu beteiligen, der uns noch bleibt. Jedes Individuum ist ein System im System im System ...

Die Grundprinzipien von Verdrängung, Unterdrückung und

Befreiung sind in all diesen Systemen, bis hin zu den größten, dieselben. Versteht man sich selbst erst einmal in diesem Sinn als Teil der ganzen Misere, aber auch als Teil der Veränderungsmöglichkeiten, dann sieht man sich nicht mehr ohnmächtig einem widerspenstigen oder verrückten System *gegenüber*stehen, sondern kann daran gehen, das System an der Stelle, an der man selbst an ihm Teil hat, zu verändern. Man kann sich darum bemühen wahrzunehmen, wie man selbst an den ausbeuterischen, mörderischen und selbstmörderischen Beziehungen, in denen man lebt, beteiligt ist und diese aufrechterhält, und man kann versuchen, Kontakt aufzunehmen, wo man bisher sein Heil nur in der Abgrenzung sah, man kann projizierte eigene Anteile wieder zurücknehmen, die man bisher in einem »Feind« bekämpfte, etc.

All diese Versuche, das zeigt meine Erfahrung mit der psychoanalytischen Familien- und Gruppentherapie, bringen Bewegung in die Beziehung und stoßen entsprechende Veränderungen bei den Beziehungspartnern an, weil das System an einer Stelle qualitativ verändert ist. In diesem Modell der Veränderung zwischenmenschlicher Beziehungen besteht die Einmischung in der Abstinenz, das heißt in dem Versuch, selbst anstelle der eingefahrenen und scheinbar sicheren (Macht-) Strukturen lebendigere, aber in gewissem Sinn auch weniger sichere Beziehungsstrukturen zu riskieren. Die Funktion des Psychoanalytikers besteht darin, den Status quo möglichst genau zu erforschen. Im gleichen Maß, wie ihm das gelingt, gerät er nicht in die Gefahr, statt dessen den für ihn ungefährlicheren Weg der Definition eines Soll-Zustandes für den Patienten einzuschlagen. Beide Haltungen schließen sich gegenseitig aus und haben einander ausschließende Formen von Veränderung zur Folge.

Die Erforschung des Status quo sollte vor allem die Erkenntnis darüber bringen, um welche Veränderungen es in dem jeweiligen System eigentlich gerade geht, welche Wünsche und Ängste in dem System wirksam sind und welche Abwehrmechanismen oder Widerstände aufgrund der gegebenen Ängste nötig sind. Im folgenden möchte ich in bezug auf unsere gegenwärtige Krisensituation versuchen, aus meiner Sicht einige Veränderungsschritte darzustellen, um die es geht, ich möchte daran anschließend zeigen, welche Wünsche und Ängste mir dabei wirksam zu sein scheinen und wie die Widerstände gegen die Veränderung aussehen.

Um welche Veränderungen geht es?

Wie in den meisten Familien so geht es auch in der großen Politik und in allen anderen sozialen Beziehungen um die Auflösung von Blockbildungen und damit um die Differenzierung der zwischenmenschlichen und politischen Beziehungen. Auf welcher Ebene auch immer man zwischenmenschliche Systeme betrachtet, überall findet man Zustände des kalten oder heißen Krieges, die auf Blockbildung und auf Feindbildern beruhen, die diese Blockbildung stützen. Den Begriff Feindbild, der in der gegenwärtigen Friedensdiskussion so häufig verwendet wird, möchte ich hier als eine Beziehungsform definieren: Ein Feindbild ist dadurch gekennzeichnet, daß derjenige, der dieses Feindbild einem anderen gegenüber entwickelt hat, resigniert hat in bezug auf die Beziehung zu diesem Menschen. Er sagt mit dem oder durch das Feindbild: »Mit dir habe ich aufgegeben, in Kontakt zu kommen.« Solche Feindbilder oder Stellen der Resignation, wie sie in jeder Ehe vorkommen, halten die gefährlichen Gräben zwischen den Blöcken aufrecht. Es geht bei der Bewältigung jeder Krisensituation darum, ob man versuchen kann, dort Kontakt aufzunehmen, wo man bisher ein Feindbild als Schutzschild und zur Rechtfertigung des Kriegszustandes brauchte, und ob man es wagen kann, die das eigene Lager zusammenhaltende Ideologie in einem »Freundbildungsprozeß« mit den bisherigen Feinden in Frage zu stellen.

Gefahren und Ängste, die bei solchen Schritten der Auflösung von Blockbildungen auftreten, werde ich später noch beschreiben. Die Differenzierung der Beziehungsstrukturen wird deutlich als Alternative zum Beispiel zum Regierungsprogramm von Ronald Reagan, in dem er anläßlich seiner Nominierung zum Präsidentschaftskandidaten sagte, »die amerikanische Politik ist einfach: Wir werden unsere Freunde nicht im Stich lassen, die Feinde der Freiheit nicht belohnen und nicht zulassen, daß Furcht und Rückzug die amerikanische Politik werden.«[4] Abgesehen vom propagandistischen Anteil dieser Aussage, stellt Reagan darin fest, daß er die Blöcke aufrechterhalten will. Er will zwischen Freunden und Feinden unterscheiden, den Freunden helfen und sich vor den Feinden nicht zurückziehen. So einfach ist die amerikanische Politik, aber auch so gefährlich ist eine Politik, die oft als Zuverlässigkeit, Bündnistreue oder Berechenbarkeit dargestellt wird.

Das Prinzip der Blockauflösung und Differenzierung der Beziehung hängt eng mit dem Prinzip der Beendigung von Ausbeutung und Vergewaltigung zusammen. In Familien geht Ausbeutung und Vergewaltigung im weitesten Sinn immer in verklammerten Zweierbeziehungen vor sich. Ein Beziehungspartner, zum Beispiel die Mutter, bindet das Kind als Ersatzpartner an sich, reduziert es damit zu einem Objekt mit bestimmten, von ihr benötigten Funktionen und erpreßt diese Funktionen durch ein Gegenangebot von Liebe, Wertschätzung, Versorgung und Ähnlichem. Parallel dazu die große Politik: Wer zu Reagans »Freunden« gehört, läßt sich ausbeuten als Abschußrampe von Raketen, als Rohstofflieferant, zur Stützung seiner Hochzinspolitik etc. Wer sich nicht ausbeuten läßt und auf Selbstbestimmung und Unabhängigkeit besteht, ist nicht sein Freund, sondern sein Feind. Es gibt in solchen Systemen nur zwei Kategorien.

Ein Veränderungsschritt, um den es gegenwärtig geht, ist also auch die Beendigung von Ausbeutung und Vergewaltigung, die, wie schon gesagt, eng mit dem Prinzip der Blockbildung zusammenhängen. Im Prinzip Ausbeutung und Vergewaltigung wird das Objekt, sei es der Mensch, das Tier oder die sonstige lebende und tote Umwelt, auf eine bestimmte Funktion reduziert und nur noch in dieser Funktion »gebraucht«. Mit dieser Aussage will ich aber nicht nur Opfer und Täter feststellen. Ich will vielmehr deutlich machen, daß das »Opfer« sich regelmäßig auch selbst als Objekt in diesem Sinne definiert, das heißt: Es glaubt selbst, daß nur die Qualitäten an ihm wertvoll sind, die der andere, der »Ausbeuter«, brauchen kann. Ein Stück Prostitution ist an jeder Ausbeutung beteiligt, deutlich zu sehen in Beziehungen zwischen Eltern und Kindern, aber auch in den Beziehungen zwischen Industrienationen und den Völkern der Dritten Welt.

Was auf seiten der »Ausgebeuteten« wiedergefunden werden muß, ist deshalb ein Selbstverständnis, das unabhängig von den Bedürfnissen des Ausbeuters die eigenen Bedürfnisse und Qualitäten für wertvoll hält. Auf seiten der Ausbeuter muß wieder erkannt werden, daß die Reduktion des »Opfers« auf eine Funktion symmetrisch dazu auch den »Täter« auf die dazugehörige Komplementärfunktion reduziert. Eltern, die ihre Kinder zur Bestätigung des eigenen Selbstwerts (»miß«-)brauchen, sind von dieser Bestätigung und damit von den Kindern abhängig. Sie wagen es nicht, ihre eigenen Bedürfnisse und Gefühle für eine den Selbstwert tragende Qualität zu halten. Industrienationen, die rohstoffreiche Länder der Dritten Welt ausbeuten, sind von der unbegrenzten Zufuhr dieser Rohstoffe abhängig und damit auch von der politischen Kontrolle über diese Länder. Sie entwickeln keine Techniken, ihre eigenen Ressourcen, und sei es die Sonnenenergie oder den Wind, so zu nutzen, daß sie mit dem auskommen können, was sie im eigenen Land haben und was ihnen in einem gesunden Austausch aus anderen, selbständigen Staaten aus deren echtem Überfluß angeboten werden kann. Die Grenze zwischen Ausbeutung und »gesundem Handel« ist im politischen wie im persönlichen Bereich oft schwer zu finden. Als Unterscheidungskriterium dient mir in der Psychotherapie die Frage, ob es sich um ein lebendiges, lustvolles Miteinander autonomer Personen handelt oder um ein gequältes Gegeneinander, bei dem jeder gegen den anderen kämpft, weil nur das, was er gegen den anderen durchsetzt, für ihn von Wert zu sein scheint.

Um auf die Wissenschaftstheorie und damit auch auf eine neue Wissenschaftsethik zurückzukommen, möchte ich noch auf einen weiteren Aspekt des Prinzips Ausbeutung verweisen, der über den Bereich der Sozialwissenschaften hinaus für alle Wissenschaften von Bedeutung ist. Ausbeutung und Vergewaltigung beruhen nicht nur auf der Reduktion des Objekts auf eine bestimmte Funktion, sondern auch auf einer charakteristischen Spaltung zwischen Subjekt und Objekt. Diese Spaltung korrespondiert in Wissenschaft und Technik mit einer ganz spezifischen Wenn-Dann-Beziehung: »Wenn ich so ... mit dem Objekt umgehe, reagiert es so ..., also muß ich so ... mit ihm umgehen, damit es so ... (wie ich es wünsche) reagiert.« Diese Form von Wissenschaft und Technik, deren Grundprinzip die Manipulation des Objekts ist, hat uns eine enorme Macht über Menschen und Materie gebracht. Erst jetzt erkennen wir, daß diese Wenn-Dann-Beziehung die Verantwortlichkeit des Wissenschaftlers und Technikers/Therapeuten ausklammert. Es geht dabei immer nur um ein möglichst »günstiges« Ergebnis, nicht um die Reflexion der Art des Umgangs oder der Art der Beziehung des Wissenschaftlers/Technikers/Therapeuten zu seiner Umwelt.

Wird die Subjekt-Objekt-Spaltung aufgehoben, dann heißt die neue Wenn-Dann-Beziehung: »Wenn ich so ... mit dem Objekt umgehe, dann bin *ich* so mit ihm umgegangen.« Also: »Wenn ich vergewaltigend mit der Natur oder mit Patienten umgehe, dann habe ich ein anderes Subjekt vergewaltigt und das

Ergebnis wird der Art meiner Beziehung zu diesem anderen Subjekt entsprechen.« Wenn ich in der Psychotherapie einen Konflikt anspreche, dann habe ich ihn angesprochen mit allen diesem Vorgang entsprechenden Folgen, wenn ich ihn nicht anspreche, dann habe ich ihn nicht angesprochen, beziehungsweise dann habe ich unter Umständen durch dieses Nicht-Tun dazu beigetragen, daß er noch weiter unentdeckt bleibt.

Der Unterschied zwischen den beiden Positionen ist, daß es einmal heißt: »Wenn *ich* das ... mit dem Objekt tue, dann reagiert das *Objekt* so ...«, und das andere Mal: »Wenn *ich* die ... Qualität der Beziehung zu meiner Umgebung wähle, dann wähle *ich* diese Beziehung mit ihren Konsequenzen. Wenn *ich* weniger Gewalt in der Beziehung möchte, dann muß *ich* versuchen, weniger Gewalt auszuüben.« Ich glaube, es wird deutlich, daß nicht nur Wissenschaft, Technik und Psychotherapie von diesem Paradigmawechsel betroffen sind, sondern genauso die Politik und letztlich auch alle privaten Beziehungen.

Diese neue Wissenschaftstheorie und Wissenschaftsethik hat allerdings das manipulative, den anderen steuernde Element verloren. Der Gewinn ist die Einbeziehung des Wissenschaftlers/Technikers/Psychotherapeuten/Politikers in die Betrachtung des Beziehungssystems, in dem er sich sowieso befindet. Unsere bisherige Wissenschaftstheorie, die auch für die Psychoanalyse zum großen Teil noch ausschlaggebend war, postuliert einen Außenstandpunkt für den Wissenschaftler. Die Vorstellungen vom »abstinenten« Psychoanalytiker, der von außen in ein System eingreift, als Techniker, der scheinbar als Person nicht betroffen und beteiligt ist, objektiv unberührt, ein Spiegel des Patienten, sind dabei durchaus parallel zu sehen zu den bisher überwiegenden Vorstellungen über die Objektivität und Unberührbarkeit des Naturwissenschaftlers und Technikers. Ich glaube, daß wir uns gegenwärtig auch in diesen Vorstellungen in einer Umbruchsituation befinden.

Wir erkennen langsam auf allen Gebieten, daß Methoden, die die Beziehung zwischen Subjekt und Objekt außer acht lassen, sehr oft eine »blinde« Vergewaltigung des Objekts bedeuten und Folgen für das Subjekt haben, die der Qualität der Subjekt-Objekt-Beziehung entsprechen – weil, und das wird in unserem Kulturkreis auch erst jetzt deutlich, Subjekt und Objekt nicht voneinander trennbar sind. Es kann nicht dem einen wirklich gut gehen und gleichzeitig dem anderen schlecht. Wenn wir uns selbst schützen wollen, müssen wir unsere Umwelt schützen, müssen wir zum Beispiel die Bevölkerung der Sowjetunion schützen. Wenn wir gewaltsam in die Materie eingreifen, entstehen zerstörte und zerstörende Stoffe, wenn wir gewaltsam in den anderen Menschen eingreifen, zerstören wir dessen und zugleich unsere Lebensmöglichkeiten. Wir können die Lebensmöglichkeiten eines Patienten nicht schaffen, sondern bestenfalls entdecken, genauso wie die Lebens- und Überlebensmöglichkeiten der Menschheit.

Ich glaube, die Wissenschaft hat an diesem Punkt der grundsätzlichen Veränderung unserer Gesellschaft eine wichtige Verantwortung und Aufgabe. Es geht um eine neue Art der Grundlagenforschung. Es geht um den Erwerb von Kenntnissen, die uns bisher gefehlt haben und deren Fehlen zur einseitigen Ausbeutung und Vergewaltigung von Mensch und Umwelt geführt haben. Es geht darum, die Verschleierung der Tatsache aufzuheben, daß Subjekt und Objekt in ihrem Wohlergehen nicht voneinander trennbar sind. Solche Erkenntnisse haben nichts mit einer verbesserten Moral zu tun, sie dienen ausschließlich einer verbesserten Möglichkeit *für uns selbst* und unser Überleben zu sorgen. In der Psychotherapie geht die Erkenntnis der Nicht-Spaltbarkeit von Subjekt und Objekt damit einher, daß man aufhören kann zu warten, daß endlich der andere die Beziehung verbessert, mit Gewalt und Rüstung aufhört. Man kann dann selbst damit anfangen, sich nicht mehr als Objekt zu definieren, das nur auf den anderen reagiert und deswegen rüstet, weil der andere auch rüstet. Man erlebt, daß man weder ohnmächtig noch unschuldig ist, sondern daß man in jedem Moment prinzipiell die Möglichkeit hat, selbst an der Qualität der Beziehung zum anderen etwas zu verändern.

Die damit verbundene Zunahme an Handlungsmöglichkeit *für einen selbst*, läuft parallel mit der Abnahme der Handlungsmöglichkeiten *gegen den andern.* Wenn die Zerstörung des anderen die eigene Zerstörung bedeutet, ist der Gewalt und der Ausbeutung ein natürliches Ende gesetzt. Der Fortschrittsglaube und die ständige Weiterentwicklung der Technik dienten bisher vor allem dem Zweck, Abhängigkeiten aufzuheben. Jetzt sind wir an dem Punkt angelangt, an dem es deutlich wird, daß das nicht möglich ist. Die Gleichung Unabhängigkeit = Freiheit stimmt nicht mehr. Es muß eine neue Gleichung aufgestellt werden, die heißt: Freiheit = Wahrheit, und Wahrheit bedeutet, daß wir nichts anderes sind als wir sind, ein Teil der Natur, in gegenseitiger Abhängigkeit mit der Natur und mit unseren

Mitmenschen lebend. In der Psychotherapie bedeutet die Anerkennung der Abhängigkeit das Aufgeben des Größenwahns. Es ist dies ein Verzicht auf phantasierte Unverwundbarkeit und auf totale Macht über andere, und ein Gewinn an Lebensmöglichkeiten, weil die Selbst- und Fremddestruktivität im gleichen Maße abnimmt, wie Sicherheit nicht mehr durch Überlegenheit, sondern durch Kontakt gesucht wird. Die Parallelen in der Politik sind deutlich zu sehen.

Wenn sich das Bewußtsein entwickelt, daß der Größenwahn den eigenen Lebensinteressen widerspricht, ist keine Moral mehr nötig, um eine Veränderung des Verhaltens herbeizuführen. Sie erfolgt von selbst. Moral ist nur nötig, um den anderen zu zeigen, daß man selbst der Bessere ist. Auf das Machbare verzichten, wo es unseren Lebensinteressen widerspricht, können wir nur, wenn wir begreifen, daß wir Leben grundsätzlich nicht machen, sondern nur erhalten können, und daß die Erhaltung des eigenen Lebens die Erhaltung allen anderen Lebens auf der Erde zur Voraussetzung hat. Gesetze können diesen Überlebenswunsch des Kollektivs ausdrücken, wenn sie zum Beispiel die Schonung der Umwelt vorschreiben. Was die Veränderung wirklich bewirkt, sind nicht die veränderten Gesetze, sondern das veränderte Bewußtsein.

Und dieses Bewußtsein, so glaube ich, verändert sich gegenwärtig ziemlich schnell. Immer mehr Menschen wird die Alternative »Veränderung oder Vernichtung« klar, in jedem großen und in jedem kleinsten Schritt. Die Vorstellungen vom Jüngsten Gericht und Weltende, das irgendwann von außen auf uns zukommt, verändern sich insofern, als wir immer deutlicher sehen können, daß wir selbst die Apokalypse herbeiführen – oder auch nicht herbeiführen, und statt dessen in einen Veränderungsprozeß eintreten. Apokalypse bedeutet nicht nur Zerstörung, sondern auch Offenbarung. In der Bibel heißt es, daß Feuer und Schwefel vom Himmel fallen werden. Vor 2000 Jahren konnten sich die Menschen noch nicht vorstellen, daß wir selbst Feuer und Schwefel vom Himmel werden fallen lassen können. Vielleicht wird es in dieser apokalyptischen Zeit möglich, die Wahrheit wirksam werden zu lassen, daß wir selbst den Weltuntergang machen oder nicht, daß wir jedes kleine und große, langsame und plötzliche Stück Weltuntergang machen – oder wir machen es nicht.

Welche Wünsche und Ängste sind wirksam?

Nachdem ich nun verschiedene Veränderungsprinzipien beschrieben habe, um die es nach meiner Ansicht gegenwärtig geht, möchte ich in meiner Analyse fortfahren und mich damit beschäftigen, welche Wünsche und Ängste in dieser Situation wirksam und welche Abwehrmechanismen oder Widerstände zu erkennen sind. Lebendige Veränderungen gehen nur aufgrund von Lebenswünschen vor sich, weshalb es auch in der Psychotherapie ungeheuer wichtig ist, solche Wünsche nicht zu übersehen und statt dessen gegen die Widerstände zu kämpfen. Moral und intellektuelle Einsicht oder gar Zwang können nur oberflächliche Korrekturen mit sich bringen.

Solche *Lebens- und Überlebenswünsche* sind gegenwärtig in verschiedenen Formen sichtbar. Immer mehr Menschen suchen nach einer Verbesserung ihrer zwischenmenschlichen Beziehungen, um zugleich mehr Befriedigung und mehr Sicherheit als bisher zu haben. Die Sicherheit wird zunehmend in der Gemeinschaft gesucht, es wird immer deutlicher, daß nicht mehr ein Führer oder ein Erlöser die Rettung bringen kann, sondern daß nur jeder einzelne in der Gemeinschaft dazu beitragen kann, daß der drohende Absturz aus allzu großer Höhe gemildert wird. Da die Gefährlichkeit unseres technischen und ideologischen Höhenflugs durch Verschleierungen, Verdrängungen und Feindbilder entstand, nimmt der Wunsch zu, solche ideologischen Verzerrungen der Wirklichkeit aufzugeben und neue Einsichten zu gewinnen, die Frieden zwischen den Menschen und mit der Umwelt ermöglichen. Ich meine, daß das Zustandekommen dieser Vorlesungsreihe ein Ausdruck solcher Wünsche ist.

Die übermäßigen Ausgaben für Rüstung und Konsum werden immer deutlicher als Ersatzbefriedigungen erkannt, und die Folge solcher Erkenntnis ist das Anwachsen der Bedürfnisse nach menschlicher Nähe, nach kleinen, überschaubaren, dezentralisierten Einheiten. Demokratie, die wirklich diesen Namen verdient, scheint nur in vielen kleinen Gruppen entstehen zu können, in denen der einzelne seine persönliche Verantwortung nicht an irgendwelche fernen, von einer anonymen Masse gewählten Macht- oder Mandatsträger abgeben muß. Die wirklichen Wünsche und Ängste der Bevölkerung können nur persönlich vertreten werden, weshalb gegenwärtig immer mehr »interessierte Vielheiten« anstelle der oft zu Machtzwecken verwendeten »Mehrheiten« entstehen. Vom Standpunkt der etablierten Parteien aus sieht das oft so aus, als bräche damit das Chaos aus, weil viele wieder ihre eigene Meinung selbst vertreten und keine einheitliche Linie feststellbar zu sein scheint. Daß in dieser Differenzierung, in diesem Persönlich-Werden der Politik gerade das neue Prinzip und die neu oder wieder auftretenden Lebenswünsche und Wünsche nach Selbstbestimmung vieler einzelner enthalten sind, ist vom Standpunkt der Machtpolitik aus oft nicht als neues Ordnungsprinzip zu erkennen. Ich kenne diese Umgestaltung der Beziehungsstruktur in Familien, wenn im Lauf einer Therapie Ordnung nicht mehr durch Normen oder durch Mehrheiten (Koalitionen) garantiert wird, sondern zunehmend durch das Persönlichwerden der einzelnen Familienmitglieder mit allen, oft auch widersprüchlichen Wünschen und Ängsten. Die Ideologie der Sicherheit durch Strafen, durch Stärke, durch Koalitionen verwandelt sich in einem solchen Prozeß in ein Vertrauen auf Sicherheit durch Kontakt- und Konfliktfähigkeit.

Zur Motivations- und Beziehungsanalyse einer Krisensituation gehört aber neben der Suche nach der bewegenden Kraft der Lebenswünsche auch die Erkenntnis der Ängste, die diese Wünsche begleiten. Ich meine hier nicht so sehr die Ängste vor dem drohenden Tod, also etwa vor der atomaren oder ökologischen Katastrophe. Die Analyse dieser Ängste ist in der Analyse der Lebens- oder Überlebenswünsche schon enthalten. Ich meine die Ängste vor dem drohenden Leben, also vor der drohenden Verunsicherung, die das Aufgeben bisheriger Machtstrukturen mit sich bringt. Erst wenn diese Ängste zugelassen werden und nicht mehr durch Feindbilder (»ich kann ja nichts ändern, weil du ...«) abgewehrt werden, kann man sich auf das einerseits so sehr gewünschte Leben und Überleben einlassen. Zumeist werden diese Ängste verschoben und dadurch unkenntlich gemacht. Anstatt sich vor den eigenen Wünschen und der damit verbundenen Veränderung zu fürchten, fürchten wir uns lieber vor dem »Feind«, vor einer Strafe oder vor Zurückweisung. Die Angst ist dann immer an ein Objekt gebunden und kann scheinbar nur aufgelöst werden, wenn dieses Objekt beweist, daß es keinen Anlaß zur Angst gibt. Wegen des Verschiebungscharakters solcher Angst ist aber dieser Beweis meistens nicht zu führen. Es ist vor allem die Angst vor der Freiheit und vor der Selbstbestimmung, die uns hindert, uns auf die nötigen Veränderungen einzulassen. Der Hopi-Indianer Thomas Tarbet jr. spricht von »unserer Unfähigkeit, Freiheit zu tolerieren, und damit die Unfähigkeit, die kommende Weltveränderung zu überleben«.[5]

In meiner psychotherapeutischen Praxis mache ich täglich die Erfahrung, daß ich selbst und meine Patienten aus Angst vor der Freiheit sich selbst und andere beschränken. Freiheit bedeutet in diesem zwischenmenschlichen Bereich zum Beispiel das Risiko, den »Freund«, also den bisherigen Bündnispartner, zu verlieren, den Schutz der eigenen Ideologie, der eigenen Einteilung der Welt in Gut und Böse zu verlieren, alleine zu stehen, in die Minderheitenposition zu geraten, Dissident zu werden, auf Macht und Kontrolle zu verzichten, seine Liebe zum bisherigen Feind zu entdecken, die bisher schützende Rüstung, die bisher den Selbstwert bestätigenden Konsummöglichkeiten zu verlieren usw.

Bei all diesen Unsicherheiten sind natürlich Mechanismen nötig, die solche Ängste in erträglichen Grenzen halten. Ich möchte nur einige anführen, um auch hier die Parallelen zwischen individuellen und kollektiven Abwehrmechanismen zu zeigen. Wenn man Angst hat, kann man entweder versuchen, sich vor der Gefahr zu schützen oder die Gefahr nicht mehr zu sehen. Nur die zweite Form der Angstbewältigung wird in der Psychoanalyse als Abwehrmechanismus bezeichnet. Sie wird nötig, wenn die Gefahr zu groß ist und der Versuch, mit ihr umzugehen, noch gefährlicher zu sein scheint als die Verleugnung der Angst und damit der Gefahr.

Es gibt verschiedene Möglichkeiten, die Gefahr zu verleugnen. Die wichtigste (und für uns heute gefährlichste) ist die Projektion der Gefahr auf Personen oder Regierungen außerhalb der eigenen Person oder des eigenen Volkes. Durch diesen Mechanismus wird die Angst kanalisiert, man weiß, daß man sich vor einem »Feind« fürchtet. Dieser wird gleichzeitig disqualifiziert, dann kann man ihn leichter bedrohen und notfalls Krieg gegen ihn führen. Die Phantasie, ihn, wenn er gar nicht anders will, notfalls auch in einem gerechten (»Abwehr-«)Krieg besiegen zu können, verhilft zu einem Gefühl von Stärke und Sicherheit, das sehr attraktiv ist, braucht man sich doch in diesem Gefühl nicht auf die Unsicherheiten der Situation einzulassen. Man glaubt einfach, daß »unsere politischen Führer« das schon alles gut machen werden, dazu sind sie ja da, und unsere Wissenschaftler und Techniker sind heute sowieso schon so weit, daß sie alles im Griff haben. Außerdem, so sagt man, ist alles ganz normal und wie es immer schon war. Wer sich aufregt, ist nur ein Panikmacher, der aus der Panik der Menschen seine (Macht-)Vorteile ziehen will. Auch hier dient Projektion und Feindbildung zur Abwehr von Angst.

Ein anderer Mechanismus, mit der Angst fertig zu werden, besteht in dem Versuch, den Konsum noch zu steigern. Schon als Kinder haben wir gelernt, daß wir uns wohl und sicher fühlen können und müssen, wenn wir möglichst viel haben und verbrauchen. Man kann Angst auch »wegessen«. Man kann versuchen, ein Flugzeug, das vom Absturz bedroht ist, mit dem letzten Treibstoff noch höher und schneller fliegen zu lassen, Wirtschaftswachstum wenigstens für kurze Zeit noch einmal zur Beschwichtigung der eigenen und der allgemeinen Angst zu verwenden.

In meiner psychotherapeutischen Praxis höre ich sehr oft den Satz: »Das bringt ja doch nichts.« Ich habe es allmählich gelernt, diesen Satz, der Resignation und gleichzeitig eine Abwertung meiner Bemühungen ausdrückt, auf eine neue Art zu verstehen. Ich verstehe ihn jetzt als eine Art Totstellreflex des einzelnen, der immer dann eintritt, wenn die Gefahr besteht zu merken: Jetzt bin *ich* dran, jetzt könnte *ich* etwas verändern, und wenn gleichzeitig die Angst vor der Veränderung zu groß ist, als daß sie zugelassen werden könnte. An solchen Stellen tendieren wir alle dazu, uns und anderen zu sagen: »Ich kann leider (und Gott sei Dank) gar nichts tun. Wenn ich einzelner etwas täte, brächte das doch nichts, weil so viele andere nichts tun. Außerdem war das schon immer so, wenn ich mich ruhig verhalte, passiert sicher nichts, jedenfalls nichts, woran ich schuld sein könnte.« Die Summierung dieser reflexhaften Schutzhaltung führt zu der stummen Ohnmacht, die wir in unserer Gesellschaft immer wieder als kollektives Abwehrmuster erleben können.

Ein letzter Abwehrmechanismus, an dem immer mindestens zwei Personen beteiligt sind, ist die Spaltung oder Polarisierung in zwei oppositionelle Meinungsträger. In jeder Paarbeziehung, in jeder Familie, in jeder kleineren oder größeren Gruppe bis hin zu den politischen Parteien sind diese Spaltungen zu erkennen. Polarisierung bedeutet immer eine Fixierung der Beziehung, die dadurch möglich wird, daß die eine Seite einfach das Gegenteil von dem fürchtet, hofft, wahrnimmt, für richtig hält, was die andere Seite fürchtet, hofft, wahrnimmt, für richtig hält. Jeder der beiden Partner kann sich die eigene Extremposition nur deswegen leisten, weil der andere das Gegenteil vertritt. Bei genauer Beobachtung wechseln die Positionen meist schneller, als man annehmen würde, aber die Spaltung als gemeinsamer Mechanismus zur Abwehr von Angst bleibt bestehen. Keiner hört mehr, was der andere fühlt, denkt und sagen will, weil er die eigenen abgespaltenen Anteile an diesen als an einen »Feind« delegiert hat und dort bekämpft. Viele Polarisierungen nicht nur zwischen West und Ost, sondern genauso zwischen Regierungsparteien und Opposition, zwischen DKP-Angehörigen und »Autonomen« in der Friedensbewegung usw. dienen der (gemeinsamen) Abwehr der (gemeinsamen) Angst vor Veränderung und Relativierung. Wo aber die Angst vor der Veränderung nicht zugelassen und mitgeteilt werden kann, sondern als Angst vor dem jeweiligen Feind verschleiert werden muß, wird auch die Veränderung blockiert.

Kampf gegen den Widerstand oder Lernen am Widerstand?

Nach dieser analysierenden Darstellung der wichtigsten Wünsche, Ängste und Abwehrmechanismen möchte ich nun noch einige Erfahrungen darüber vortragen, durch welche Haltung ein Psychotherapeut anstehende Veränderungen verhindern kann und welche Haltung Veränderungen zwischenmenschlicher Beziehungen weniger behindert. Ich glaube, auch hier ist vieles auf die Beziehungen jedes einzelnen im privaten und öffentlichen Bereich übertragbar:

Jede Abwehr hat zwei Seiten, sie ist immer ein Kompromiß zwischen Wünschen und Ängsten: Nur wenn beide Seiten gesehen werden, kann sich die Abwehr auflösen und eine Veränderung der Beziehung eintreten. Einer einseitigen Sichtweise entspricht es zum Beispiel, wenn ich den oben zitierten Satz eines Patienten, »das bringt ja doch nichts«, aus meiner Kränkung heraus als dessen Widerstand verstehe und ihm, um meine narzißtische Unversehrtheit wiederherzustellen, wegen dieses Widerstands diagnostizierend fehlende Therapiefähigkeit oder Veränderungsfähigkeit unterstelle. Diese Haltung kennzeichnet den oben beschriebenen Vorgang der Feindbildung bzw. der Resignation: »Mit dir gebe ich es auf, in Kontakt zu kommen.« Die andere, auch schon angedeutete Möglichkeit ist die, in dem Satz des Patienten, »das bringt ja doch nichts«, dessen Wünsche nach Veränderung zu hören und gleichzeitig auch seine Angst davor. Wenn ich in der Abwehr beziehungsweise in dem Widerstand die Wünsche und Ängste des Patienten noch sehen kann, brauche ich nicht gegen diese Abwehr als gegen einen »Feind« vorzugehen und dabei meinen eigenen Veränderungswunsch zu sabotieren. In der doppelten Sicht der Abwehrmechanismen wird das Veränderungspotential wieder wahrgenommen, nämlich der Wunsch zu leben, und das bringt immer Bewegung in die Beziehung.

Es ist völlig sinnlos, und hat nur eine weitere Fixierung der Beziehung zur Folge, wenn ich einem Patienten sage: »Du sollst eigentlich Angst haben« oder auch »du sollst eigentlich keine Angst haben«. Jede Fehlersuche blockiert den Veränderungsprozeß. Verändern kann sich nur, wer so sein darf, wie er ist, und wer in diesem seinem Ist-Zustand verstanden wird. Wer anders sein soll, als er ist, kann sich höchstens anpassen oder sich grundsätzlich verweigern. Die beschriebenen Abwehrmechanismen oder Widerstände als »schlecht« darzustellen wäre demnach selbst ein Schutzmechanismus, der zwar recht häufig vorkommt, aber eben doch die Beziehung und damit den Status quo fixiert. Ein Beispiel für eine solche Fixierung scheint mir die gegenwärtige Verherrlichung und komplementär dazu die Verteufelung der Angst in verschiedenen politischen Lagern zu sein. Es sieht so aus, als hätten die einen nur Angst und keine Zuversicht, die anderen nur Zuversicht und keine Angst. Beides stimmt nicht. Aber die Wirklichkeit, nämlich die Tatsache, daß beide Seiten sowohl Angst haben als auch Zuversicht – wenn auch vielleicht in unterschiedlicher Hinsicht –, kann nicht mehr deutlich werden, wenn sich beide Seiten gegenseitig als unrealistisch, utopisch, ja als psychisch krank darstellen.

Jeder Mensch wägt Risiken ab, wenn er sich entschließt, etwas zu tun oder nicht zu tun. Aus diesem Grund halte ich es für sinnvoll, sich immer wieder mit dem Vergleich der Risiken bei Veränderung oder Festhalten am Status quo zu beschäftigen. Oft besteht die Phantasie darin, daß durch den revolutionären Veränderungswunsch »alles« in Frage gestellt und damit zerstört würde. Schon der Vorwurf, jemand wolle »eine andere Republik«, scheint zu greifen, sonst würde er nicht öffentlich gemacht. Veränderung scheint also schon an sich bedrohlich zu sein. Diese Bilanz gilt genau so lange, wie die Risiken der Nicht-Veränderung nicht gesehen werden. In Therapien ist es mir immer wieder wichtig herauszuarbeiten, daß mit dem

Ernstnehmen der wahren Wünsche und Ängste nicht die Existenz der Person gefährdet wird, sondern »nur« die – allerdings auch existenzgefährdende – Abwehr. Ähnlich wird durch das Auftauchen der beschriebenen Lebenswünsche und Ängste nicht unsere Gesellschaft als Ganzes in Frage gestellt. Allerdings wird ein Staat, eine Familie oder auch eine Einzelperson, die sich mit der eigenen Abwehr identifiziert oder im direkten oder übertragenen Sinn »von der Rüstung lebt«, immer wieder glauben, daß das Ernstnehmen der Wünsche und Ängste in der Bevölkerung oder im Unbewußten eine Bedrohung für die Existenz des Staates, der Familie oder des Individuums darstellen muß.

Wenn ich die Abhängigkeit eines Menschen, einer Familie oder eines Staates von seiner Rüstung nicht bekämpfe, sondern zunächst akzeptiere, treten dadurch nicht, wie man vielleicht annehmen könnte, eine grenzenlose Relativierung oder eben auch Resignation ein. Es bleibt nicht alles beim alten, weil ich nicht gegen die Abhängigkeit von der Rüstung vorgehe; sondern es kann sich etwas verändern, wenn der einzelne Mensch, die Familie und vielleicht das die Regierung tragende Kollektiv zunächst diese Abhängigkeit von der Rüstung als Notlösung erkennt und dann allmählich in der Abwägung der Risiken bemerkt, daß die Rüstung an vielen Stellen weniger Sicherheit bietet als ein schrittweises Ablegen der Rüstung, dem zunehmenden Vertrauen entsprechend.

Jede grundsätzliche Veränderung in der Gesellschaft ist von der Veränderung des allgemeinen Bewußtseins abhängig. Daran ist jeder einzelne beteiligt. Jeder einzelne kann sich damit beschäftigen, um welche Veränderungsschritte es im ganzen und für ihn persönlich geht, welche Lebenswünsche er bis jetzt durch Ersatzbefriedigungen verdrängt hat und welche Ängste vor der Veränderung er mit anderen teilt. Die drohende Zerstörung der Umwelt und der ganzen Menschheit ist der symptomatische Ausdruck des Zustands unserer Kultur. Wir sind immer wieder versucht, mit Korrekturen nur an der Symptomatik anzusetzen, anstatt uns auf die grundsätzlich anstehenden Veränderungen auch in der eigenen Wahrnehmung einzulassen. Wer nur an Symptomen kuriert, verleugnet zumeist die eigene Betroffenheit von und die eigene Beteiligung an der kritischen Situation. Er versucht nicht, sich selbst im allgemeinen Veränderungsprozeß zu finden, sondern er stellt fest, was richtig und was falsch, wer richtig und wer falsch ist. Wenn es gegenwärtig um eine allgemeine Bewußtseinserweiterung als Grundlage für eine Veränderung geht, die vielleicht die schlimmste Katastrophe noch vermeiden oder mildern helfen kann, dann ist für mich die Frage: Kann ich als einzelner die Gesellschaft verändern? so zu beantworten: Ich kann nicht nichts, und ich kann nicht alles, aber ich kann soviel, wie ich kann, und dieses, was ich kann, wird von mir selbst und von allen anderen dringend gebraucht.

HELGA EINSELE

Frauen und Friedenssicherung

Bei den Friedenskundgebungen der letzten Jahre fiel mir auf, was mir schon seit längerem zu denken gegeben hatte: Es demonstrierten verhältnismäßig mehr Frauen als Männer, etwa im Verhältnis 4 zu 3, und das ist relativ neu. Anfänge einer solchen Entwicklung zeigten sich schon bei den Bewegungen »Kampf dem Atomtod« und bei den Ostermärschen der frühen sechziger Jahre. Bei der Kampagne gegen die Notstandsgesetze war die Teilnahme der Frauen geringer. Ist es also das Friedensthema, das sie besonders betrifft? Es wäre nicht verwunderlich.

Ähnliches erleben wir bei der Betroffenheit der Bevölkerung durch ökologische Fragen, Umweltgefährdung durch Chemie, sauren Regen, Schwermetalle im Boden mit den Wirkungen auf Wasser, Wald, Boden und Kinder. Auch da geht es um die großen Gefahren unmittelbar für das Leben, von dem Frauen wohl meinen, es sei ihnen auf besonders unvermittelte Weise anvertraut, dem sie sich deshalb sehr konkret verpflichtet fühlen. Könnte es sein, daß Frauen in der Übergangszeit von einer Kultur, die nahezu ausschließlich von Männern bestimmt ist, zu einer gemeinsam bestimmten Kultur eigene Akzente für das Zusammenleben finden und Ziele freier von rigiden Vorurteilen und Prestigeverspannungen setzen, vor allem in bezug auf das wohl »männlichste« – das sogenannte sicherheitspolitische – Verhalten? Das soll mein Thema sein.

Es faszinierte mich, und deshalb habe ich es bei der Anfrage, ob ich mich an dieser Vorlesung beteiligen wolle, spontan angegeben. Beim Versuch von Deutungen habe ich mich auch auf fremdes Terrain begeben und das bei den Ausführungen im einzelnen bemerkt. Ich bitte deshalb, mein Angebot vor allem als Versuch einer Annäherung an das Thema zu sehen.

Die antike Mythologie überliefert uns eindrucksvolle Frauengestalten. Das Fragen nach Friedens-, Welt- und Lebensbewältigung und vernunftbestimmte Versöhnlichkeit waren Leitmotive ihres Lebens. Dabei offenbarten sie Haltungen, wie sie uns heute in der Diskussion der Friedensbewegung vorrangig begegnen: Zuwendung zum Leben unter Abwendung von bürokratischen Zwängen, Absage an unfruchtbare, ja gefährliche Prinzipien formaler Ehre, leerer Staatsräson und aggressiven

Prestigedenkens in der Gestaltung des Zusammenlebens; statt dessen Bereitschaft zu zivilem Ungehorsam mit dem Willen, eventuelle Konsequenzen wie schwere persönliche Verzichte zu tragen. Das alles nicht blind gefühlsbetont, sondern aufgeschlossen für Erkenntnis.

Interessant ist, daß es Männer waren, die diese damals kaum als typisch weiblich begreifbaren Frauengestalten schilderten. Männer zeichneten sie als stolze, unabhängige Wesen, die die Welt durchschauten und den Krieg ablehnten, die sich den Männern verweigerten, zum Frieden riefen und zivilen Ungehorsam praktizierten.

Aristophanes verkörperte die Idee, man müsse sich mit extremen Mitteln für den Frieden einsetzen, in der Figur der Lysistrata. Diese Frau bewog ihre Geschlechtsgenossinnen, die Männer von ihren Schlafgemächern auszuschließen, bis sie Frieden im Peloponnesischen Krieg geschlossen hätten.

Im Sagenkreis Homers um den Trojanischen Krieg, 500 Jahre vorher, lebte Kassandra. Ihrer Suche nach Erkenntnis wurde die Gabe des sonst Männern vorbehaltenen Sehertums zuteil. Doch der rächende Gott, dem sie sich verweigert hatte, verband die Gabe mit dem Fluch – typisches Frauenschicksal –, daß ihre Prophezeiungen keinen Glauben finden würden. So weiß Kassandra von Krieg und Niederlage Trojas, ohne dem Einhalt gebieten zu können. Ja, sie mußte zusehen, wie die, die es hätten verhindern können, blind in ihr Verderben liefen. Kassandra ist eine der großen tragischen Frauengestalten der Antike, die erste emanzipierte Frau, wie Christa Wolf sie in ihrer Erzählung ›Kassandra‹ (1983) dargestellt hat. Ihr Tod ist das typische Ende einer Frau, die anders als die männlichen Helden beider Fronten nicht im Kampf, sondern als Unterworfene erschlagen wurde.

Mit einem schimpflichen Tode bezahlte im Sagenkreis um Theben auch Antigone, die Sophokles den wegweisenden Satz sagen läßt: »Nicht mitzuhassen, mitzulieben bin ich da.« Sie, Tochter des elenden Königs Ödipus, leistete Widerstand in zivilem Ungehorsam, indem sie, ihrem religiösen und humanen Gewissen folgend, den Leichnam ihres aufständischen Bruders Polyneikos gegen staatliches Verbot und Staatsräson vor den Schakalen rettete und begrub.

Klythemnästra, die scheinbar nur aus ehebrecherischer Neigung den vom Kriege zurückkehrenden Gatten ermordete, suchte durch ihre Rache – nach 10 Jahren freier Herrschaft über

Mykene – das durch Agamemnon gebrochene Recht, als er ihre Lieblingstochter Iphigenie opferte, wieder herzustellen.

Und wie steht es mit Eva, die ihr Streben nach Erkenntnis mit dem Verlust des Paradieses bezahlte und dann doch die Mutter aller Lebenden wurde?

Es scheint, daß Frauen auch damals nur mühsam und oft sogar zum Tode gefährdet eine eigenständige Entwicklung fanden.

Kommen wir zu den Frauen, die in unserer Zeit um Frieden und Vernunft gegen Krieg und heute gegen den Holocaust kämpfen.

Soweit es Frauen in Konkurrenz mit Männern gelingt, eine wichtige, politische Rolle zu spielen, sind sie oft bei der Verfolgung traditioneller Ziele von besonderer Härte. Beispiele: Indira Ghandi, Margret Thatcher, Jeane Kirkpatrick. (Die Frauen in der erblichen Herrschaft klammere ich hier aus.) Doch immer wieder präsentierten sich Frauen auch durch einen eigenen Umgang mit Politik. Denken wir an Naheliegendes aus jüngster Zeit, an den Aufstand der FDP-Frauen 1982 gegen die Wende, denken wir an die starke Beteiligung von Frauen in der amerikanischen Bürgerrechtsbewegung oder an die – allerdings am Ende nicht erfolgreichen – Hoffnungen, die Frauen an die Kandidatur von Geraldine Ferraro im Hinblick auf die Freeze-Politik knüpften. Denken wir aber vor allem an die große anonyme Schar der Frauen, die angesichts der heutigen Weltbedrohung Waffen und Militär eine radikale Absage erteilen. Unter einzelnen, bedeutenden Frauen hatte das schon längst begonnen.

Bertha von Suttner schrieb zu Anfang der siebziger Jahre des letzten Jahrhunderts ihren leidenschaftlichen Roman ›Die Waffen nieder‹. Obwohl sie sich auf wissenschaftliches Material, Dokumente und Interviews stützte, kleidete sie ihr Anliegen in die Form eines Romans, weil sie so größere Wirkung erhoffte. Trotzdem hatte sie Schwierigkeiten mit dem Druck, weil er in einem Militärstaat als »Zumutung für den Leser« galt. Ihr Verleger, Pierson, verlangte – allerdings erfolglos –, daß sie sich der Zensur eines »erfahrenen Staatsmannes« unterwerfe und den Titel ändere. Dann wurde das Buch ein Welterfolg, allerdings, wie Bertha von Suttner in ihren Memoiren schrieb, erst als die damalige Aufrüstung Riesendimensionen angenommen hatte und »dadurch die Bevölkerung in ein hartes Joch spannte«.

Während des Ersten Weltkrieges verbüßte Rosa Luxemburg vier Jahre im Gefängnis wegen ihres Widerstandes gegen die

Kriegspolitik des Kaiserreiches. 1928 erschien Helene Stöckers Buch ›Psychologische Umwandlung‹, das auf den psychologischen Nervpunkt der Friedensproblematik hinwies. Nach dem Ersten Weltkrieg setzte sich die Schweizerin Elisabeth Rotten für Friedensministerien und -akademien in allen Ländern ein. Nach dem Zweiten Weltkrieg gründete sie das Kinderdorf Trogen für Flüchtlingskinder aller Nationen mit dem Ziel der Völkerverständigung. Lise Meitner emigrierte 1938 nach Dänemark, vor allem aus Furcht, man werde sie zwingen, ihr Atom-Wissen für die Waffentechnologie der Nazis einzusetzen.

Auf ähnlich hohem intellektuellem Niveau führte nach 1945 die Physikerin Freda Wüsthoff ihren Kampf gegen die atomare Bewaffnung. Sie wandte sich vor allem an die Frauen und sammelte unter anderem bedeutende Vertreterinnen der Weimarer Frauenbewegung wie Elisabeth Lüders, Elli Heuss-Knapp, Gertrud Bäumer, Theanolte Baenisch und Agnes von Zahn-Harnack zu einem »Frauenfriedenskreis«, aus dem später der Frauenring wurde. Freda Wüsthoff schrieb und hielt Vorträge gegen die Atomwaffen und entwickelte ein umfassendes Friedensprogramm. Es enthielt absolut moderne Elemente: gründliche, von Fachwissen getragene Aufklärung, Anregung zum Widerstand gegen diese Waffen und Entwicklung von Methoden für friedliches Zusammenleben. Nach ihrem Tod 1956 wurde ihr Programm von Christel Küppers fortgeführt, als Leiterin der Studiengesellschaft in München. Sie wandte sich vor allem der Friedenspädagogik zu und verlangte Erziehung zur Völkerverständigung und eine entsprechende Gestaltung von Schulbüchern.

Im Mai 1947 schon fand der 1. Friedenskongreß aller damaligen deutschen Frauenverbände in Bad Boll statt. Er beeinflußte die Aufnahme von zwei Artikeln in die südbadische Verfassung: Kriegsdienstverweigerung und Staatspflicht zur Förderung des Friedens. Die Frauen initiierten die Mainauer Erklärung der Physiker gegen den Atomtod vom 16. Juli 1955 und schlossen sich ihr an. Obwohl sie Friedenspolitik und -erziehung in den Mittelpunkt ihrer Arbeit stellten, begegneten ihnen alle traditionellen Vorurteile gegen politisierende Frauen. Freda Wüsthoffs Aufruf zur Einstellung der Atomversuche in Ost und West und ein Vortrag mit dem Thema ›Es ist keine Zeit mehr zu verlieren‹, der über Rundfunk und Fernsehen 1956 übertragen werden sollte, wurden von den Besatzungsmächten verboten.[1]

1962 wurde die schwedische Friedensforscherin Alva Myrdal

als einzige Frau zu den Chefdelegierten der Genfer Abrüstungskonferenz von 18 Nationen entsandt. Sie erhielt den Friedenspreis des deutschen Buchhandels.

Erhöhte Aufmerksamkeit bekamen Frauen wieder, als Betty Williams und ihre Anhängerinnen zu Anfang der siebziger Jahre Friedensmärsche in Irland veranstalteten (2 von ihnen erhielten später den Friedensnobelpreis). Die irische Friedensbewegung, die zu wachsen begann, als 1969 nach blutigen Unruhen die Flüchtlinge aus dem Norden kamen, entstammte weitgehend der irischen Frauenbewegung.

Dann wandten sich Frauen vor allem dem zentralen Ost-West-Rüstungswahnsinn zu. 1980 sammelten Skandinavierinnen 500000 Unterschriften für einen »Aufruf der Frauen für den Frieden. Zur 2. Frauenkonferenz der Vereinten Nationen in Kopenhagen«.[2] Ihm folgte die Gründung der Berliner Frauengruppe »Anstiftung der Frauen zum Frieden«. Von nun an spielten Frauen in der rasch wachsenden Friedensbewegung eine wichtige Rolle.[3] Beispielsweise hatte die Verweigerung skandinavischer Krankenschwestern für den Kriegsfall einen starken Einfluß auf die Bewegung gegen Kriegsmedizin.

Die Frauen in den USA hatten bereits Erfahrungen in ihren Aktionen gegen den Krieg in Vietnam gemacht. Sie hatten Einberufungsbescheide zerstört und Registrierungsbüros blockiert, viele verbüßten Gefängnisstrafen wie Joan Baez, Kay Boyle und andere. Sie entwickelten phantasievolle Protestformen wie etwa das »Umgarnen des Pentagon«.

In der Bundesrepublik kam es, als die drohende Mannschaftslücke in der Bundeswehr offenbar wurde, zur Aktion »Wir sagen nein«, nämlich zum Dienst in der Bundeswehr. Prominente Frauen begründeten ihr Nein öffentlich: Die Gemeinschaftsleistung von Frauen sei die lebensspendende des Gebärens, nicht die vernichtende des Tötens. Die Einbeziehung von Frauen verstärke die Militarisierung einer ohnehin übermilitarisierten Gesellschaft, in der der Primat der Politik immer mehr hinter militärischem Denken zurücktrete. Ohne Frauen seien Kriege nicht führbar, sie bildeten die Reservearmee in der Rüstungsindustrie. (1942 ca. 60 Prozent eines entsprechenden Jahrganges, von den restlichen 40 Prozent waren 36 Prozent bei der Wehrmacht eingesetzt. Im Jahre 1943 waren 30000 Frauen im Flugmeldedienst, 25000 in den Flakbatterien dienstverpflichtet.) Keine dieser Frauen sah hier einen Weg in die Emanzipation. Schon die Regelung der Notstandsgesetze, Frauen im

Spannungs- und Verteidigungsfall zu Dienstleistungen zu verpflichten, begegnete ihrem starken Widerstand.

Das Argument, Frauen sollten sich mit ihrer Verweigerung nicht vor Gefahren drücken, sticht nicht mehr, seit die Gefahr für die Zivilbevölkerung mindestens so groß ist wie bei der kämpfenden Truppe. Von den 20 Millionen Kriegstoten seit 1945 waren zwei Drittel Zivilisten (Mediatus). Doch muß auch gesagt werden, daß nicht alle Frauen diese Ansichten teilen, ja daß – wohl vor allem infolge ihrer verzweifelten Berufssituation – nicht wenige zu irgendeiner Mitarbeit in der Bundeswehr bereit wären. Eine solche wird bereits in mehreren Ländern praktiziert, in den USA aber offensichtlich rückläufig.

Das Friedensthema hat weltweit zur Politisierung von Frauen beigetragen, zum Engagement für ökologische, ökonomische und allgemein politische Probleme, vor allem zur Beteiligung an direkten Volksinitiativen, wie mit viel Erfolg in »COPS« in den USA. So wehrten und wehren sich Frauen heute gegen Rauschgifthändler in Rom, gegen die Mafia in Palermo, gegen das Verschwinden ihrer Angehörigen in Argentinien, gegen die Folter in der Türkei, gegen die Wiederinbetriebnahme von Harrisburg und gegen betrunkene Autofahrer in Florida. In den meisten europäischen Ländern stehen Frauen auch mit an der Spitze des Widerstandes gegen die Stationierung neuer atomarer Vernichtungswaffen.

Von ihren zahlreichen Aktivitäten in der Friedensbewegung im engeren Sinne, in lokalen Gruppen und in Friedenslagern, die unter beträchtlichen Entbehrungen über Monate aufrechterhalten werden, können hier beispielhaft nur einzelne erwähnt werden. Auffallend ist dabei, auch in den gemischten Gruppen, der Einfallsreichtum der Frauen, ihr zunehmendes Selbstbewußtsein und ihr geistiges Durchdringen der Thematik. Allerdings tun sie auch hier oft 80 Prozent der praktischen Arbeit, während das Auftreten nach außen, das Verhandeln mit den verschiedenen Gruppen und auch ein gewisses patriarchalisches Verhalten oft noch Sache der Männer ist. Doch betrachten wir einige typische Frauenaktivitäten in ihren Gruppen:

In Italien blockierten Frauen die US-Militärbasis Comiso. Sie richteten ein Dauerlager ein, wurden vertrieben und kamen immer wieder. Seit September 1981 bestand ein Frauenlager in Greenham Common, 80 Kilometer nördlich von London, gegen die dort zu stationierenden Marschflugkörper. 1984 sprach ein richterliches Räumungsurteil dem Eigentümer des Geländes den ungestörten Besitz zu und gebot den Abzug der Frauen. Seither demonstrierten sie dort wieder und wieder, am 22. September 1984 waren es zum Beispiel 1000 Frauen.

In der Nähe von Stockholm besteht ein Frauenlager. Von dort gehen täglich Märsche zur Stockholmer Konferenz für vertrauensbildende Maßnahmen. Die Frauen fordern, endlich mit Schlagworten und Verfahrensfragen aufzuhören und zu konkreten Initiativen überzugehen. Auch im Dauerlager Mutlangen, das seit September 1983 besteht, harrten vor allem Frauen – auch hier wie fast überall mit Kindern – aus. Sie nahmen die beschwerliche Winterwitterung in Kauf.

Gelegentlich kommt es zu militanten Aktionen. So im Hunsrück-Dorf Hasselbach, wo bald 96 Marschflugkörper stehen sollen. Dort gab es vom Frauenlager aus nach den Manövern ein Happening am Stacheldraht mit Küchensieben, Gardinen, Tarnnetzen, Kriegsbemalung aus Ruß und Schminke, Trommeln auf Töpfen und Fässern – unter wilden Tänzen und mit Gemälden auf Bettlaken. Die Frauen stiegen auf die andere Seite des Zauns, tanzten dort Freudentänze und verunsicherten, wie die Zeitungen schrieben, die Polizei durch diese »spielerische Art der Demonstration«. Ob solche phantasievollen Aktionen Erfolg haben, ist in der Friedensbewegung umstritten. Die »normale Bevölkerung« erreichen sie offensichtlich kaum. Aber die weiß ja wohl auch nicht, daß dies eine vor dem 19. Jahrhundert durchaus gängige Form kollektiven Frauenprotestes ist; damals leisteten Frauen zum Beispiel bei Brotpreiserhöhungen Widerstand. In Deutschland allerdings spielten sie, wie alle Widerstandsformen, eine geringere Rolle als in Frankreich, Holland oder England.[4]

Die eindrucksvollste Frauengruppe ist die »Organisation der weiblichen Atomopfer« in Osaka, Japan.[5] Noch immer sterben dort Menschen infolge des ersten Atombombenabwurfes unter grauenhaftem Leiden, auch Nachgeborene, von denen keiner erwarten konnte, daß sie noch die Folgen zu tragen haben. Es kamen mißgebildete Kinder auf die Welt; doch auch scheinbar gesund geborene starben in der Pubertät an Krebs, Leukämie, Anämie. Noch fünf Jahre nach dem Abwurf war es zu massenhaften Fehl- und Totgeburten gekommen. Die Frauen leiden an schweren Schuldgefühlen ihren belasteten Kindern gegenüber, obwohl sie nicht wissen konnten, was mit ihnen sein würde. Daß sie in den gemischten Gruppen über diese spezifisch weiblichen Ängste nicht sprechen konnten, veranlaßte sie zum Zusammenschluß in Frauengruppen. Sie stehen einander bei, setzen Rechte durch, klären auf. Sie sammelten bereits Millionen von Unterschriften gegen die japanische Aufrüstung und für ein totales Verbot von Nuklearwaffen. Sie zogen im Kindes- und Frauenjahr zu Internationalen Veranstaltungen wie beispielsweise zur Internationalen Liga für Frieden und Freiheit. Sie sagen, nie zuvor hätten sich Frauen so verantwortlich für das Los der Welt gefühlt.

In der Schweiz versucht eine Frau, die christdemokratiche Nationalrätin Eva Segmüller, durch Änderung des Strafgesetzbuches die Kriminalisierung von Wehrdienstverweigerern aus Gewissensgründen zu verhindern, nachdem alle Volksentscheide, die ja vor allem die männlichen Stimmbürger an die Urnen rufen, das nicht hatten durchsetzen können. Und in der Bundesrepublik erregte 1984 die weibliche Vorsitzende der ÖTV, Monika Wulff-Matthies, Aufsehen mit einer besonders engagierten Rede für Frieden und Abrüstung und mit ihrem Aufruf zu einer eindeutigen Zusammenarbeit der Gewerkschaft mit der Friedensbewegung.

Bei den großen Friedensdemonstrationen sind es nicht selten Beiträge von Frauen, die besonders eindrucksvoll sind. So Dorothee Sölle, die nicht müde wird, auf den Zusammenhang zwischen Rüstung und Hunger in der Dritten Welt hinzuweisen; so in Bonn 1983 die Engländerin Lyn Jones vom Lager Greenham-Common und 1984 Jutta Dahl aus dem Hunsrück mit ihren detaillierten Schilderungen über das, was dort waffentechnisch geschieht, so schließlich auch Antje Vollmer als Sprecherin der Grünen im Bundestag. Immer wenden sich die Frauen vor allem gegen die Gewöhnung an den Schrecken und die daraus folgende Resignation.

Hat der intensive Einsatz von Frauen gegen Krieg und Rüstung geschlechtsspezifische Gründe? Geben Frauen der Friedensbewegung besondere Impulse?

Frauen haben als erste offen und deutlich gesagt, daß sie Angst haben vor der Kriegsbedrohung, für sich und ihre Kinder. Sie haben den Mut gehabt, in das Gespräch über den Frieden Emotionalität einzubringen. Und sie haben – mehr noch als Männer – wohl von ihrem zentralen Lebensengagement aus betont, daß es nicht genügt, an der Abrüstung der Waffen, am technischen Apparat zu arbeiten, sondern daß es darauf ankommt, im Zusammenleben andere Formen friedlicher Konfliktlösungen, eine von unten wachsende Friedenskultur zu entwickeln. Das ist inzwischen – bis auf einzelne spektakuläre abenteuerlustige Provokationen und verzweifelte Ausbrüche von Wut und Hilflosigkeit – im ganzen der Stil der Großdemonstrationen und Friedenslager geworden. Natürlich geschah das nicht ausschließlich unter dem Einfluß von Frauen, aber doch wohl von Frauen mit eindeutiger Priorität betont und gelebt im Sinne des Eppler-Zitates: »Wo Krieg ein anderes Wort für Tod wird, muß Frieden ein anderes Wort für Leben werden.«

Könnte das, was Frauen hier vor allem einbrachten, etwas sein, was ihrem Wesen – ich meine ihrer biologischen Disposition oder ihrer spezifischen Sozialisation – entspricht? Man kann beides wohl nie wirklich trennen. Aber wie immer es zustande kommen mag, es scheint, daß Frauen in ihrem Denken unkonventioneller und konkreter sein können als Männer und daß sie gerade auch deshalb in so großer Zahl zu den Grünen und zur Friedensbewegung stoßen.

Fragen wir zunächst relativ vordergründig: Könnte es sein, daß Frauen, ungeachtet der Tatsache, daß sich viele von ihnen – noch? – dem Zeitstrom anpassen, durch ihre Lebensaufgabe vom strategisch-technischen Denken weggeführt werden, welches das heutige Zusammenleben so zentral und beängstigend bestimmt? Dann wären es die Auswirkungen ihrer unmittelbaren Lebenssituation, die ihnen neue Zugänge zu politischen und vor allem sicherheitspolitischen Problemen nahelegen.

Ich möchte nicht die von gewissen Leuten überstrapazierte »Mütterlichkeit« anführen. Doch es muß wohl etwas dran sein, daß auch traditionell gebundene Frauen oft gerade zu Krieg, Rüstung und Frieden eine eigene und sogar radikale Haltung finden.

Man denke an die existentielle Betroffenheit von Frauen durch ihre physische Verbundenheit mit dem werdenden und dem sich – vor allem in der symbiotischen Phase – entwickelnden Kindesleben. Und man muß dabei nicht von der bürgerlichen, auch von Freud übernommenen gesellschaftlichen Rollenverteilung ausgehen, nach der die Frau die Interessen der Familie und des Eros im weitesten Sinne, also das Leben durch Sorgen und Pflegen, arbeitsteilig vertritt, auch dann noch, wenn das den Notwendigkeiten dieser Arbeitsteilung nicht mehr entspricht.

Doch denken wir an das Los der japanischen Frauen, die durch den Krieg dazu verurteilt wurden, mißgebildete, lebenslang benachteiligte und frühsterbende Kinder zur Welt zu bringen und sie mit dem Einsatz aller Kräfte, so lange wie nur irgend möglich, einem kaum erträglichen Leben zu erhalten. Und dieses Los begegnet, unter den heutigen Umweltbedingungen, zunehmend mehr Müttern, auch außerhalb unmittelbarer Kriegszonen, wobei diese Entwicklungen ja durchaus erkennbar auch etwas mit Kriegsrüstung zu tun haben. Neben solchen existentiellen Beanspruchungen findet wohl die Mehrzahl der Frauen, soweit sie sich überhaupt zum Nachdenken entschließt, in der Tat nur wenig Verständnis für machtpolitische Kalküle, für militärische Aufmärsche, selbst neueren Stiles – wie bei den Erinnerungsfeiern 1984 in der Normandie. Früher sahen sie das, wenigstens gelegentlich, mit verzeihendem Lächeln, doch zunehmend mehr begegnen sie ihm mit angewiderter Abwehr – »Männerspielzeug«. Zunehmend mehr sehen aber auch Männer sich durch das alles angewidert, wenn auch längst nicht in der Breite wie Frauen, wie noch immer viele Stammtischgespräche über die Abenteuer des letzten Krieges zeigen. Freilich muß ich einschränkend auch auf das von mir selbst erlebte Verhalten von Frauen bei Naziaufmärschen hinweisen, auf dieses deutlich nach sexueller Frustration schmeckende, hysterische Verhalten angesichts dieser geballten Männlichkeit. Doch es scheint, daß Frauen im ganzen die Lektion des letzten Krieges rascher und gründlicher gelernt haben, auch weil sie an den Folgen – siehe Japan – besonders lange zu tragen haben.

Als neue Erfahrung, besonders junger Frauen, kommt wohl die Emanzipationsbewegung hinzu, die ihnen nahelegt, sich und ihre Stellung in der Welt neu zu bestimmen, und eine neue Nachdenklichkeit über die Welt und die eigene Aufgabe in ihr an den Tag legt. Die neue Emanzipationsbewegung unterscheidet sich von den früheren ja darin, daß Frauen sich ihrer Eigenart stärker bewußt werden, daß sie zu ihr stehen und danach streben, sie als Wert mit neuem Selbstbewußtsein in das allgemeine Geschehen einzubringen. Auch ihre besondere Verantwortung für die kommende Generation bekommt eine selbstbewußtere Dimension, die nicht mehr sich und die Kinder versteckt und das als zweitrangig ansieht, was doch in Wirklichkeit erstrangig ist.

Wenn Frauen ihre eigenständige Rolle in der Gesellschaft erst dann finden konnten, als die Herrschaft nicht mehr vorwiegend auf Körperkräften beruhte, so empfinden sie nun die Methoden der Gewaltlosigkeit als die ihnen eigentlich zugeordneten. Und so liegt dann auch ihr spezifischer Mut in der Zivilcourage, gelegentlich sogar bis zur Unvernunft.

So spricht die neue Frauenliteratur von einer spezifisch-weiblichen Realität, die nicht so schwülstig einherkommt wie die »mütterliche« Variante, die aber eben auch nicht zu einer des »anderen« (abgeleiteten) Geschlechts« gemacht werden kann. Es geht nicht um das genetische Programm der Fortpflanzung, sondern um den Wunsch nach »Fruchtbarkeit und Kreativität« als weiblichem Beitrag zur Verbesserung der Welt, der eine andere Bedeutung als »Mütterlichkeit« im alten Sinn hat und der den sich oft tödlichen Konsequenzen öffnenden Energien der Männer entgegengesetzt werden könnte mit der Frage: »Was können wir besser als Männer?«

Da die Frage, wieweit eine menschliche Ausprägung aus der Anlage und wieweit sie aus der Sozialisation, also der kulturellen Entwicklung, stammt, klar nicht entschieden werden kann, sind zunächst Erklärungen aus der letzteren heranzuziehen. Und da behaupten Psychologen zum Beispiel, daß Mädchen in ihrer Frühentwicklung ein ernsthaftes, spezifisches Problem haben: Um sich aus der symbiotischen Phase mit der Mutter zu befreien, braucht das Kleinkind den Vorgang der Ablösung mit einem gewissen Maß an Aggressivität gegen die Mutter. Dem Jungen steht dabei die Identifikation mit dem Vater zu Hilfe. Das Mädchen muß sich gleichzeitig ablösen und mit der Mutter identifizieren. Dieser Konflikt – hier natürlich vereinfacht dargestellt – hat zur Folge, daß Mädchen bei ihrer Rollenfindung einerseits diffuseren Situationen begegnen und ihnen deshalb die Entwicklung zur Autonomie schwerer fällt; da ihnen jedoch dafür eine »integrierte Empathie« gewährt wird, haben Frauen vor allem Probleme mit der Individuation und weniger mit Beziehungen, während Männer ihre Männlichkeit durch Ablösung gewinnen und dann Schwierigkeiten mit Beziehungen haben. Die amerikanische Wissenschaftlerin Carol Gilligan hat dies anhand eigener Untersuchungen und der Analyse anderer Studien überzeugend herausgearbeitet.[6]

Aufgrund ihrer Entwicklung definieren sich Männer und Frauen unterschiedlich; erstere durch Leistung, logische Lebenshaltung in bezug auf Ansprüche, Rechte, Pflichten, Ideen; Kontakte sind mit der Entwicklung zur Identität nicht entscheidend verbunden, werden oft sogar als Einschränkung empfunden. Frauen definieren sich vor allem durch menschliche Beziehungen und eine dort verankerte Ethik. Sie entwickeln andere

Vorstellungen von Reife, die sich auf Verantwortung, Fürsorglichkeit und Gewaltlosigkeit beziehen. Ähnliche Vorstellungen sollen sich bei Männern, wenn überhaupt, durchweg erst in einer späteren Lebensphase entwickeln.

Das Problem der Frauen besteht nun vor allem darin, daß die männliche Art als Norm gesetzt und das weibliche Verhalten demgegenüber als unreifer, unfähiger beurteilt wird. Heute begreift man zunehmend, daß es sich um unterschiedliche Einstellungsweisen auf gleichem Niveau handelt und daß beide Arten für sich betrachtet und für die Lebensbewältigung gleichberechtigt eingesetzt werden müssen.

Psychologische Untersuchungen bei Kindern zeigen, daß Mädchen sich im Schnitt schwerer als Jungen tun mit der Anpassung an technische Zweckrationalität. Dem entspricht bereits ihr Spielverhalten. Carol Gilligan zeigt, daß Jungen/Männer mehr auf objektive, Mädchen/Frauen mehr auf subjektive Entwicklungselemente eingestellt sind. Auch stellten Mädchen/Frauen sich eher selbst infrage und neigten dazu, ihre Vorstellungen anderen, sozial-gängigeren unterzuordnen. Doch immer nahmen sie zunächst Bedacht auf Beziehungen und Verantwortungen. Auch reife, männliche Sichtweisen zeigten eine in erster Linie objektiv-logisch-analytische Grundhaltung, die der Frauen eine kommunikativ-verantwortungsbezogene. Hier ist leider nicht Raum genug, die sehr interessanten, einzelnen Antworten darzustellen.

Als Beispiele dienen Gilligan zwei Mythen: Abrahams Bereitschaft, seinen Sohn als Beweis seines abstrakten Gottesglaubens zu opfern, und der Verzicht der Mutter bei Salomon auf die Wahrheit, um ihr Kind zu retten. Bei großen Männern wie Ghandi, Luther, Pestalozzi, Rousseau weiß man, daß sie oft in Distanz zu ihren Nächsten lebten, sie bewiesen sich durch Leistung. Bei großen Frauen scheint das seltener zu sein, offenbar verschmelzen Identität und Intimität leichter. Ein Beispiel dafür mag Rosa Luxemburg sein, die ihre harten politischen Auseinandersetzungen mit großer persönlicher Nähe und Wärme verband.

Doch gerade deshalb sind Frauen auch im Leistungsverhalten gefährdeter und im persönlichen Bereich verletzlicher. In der Arbeit von Gilligan wird deutlich: Gewalt- und Konkurrenzdenken spielt bei Männern eine weit größere Rolle als bei Frauen. Diese suchten zum Beispiel in den Bilddeutungen vor allem Harmonie herzustellen und Verletzungsvorstellungen zu vermeiden. Ängste entstanden, wenn sie verantwortungslosem Streben nach Autonomie und daraus folgenden Verletzungen anderer begegneten. Die Frauen legten weniger Gewicht auf formale Logik, Fairneß und Gerechtigkeit, in ihren Entscheidungen beharrten sie vor allem auf den konkreten Inhalten einer Situation. Sie waren deshalb oft unsicherer, hatten keine abstrakten Richtlinien über das, was falsch oder richtig ist.

Auf solche Verhaltensweisen bezog sich wohl von jeher die Vorstellung, daß Frauen vor allem aus ihrem »Instinkt« heraus lebten. Was aber ist Instinkt? Ist es vielleicht eine besonders rasche Synthese logischer Schlüsse? So jedenfalls sah es der amerikanische Philosoph H. L. Mencken in seinem eher etwas zynischen Buch ›In Defense of Women‹ vor etwa 60 Jahren. Mencken hält Frauen den Männern an kühler Nüchternheit und Realitätsnähe für überlegen. Sie gingen mehr von den konkreten Lebenssituationen aus, durchaus zunächst nur zum eigenen, übertragen dann aber zum allgemeinen Nutzen, und gerade das führe zu ihrer kühlen Nüchternheit. Über die weibliche Haltung zum Krieg schreibt er: »Women are nearly always against war in modern time, for the reasons brought forward to justify it, are usually either transparently dishonest or childishly sentimental and hence provoke their scorn.«

Die Auseinandersetzung zweier verschiedener, gleichberechtigter und gleichintelligenter Denkweisen mit der Realität beschreibt Ellen R. Köberer.[7] Die Zweckrationalität, von der enorme wissenschaftliche Erfolge erwartet werden – Alfred Nobel schrieb an Bertha von Suttner: ». . . meine Fabriken werden dem Krieg vielleicht eher ein Ende bereiten als Ihre Kongresse« – und der auch das Eindringen in die sozialen Strukturen, ja in die persönlichen Beziehungen gestattet wurde, hatte auch schwerwiegende Nachteile zur Folge: zunehmende Abhängigkeit von technischen Hilfsmitteln, Abkehr von der vitalen Wirklichkeit zugunsten abstrakten Bücherwissens, falsche Sicherheitsgläubigkeit und Verlust kreativen Handelns, wie Ellen Reinke Körberer aufgezeigt hat.

Notwendig für menschliche Handlungsfähigkeit sei deshalb eine Integration beider Denkweisen: Ordnung der gesammelten Informationen und Erneuerung kreativer Denkfähigkeit, Befreiung aber von allen Computersystemen zum Beispiel in Medizin und Sicherheitspolitik. Zitat: »Nur Rückgängigmachen der Reduktion kollektiver und individueller Subjektivität auf das sequenz-analytische Denken kann uns aus dem selbstgeschaffenen Regelkreis, aus dem scheinbar geschlossenen System von Sachgesetzlichkeiten heraushelfen. Diese Arbeit fängt bei jedem selbst an.«[7]

Wenn wir uns nochmals an die Erfahrungen von Carol Gilligan erinnern, könnte es sein, daß Frauen sich einen größeren Rest vom synthetischen Denken erhalten haben und daß auch deshalb die Verbindung von »männlichem« und »weiblichem« Denken notwendig wäre? Eva Senghaas sagt, die sich neu orientierenden Frauen sprächen heute den Männern das Recht ab, militärpolitisch auch in ihrem Namen zu sprechen. Sie hätten andere machtpolitische Interessen für sich und ihre Kinder. Sie hätten auch nicht vergessen, wie sie, nachdem in Kriegsnotzeiten ihre Hilfe gebraucht wurde, anschließend wieder ausgeschlossen und auf ihre »eigentliche Rolle« verwiesen wurden, gelegentlich mit der Begründung, »richtiges Bürgerrecht« beruhe auf der Verteidigungsbereitschaft auch mit Waffen. Ein neues Selbstbewußtsein macht ihnen klar, daß dieses ein untergeordnetes Bürgerrecht ist, daß das eigentliche im Suchen nach politischen Lösungen liegt. Und so haben, wie auch Eppler bestätigt, »noch nie so viele Frauen an der politischen Willensbildung teilgenommen; und das kann kein Politiker mehr rückgängig machen.«

Das ist letztlich deshalb mit besonderer Rasanz geschehen, weil die Diskussion um Krieg und Frieden immer mehr eine Frage von Militärtechnik geworden ist. Und dieses Spiel mit einer immer komplizierteren Technik scheint seither zum Selbstzweck geworden zu sein. Extrem deutlich wird das meines Erachtens bei den Überlegungen zum Weltraumkrieg. Gerade davon werden Frauen kaum angezogen. Technischer Verstand gegen humane Vernunft? Dazu Christa Wolf in der ›Süddeutschen Zeitung‹ vom 21. März 1983: »Die Hälfte aller Menschen, die in einer Kultur leben, haben von Natur aus keinen Anteil an den Hervorbringungen, in denen sie sich erkennt. Also auch an keinen Gedanken und Produktionsexperimenten, die ihren Untergang betreffen. Tatsächlich: in den Forschungen für die Waffen unserer Zeit, an der Entwicklung der Technik für sie, an der Planung ihres Einsatzes und an der Befehlsgewalt über sie hat keine einzige Frau Anteil.«

Also null Beteiligung an der das Militär betreffenden Politik? Ja, in der Tat, nicht an dieser! Und das, um es nochmals zusammenzufassen, nicht aus der »mütterlichen Variante«, wie sie uns aus den Programmen des Familien- und Sozialministeriums und den Entschlüssen der christlichen Sozialausschüsse entgegenschallt. Dort wird der unter Männern und Frauen spürbar werdende Wunsch nach mehr Emotionalität, nach größerer Bedeutung von Beziehung und Zärtlichkeit bereits wieder politisch vereinnahmt, indem die »Mütterlichkeit« wieder im wesentlichen in den Rahmen der Familie verwiesen und so wieder dieser »weibliche« Einfluß dem gesellschaftlichen Leben entzogen wird.

Gerade um den aber geht es, wenn versucht wird, die von Frauen möglicherweise zentral erlebte »Ethik von Zuwendung und Verantwortung« in das politische Gesamt- und also auch Sicherheitsgeschäft einzubringen: als Beziehungsgeflecht statt hierarchischer Ordnungen und als Notwendigkeit gemeinsamer Zukunftsgestaltung zu einer, wie Dorothee Sölle es ausdrückt, »Mobilmachung für das Leben«, gegen Kriegsgefahr durch Wettrüsten, gegen die Vergeudung der Weltressourcen und gegen die Preisgabe der heute noch Dritten, bald der ganzen Welt an den Hunger.

An diese Stelle gehörte nun noch eine Erörterung der Friedenspolitik, an der sich Frauen besonders intensiv beteiligen könnten. Jeane Baker Miller erwartete schon 1976 aufgrund ihrer Untersuchungen über das Verhalten von Frauen »Impulse für eine Abkehr von den gefährlichen Verhaltensmustern der Gegenwart, wo Selbstgefühl nicht mehr mit dem Glauben an die Wirksamkeit der Aggressivität, sondern mit Einsicht in die Notwendigkeit verbunden« sei. Konkret politisch wäre das etwa die Schiene von Egon Bahrs Sicherheitspolitik durch Sicherheitspartnerschaft und die von Epplers »Erziehung zum Frieden«, die vor allem die gegnerischen Positionen und Ängste in die eigenen Überlegungen einbezieht.

Zu längeren Ausführungen reicht die Zeit nicht. Da von solchen Ansätzen wohl auch in den anderen Beiträgen hier die Rede ist, möchte ich mich auf einige, für unser Thema besonders wichtige Gesichtspunkte beschränken, die für Frauen nach dem bisher Gesagten im Vordergrund stehen und die sie mit der gesamten, auch internationalen Friedensbewegung verbinden. Sogar in diesem Zusammenhang könnte es sein, daß bei Männern wiederum das nun friedenspolitisch reformierte, technisch-analytische Moment (etwa bei Mechtersheimer) und bei Frauen mehr das kommunikativ-beziehungsbezogene (etwa bei Sölle) überwiegt. Nur: Beide müssen gleich ernstgenommen werden.

Der Primat der Gewaltlosigkeit wird von beiden Denkansätzen verlangt. Unter anderem entspricht sie auch den Grundbedürfnissen unserer Bevölkerung, die immer mitbedacht werden müssen! Erst das hat die Friedensbewegung in unserem Lande sich so breit entwickeln lassen. Für Frauen vor allem folgte von Anfang an aus diesem Prinzip die Aufgabe der Friedenserziehung, so wie sie zum Beispiel in den Friedenscamps unter starkem Einfluß der Frauen praktiziert wird. Auch daß die ehemals verpönte Scheu, Gefühle zu äußern, aufgegeben wurde, kann man vielleicht weitgehend auf die Frauen zurückführen. Diese Befreiung erlaubt es, ohne Sentimentalität zu seinen Gefühlen zu stehen, und das macht meines Erachtens den Charme der Friedensbewegung aus. Sie könnte, ausgehend von der Antiraketenbewegung des Herbstes 1983, eine Wende zu neuen Inhalten des Zusammenlebens überhaupt herbeiführen.

Daß im Interesse des Überlebens moralische Ansprüche an die Stelle von Machtansprüchen treten müssen, wurde von einem Mann, dem ehemaligen UNO-Botschafter Joung und schwarzen Bürgermeister von Atlanta/USA ausgesprochen. Das kommt der Denkweise von Frauen besonders entgegen. Auf politisches Verhalten bezogen, bedeutet es, daß das bisherige Sicherheitsdenken, das vor allem offiziell als militärisches Problem gesehen wurde, zu einem in erster Linie politischen Problem wird. Auch das müßte allerdings neue Inhalte bekommen: human bezogene Ernsthaftigkeit und Wahrhaftigkeit statt Politikmüdigkeit verbreitende Heuchelei und Lüge zur bloßen Legitimationsbeschaffung. Statt der ständigen Erörterung von immer noch mehr »Sicherheit« muß es um die Entwicklung der Strategien für Problemlösungen gehen, an die sich Bewußtseinsbildung und Friedenserziehung anschließen können.

Nur so könnte wohl auch die große Masse des jetzt zum Teil resignierenden Volkes, das zu 70 Prozent gegen die Stationierung der Mittelstreckenraketen eingestellt war, wieder versöhnt und reaktiviert werden. Die Bundesrepublik wurde – mit Hilfe immer wilderer »Bedrohungsanalysen« – zum wichtigsten militärischen Stützpunkt der USA gemacht. Die offizielle Politik wehrt sich nicht dagegen, ja, sie scheint stolz auf diese Rolle im westlichen Bündnis zu sein. Doch wer so gerüstet dasteht, der wird rasch ins Handeln hineingezogen. Ich habe zwei Kriege in Europa erlebt. Der erste wurde mit unermeßlichem Leichtsinn und Dummheit, der zweite mit skrupelloser Bösartigkeit, beide um leerer Machtpolitik willen begonnen. Das ist 70 beziehungsweise 45 Jahre her. Ist die Welt inzwischen klüger geworden? Könnten Hiroshima und der Appell der japanischen Frauen noch helfen, die Katastrophe zu vermeiden? Könnte eine größere Sensibilität von Frauen für friedensentscheidende statt für militärische Tatsachen helfen, einen direkteren Zugang zu politischem Nachdenken zu vermitteln?

Doch erspart werden kann auch den Frauen die Beschäftigung mit den sogenannten sicherheitspolitischen Fakten und Plänen nicht, denn an den Weichenstellungen, auch auf diesem Gebiet müssen sie von ihren Prämissen aus beitragen.

Daß es höchste Zeit wird, allerletzte vielleicht, wissen wir seit langem. Nichts hat mir das persönlich noch einmal so dramatisch zum Bewußtsein gebracht wie die Lektüre eines Beitrags von Wilhelm Bittorf im ›Spiegel‹ über den Abschuß der koreanischen Verkehrsmaschine am 1. September 1983. Wie labil, wie – unter allen Aspekten – absolut überfordert ist jede Sicherheitsgarantie angesichts der Situation an der Ostgrenze der Sowjetunion mit dem dort angehäuften schwersten russischen Waffenarsenal und den pausenlosen Ausspähungen durch die andere Supermacht und ständigen gegenseitigen verantwortungslos provozierenden Aufreizungen! Es erscheint fast als ein Wunder, wenn nicht viel mehr passiert, wobei unbestritten ist, daß die Kriegsschwelle heute höher liegt als 1914. Doch irgendwann muß hier menschliches und technisches Versagen fast zwangsläufig zum großen Schlagabtausch führen.

Überlegenheitsstreben auf der einen Seite – eben jenes Machtkalkül, das vielen Frauen so unverständlich ist – in einem Volk, das nie einen Krieg im eigenen Lande erlebt hat, und paranoisches Angstverhalten auf der anderen Seite in jenem Volk, das allzu oft fremde Truppen auf dem eigenen Boden hatte, furchtbar zerstört wurde und seine riesigen, offenen Grenzen von gegnerischen Ausspähern umstellt weiß; beide Seiten geführt von einer säbelrasselnden, patriarchalischen Führungsschicht, die vom Leben des Volkes weit entfernt ist oder meisterhaft auf dem Klavier der Manipulation spielt. Das sind katastrophale Bedingungen. Hat nicht Eisenhower, wie Mechtersheimer zitiert, gesagt: »Die Regierungen werden weiterrüsten, bis die Völker sie daran hindern.« Er mußte es wissen.

Unter den Konzeptangeboten, mit denen wir uns auseinandersetzen, für die wir uns entscheiden und für die wir überzeugen müssen, gibt es einige, die dem bisher über Frauen Gesagten, am nächsten stehen: Da sind vor allem das strikte, angriffsuntaugliche Defensivkonzept und die entsprechende Umrüstung. Gefordert wird es auch von der ostdeutschen Friedensbewegung. Es umfaßt unter anderem die Aufstellung eines Volksheeres für die Heimatverteidigung, um einen eventuell eindringenden Gegner aufzuhalten und ihn, zusammen mit zivilem Widerstand und mit den dafür geeigneten Waffen, überall zu treffen. Nuklearwaffen sind für einen solchen Gegner ungeeignet, der ja kein verseuchtes Gebiet erobern will. Am Anfang der Verwirklichung steht »freeze«, dann folgt die schrittweise Beseitigung der Atomwaffen. Nach Jonathan Schell läßt ihre Beseitigung notwendigerweise das Know-how für erneute Produktion bestehen, wenn Abschreckung immer weiter für notwendig angesehen wird.[8]

Jedoch ließe diese Form der Abschreckung Zeit für politisches Verhandeln, anders als bei der jetzigen Vorwarnzeit nur von Minuten. Auch ein Überraschungserstschlag, den heute beide Seite fürchten, wäre unmöglich. Problem und Risiko bleiben bestehen, doch – so auch Mechtersheimer – ist das Risiko bei der Beseitigung geringer als das der Beibehaltung, besonders bei multilateraler Kontrolle. Dieser Weg führt weg von der heute alles beherrschenden Frage der Überlegenheit, bei der sich nahezu alles Verhandeln erschöpft und bei der fast nur gelogen wird. Aber – wäre dieser Weg realistisch?

Vor allem müssen das heute offenbar bereits als NATO-Doktrin akzeptierte »Air-Land-Battle«-Konzept und das »Star-War«-Programm (SDI) beseitigt werden, die beide, auch nach Mechtersheimer, eine ursprüngliche Kriegsverhütungs- in eine Kriegsführungsstrategie verwandeln.

Und es müßte eine Stärkung der europäischen Kraft in den beiden Bündnissen erreicht werden, wobei das Verlassen der Bündnisse zur Zeit wohl unrealistisch, vielleicht sogar unklug wäre. Anzustreben wäre eher der Abzug der Blocktruppen und eine intensive Entspannungspolitik in Europa mit dem Ziel größerer Eigenständigkeit, notfalls, wenn das diesem Ziel dienen würde, unter Einschluß der staatlichen Anerkennung der DDR.

Keineswegs aber – und das muß noch kurz hinzugefügt werden – darf der Kampf gegen die A- und C-Waffen zu einer Verharmlosung des sogenannten konventionellen Krieges führen. Der Zweite Weltkrieg war grauenhaft genug, kostete 50 Millionen Menschenleben und vernichtete ganze Landstriche und Städte; der nächste wäre viel grauenhafter und – abgesehen von der Verstrahlung, die einen Nuklearkrieg allerdings absolut vernichtender sein läßt – ähnlich zerstörerisch wie ein Atomkrieg. Der Aufruf der NATO zur Verstärkung der konventionellen Rüstung erinnere an die Sirenenklänge in der Odyssee, sagte irgend jemand. Zweifellos würde auch er in Europa in einem Nuklearkrieg enden, wie auch sicher jeder anderswo ausbrechende Krieg sich ausweiten würde. Zur Zeit haben wir auf all das so gut wie keinen Einfluß. Die Lösung kann nur der Abbau aller Angriffswaffen auf beiden Seiten sein.

Vergessen wir nicht, daß – während unsere Wälder dahinsiechen, unsere Kinder durch verpaßte Investitionen gesundheitlich bis zum Tode gefährdet sind und Millionen in der Dritten Welt Hungers sterben – wir uns den Wahnsinn einer Milliarden verschlingenden Rüstung leisten. Diese Erkenntnis – und sie prägt sich uns zur Zeit fast täglich ein – sollte eigentlich auch die grundsätzlich konservativen, sogar die emotional antikommunistischen Frauen überzeugen, die sich in besonderem Maße Verantwortung für das gegenwärtige und kommende Leben zuschreiben. Auch Freiheit ist ohne Frieden nicht zu haben. Es könnte ein besonderer Ansatz für die Frauen in der Friedensbewegung sein, andere Frauen wenigstens in diesem Punkt zu einer großen Frauen-Friedensbewegung zusammenzuschließen.

Nüchtern gesagt, geht es um den Ansatz einer allgemeinen, friedenspolitischen Aufklärung – da anzufangen, wo des anderen Bewußtsein steht. Das aber sieht in den verschiedenen Bevölkerungsgruppen verschieden aus. Frauen, die meist in engerer Beziehung zu ihrer häuslichen Umgebung leben, haben hier eine besondere, Sensibilität voraussetzende Aufgabe. Hinzukommen muß eine Koppelung von Aufklärung über die Bedrohung und gegen die Abschreckung (die von der Göttinger Friedensdiskussion bereits als Sünde gesehen wird) mit Alternativen von Aktivität, um gewaltfreie Formen des Widerstandes gegen den immer noch zunehmenden Wahnsinn der Aufrüstung und zur gegenseitigen Stärkung zu finden. Denn ohne solche Aktivität kann Angst und Verzweiflung zur Resignation führen, die fast ebenso verderblich sein kann wie unkritisches Mitmachen. Realistisch, aufklärend und aktiv – so müßten Frauen sich in die Friedensbewegung einreihen. Denken wir an den Appell Erich Kästners im Namen der toten Soldaten von Verdun: »Wir haben Dreck im Mund – ihr hört uns nicht.« Wir müssen sie hören! Für diese Ziele der Abrüstung gilt es in unserem Lande Bundesgenossen zu finden, die wahlentscheidende Mehrheiten bilden können.

Dorothee Sölle
Gottes Unilateralismus – eine Theologie des Friedens

1. Pax Christi oder Pax Romana – wir müssen wählen

Das Neue Testament handelt von zwei Arten von Frieden. Im ersten Satz der Weihnachtsgeschichte (Lukas 2) taucht der Friede des Kaisers auf: Steuerlisten, Eintragung, Volkszählung sind die Wörter, mit denen dieser Frieden beschrieben wird. Die Verwaltung des Römischen Reiches nimmt die unterworfenen Bewohner in den Provinzen unter Kontrolle. Was hier beschrieben wird, ist ein Herrschaftsakt; eine von verschiedenen Methoden, Menschen einer zentralen Gewalt zu unterstellen. Menschen werden »erfaßt«, wie das in der Sprache der Nazis hieß, registriert, bürokratisch verfügbar gemacht. Früher, wenn ich die Weihnachtsgeschichte hörte, habe ich das als sehr lästig, aber doch als harmlos angesehen; heute, wenn ich mir klarmache, was unsere Statthalter in Bonn mit ihren Computersystemen planen, habe ich Angst.

Man muß sich die Pax Romana vorstellen als ein in das Leben jedes Menschen eingreifendes Weltsystem, in dem die Menschen so gefangen sind wie wir heute unter der Pax Americana. Im Zentrum des »Friedens«, wie die Weltordnung auch damals genannt wurde, im geopolitischen Zentrum herrscht materieller Überfluß, maßlose Gier nach neuen Waren und Genüssen, moralische Korruption und seelische Leere und Empfindungslosigkeit. An den Rändern dieser Ordnung, in den beherrschten Provinzen herrscht unvorstellbares Elend, Mangel an den einfachsten Notwendigkeiten wie Wasser, Obdach, Arbeit und Bildung und dabei eine apathische Hoffnungslosigkeit. Diese beiden Seiten, das Zentrum und die Peripherie, bilden zusammen die Pax Romana, den römischen Frieden. In diese gespaltete Welt tritt Gottes Frieden hinein, aber nicht von oben.

Der andere Frieden beginnt in den entfernten Provinzen, bei den Verarmten, die ihre Hoffnungen längst begraben haben. Der neue, andere Frieden bringt die Armen von der Hoffnungslosigkeit zu der großen Freude, »die bald das ganze Volk ergreifen wird«. Er ist eine Nachricht vom anderen Leben für die, die unter der Pax Romana leiden. Diese Nachricht kommt durch Boten auch in das reiche und auf andere Weise todessüchtige

Zentrum. Auch dort ertönt die Botschaft vom anderen Frieden, der nicht auf Gewalt und Aufrüstung gebaut ist. Die Boten dieser Nachricht haben es nicht leicht, sie werden überhört, zum Verstummen gebracht, verfolgt und notfalls, wie Paulus, mitten im Zentrum der Macht von der Staatsmacht beseitigt. Es gibt viele Methoden, Menschen zum Schweigen und zum Kopfnicken zu bringen, aber wenn alles nichts hilft und die Wahrheit des anderen Friedens immer wieder durchsickert, dann schlägt die Staatsmacht, die sich durch die in unserem Text angesprochene Bürokratie gefestigt hat, erbarmungslos zu. Wir müssen lernen, den Kaiser Augustus und seine Finanzpolitik am Beginn der Geschichte Jesu in Verbindung zu sehen mit dem römischen Prokonsul Pontius Pilatus an ihrem Ende; es ist die gleiche Sicherstellung von Macht und Ausbeutung durch verschiedene Methoden, mal die Steuerlisten und mal die Folterspezialisten, es ist ein organisiertes System von Gewalt nötig, um den Luxus der wenigen im Zentrum abzusichern gegen die Bedürfnisse der vielen.

Da sind zwei Vorstellungen von Frieden im Spiel: der Gewaltfrieden Roms, der mit der Einschüchterung durch die Bürokratie beginnt, und der Frieden Gottes, der »auf der Erde« und »allen, die er liebt« gilt, vor allem und zunächst den Armen.

Man kann das Neue Testament nicht verstehen, ohne sich den Unterschied von Pax Romana und Pax Christi zu vergegenwärtigen. Wir können nicht beides haben, wir können nicht in unseren Herzen die Pax Christi haben, während die Pax Romana unseren Lebensstil und die Aufrechterhaltung der gegenwärtigen Weltordnung gewährleistet.

In meinem Geschichtsunterricht sprachen die Schulbücher von der planvollen und schönen Kultur unter der Pax Romana, niemand sprach von den Blinden, den Lahmen, den Krüppeln und den Kranken, denen man auf fast jeder Seite des Neuen Testaments begegnet. Meine gesamte Schulausbildung spiegelte die römische Propaganda wider, die die Unterwerfung anderer Völker als »Frieden«, die Ausbeutung »Ordnung« und die Gegner dieses Systems als »Terroristen« bezeichnete. Tatsächlich aber war der Terror ein zentrales Mittel zur Erhaltung dieser Art von Frieden. Jeder auf Militarismus basierende Frieden erhält sich durch Terror. Die ständige Tötungs- und Kriegsbereitschaft heißt im strategischen Vokabular »Abschreckung«. Aber das Wort Abschreckung enthält schon den Begriff »Schrecken«,

Terror. Die Mittel, die Welt unter der Herrschaft Roms zu halten, waren Steuerpolitik, wirtschaftliche Beherrschung, Preiskontrolle, Bespitzelung, Folter, Verhöre und Militarismus. Die Pax Romana war ein terroristisches System, das für den größten Teil der damals bekannten Welt ein Leben unterhalb des Existenzminimums und einen täglichen Überlebenskampf bedeutete.

Sehen wir uns in unserer eigenen Welt um, dann erkennen wir, daß in ihr gegenwärtig ein Krieg zwischen den Reichen und den Armen im Gange ist. Den vorsichtigsten Schätzungen zufolge fordert dieser Krieg täglich 15 000 ›Gefallene‹, sie sterben an Hunger und anderen heilbaren Krankheiten. Jene Bomben, die wir produzieren, um uns auf den Krieg vorzubereiten, fallen jetzt schon auf die Armen.

In dieser vergangenen Zeit bezeichnete die offizielle römische Geschichtsschreibung dieses System als »Frieden«, sie nannte Cäsar den »Friedensstifter«, wie auch auf den römischen Münzen zu lesen war. Jesus nahm dieses Wort »Frieden« denen weg, die es für ihren Zweck mißbrauchten, und gab es denen, die für einen anderen Frieden arbeiteten. »Selig sind die Friedensstifter«, sagte er zu den Frauen, den Fischern und anderem gewöhnlichem Volk. Es war nicht die Pax Romana, an die er dachte; für ihn hieß Frieden-Stiften nicht Terrorisierung des Volkes durch Militarismus.

Der Frieden Christi, die Pax Christi, ist gegründet in Gerechtigkeit. Es gibt keinen anderen Weg, wahren Frieden zu bekommen. Wir haben zu wählen, welche Art von Frieden wir suchen und für welchen wir arbeiten.

2. Die Bomben fallen jetzt

Die gegenwärtige Pax Romana basiert auf der Ideologie der Abschreckung. »Si vis pacem, para bellum«, wie es der römische Kriegsberichterstatter Flavius Vegetius Renatus nannte. Heute ist es notwendig, Geist, Logik und Praxis der Abschreckung zu überwinden.

Die Annahme, man könne für eine Zukunft planen und denken, arbeiten und zahlen, während man zugleich diese Zukunft verhindern will, ist nicht ein produktiver Widerspruch, sondern ein gewöhnlicher Selbstbetrug. Eine Lüge, die auf uns selber zurückschlägt. Ein militärischer Fachausdruck wie »politische Waffen« spricht diese Lüge aus. Als ob man Massenvernichtungsmittel, für die der altmodische Ausdruck »Waffen« etwa so angebracht ist, wie wenn man das in Auschwitz verwandte Gas Zyklon B eine »Waffe« nennen würde, erfinden, testen, in Produktion geben, an ihnen ausbilden und sie bedienen lernen könne, ohne daß dies alles reale Konsequenzen und »nur politische Bedeutung« hätte.

So einfach ist es mit der Dialektik der Zeit, in der wir leben, nicht: Die Zukunft, die wir entwerfen und willentlich planen, verändert unsere Gegenwart ohne unseren Willen. Die Zukunft ist die – projizierte, aber nichtsdestotrotz reale – Mutter der Gegenwart. Die Hemmschwelle beim Töten, die wir vorbereitend für die Zukunft herabmindern, fabriziert die gewaltförmigen Verhältnisse heute. Die militärische Aufrüstung diktiert die soziale Abrüstung, wie in den USA, wo jetzt ein Zustand der Rechtlosigkeit der Unterprivilegierten wiederhergestellt wird, wie es ihn vor Roosevelt gab. Das ist klar ersichtlich. Sie zerstört aber auch die anderen Lebensbereiche. Welchen Sinn kann eine Institution wie Schule haben, wenn Bundeswehroffiziere dort freien Zugang haben? Wie kann man im Gesundheitswesen arbeiten und sich zugleich im Katastropheneinsatz auf die Triage, die Selektion der Opfer in »nicht mehr«, »noch nicht« und zu behandelnde trainieren? Wie kann ein Minister, der berufsmäßig die Megatoten kalkulieren muß, am Volkstrauertag die Gedenkrede für die Opfer des Zweiten Weltkriegs halten?

Jede Form der Vorbereitung auf atomare Gewaltanwendung zerstört die, die sich »vorbereiten«. »I ain't go study war no more«, heißt es in einem alten pazifistischen Lied, und mit Recht: »study war« ist mehr als Vorbereitung für später oder nie. Es ist Einübung ins Erschießen, Herabsenken der Hemmschwelle, sich an die Möglichkeit der Katastrophe gewöhnen. »Thinking the unthinkable« ist nicht nur ein Planspiel für Generalstäbler, es muß immer mehr zur Erziehungsmaxime werden, wenn die Massenloyalität erhalten bleiben soll.

Die atomare Aufrüstung hat totalitäre Qualität, ähnlich Hitlers »totalem Krieg«. Das Massenspiel »Erschießen« braucht Konsens; den hat der ideologische Staatsapparat herzustellen. Abweichung in Betrieb und Schule, »zu viel Pazifismus« muß unterdrückt werden. Sollen wir den Wunsch, andere zu erschießen, als psychologische Folge der Aufrüstung bezeichnen? Aber der Ausdruck »Folge« hat in diesem Zusammenhang eine

Bedeutung wie die Nebenfolge eines Medikamentes in der Medizin: Der Patient geht leider an dem, was als »Nebenfolge« bezeichnet wird, zugrunde; unabhängig von dem, was die wissenschaftliche Nomenklatur als »Haupt«-Effekt angibt. Die Sicherheit, die die Aufrüster uns verkaufen, ist eben todsicher. Eine Kultur, die vom Militarismus beherrscht wird – in ihrer Wissenschaft, ihrer Technologie und ihrer Ökonomie –, hat zunehmend totalitäre Tendenzen. Für die politische Ideologie der »nationalen Sicherheit« darf man in Lateinamerika ungestraft foltern, bei uns darf man berufsverbieten, kriminalisieren und verleumden; ein Postbeamter, ein Mitglied der DKP, stellt ein »Verteidigungsrisiko« dar. Es ist aber klar, daß die Millionen von Menschen, die sich für den Frieden engagieren, zum Beispiel die 2,1 Millionen, die bis jetzt den Krefelder Appell unterschrieben hatten, ebenfalls ein »Verteidigungsrisiko« darstellen. Bei Fortsetzung der derzeitigen Politik müssen die innere Repression und der Abbau von Demokratie verschärft werden. Die Konservativen haben so unrecht nicht, wenn sie Sehnsucht zu einem Hauptcharakteristikum der Friedensbewegung machen. Freilich wissen sie kaum, was Sehnsucht ist und vermag; zwecks Miesmachung setzen sie »nur« oder »bloße« vor die Sehnsucht. Damit verkennen sie die religiöse Dimension, die die Friedensbewegung in der Tat hat. Sie verstehen nicht, daß die Menschen Gott suchen, wenn sie beginnen, »Widerstandsleute gegen den Tod« zu werden, wie ein religiöser Sozialist im 19. Jahrhundert, Christoph Blumhardt, die Christen nannte. Man kann Gott nicht suchen, während man sich vorsichtshalber auf den Massenmord vorbereitet.

Wir können unter der Herrschaft des Militarismus einander nicht wahrhaft lieben.

3. Christus lebt ohne Schutz

Jesus von Nazareth hat uns einen anderen Weg zu leben gewiesen.

Jesus hat ohne Schutz gelebt. Das ist keine Aussage des Glaubens, sondern eine schlichte Feststellung. Er hat auf den Schutz, den eine Familie bietet, verzichtet. Er hat den Schutz, den Eigentum herstellt, nicht gewollt. Er hat den Schutz der überlegenen Redekunst nicht angewandt, sondern geschwiegen. Er hat ausdrücklich auf den Schutz durch Waffen und Heere verzichtet. Als Petrus ihn bei der Gefangennahme verteidigen will, sagt er: »Stecke dein Schwert an seinen Ort! Denn alle, die zum Schwert greifen, werden durch das Schwert umkommen. Oder meinst du, daß ich nicht meinen Vater bitten könnte, und er würde mir sogleich mehr als zwölf Legionen Engel zur Seite stellen?« (Matthäus 26, 52f.). Eine Legion bestand in der Regel im römischen Heer aus 6000 Mann; die Zahl steht hier symbolisch für eine unermeßlich große Zahl. Wenn Jesus Schutz begehrte, so könnte er sich an Gott wenden und sich von Gott schützen lassen. Aber, er bittet Gott nicht um Schutz, er lebt und handelt ohne Schutz. Die Mächtigen behandeln ihn wie einen Gewaltverbrecher, von dem man den äußersten Widerstand erwarten muß, während er jeden Tag ohne Schutz und ohne Fluchtgedanken öffentlich im Tempel lehrte, wo er im hellen Tageslicht leicht zu greifen gewesen wäre. »In jener Stunde sprach Jesus zu der Menge: Wie gegen einen Räuber seid ihr ausgezogen mit Schwertern und Stöcken, um mich zu ergreifen. Täglich habe ich im Tempel gesessen, und ihr habt mich nicht festgenommen. Dies alles ist aber geschehen, damit die Schriften der Propheten erfüllt wurden. – Da verließen ihn alle Jünger und flohen« (Matthäus 26, 56).

Jesus lebte ohne Schutz. Als diese Schutzlosigkeit sichtbar geworden war, als er die natürliche Reaktion, nämlich zurückzuschlagen, wenn man angegriffen wird, zurückwies, als er es ablehnte, auf das Eingreifen der höheren Macht zu hoffen, da verließen ihn die Jünger und flohen. Schutzlosigkeit war für sie offenbar nicht zu ertragen: dann doch lieber Gewalt, dann doch lieber gerüstet sein, dann doch lieber zumindest drohen können.

Aber Jesus lebte ohne Schutz. Er ertrug die Schutzlosigkeit nicht nur, er wählte sie freiwillig. Er wählte, ohne Waffen zu leben, ohne Gewalt und ohne den Schutz, den Gewalt, auch angedrohte Gewalt, bietet. Jesus war nicht gerüstet, und er bemühte auch nicht die Rüstung anderer, um sich hinter ihr zu verstecken. Diese Schutzlosigkeit hat ihre eigene provokative Kraft.

Die Jünger Jesu haben eben das, diese Kraft, im Laufe des Prozesses erfahren. Sie haben dann eines Tages begonnen, diesen Menschen, der schutzlos, waffenlos und gewaltfrei unter ihnen lebte, »Sohn Gottes« zu nennen. Das bedeutete ein Ja zu dem Weg Jesu, ohne Waffen zu leben. Er ist der Sohn Gottes, hieß ja nicht: Er hat alle Waffen, alle Legionen, alle Drohungen, alle Vernichtungsmöglichkeiten um sich. Es bedeutet das Gegenteil von »Gott mit uns« auf den Koppelschlössern irgendeiner Armee.

Jesu Schutzlosigkeit, Jesu Gewaltverzicht als Ausgangspunkt dafür, ihn als Sohn, als Freund, als Erben, als Sichtbarmacher, als Realisator Gottes anzusehen, enthält auch ein anderes Verständnis von Gott als das unter uns übliche. Wenn die Jünger recht hatten, als sie ihn »Gottes Sohn« nannten, wenn diese Art sich auszudrücken, einen Wahrheitskern hat, dann muß auch das Wort »Gott« einen ganz und gar anderen Sinn haben als den, den wir gewöhnlich annehmen. Wenn Jesus der ist, der sein Gesicht nicht versteckt, dann kann auch Gott sein Gesicht nicht gut länger verstecken. Wenn Jesus gewaltfrei lebt und handelt, dann muß auch Gott ohne Gewalt auskommen. Wenn Jesus angstfrei geworden ist, dann muß auch Gott angstfrei werden, das bedeutet, auf Waffenmacht verzichten. Unter uns – ob wir an Gott glauben oder nicht – ist üblich, daß wir Macht anbeten, Stärke verehren, Gewalt befürworten, vor allem natürlich, wenn sie als Staats- und Polizeigewalt einherkommt. Weit tiefer, als wir ahnen, sind wir im Bannkreis der Gewalt. Leben heißt, sich nicht verstecken und ohne Schutz leben. Aber wir verstecken unser Gesicht vor den Verhungernden und zeigen ihnen statt dessen die Legionen von Vernichtungsmöglichkeiten, die wir bereithalten.

Als der gewaltfrei und schutzlos lebende Mann aus Nazareth von immer mehr Menschen als Sohn Gottes angesehen und auch so genannt wurde, da änderte sich auch das Verständnis von Gott. Im Johannesevangelium wird das so ausgedrückt, daß Jesus den unsichtbaren Gott kundmacht oder auslegt, das Wort, das da auftaucht, heißt »exegetisiert«. Jesus stellt die Exegese Gottes dar. »Keiner hat Gott je gesehen. Der eingeborene Sohn, der im Schoß des Vaters zu Hause ist, hat uns sein Geheimnis erschlossen.« (Johannes 1, 18) Christus hat Gott, den wir sehen wollen, aber nicht sehen können, sichtbar gemacht, so daß wir von neuem wissen können, wer Gott ist und wo wir ihn suchen wollen. Christus legt Gott aus als die Liebe, die sich selbst gibt.

Gott will sich selbst nicht schützen und unnahbar halten. Gott hat auf Gewalt und Eingreifen in der Art von Superherren verzichtet. Gott übt keine Gewalt. Gott hat abgerüstet in Jesus Christus. Gott begab sich schutzlos und ohne Rüstung in die

Hände derer, die immer nach mehr Schutz und mehr Rüstung schreien. In Jesus Christus verzichtete Gott auf Gewalt. Selbstverständlich tat er das einseitig und ohne darauf zu warten, daß wir zuerst die Waffen weglegen. Gott rüstete in Christus einseitig ab, er fing damit an. Er wartete nicht auf die anderen, die doch erst mal die Waffen weglegen sollen. Er fing an, in Christus unilateral, auf der eigenen Seite, auf Gewaltdrohung zu verzichten.

Vor kurzem sah ich einen protestantischen Kirchenführer im Fernsehen zu der Frage: »Aufrüstung oder Abrüstung, wo steht die Kirche?« Stellung nehmen. Er sprach im wesentlichen über militärische Notwendigkeiten und wurde von dem Reporter gebeten, doch einmal theologisch Stellung zu nehmen. Darauf erwiderte er, daß wir theologisch doch alle in einem Schuldzusammenhang stünden. Schuldig, so habe ich es im Gedächtnis, werden wir allzumal, ob mit oder ohne Waffen. Das erste also, was ihm zur Frage Theologie einfiel, war Schuld. Wenn protestantische Kirchenführer heute in Abrüstungsdebatten vor allem herausstellen, daß wir doch alle Sünder seien, so setzt das eigentlich eine Absage an Gott, der nicht droht und Gewalt übt, voraus. Wenn der wichtigste Inhalt des christlichen Glaubens die Sünde ist, nicht unsere Fähigkeit zu lieben, wenn das, woran wir eigentlich denken sollen in der Kirche und bei der Religion, unsere Ohnmacht und Schwäche, unsere Schuld und unser Immer-wieder-Versagen ist, dann sind die Weichen schon gestellt. Dann hat man die eigenen Ängste lieb, dann hätschelt man das eigene Sicherheitsbedürfnis, dann verneint man, daß Menschen friedensfähig sind, dann läßt man den waffenlosen Christus allein und läuft weg, wie die Jünger nach der Gefangennahme Jesu, als von Waffen und Schutz nichts mehr zu erhoffen war. Dann sucht man sich lieber andere Herren, die mehr Schutz und Sicherheit bieten. Der alte Kreislauf sieht so aus: schwach sein und sich schwach fühlen – Angst haben und darum andere das Fürchten lehren – sich sichern, das heißt, sich einmauern und sich verstecken, mitten im Panzer der Macht, mitten im Kontrollturm der Vernichtungsgewalt und wieder schwach sein und darum auf den Knopf drücken müssen.

Christus hat den Kreislauf von Schwäche, Angst, Schutzbedürfnis, Selbstsicherung und Gewalt durchbrochen, in dem wir noch immer leben. Es ist nicht wahr, daß du schwach bist, sagte er den Menschen. Du kannst, wenn du glaubst. Du bist stark, du bist schön. Du brauchst keine Festung zu bauen und dich dahinter zu verstecken. Du kannst ohne Rüstung leben. Weil du stark bist, kannst du dieses neurotische Sicherheitsbedürfnis weglassen. Du brauchst dein Stück Leben nicht wie ein Verrücktgewordener zu verteidigen. Du kannst, sagt Jesus, dein Leben aus Liebe zu den Armen verteilen. Der Mechanismus von der Schwäche über das Schutzbedürfnis zur Gewalt trägt nicht. Gott ist in dir, du brauchst dich nicht zu schützen, es ist möglich, ohne Gewalt und ohne Rüstung zu leben.

4. Gottes Einseitigkeit

Wo Gott durch Menschen handelt und Menschen als »Liebhaber des Lebens« leben, wie Gott es tut, da wirken sie mit an Gottes Werk, sie schaffen Gerechtigkeit und Frieden. »Ich bin gekommen, damit sie Leben und Fülle haben.« (Johannes 10, 10) Friedenschaffen in diesem Sinne hat die Qualität und den Charakter einer unilateralen Aktion; das Risiko, das zu jeder kreativen Handlung gehört, gehört dazu.

Was wird denn aus dem Frieden unter dem Gleichgewicht des Terrors? Er wird verstanden als ein business wie andere auch. Er beruht auf bilateralen Absprachen. Rüstungskontrollvereinbarungen, Gipfelkonferenzen, die alle nach dem gleichen Muster funktionieren. Jeder Politiker bemüht sich, möglichst viel von dem herrlichen Killspielzeug in der Hand zu behalten und der anderen Seite möglichst viel abzuluchsen. Aber reicht diese Philosophie des Friedens noch aus? Bisher hat das sogenannte »Gleichgewicht« nur eine permanente Eskalation gebracht. Die Rüstungskontrollen waren kontraproduktiv, weil das Verbot einiger Waffen die Erfindung anderer erlaubt. Offenbar ist der auf Terror aufgebaute Frieden nicht Frieden. Die bürgerliche Annahme, daß durch »Verträge« Frieden geschaffen werden könne, enthält aber eine Art naiven Rationalismus. Als könnten Verabredungen und Absprachen das wirkliche Sprechen ersetzen, als könne man verhandeln, bevor man handelt. Ist es nicht denkbar, daß manche Dinge nicht zu kaufen sind?

Um ein personalistisches Modell zu benutzen: Ein Konflikt zwischen zwei Partnern kann durch Absprachen, Verträge, beiderseitige Rücksichtnahme vielleicht entschärft und erträglicher gemacht werden. Aber verändert und gelöst wird er nur, wenn einer der Partner einen Schritt aus der erstarrten Situation heraus tut. Wenn einer nicht mehr festschreibt, was ist, sondern die Kraft zum einseitigen Handeln aufbringt. Wenn die Friedensliebe eines der zerstrittenen Partner tief genug geht, so daß er oder sie wirklich Waffen weglegen, abrüsten kann. Nicht die Festschreibung herrschender Gewaltverhältnisse durch die Androhung von mehr Gewalt ändert etwas am bestehenden Unfrieden. Produktiv, weiterführend, erneuernd ist gerade der Schritt dessen, der handelt, ohne sich vom anderen abhängig zu machen.

Die Vorbereitung des atomaren Holocaust ist ein Verbrechen, völkerrechtlich und sogar nach dem Grundgesetz der Bundesrepublik Deutschland. Das Faktum oder die Annahme, daß andere dasselbe Verbrechen begehen, ändert nichts an der Kriminalität, genauso wenig wie die Umlügung des Kriegs in Verteidigung und der Aufrüstung in Nachrüstung. Es kommt darauf an, das bilaterale Denken zu überwinden. Nur wer einseitig für den Frieden eintritt, weiß wirklich, worum es sich handelt. Je klarer die Friedensbewegung sich artikuliert, um so deutlicher tritt der Gedanke des einseitigen Gewaltverzichts hervor.

Der wichtigste gedankliche Fortschritt, den ich in den letzten Jahren, also nach dem 12. Dezember 1979, den ich für einen der schwarzen Tage in unserer Geschichte halte, gemacht habe, ist der vom Bilateralismus zum Unilateralismus. Ich habe gelernt, daß meine Hoffnung auf bilaterale Rüstungsbegrenzung oberflächlich und unernst war. Den Frieden beiderseitig anzupreisen ist eine oberflächliche Friedensliebe. Die wirkliche Erziehung zum Frieden geht über Geschäftsabsprachen hinaus. Aufrüstung tötet, und Bilateralismus ist nicht mehr als ein Geschäftsgebaren.

Wir müssen unilateral anfangen, um bilateral weiterzukommen. Das Neue fängt unilateral an; auch der Atompazifismus als das moralisch-politische Minimum wird nicht erhandelt, berechnet und abgewogen. Bilateral war und ist die alte und die neueste Friedlosigkeit. Es gibt einige Dinge, die sind existentiell im Sinne von: Du kannst sie nicht mit dem Hinweis auf andere betreiben. In der Religion ist es uninteressant, was du über andere und ihr Gottesverhältnis weißt: Es kommt auf dich an! Das Existentielle ist notwendig einseitig, und Frieden ist eine existentielle Kategorie. Ich denke, das Mißtrauen vieler, vor allem junger Menschen in die führenden Politiker besteht darin, daß diese Herren nicht für friedensfähig gehalten werden, weil sie Frieden zum business machen. Sie verhalten sich wie Geschäftsleute, die in Abschreckung handeln. Demgegenüber gibt es eine Spiritualität der Friedensbewegung, die genau diese Beleidigung der früheren Toten und dieses Verbrechen an den heutigen Armen nicht hinnehmen kann.

Die alten Kategorien des Existentialismus tauchen wieder auf: Da ist die Angst, da sind die Auswanderungswünsche, da wandern junge Frauen aus ihrem Körper aus: Nie ein Kind in diese Welt gebären! Da wird das politische Thema Frieden, zwar immer mit anderen Themen – etwa dem Antiimperialismus – und der Solidarität mit der Dritten Welt verknüpft, zu einer Notwendigkeit. Hier ist etwas, was wir nicht an Friedenstechnokraten delegieren können. Es ist diese Tiefe der eigenen Betroffenheit, die die Leute auf die Straße treibt und zu den unzähligen Gruppen, Initiativen und Einzelaktionen. Es ist, als wehrten sich die Menschen verzweifelt dagegen, in einen Orwellschen Bunker eingesperrt zu werden.

Der Satz »Aufrüstung tötet auch ohne Krieg« hat in meinem Verständnis eine theologische Dimension. Vielleicht kann man ihn ohne einen Rest von Glauben an Gott nicht verstehen. Glaube an den auf Gerechtigkeit gegründeten und Glück meinenden Schalomfrieden, Hoffnung auf die Zukunft der menschlichen Familie und Liebe ohne Bedingungen zu allem, was lebt, sind Erfahrungen und Entwürfe, die das Gegebene und Sichtbare überschreiten. Darum nennt die Tradition Glaube, Hoffnung und Liebe »übernatürliche Tugenden«. Sie setzen den emphatischen Begriff von Leben voraus, mit dem die Bibel operiert. Nicht jedes Weitervegetieren unter dem Gleichgewicht des Terrors kann da »Leben« genannt werden. Nicht jede Einwilligung in die Fähigkeit, andere atomar zu erpressen, kann da als »friedensichernd« verkauft werden. »Der Friede Gottes, der höher ist als alle Vernunft, bewahre unsere Herzen und Sinne in Christus Jesus.« (Philipper 4, 7) Mit diesem Frieden, der höher ist als unsere Berechnungen, ist nicht ein innerlicher Zustand der Harmonie gemeint, in die das Individuum sich zurückziehen mag. Gemeint ist ein Friede, der »in der Welt, aber nicht von der Welt« ist, der sich hier ausbreitet und als politische Kraft in der Bewegung für den Frieden wächst, sich aber nicht aus dem Niveau dieser kapitalistischen Mentalität entfaltet. Aufrüstung tötet, sie ist der Frieden, den »diese« Welt produziert. Wir brauchen einen anderen Frieden, weil wir immer noch eine andere Welt brauchen.

Zusammenfassende Thesen

1. Pax Romana und Pax Christi

Das Neue Testament kennt zwei verschiedene Friedenskonzeptionen: die Pax Romana, die auf Militärgewalt beruht, und die Pax Christi, die, an den Schalom Gottes in der hebräischen Bibel anknüpfend, Frieden auf Gerechtigkeit gründet. Kirchliche Versuche, einen Kompromiß zwischen beiden Konzeptionen herzustellen, bedeuten eine Preisgabe des Evangeliums.

2. Die Bomben fallen jetzt

Die 40000 Kinder, die täglich im Krieg der Reichen gegen die Armen »fallen«, sind Opfer der Ideologie der Abschreckung. Aber auch innerhalb der ersten Welt fordert diese herrschende Ideologie ihre Opfer: Militarisierung der Gesellschaft, zum Beispiel in Wissenschaft, Erziehung, Gesundheitswesen, Bauwesen; Arbeitslosigkeit, soziale Abrüstung und Neue Armut; Einschränkung der Demokratie, einschließlich der Religionsfreiheit.

3. Christus lebt ohne Schutz

Christus hat den Kreislauf von Ich-Schwäche, Angst, Schutzbedürfnis, Selbstsicherung und Gewalt, in dem wir leben, durchbrochen. Die Politik Jesu ist nicht auf Sicherheit als höchsten Wert bezogen, sondern auf ein gewaltfreies Miteinander in Frieden.

4. Vom Bilateralismus zum Unilateralismus

So wie Gott in Christus einseitig abgerüstet hat (»da wir noch Feinde waren«, Römer 5, 10), so geben Christen heute den Bilateralismus als bloße Geschäftsabsprache im Interesse des bestehenden Unrechtszustands auf und lernen den Unilateralismus der Entfeindung, der ersten Schritte und der Gewaltfreiheit, die Vertrauen nicht voraussetzt, sondern schafft.

PETER KAFKA
Läßt sich Frieden organisieren?

Kein Zweifel, zur effizienteren Organisation des Krieges haben Wissenschaftler zu allen Zeiten hervorragend beigetragen. Heute arbeitet fast die Hälfte der Naturwissenschaftler in aller Welt direkt oder indirekt an der Entwicklung von Kriegstechnik. Die meisten behaupten, es diene der Friedenssicherung. Manche glauben das sogar. Ja, sie wollen damit einer besonderen Verantwortung des Wissenschaftlers gerecht werden.

Andere fordern neuerdings, jeder Wissenschaftler sollte einen verallgemeinerten hippokratischen Eid leisten: daß er seine Entdeckungen niemals gegen das Leben anwenden werde. Aber was sollte das nützen? Die Anwendungen werden meist nicht von den Entdeckern gemacht. Und wenn durch Anwendungen Macht gewonnen werden kann, werden sich Anwender finden. Wissenschaften führen zwangsläufig zu Machenschaften.

Müßten wir also einen Eid leisten, keine Wissenschaft mehr zu treiben? Das würde natürlich auch nichts helfen – dann träten nur andere an unsere Stelle. Wissenschaft ist bekanntlich durch Wiederholbarkeit gekennzeichnet.

Sollen wir also fordern, daß Wissenschaft gesellschaftlich geächtet wird, weil sich ihr Mißbrauch nicht verhindern läßt? Aber wo Macht gewonnen werden kann, da finden sich immer Menschen, ja ganze Gesellschaften, die das ausnutzen. Auch die Ächtung von Mord und Folter hat nicht viel bewirkt. Die größten geistigen Lehrer der Menschheit haben daran nichts geändert.

Ist also die Wissenschaft eine Naturkatastrophe? Muß ihr die Welt demnächst zum Opfer fallen?

Hoffnung gibt es offenbar nur, wenn wir Wege finden, die Entstehung und das Anwachsen von Macht zuverlässig zu verhindern. Aber dafür sind die Naturwissenschaftler nicht kompetent. Warum also bin ich hier?

Ich habe etwas geschwindelt. Es ist nicht nur der böse Wille zur Macht, der die Welt bedroht. Im Gegenteil! Oft ist das schlimmste der *gute* Wille! Der Wissenschaftler glaubt doch meist ganz ehrlich, er könne die Welt verbessern. Und alle Welt bittet ihn gläubig darum!

Sogar daß wir uns hier versammeln, paßt in diese Tradition.

Wir trauen uns ungeheuer viel zu: Den Frieden sichern! Welcher Unterschied besteht dann eigentlich zwischen uns und den Waffennarren? Oder, um es zu personifizieren: zwischen Linus Pauling und Edward Teller? Alle wollen doch die Welt retten.

Erst ging es dabei um den Schutz der Mitmenschen vor Naturkatastrophen, vor allerlei Nöten und Krankheiten – und vor den Feinden. Da wurde eine Menge Probleme gelöst. Und heute geht es vor allem um all die Probleme, die durch solche Lösungen neu erzeugt wurden. Die durch Problemlösung erzeugten Probleme wachsen uns über den Kopf.

Das sieht nach einer Instabilität aus. So nennt man es doch, wenn ein System bei einer kleinen Ablenkung aus seinem Zustand nicht Gegenkräfte aufbaut, sondern weiter antreibende Kräfte, die die Störung immer weiter anwachsen lassen. Wohin führt das? Was machen wir eigentlich?

Zunächst einmal entdecken wir. Das heißt übrigens auf griechisch »apokalyptein«. Merkwürdig, nicht wahr, daß das Wort Apokalypse nur den schrecklichsten Sinn behalten hat. Und auch sonst stellen sich zum Ent-decken durchaus unerfreuliche Assoziationen ein: Wir nehmen den Deckel von Pandoras Büchse; wir sind Abdecker des uralten lebendigen Organismus unserer Biosphäre ...

Aber ich will niemandem seine Entdeckerfreude verderben! Gefährlich wird es ja erst, wenn *Erkennen* und *Können* verwechselt werden. Und diese Verwechslung entspringt ganz sicher nicht dem Erkennen, sondern einem Mangel an Erkenntnis, vielleicht sogar ganz gewöhnlicher Dummheit.

Es gibt bei uns – und weltweit – so etwas wie eine »offizielle« Wissenschaft und Technik, die mit der herrschenden Ideologie im Bunde steht. Das ist in der ganzen Welt im wesentlichen ein und dieselbe Ideologie: Wir stehen vor gewaltigen Problemen; selbst wenn sie größtenteils Folgen der Anwendung von Wissenschaft sein sollten, so gibt es doch nur einen einzigen Ausweg: mehr Forschung, mehr Technologie, sofortigen Technologietransfer in die Produktion, noch schnellere Innovation ..., also Vorwärtsstürmen mit aller Kraft. Große Probleme sind immer große technische Probleme, erfordern also großtechnische Lösungen.

Besonnenheit wäre da schon Defätismus; sie wird sofort als »irrationale Zukunftsangst und blinde Technologiefeindlichkeit« angeprangert. Dabei ist wohl kaum etwas irrationaler und blinder als das globale Vorwärtsstürmen der Macher. Die wachsende Instabilität des militärischen Systems ist nur *ein* Sympton dieses Wahns. Andere moderne Techniken haben die Menschen und das ganze Leben auf unserer Erde bisher stärker geschädigt als die Kriege, wenn auch jetzt die Militärs gerade zu einem gewaltigen Endspurt ansetzen. Wer noch etwas Sensibilität bewahrt hat und die Erben der Aufklärung in diesem Wettlauf dahinrasen sieht, der kann vielleicht das Wort Rationalität nicht mehr hören, ohne von Übelkeit befallen zu werden.

Deshalb geht heute bei vielen, vor allem bei Jüngeren, die Hoffnung um, das Eintauchen in alte irrationale Verhaltensweisen, in Mythen und religiöse Traditionen, ja in Astrologie und Magie, könnte endlich die zerstörerischen Wirkungen der Aufklärung beenden. Mir ist vieles an diesem Suchen durchaus sympathisch, aber ich bin doch sicher, daß das Problem des Mißbrauchs der Wissenschaft, wie auch der Macht überhaupt, einfach genug ist, um noch mit den Ideen der Aufklärung gelöst zu werden. Mir scheint, dazu bedarf es nicht einer »Wiederverzauberung der Welt« (ein schöner Buchtitel von Morris Berman), sondern nur der Überwindung eines weiteren Aberglaubens. Die Aufklärung ist eben immer noch nicht reif geworden. Sie hat selbst neuen Aberglauben verbreitet. Ich meine die Überschätzung der menschlichen Fähigkeiten, den größenwahnsinnigen Glauben, daß mit dem Verständnis von Naturgesetzen auch die Anwendbarkeit garantiert sei. Mir scheint, wenn wir nur den Grundgedanken der Aufklärung konsequent weiterverfolgen, werden sich Größe und Wahn der Wissenschaft für jeden einsehbar machen lassen. Das ist eine auch innerwissenschaftliche Aufgabe. Hier liegt die »besondere Verantwortung des Wissenschaftlers«.

War es nicht die wesentliche Idee der Aufklärung, daß gewisse Erfahrungen und Gedankengänge sich als wiederholbar erweisen, und daß es deshalb einen erweiterbaren Bereich der Welt gibt, über den sich alle Menschen durch Überzeugen einigen könnten? Sicherlich liegen auch hier, schon an der Wurzel dieser Idee, Vorurteile und begriffliche Schwierigkeiten, die es sich weiter zu erforschen lohnt; aber das ist ein anderes Kapitel. Die Folgen der Wissenschaftsentartung können wir, so glaube ich, am besten bekämpfen, wenn wir noch ein Stückchen weiter aufklären. Es läßt sich nämlich glücklicherweise mit wissenschaftlicher Rationalität einsehen, warum die Weltverbesserungsversuche der Wissenschaftler unausweichlich in solche Instabilität führten. Wir müssen nur mehr Mühe darauf verwenden, diese Einsicht zu verbreiten. Das will ich heute. Ich bin hier von ganz altmodischem aufklärerischem Optimismus erfüllt! Ich behaupte, es genügt schon ein bißchen Einsicht in das Wesen von Komplexität und ihrer Evolution.

Viele von uns, sogar einige Wissenschaftler, haben mittlerweile intuitiv verstanden, warum wir auch mit dem besten Willen die Welt kaputtmachen: Jeder von uns ist kompetent für ein kleines Stückchen der Wirklichkeit; wir haben erkannt, wie irgendein Detail funktioniert; aber wir sind nicht fähig, genügend Zusammenhänge zu berücksichtigen. Die Politiker, die angeblich die Gesamtkompetenz dadurch erwerben, daß sie alle Detailkompetenzen in ihren Köpfen oder Ämtern im Sinne ihrer Wähler oder Untertanen verknüpfen, können das natürlich auch nicht. Wenn also mit unserem Stückchen Wissen und selbst dem besten Willen etwas vorgeblich Nützliches gebastelt wird, stellt es sich schließlich doch meist als schädlich heraus. Es paßt eben nicht in das Geflecht des ganzen Lebens, das daher irreversibel geschädigt wird. Jedenfalls fast immer irreversibel, denn Versuche, solche Wunden zu heilen, führen mit noch größerer Wahrscheinlichkeit zu neuen, noch schwereren Schäden. Warum? Muß das so sein?

Ja, selbstverständlich; es ist überhaupt nicht erstaunlich; es liegt im Wesen komplexer Systeme. Wer sich darüber wundert, der lebt noch in der Mentalität des Knaben, der neugierig eine Uhr auseinandergenommen hat – und dem es nicht gelingt, sie wieder zusammenzusetzen. (Auch daß er sie schließlich vor Wut zertrümmert, hat seine Parallele ...) Stellen Sie sich vor, Sie sollten einen lebendigen Organismus verbessern; zum Beispiel eine Mücke. Wäre es etwa nicht gelacht, wenn wir nicht eine schwimm- und tauchfähige Mücke basteln könnten? – Muß ich noch sagen, woran wir scheitern würden?

Jedes Bauteilchen, und das müssen wir in Raum und Zeit sehen, also auch jeder Prozeß in der Mücke, hängt mit unübersehbar vielen anderen Strukturen und Prozessen im Einzelorganismus und im System des ganzen irdischen Lebens auf raffinierteste Weise zusammen. Ein Eingriff, der auf die Verbesserung eines Details zielt, aber nur eine kleine Auswahl der Zusammenhänge berücksichtigen kann, wird mit an Sicherheit grenzender Wahrscheinlichkeit die Lebensfähigkeit des Gesamtsystems zerstören oder verringern. Das ist eine ziemlich triviale statistische Aussage. In der unabsehbar großen Zahl von

Möglichkeiten sind die ungünstigen Fälle einfach viel häufiger als die günstigen.

Wie aber ist denn dann die Mücke, ein so wunderbarer Organismus, und die ganze Lebenswelt, in die sie so gut hineinpaßt, entstanden? Eben nicht durch zielgerichtete Planung! Diese kann nichts Lebensfähiges hervorbringen! Denken Sie an den klugen Spruch: »Planung ersetzt den Zufall durch den Irrtum.«

Verstehen Sie das? Dann dürfen Sie jetzt ein paar Minuten weghören und über die Schönheit der Welt meditieren. Für die anderen, die wissenschaftliche Abstraktion schätzen, weil sie etwas schwerer von Begriff sind, sage ich dasselbe noch einmal etwa umständlicher.

In den letzten Jahren haben mehr und mehr Wissenschaftler begonnen, über das Wesen von Komplexität nachzudenken und es auch experimentell zu erforschen. Intuitive Ansätze dazu hat es freilich schon viel früher gegeben. Darwin sah, wie die Evolution komplexer biologischer Systeme geschieht. Aber wir begreifen inzwischen, daß die gleichen Prinzipien viel allgemeiner gelten – alle Entwicklung von Neuem in der Welt scheint ihnen zu folgen. Was meinen wir mit »Evolution komplexer Systeme«? Begnügen wir uns einmal, ohne eine genaue Definition zu versuchen, mit der wörtlichen Übersetzung von »hochkomplex« als »hochgradig verflochten«, dann können wir Evolution etwa so beschreiben:

In der Nachbarschaft des Zustandes eines hochkomplexen Systems gibt es fast unendlich viele mögliche andere Zustände, darunter auch solche noch etwas höherer Komplexität. Unter dem Angebot freier Energie sind diese durch natürliche oder aufgezwungene Schwankungen erreichbar. Der Darwinsche Grundgedanke des »survival of the fittest« hat offenbar etwas damit zu tun, daß die Zustände höherer Komplexität lebensfähiger und daher wahrscheinlicher sind als die anderen. Beim Abtasten der benachbarten Zustände erlahmen all die erfolgloseren Tastbewegungen, die erfolgreichen aber werden lebendige Routine, und das Gesamtsystem hat nun etwas erhöhte Komplexität.

In einem abgeschlossenen System ist der wahrscheinlichste Zustand der des thermodynamischen Gleichgewichts, und wenn das System aus diesem Zustand abgelenkt wird, so kehrt es in ihn zurück, wobei die Entropie zunimmt. Die Entropie ist ein Maß für die Wahrscheinlichkeit des Zustandes. In einem offenen System, wie zum Beispiel unserer Erde, ist das anders.

Die Sonne erzeugt mit ihren Kernprozessen Entropie, das heißt, die Atomkerne in ihrem Innern gehen unter den dortigen Bedingungen in einen wahrscheinlicheren Zustand über, aber unsere Erde wird dadurch mit einem gewaltigen Strom freier Energie versorgt. In Gegenwart eines solchen Stromes ist aber nicht das thermodynamische Gleichgewicht, also die Verwischung aller individuellen Strukturen, das Wahrscheinlichste, sondern offenbar genau das Gegenteil: die ständig fortschreitende Entwicklung immer raffinierterer dissipativer Strukturen, das heißt dynamischer Gebilde, die das Angebot an freier Energie mit möglichst geringer weiterer Entropieerzeugung ausnutzen. Das Gesamtsystem ist auch hier in einer Art Gleichgewicht, aber in einem unendlich raffinierten, quasistationären »Fließgleichgewicht« der vielfältig untereinander verflochtenen Teilstrukturen. »Quasistationär« heißt hier, daß das System im Vergleich zu allen in ihm ablaufenden zyklischen Prozessen nur äußerst langsam veränderlich ist; erst bei längerem Hinsehen könnte man bemerken, daß in einem gewissen Sinne alles »bergauf« fließt ...

Am Anfang dieses Prozesses, im »Urknall«, ist noch keinerlei Komplexität verwirklicht. Es gibt nur die physikalischen Grundgesetze und den unendlichen Schwung der wohlgeordneten Urexpansion. Der weitere Lauf der Welt, von diesem strukturlosen Zustand über die Entstehung der Materie, der Gestirne, des Lebens – bis hin zu dem Gedanken, den ich gerade formuliere, und dem Gefühl, mit dem Sie ihn aufnehmen – dieser Lauf der Welt scheint uns heute als Evolutionsprozeß, als »Selbstorganisation« vorstellbar. Wie eindeutig eine solche Weltdeutung ist, darauf will ich hier nicht eingehen. (Das wäre auch ein anderes Kapitel.) Es kommt mir heute nur darauf an zu zeigen, daß auch aus diesem »rein naturwissenschaftlichen« Bild folgt, daß Bescheidenheit die einzig kompetente Haltung des Naturwissenschaftlers sein kann.

Die dynamischen Gebilde, die während der Selbstorganisation des Universums nach und nach entstehen und mehr oder weniger schnell wieder vergehen, mögen Elementarteilchen, Atome, Sterne und Sternsysteme, Moleküle, Lebewesen, bewußte Menschen oder Gesellschaften sein – auf jedem solchen Niveau gibt es typische Wechselwirkungen, sagen wir: Sprachen, in denen die Nachbarschaft eines Zustandes abgetastet wird. Dabei ist geschichtlich jede Sprache eine Fortentwicklung von früheren: Physik, Chemie, genetischer Code, Neuronenvernetzung, menschliche Sprache, Wirtschaft, Wissenschaft, Krieg ...

Der Übergang in einen wahrscheinlicheren Zustand hat im allgemeinen den Charakter einer Instabilität, eines Umkippens. Aber in der Evolution führen die vielen kleinen Instabilitäten insgesamt »bergauf«. Wir empfinden höhere Komplexität als »wertvoller«. Ich habe mangels wissenschaftlicher Wertmaßstäbe die Begriffe »wertvoll« und »komplex« sogar oft synonym verwendet. Manchen von Ihnen, vor allem Wissenschaftlern, mag dies unsinnig erscheinen, weil ihnen Simplizität als ein höherer Wert erscheint. Aber das ist ja gerade die Krankheit, die wir heilen müssen. Die »Vereinfachung des Denkens«, nach der Wissenschaftler streben, darf nicht zum Abbau der Komplexität des uns tragenden Systems führen.

Das Herumtasten in den verschiedenen Sprachen der Evolution hatte bisher wunderbare Ergebnisse. Warum haben so viele von uns das Gefühl, daß jetzt etwas schiefläuft? Daß wir mehr Schaden als Nutzen anrichten? Funktioniert die »Evolutionsstrategie Forschung«, wie es der Biologe Hubert Markl genannt hat, nicht richtig? Sollte der Naturwissenschaftler vielleicht seine selbstbewußt-naive Wertschöpfungsvorstellung auch einmal wissenschaftlich, und nicht nur moralisch, überdenken?

In seiner Sprache wird heute mit den Händen der Techniker, Wirtschaftler und Politiker herumgetastet, um die menschliche Gesellschaft zu verbessern. Aber es ist kein Tasten mehr. Ich behaupte, die Grundvoraussetzungen von Evolution sind dabei nicht mehr erfüllt: Es fehlt die Zeit, um durch Versuch und Irrtum zu lernen, was besser ist und was schlechter – das heißt, ob Komplexität auf- oder abgebaut wird. Dann wird aber aller Wahrscheinlichkeit nach mehr abgebaut; die Vielfalt wird durch vermeintlich bessere, aber sicherlich schlechtere Einfalt ersetzt, und zwar gleich global, auf unserer kleinen, runden Erde; das heißt, die Möglichkeit erfolgreichen Suchens wird durch Konzentration auf eine geringere Auswahl weiter eingeschränkt. Das ist die globale Instabilität, der reißende Strom, in dem wir dahinrasen.

Und woher wissen wir, ob das nicht doch immer noch Evolution zu höherer Komplexität ist? Was ist denn zum Beispiel die wachsende Verflechtung der Weltwirtschaft und Weltpolitik, die stürmische Entwicklung des weltweiten Informationsaustausches, ja sogar die dauernde Aufeinanderfolge von Rüstung und »Nachrüstung«, anderes als Wachstum von Komplexität? Welchen Maßstab haben wir denn, daß wir sagen könnten, es gehe zu schnell? Das ist leicht zu beantworten. Wesentliche Veränderungen müssen langsam ablaufen im Vergleich zur Dauer der typischen Zyklen in den jeweiligen Strukturen. Das ist schon auf sehr primitivem Niveau deutlich, wo Materieklumpen nur durch die Sprache von Schwerkraft und Fliehkraft wechselwirken: Ein Planet kreist um eine Sonne etwa auf einer Kreisbahn. Verliert die Sonne langsam Masse, so wird die Kreisbahn allmählich größer, aber die Bindungsstruktur bleibt erhalten. Geht aber innerhalb einer Umlaufzeit ein wesentlicher Teil der Masse verloren, so wird die Bahn elliptisch. Verschwindet gar innerhalb einer Umlaufzeit mehr als die Hälfte der Zentralmasse, so fliegt der Begleiter ins Unendliche davon. Die Bindung ist zerstört.

Was will ich mit der simplen Analogie sagen? Von welchen »Dingen« reden wir? Von Menschen und ihren Gesellschaften. Die Sprache der Evolution ist jetzt: menschliches Denken, Diskutieren und Handeln. Der relevante typische Zyklus ist daher das Heranwachsen und Reifwerden eines Menschen, also eine Generation oder ein Menschenleben. Und was bedeutet all die hastige, angeblich überlebenswichtige Innovation? Daß ein Mensch schon in der Mitte seines Lebens seine Welt nicht mehr wiedererkennt. Sogar die Wurzeln des irdischen Lebens werden innerhalb weniger Jahre geschädigt – Artensterben, Waldvernichtung, Klimaänderungen zeigen das nur zu deutlich. Es wird in der Tat wild darauf los verflochten – aber wegen der Eile kann nichts Lebensfähiges entstehen. Auch der schnellste Informationsaustausch reicht nicht, um die wesentlichsten Teile des Geflechts zu schaffen. Wir haben nicht genug Information, und wenn wir sie hätten, wäre es so viel, daß auch die größten denkbaren Computer sie nicht schnell genug verarbeiten könnten. Es entstehen deshalb nicht Organe, sondern Krebsgeschwüre.

Ich weiß nicht, ob Komplexitätstheoretiker schon genügend strenge Begriffe entwickelt haben, um das, was ich hier sage, in wissenschaftlicher Sprache nachvollziehen zu können. Meine Gleichsetzung der Begriffe »wertvoll«, »komplex« und »unter den Bedingungen von Evolution entstanden« bietet sicherlich eine Menge theoretischer Schwierigkeiten. Wer Zweifel hat, möge bitte bei der Präzisierung mithelfen. Sie sehen aber hoffentlich, wie ich es meine, wenn ich die Komplexität des Weltwirtschafts- oder Militärsystems nicht als echt, sondern als scheinbar bewerte. Beim Versuch, Menschen zu »höheren« Wesen, nämlich Gesellschaften zu verflechten, haben wir zu schnell und zu weit über die Nachbarschaft hinausgegriffen. Das ist nicht mehr das Tasten nach den Regeln der Evolution, sondern gewaltsames globales Eingreifen an allen Teilen des Systems – von den Wurzeln bis zu den Blüten. Lebenswichtige Teile beginnen abzusterben, da probieren wir in hektischer Eile mit Axt und Gift noch tiefere, rettende Eingriffe. Das kann nicht gutgehen. Nicht nur die Quasistationarität der Menschheitsentwicklung, sogar die des Gesamtsystems des irdischen Lebens ist verloren. Wir sind in einer rasenden Instabilität. Es droht alles zugleich umzukippen.

Und wenn das so wäre, aber diese Instabilität wäre dennoch nur das Durchgangsstadium zu einer neuen »Front der Evolution«, zu neuen tragenden Fließgleichgewichtsstrukturen und neuen Wechselwirkungen? Dürfen wir uns nicht dieser Instabilität anvertrauen? Ist sie nicht trotz allem nur ein Teil des evolutionären Herumtastens, und haben wir nicht doch eine Chance, uns nach wenigen Menschenaltern endlich in einem Paradies zu finden? Diese Hoffnung müssen wir uns aus dem Kopf schlagen. Der Versuch ist ja global – das heißt, im Falle des Irrtums wird sich das System nicht von unberührt gebliebenen Bereichen her regenerieren können. Und die Wahrscheinlichkeit, daß ein Organismus nach Absturz aus großer Höhe im Aufprall sich in ein neues, noch komplexeres Wunderwerk verwandelt, ist praktisch null.

Es sieht also bös' aus. Wir wissen, es gibt nur einen einzigen Weg zum Bessern: Evolution. Aber die Evolution funktioniert nicht mehr. Ist das eine Panne? Läßt sie sich beheben?

Nein. Es ist keine Panne, sondern eine notwendige Entwicklungsphase. In einem endlichen System mit beschleunigter Selbstorganisation ist sie wohl unvermeidlich. Irgendwann muß die Zeitskala der immer schnelleren Evolution vergleichbar werden mit der Lebensdauer der sie tragenden Individuen. Und irgendwann entstehen Strukturen, die der endlichen Größe des Gesamtsystems zu nahe kommen. Dann ist die Vielfalt beschränkt, das Ausprobieren geht immer schneller, der Mißerfolg wird immer wahrscheinlicher, und der Schwung der Instabilität wächst so rasch an – wir nennen das die Sachzwänge –, daß es kein Halten mehr gibt.

Bedeutet das, daß die Bomben fallen werden? Oder daß auf

friedlichem Wege, durch den Krieg gegen die Natur, das Leben, wenigstens das menschliche Leben, vernichtet werden wird?

Ich muß noch einmal betonen, daß nur ein quantitativer Unterschied zwischen unserer globalen Instabilität und den kleinen Instabilitäten besteht, die bei funktionierender Evolution den Übergang zu neuen, »wahrscheinlich höheren« Strukturen bewirken. Auch bei jeder solchen kleinen Instabilität geht etwas Altes kaputt und etwas Neues kommt heraus. Evolution ist immer irreversibel. Ohne Tod kein Leben. »Der Schmerz, weil das Frühere vergangen ist ...« steht irgendwo in der Bibel. Ist dieser Schmerz nicht eigentlich eins mit der Freude am Werden? Aber was wird noch, wenn wir alle mit unserer Erde untergehen? Sollen wir uns abfinden und das Schicksal der Erde mit dem Blick des Astronomen betrachten? Dann ist ja der Untergang auf jeden Fall unvermeidlich – spätestens in einigen Milliarden Jahren, wenn unsere Sonne zum Roten Riesen wird. Sollen wir uns also kühl darein ergeben?

Aber auch der einzelne weiß ja, daß er sterben muß, und will es doch nicht. Es warten noch unerledigte Geschäfte, oder in der Fachsprache der Thanatologen: »unfinished business«. Wir suchen deshalb auch bei der schwersten Krankheit bis zum letzten Moment nach einer Medizin.

Lassen Sie uns also suchen!

Symptomatische Behandlung ist zwecklos. Wir müssen die Ursachen finden und bekämpfen, das heißt, auch die Widerstandskraft des Patienten gegen die Ursachen stärken.

Nun wird es politisch. Das Wort Widerstand ist gefallen.

Ursache der Krise ist, wie wir gesehen haben, die zu große Geschwindigkeit des Herumtastens bei unseren Evolutionsversuchen – zu schnell gemessen an unserer Lebensdauer – und die übertriebene Größe der Strukturen – gemessen an der Größe der Erde –, also der Verlust von »Vielfalt und Gemächlichkeit«, wie ich die Bedingungen der Selbstorganisation früher genannt habe. Können wir sie wiederfinden?

Ich hoffe, Sie haben schon verstanden, wie es vielleicht noch geht. Wir brauchen ja nichts als Beschränkung der Größe und Geschwindigkeit unserer Schritte, Ehrfurcht vor der langsam entwickelten Welt – jedenfalls dem, was noch davon übrig ist –, Bescheidenheit bei unseren tastenden Verbesserungsversuchen. Das Hergebrachte ist relativ optimal! Noch Besseres ist nur mit größter Vorsicht erreichbar.

Die wissenschaftliche Analyse hochkomplexer Systeme kann zwar sehr weit führen. Wir können die Prinzipien ihrer Entstehung erforschen und begreifen und von der Einfachheit der Grundgesetze und der Detailmechanismen fasziniert sein. Aber das heißt nicht, daß wir diese Prinzipien auch schon sinnvoll anwenden, mit ihnen schnurstracks auf Ziele losgehen könnten. Mit größter Wahrscheinlichkeit verfehlen wir dabei die möglichen höheren Zustände in der nächsten Nachbarschaft, die nur durch geduldiges Probieren in Vielfalt und Gemächlichkeit auffindbar sind – und dann gibt es bald kein Halten mehr. Die Problemerzeugung überholt die Problemlösung und läuft ihr davon. Aus der Einsicht in das Wesen von Komplexität folgt also keineswegs in erster Linie Kompetenz fürs Tun, sondern vor allem Kompetenz fürs Lassen, fürs Unterlassen. Schnelle und globale Eingriffe müssen tabuisiert werden.

Der Mensch ist durch Evolution entstanden. Deshalb ist er von seinen meisten Anlagen her konservativ. Aber jetzt fördert auch dies die Instabilität: Es sind schon einige Generationen herangewachsen, die ständige Innovation und immer schnelleres globales Voranstürmen als das Alltägliche erlebt haben. So ist inzwischen das Vertrauen in progressive Raserei die typisch konservative Haltung geworden. Die fortschrittsgläubigen Konservativen denken immer noch, es geht bergauf. Dabei sind wir längst auf dem Weg in den Abgrund. Fallen wir schon, oder rutschen wir noch?

Wir haben keine Zeit, das zu untersuchen! Klammern wir uns an, wo es geht! Erzeugen wir so viel Reibung wie möglich! Das tut weh und reißt Wunden. Eine große Instabilität ist nur durch viele kleine Instabilitäten aufzufangen. Das nennt man Dissipation. Dabei entsteht Turbulenz und Hitze. Eine unangenehme Vorstellung – nicht nur für die große Struktur, die da lieber schön kühl den glatten Weg zum schwarzen Loch weiterrasen will, sondern auch lokal durchaus unangenehm. So viel liebgewordene Bequemlichkeit und Routine wird zerstört! Die Dezentralisierung wird nicht schmerzlos sein.

Entschuldigen Sie, daß ich mich dauernd wiederhole. Aber ich habe die beunruhigende Erfahrung gemacht, daß etwas, was mir als grundlegender Lehrsatz erscheint, von anderen höchstens als amüsante Glosse zur Kenntnis genommen wird. All dies habe ich nämlich schon oft gesagt und geschrieben. Sie können es zum Beispiel in meinem Briefwechsel mit Professor Heinz

Maier-Leibnitz nachlesen, vor allem in dem dort abgedruckten Text ›Einfalt und Vielfalt – Über das Wesen der Energie- und Wachstumskrise‹, den ich vor der Zwentendorfabstimmung 1978 in Österreich vorgetragen hatte und der zum Anlaß unseres Briefwechsels wurde.[1]

Erinnern Sie sich an das Thema des heutigen Abends? Die Frage hieß: »Läßt sich Frieden organisieren?« Sie können sich jetzt meine Antwort denken. Sie heißt »ja«, wenn es uns gelingt, für die weitere gesellschaftliche Entwicklung die Bedingungen von Evolution wiederherzustellen. Dann können wir auf den Selbstorganisationsprozeß vertrauen. Die Antwort heißt »nein«, wenn wir unter Organisation die Detailplanung einer friedlichen Welt verstehen, deren Entwurf wir dann mit den nötigen Machtmitteln möglichst schnell durchsetzen müßten.

Aber nun beginnt natürlich der Streit, was das alles praktisch bedeutet.

Eines dürfte klar geworden sein: Wenn »Weltmächte« entstehen und wenn auf diesem notwendigerweise einfältigen Niveau um die Entwicklung unserer Erde und der menschlichen Gesellschaft gerungen wird, dann sind die Voraussetzungen von Evolution nicht mehr gegeben. Die Evolution hat hier eine unüberschreitbare Grenze erreicht. Auch jeder spätere Überschreitungsversuch würde ihre eigenen Voraussetzungen zerstören. Daraus folgt völlig unabweisbar, daß die Evolution auf kleinere Skalen verlegt werden muß. Jeder Versuch, sie auf größere Skalen auszuweiten, muß aus gemeinsamer Einsicht ein für allemal durch politische Verfassung verhindert werden.

Aber ist denn etwas anderes als weltweite Machtpolitik denkbar? Wenn ich ein Bild vieler, weitgehend autarker, nur schwach vernetzter, kleiner Völker entwerfe, mit einem minimalen Überbau bis hin zur globalen Ebene, so wird mir sofort entgegengehalten, das sei unrealistisch. Wir hätten nun einmal den Kampf um die Welthegemonie, und die einzige Chance, heil herauszukommen, läge in dem Versuch, die beiden Blöcke zu einigen. Dann wäre ein Weltstaat möglich, in dem der innere Frieden auf die gleiche Weise gesichert werden könnte wie heute in demokratischen Staaten – oder notfalls wie in Polizeistaaten.

Der Vorwurf, ich sei unrealistisch, ist mir Bestätigung. Wenn die Realität ein Wahn ist, müssen wir natürlich versuchen, unrealistisch zu sein. Aber gehen wir der Weltstaatidee noch ein bißchen nach. Ich muß Ihnen hier dringend ein Buch empfehlen, in dem die Eigenschaften großer und kleiner Staaten auf zugleich witzige und weitsichtige Art analysiert werden. Ich habe es erst vor kurzem entdeckt, aber es wurde vor fast dreißig Jahren geschrieben und kommt von ganz anderen Voraussetzungen her zu fast denselben Einsichten, die ich hier zu vermitteln versuche. Die Quintessenz ist: Wenn etwas schiefgeht, ist immer etwas zu groß geworden. Das Buch heißt ›The Breakdown of Nations‹ (New York 1978) und stammt von Leopold Kohr, einem jetzt 75jährigen österreichischen Emigranten, der den größten Teil seines Lebens als Ökonomieprofessor in Amerika verbrachte und jetzt seinen Lebensabend, zwischen Wales und Salzburg pendelnd, verbringt.

Weil dort eigentlich alles Wesentliche über die Funktionsunfähigkeit großer Staaten gesagt wurde, kann ich mich hier ganz kurz fassen. Entscheidend ist, daß große Staaten sogar auf einer noch größeren Erde nicht lebensfähig wären. Das Problem liegt also nicht nur in der zu geringen Anzahl von Versuchsmöglichkeiten auf einer runden Erde, sondern die Evolutionsfähigkeit geht auch schon im Inneren großer Staaten, also vor dem Anstoßen an der Endlichkeit der Erde, verloren. Das ist selbstverständlich, denn noch nie ist ein großer Staat unter den Bedingungen von Evolution entstanden. Stets wurden einfach die Prinzipien, die sich im Kleinen relativ gut bewährt hatten, auf größere Einheiten übertragen. Das kann aber nicht gutgehen. Wären wir fähig, eine Mücke auf Elefantengröße zu vergrößern, so wäre sie nicht nur flugunfähig, sondern könnte auch nicht stehen, ja überhaupt nicht leben. Und wenn wir das sehr sinnvolle Prinzip einer Gemeinderats- oder Bürgermeisterwahl von Dorf und Stadt auf einen großen Staat oder gar aufs »Weltniveau« ausdehnen, kommt auch nichts Lebensfähiges zustande. Wir müssen doch nur an das kaum faßbare Phänomen denken, daß eine Viertel Milliarde Menschen keine besseren Anführer finden als einen alternden Westernheldendarsteller oder eine Clique greiser Militärs und Bürokraten. Das sind ja nicht etwa unglückliche Zufälle. Es muß so sein! Ich sage, es folgt auf dem langen Umweg über die Evolution zwangsläufig aus Naturgesetzen und statistischen Regeln; wenn Sie mir dies jetzt, mit vernünftiger Skepsis, nicht gleich abnehmen wollen, so müssen Sie es doch wenigstens als Erfahrungstatsache akzeptieren! Und damit die alte Welt nicht etwa glänzender erscheint, lassen Sie mich auch noch Namen wie Nero, Napoleon oder Hitler erwähnen. Die Auswahl ist ungeheuer, auch ohne solche extreme

Personifizierung. Katastrophale Entartung großer Staaten ist die Regel, nicht die Ausnahme – und nicht nur nach außen, sondern erst recht nach innen. Die kritische Größe, von der ab es schnell schiefgehen muß, ist allerdings im Laufe der letzten Jahrhunderte etwas gewachsen. Das liegt am gleichzeitigen Wachstum der Informationsmöglichkeiten. Aber auch heute noch scheint mir die Grenze etwa bei zehn Millionen zu liegen, oder etwas darunter. Das zeigt sich in unserem eigenen Land ganz deutlich an der Unfähigkeit, die wirklichen Probleme politisch anzugreifen.

Absolut optimale Skalen gibt es sicher nicht – es handelt sich bei Evolution immer um das Suchen nach relativ Besserem in der nächsten Nachbarschaft. Aber der Mensch ist von seiner evolutionären Tradition her für das Leben in kleinen Gruppen bestimmt, und deshalb müssen wir auf dieser Skala neu ansetzen. Daß es hier geht, wissen wir; daß es auf größeren Skalen nicht geht, wissen wir mit großer Wahrscheinlichkeit; das reicht. Die optimistische Vision, wir könnten dank der Entwicklung moderner Kommunikationstechniken, durch Teilnahme an internationalen Datennetzen, jeder über seinen »Personal Computer«, endlich zu einer Menschheitsfamilie werden, so die von vielen ernsthaft Friedfertigen erträumte »Human Connection« aufbauen – diese Vision ist ein weiterer Reinfall. Wie schon das zentrale Fernsehen überwiegend der Vernichtung alter, langsam entwickelter, relativ wertvoller Strukturen dient und vielfältiges Leben durch einfältige Macht ersetzt, so würde natürlich auch der Ausbau internationaler Kommunikation vor allem dazu dienen, menschliche Schwächen und Vorlieben für weiteren Machtgewinn von Cliquen zu nutzen. Die Folge wären noch mehr Lügen zur Ablenkung von den wahren Problemen, noch mehr Abhängigkeit und Ausbeutung der meisten, Zerstörung der letzten lokalen Netze, der Reste oder neuen Ansätze zur Subsistenz kleiner Gruppen. Lassen Sie sich bitte nicht noch mehr von diesem Unsinn aufschwatzen. Verweigern Sie sich! Wir müssen endlich wieder »nahsehen« lernen!

Max Born sagte am Ende seines Lebens: »Der Versuch der Natur, ein vernünftiges Wesen hervorzubringen, ist gescheitert.« Ich widerspreche. Er, zum Beispiel, war eines. Der Satz gilt nur für den darüber hinausgehenden Versuch, große Gesellschaften zu organisieren. Und ich behaupte, dies kann die Natur, also die Evolution, in der Tat nicht; jedenfalls nicht in der Nachbarschaft unserer eigenen evolutionären Tradition.

Viele Befürworter des Weltstaates werden sich von dem Vorwurf distanzieren, sie wollten einen zentral geleiteten Welt-Einheitsstaat. Es ginge ja vielmehr um einen Völkerbund, bei dem alle Vielfalt erhalten bliebe. Dann sind wir uns zwar einig, aber die nächste entscheidende Frage trennt uns vielleicht schon wieder: Läßt sich ein Völkerbund mit einer globalen Rechtsordnung auf dem Weg über Verhandlungen der heute existierenden Staaten schaffen? Ich sage: nein! Schauen Sie auf die traurige Geschichte der Vereinten Nationen und frühere ähnliche Versuche zurück. Ein Bund, in dem ein paar Mitglieder mächtiger sind als alle anderen zusammen, kann keine Rechtsordnung verwirklichen. Das ist wiederum keine Panne, sondern Zwangsläufigkeit. Die entarteten Großen verhindern ja sogar bei den Kleinen den möglichen Fortschritt und schüren auch dort Entartung.

Von oben wird es also nicht gehen. Eine alte Einsicht: »Alle Gewalt geht vom Volke aus«; jetzt also vom »Volk der Erde«. Es muß von unten her eine Massenbewegung wachsen, die die alten großen Mächte absterben läßt, ohne sie durch neue große zu ersetzen. Ist das »Menschenbeben«, das Robert Jungk 1983 in seinem gleichnamigen Buch registriert hat, der Anfang dieser Bewegung? Kann sie uns zu einer entwicklungsfähigen Welt von kleinen Völkern führen?

Sie werden mir sagen, wir hatten doch schließlich früher lauter kleine Völker, und sie haben sich immer bekämpft und erobert und versklavt oder sogar ausgerottet. Und dabei ist all das entstanden, was wir jetzt sind – auch all das, was wir wertvoll finden. Es ist eben doch der Krieg der Vater aller Dinge. Oder wie Kant in seiner kleinen Schrift ›Idee zu einer allgemeinen Geschichte in weltbürgerlicher Absicht‹ vor 200 Jahren schrieb: »Der Mensch will Eintracht; aber die Natur weiß besser, was für seine Gattung gut ist; sie will Zwietracht.« Wir sehen hier, wie an vielen anderen Stellen seines Werks, daß Kant tiefe intuitive Einsicht in das Wesen von Evolution hatte; oft könnte man seinen Begriff »Natur« treffend durch »Evolution« übersetzen.

Es ist wahr: Die Zwietracht wird bleiben, wie zwischen Kindern oder Eltern oder Kollegen oder Sportvereinen. Auseinandersetzung ist auch auf der Ebene menschlicher Beziehungen die Methode des Abtastens der Umgebung nach evolutionären Möglichkeiten. Deshalb droht ja auch jeder engagierte Einsatz für den Frieden wieder in Krieg auszuarten. Krieg ist eben doch ungeheuer menschlich, und es hilft nichts, ihn zu verteufeln. Er muß *institutionell* verhindert werden. Und hier teile ich den Optimismus oder Realismus Kants (in seiner Schrift ›Zum Ewigen Frieden‹ von 1795): »Das Problem der Staatserrichtung ist, so hart wie es auch klingt, selbst für ein Volk von Teufeln (wenn sie nur Verstand haben) auflösbar.« Verstand haben wir. Mit ihm können wir einsehen, daß einerseits die ererbten menschlichen Verhaltensweisen nicht schnell veränderbar sind, daß also auch menschliches Machtstreben nicht bald absterben wird, daß aber andererseits die Errichtung einer lebensfähigen und entwicklungsfähigen Weltgesellschaft auf dem bisher eingeschlagenen Weg des Machtwachstums nicht möglich ist. Daß dieser Weg versucht wurde, ist vollkommen natürlich. Es ist dies ja nur die Fortsetzung der früher auf kleinerer Skala relativ erfolgreichen Evolutionsversuche. Aber nun verstehen wir, warum es prinzipiell nicht so weitergehen kann. Und mit der Menschheit als Ganzem, oder gar mit der gesamten Lebenswelt, können wir wegen ihrer Einmaligkeit keine vielfältigen anderen Versuche machen. Deshalb dürfen wir auch nicht glauben, irgendwie werde sich die Menschheit schon als ein quasi biologischer Organismus erweisen und sich die richtigen Organe entwickeln, die sie für ihr Gedeihen braucht. Dies ist nicht möglich, denn dafür bräuchten wir eine riesige Population von kommunizierenden »Menschheiten«. Das Wesen der meiner Meinung nach nicht als Panne, sondern zwangsläufig über uns, oder besser mit uns, hereingebrochenen Evolutionskrise bringt es also mit sich, daß wir aus Einsicht in die Voraussetzungen von Evolution einen Rahmen für die weitere gesellschaftliche Entwicklung selbst setzen müssen. Wir müssen aus vernünftiger, und das heißt hier auch aus wissenschaftlicher Einsicht daran arbeiten, der Welt eine neue politische Verfassung zu geben. Die Wahrung der Bedingungen von Evolution muß dabei höchsten Verfassungsrang erhalten.

Ich glaube, diese Einsicht löst das scheinbare Paradox auf, das wohl den meisten von Ihnen während des ganzen bisherigen Gedankenganges wachsendes Unbehagen bereitet hat: Wie sollte es denn möglich sein, durch eine gewaltige Massenbewegung Macht abzuschaffen und in drängender Eile zur Gemächlichkeit zu finden? Die Auflösung heißt: Es ist ja nicht unsere Aufgabe, die beste aller möglichen Welten zu erfinden. Wir müssen auch hier nicht etwa viel tun, sondern vor allem dafür sorgen, daß etwas unterlassen wird. Die Verfassung soll nur der Rahmen sein. Aber dieser muß in der Tat schnell und allgemein gesetzt werden. Dann erst wird das Bild sich langsam in vielfältigen Details entwickeln können.

Gestehen wir uns also endlich alle ein, daß die Erde nun an die Völker verteilt ist, daß weiterer Verteilungskampf alle vielleicht verteilbaren Werte zerstören würde, und entschließen wir uns, alles, was früher Grund zu Kriegen war, der Schlichtung durch eine Rechtsordnung zu unterwerfen. Hat jemand Angst, die Welt wäre zu Stagnation verdammt, wenn die Mächte und mit ihnen der militärische und wirtschaftliche Konkurrenzkampf verschwänden? Müßten nicht die friedlichen kleinen Gesellschaften in kleinbürgerlichem Mief ersticken? – Ich glaube nicht, daß im Paradies Stagnation herrscht. Der evolutionäre Konflikt geht dort vom Fressen und Gefressenwerden auf andere Fähigkeiten über – von denen wir wahrscheinlich sogar mehr haben, als wir ahnen. Es gibt ja Sänger-, Musiker-, Mathematiker- und anderen Künstlerwettstreit, von der oft erbitterten Konkurrenz zwischen Philosophen ganz zu schweigen. Auch für Wissenschaft und Technik, nämlich »angepaßte Technik«, gäbe es noch viel Arbeit. Was könnte da für ein frischer Wind wehen! Und Kleinstadtmief ist jedenfalls leichter zu lüften als das Pentagon.

Aber Sie glauben gar nicht, wie hoch die Nostalgiewelle schwappt! Da fragt tatsächlich einer: Können wir denn nicht wenigstens die *kleinen* Kriege zulassen? Der Löwe ist doch schön – warum nicht der Krieger? Die Antworten könnten Bücher füllen. Ich begnüge mich heute mit einer einzigen: Weil der Mensch leichter zur Unersättlichkeit entartet als der Löwe. Es ist zwar richtig, daß die altmodischen kleinen Kriege nicht die ganze Erde vernichten konnten, aber wenn heute nicht jeder Krieg durch die Weltverfassung verhindert würde, finge ja die alte Geschichte von vorne an, bis sich wieder zwei Giganten im Endkampf um die Welthegemonie gegenüberstünden. Hegemoniestreben ist nichts anderes als Sicherheitsbedürfnis; das heißt, es hat dieselbe evolutionäre Tradition. Dieses Streben läßt sich nicht abschaffen. Aber auf der weltpolitischen Bühne kann es institutionell unwirksam gemacht werden, wenn die »Sicherheit« auf andere Weise gewährleistet ist. Wenn die militärische Konkurrenz zwischen Völkern nicht völlig verhindert wird, müßte sich der Drang zur Vereinheitlichung schließlich immer wieder durchsetzen. Und da die wissenschaftlichen Erkenntnisse und technischen Fähigkeiten nicht verloren gehen würden, könnte die ganze Geschichte in wenigen Jahrzehnten neu ablaufen. Nein, noch viel schlimmer: Jeder Kleinstaat könnte schnell die Fähigkeit erwerben, die ganze Welt zu vernichten (wenn auch nicht zu erobern). Es muß also offenbar ständig gewacht werden, daß nirgends solche Entartung eintritt. Auf welchen Skalen diese Wachsamkeit organisiert werden sollte und ob auch eine Weltpolizei nötig wäre, das sind schwierige Fragen. So etwas läßt sich nicht in einem Kopf organisieren oder in einem Vortrag darlegen. Aber schwierige Fragen dürfen uns nicht davon abhalten zu beginnen.

Weil bei uns in Europa noch die alten Stammesregionen deutlich wahrnehmbar sind, in Sprachen, Dialekten, Gebräuchen, alten Bauten – wenn auch rasend schnell durch friedliche Aktivitäten zerstört –, darum können sich viele Europäer schon eine Organisation der Welt in einem lockeren Bund von Kleinstaaten vorstellen. Aber auch in vielen anderen Gebieten der Welt böten sich die Grenzen solcher Staaten noch ganz natürlich an. Doch wie kriegen wir (ohne Krieg und Bürgerkrieg) die angeblich fortschrittlichen, durch Machtpolitik darübergestülpten, modernen Großstaaten weg?

Ich höre noch die verzweifelte Frage einer Diskussionsteilnehmerin in einer der früheren Vorlesungen an dieser Stelle: »Wir wissen doch, was richtig und was falsch ist – aber wo sind in der Politik die Ansprechpartner, die das hören wollen?« Und ein anderer Teilnehmer, der dafür sogar viel Beifall bekam, sagte sinngemäß: »Wir wollen nicht immer hören, daß der Mensch eben zum Streit neige! *Wir* sind *nicht* schuld an dem militärischen Wahnsinn und der Zerstörung der Welt durch Profitstreben. Schuld sind nur ein paar Leute auf der Welt, und die paar müssen eliminiert werden!«

Die eine hofft immer noch, da müsse doch irgendwo ein guter Vater wohnen, der uns die Last abnimmt; dem anderen ist offenbar noch nicht aufgefallen, wie viele Schurken in der Weltgeschichte schon umgebracht wurden und wie doch die Not dadurch fast immer eher größer als kleiner wurde. Es hilft alles nichts – wir alle sind mitverantwortlich, wir alle müssen die friedliche Welt organisieren. Und wir werden es auch können, denn es muß ohnehin, wie wir gesehen haben, im Kleinen beginnen; von der Basis her, wie man heute sagt. Leopold Kohr hatte, als er ›The Breakdown of Nations‹ schrieb, noch nicht die Erfahrung einer so rasch wachsenden Basisbewegung. Deshalb hat sein Buch eine schwache Stelle – nämlich das elfte Kapitel, dessen Inhalt aus einem einzigen Wort besteht. Es heißt: »No!«. Die Überschrift hieß: »But will it be done?«. Ich glaube, der 75jährige Kohr ist heute optimistischer geworden. »Wo aber Gefahr ist, wächst das Rettende auch«, steht bei Hölderlin.

Es beginnt nicht mit einer bestimmten Handlung. Es ist ein Entwicklungsproblem – allerdings in unseren Köpfen! Zunächst muß viel mehr darüber nachgedacht und gesprochen werden. Sie sollen ja nicht glauben, daß jemand die Wahrheit sagt – etwa ich hier –, sondern Sie sollen sich davon durch geistige Anstrengung überzeugen, wenn es möglich ist. Als ich anfing zu denken, fragte ich noch: »Woher soll ich denn wissen, was ich denke, bevor ich höre, was ich sage?« Inzwischen gelingt es mir nicht mehr so gut, auf mich selbst hereinzufallen; ich frage jetzt: »Woher soll ich denn wissen, was ich denke, bevor ich sehe, wovon ich andere überzeugen kann?« Nur deshalb hat es ja auch einen Sinn, daß ich hier immer »wir« sage. Dieses »Wir« ist im Begriff, sich zu bilden. Die vielen kleinen, lokalen Instabilitäten, die die globale Instabilität dissipieren werden, sind nicht ganz unabhängig voneinander. Sie kommunizieren miteinander. Die weltweite Bewegung für ökologische Vernunft und Frieden hat deshalb eine Chance, zum Ausgangspunkt einer neuen Weltverfassung zu werden. Von niemand anderem können wir das heute erwarten.

Die erste Antwort auf die Frage »Was können wir denn tun?« ist also: Reden wir mehr miteinander! Wenn etwas stimmt, sollten wir einander davon überzeugen können. Wenn Sie nicht nur in Öko- und Friedensgruppen, sondern auch zu Hause, mit den Nachbarn, mit den Kollegen und sogar den »Vorgesetzten« über solche politischen Fragen reden können, dann ist schon viel geschafft. Vergessen Sie nicht, daß die Evolution jetzt nur in unserer Sprache stattfinden kann. Hier müssen wir gründlichst herumtasten. Deshalb ist auch Reden Handeln. Wenn erst einmal 10 Prozent der Menschen für eine überzeugende Idee eintreten, dann ergreift sie auch die Mehrheit! Was zu tun ist, können uns also keine Spezialisten sagen. Es wird aus unserem gemeinsamen Denken folgen. Die Kompetenz für das Ganze liegt, so belastend das jetzt auch ist, bei uns allen. Wir müssen den Experten die Macht abnehmen.

Was bedeutet Macht? Die Abhängigkeit vieler von wenigen, also das Einengen der Entwicklungsfähigkeit vieler durch die Planung weniger. Wir haben gesehen, daß es auf größeren Skalen keine »gute« Macht geben kann – es sei denn, sie ließe fast alle Verantwortung unten, auf kleineren Skalen –, aber dann handelte es sich ja eben nicht um Macht, sondern um fruchtbare Zusammenarbeit. Bei skalenübergreifenden Problemen muß sicherlich zusammengearbeitet werden, aber in gesunden, evolutionsfähigen Gesellschaften wird die Anzahl und Dringlichkeit übergreifender Probleme um so kleiner sein, je weiter sie auf größere Skalen übergreifen. Deshalb werden die übergreifenden Verfassungsorgane – wie etwa »deutsche« oder »europäische« oder »weltweite« Gremien – gar nicht ständig tagen müssen. Ihre Mitglieder sollten auch nicht etwa direkt von der Basis gewählt werden, sondern (mit stark qualifizierten Mehrheiten) von den Gremien der jeweils darunterliegenden Organisationsstufe. Auch einen direkt gewählten »Mr. World President« braucht die Welt nicht. Man kann sich nur zu gut vorstellen, wie er aussehen würde! – Da übrigens die Politiker auf den höheren Ebenen den größten Teil ihres Lebens nicht in der künstlichen Luft einer Bundes- oder Welthauptstadt, sondern durchaus an der Basis verbringen würden, wäre die von unseren Grünen so gefürchtete Gefahr des »Abhebens« gebannt; man müßte nicht aus lauter Angst davor ständig »rotieren« und es Leuten gar übelnehmen, daß sie beim Arbeiten an übergreifenden Problemen auch Kompetenz für diese erwerben.

Aber nun sind wir immer noch bei der Zukunft! Kommen wir doch endlich zur Gegenwart! Wie wird Macht abgeschafft? Nicht dadurch, daß man eine weitere Macht zu ihrer Beschränkung dagegen setzt oder gar darüberstülpt. Nur dadurch, daß man sich von ihr unabhängig macht. Und dies kann nur geschehen, wenn immer mehr Menschen ihre Grundbedürfnisse neu erkennen und auf kleineren Skalen zu befriedigen lernen. Die Frage, was wir eigentlich brauchen, ist ja auch bei den jungen Leuten weit verbreitet. Neulich sah ich vor der Universität einen buntbemalten VW-Bus, auf dem die drei Grundbedürfnisse mit drei großen farbigen »F« geschrieben standen. Entschuldigen Sie bitte, wenn ich sie hier ausspreche: »Fressen, Ficken, Fernsehen« stand da. – Hoffentlich mischen sich noch mehr Leute in diese Diskussion ein! Zum Beispiel möchte ich daran erinnern, daß man auf eines von den dreien wegen der Kinder verzichten sollte. Und Reduzierung des jetzt für notwendig Gehaltenen reduziert unsere Abhängigkeit, schafft Macht ab. Dann besteht Hoffnung, daß wir das sogenannte Eigentum bei uns wie in der ganzen Welt anders verteilen können – nämlich so, daß es dezentral den Grundbedürfnissen dient, daß wir von dem Wahn wegkommen, das Wichtigste sei das Kapital, und das müsse sich etwa alle sieben Jahre verdoppeln; aber natürlich auch weg von dem Wahn, wir bräuchten alle das Gleiche, und das solle uns daher vom Vater oder Großen Bruder Staat vollautomatisch geliefert werden. Übrigens besteht dann auch die Hoffnung, daß alle genügend Sinnvolles zu tun haben, um ein erfülltes Leben zu führen.

Ein paar Beispiele scheinen mir noch notwendig, damit dies alles nicht zu abstrakt erscheint:

Beispiel Energie: Die Energieversorger gehören zu den größten Wirtschaftsmächten. Ölkonzerne sind mächtiger als viele Staaten. Die Frage, welcher der Weltblöcke einmal die noch blockfreien Ölländer in seine Sphäre ziehen wird, könnte leicht zum Auslöser des Weltuntergangs werden. Obendrein bedroht das zügellose Verbrennen fossiler Brennstoffe das Leben; nicht nur durch Waldsterben, Erstickungshusten von Kindern und dergleichen, sondern langfristig auch das Klima der ganzen Erde. Der Übergang zur »Ersatzmacht« der Kernenergietechnik würde aber noch größere Drohungen aufrichten, denn Radioaktivität greift noch weiter unten an den Wurzeln des Lebens an. – Aber wir haben ja die Sonne. Mit ihrer Energie entstand bisher alles Wertvolle auf der Erde. Sie liefert hier bei uns auf jedem Quadratmeter jährlich den Energieinhalt von etwa hundert Litern Heizöl ab! Sollte das – zumal wir allem bisherigen Leben noch die Intelligenz voraushaben – nicht ausreichen, um jeden vernünftigen Energiebedarf an Ort und Stelle zu decken? Selbstverständlich ist das so, nur werden vermutlich nicht die Energieverkäufer für die Verbreitung solcher Einsicht oder für die Entwicklung entsprechender dezentraler Techniken sorgen. Das müssen wir schon selber tun.

Fordern und fördern wir also mit allen Mitteln Forschung und Entwicklung auf dem Weg zu Wärmesammlern und Wärmespeichern, zu photoelektrischen und photoelektrochemischen Zellen, zu biologischen und biotechnischen Verfahren und vielfältigen anderen Möglichkeiten umweltfreundlicher, dezentraler Sonnenenergienutzung. Es gibt also sehr wohl massenhaft lohnende Aufgaben für Wissenschaftler und Ingenieure. Technologiefeindlichkeit brauchen wir uns nicht vorwerfen zu lassen. Wir sind nur Feinde der einfältigen, zerstörerischen Macht von Großtechnik.

Beispiel Ernährung: Es sterben heute täglich mehr Menschen

Hungers als jemals früher in der Menschheitsgeschichte. Dieser Fortschritt droht noch lange anzuhalten, denn die Menschheit wird sich noch beinahe verdoppeln, ohne daß wir dies auf friedlichem Wege verhindern könnten. All diese Menschen sind sozusagen schon unterwegs. Aber selbst die so unvernünftig gewachsene Bewölkerung wird in fast allen Ländern noch vom eigenen Ackerbau leben können. Allerdings nicht in der Art von Landwirtschaft, die durch die weltweite, von den Vereinten Nationen geförderte »grüne Revolution« durchgesetzt wurde und die innerhalb kürzester Zeit fast alle traditionelle Landwirtschaft in der »Dritten Welt« verdrängt hat. Statt boden- und klimaangepaßter Sorten sät man heute meist importierte Einheitssorten – oft nicht einmal fortpflanzungsfähig, so daß man jährlich neues Saatgut einführen muß –, und miteinführen muß man die Kunstdünger, Pestizide und Herbizide, ohne die keine Erträge mehr zu erzielen wären. Die gesamte Lebenssphäre wird vergiftet, die Böden werden immer unfruchtbarer und schließlich auch noch wegen der großflächigen Bearbeitung und »Flurbereinigung« weggeblasen oder weggespült. Warum tun die Menschen solchen gefährlichen Unsinn? Weil Wissenschaftler es ihnen geraten haben. Wissenschaftler können erstaunlich kurzsichtig sein!

Sorgen wir also dafür, daß auch Wissenschaftler zum Beispiel im Boden wieder etwas Lebendiges sehen lernen, das liebende Fürsorge braucht, und nicht ein beliebig ersetzbares Produktionsmittel. Helfen wir mit, jene Wissenschaftler zu diskreditieren, die sich aus Dummheit oder Ehrgeiz in den Dienst von Ausbeutung und vordergründigem schnellem Profit stellen! Zur allzu einfältigen Großtechnik der Agrarchemie kommt noch hinzu, daß das Land meist wenigen Reichen gehört, die wohl wissen, daß an den eigenen armen Landsleuten nichts zu verdienen ist. So produzieren sie häufig gar nicht erst Nahrung für diese, sondern lieber Futtermittel für den reichen Westen, der dann noch mehr Fleisch verzehren kann. (Man könnte aber bei überwiegend pflanzlicher Ernährung von der gleichen Bodenfläche etwa fünf mal mehr Menschen ernähren als bei überwiegendem Fleischkonsum!)

Es ist klar, daß die Menschen in den sogenannten Entwicklungsländern nicht mit einem Schritt aus all diesen internen und externen Abhängigkeiten ausbrechen können. Viele wissen ja auch noch gar nicht, daß unsere »Entwicklung« großenteils ein Weg in den Abgrund war und ist. Helfen wir also bei der Verbreitung solcher Einsichten und angepaßter Techniken. Helfen wir, Abhängigkeiten aufzulösen, Macht abzuschaffen, und das bedeutet dort häufig noch: unsere eigene Macht!

Beispiel Arbeitsplätze: Die Menschen werden nicht mehr so sehr als Produzenten gebraucht, sondern eher als Konsumenten. Die Wirtschaft stagniert, wenn zu viele arbeitslos sind und nichts kaufen können. Das ist ein Systemfehler. Das Kapital kann ja die Produktion im wesentlichen mit Robotern durchführen. Deren große betriebswirtschaftliche Vorteile fallen ins Auge, solange sie keine Beiträge zur Renten- und Arbeitslosenversicherung bezahlen müssen und nicht streiken können. Warum kann man also nicht weiter rationalisieren und auch den Konsum überwiegend von den Menschen auf Maschinen übertragen? Das kann doch nicht sehr schwierig sein? Und dann wäre das Kapital endlich von der Macht der Menschen unabhängig! Mehr will ich aus Zeitmangel zur »Rationalisierung« nicht sagen. Aber lachen Sie nicht zu sehr! Was ich gerade anregte, ist ja in der Rüstungsindustrie längst verwirklicht!

Beispiel »Neue Techniken«: Die Bastler immer kleinerer Mikrochips und, neuerdings, immer besserer Genkombinationen planen für gewaltige Märkte. Statt die entsprechenden Mächte mühsam wieder abzuschaffen, haben wir noch eine Chance, sie gar nicht erst groß werden zu lassen. Das wird aber sicherlich nicht mit einem zentralen »Institut für Technikfolgenabschätzung« gelingen. Im Grunde haben wir ja so etwas auch längst, denn die öffentliche Förderung von Wissenschaft und Technik erfolgt über eine höchst bürokratische Zentrale. Auch hier kann also nur eine Verlagerung an die »Basis« helfen – das heißt, die gründliche Diskussion darüber, was wir brauchen und entwickeln wollen und was nicht. Natürlich muß man wissen, worum es geht, und deshalb muß diese Diskussion zwischen den Industriemanagern und ihren Belegschaften sowie auch zwischen Wissenschaftlern und Technikern und den »ganz gewöhnlichen Bürgern« stattfinden.

Die Bürger müssen die Diskussion fordern und erzwingen. Nicht nur im Stile der Institutsselbstdarstellungen an »Tagen der offenen Tür«. Es muß viel weiter gehen und auch Folgen für die Forschungs- und Entwicklungsarbeit haben können. Wer mit seiner Arbeit nicht die Wurzeln des Lebendigen oder die Grundlagen der Kultur bedroht oder wer nicht übertriebene Summen für Spielereien verschwendet, der braucht übrigens, wie mir scheint, keine Angst vor demokratischer Einmischung zu haben! Wenn allerdings ein Wissenschaftler sich mit der Bemerkung aus der Affäre ziehen will: »Was wollen Sie denn? – Wir können doch gar nicht anders, als den Naturgesetzen gehorchen«, dann erinnern Sie ihn: Wir haben keine Angst vor einer Verletzung von Naturgesetzen. So etwas gibt es definitionsgemäß nicht. Aber die Gesetze evolutionärer Wertschöpfung sind sehr leicht verletzbar!

Damit sind wir wieder am Ausgangspunkt. Denken Sie bitte nach, und sagen Sie mir, wo meine Gedankenkette vielleicht schwache Glieder hat. Aber machen Sie sich die Kritik nicht zu leicht. Schließlich habe ich ganz schön lange mit einiger Bemühung und Lebenserfahrung herumgetastet, bevor ich wagte, hier in einer Universität, und noch dazu ohne Doktortitel, als Lehrer vor Ihnen aufzutreten. Und ich bin ja auch nicht der einzige, der zu solchen Ergebnissen gekommen ist. Nach meiner ersten derartigen Predigt mußte ich verblüfft feststellen, daß ich sogar zu den Chefideologen einer Partei gerechnet werde, der ich nicht einmal angehöre.

Den Politikern alten Schlages, den Wirtschaftlern und Technokraten und auch vielen Wissenschaftlern wird es natürlich gar nicht passen, wenn sich nun immer mehr Menschen einmischen. Vielleicht werden die Parteien ihre Tore vor dem Ansturm der Bewerber schließen müssen, die beitreten und mitbestimmen wollen und die doch nicht bereit sind, so zu tun, als ob in all unseren Konflikten immer gerade eine Partei recht haben könnte. Dann werden die »Richtlinien der Politik« den Bedingungen von Selbstorganisation angepaßt werden, und es wird endlich die Phase zu Ende gehen, in der Maschinenstürmer und Blockierer vielleicht die Kompetentesten waren. Wir wollen eine neue Rechtsordnung. Also wird es vorerst weiterhin Streit mit der Staatsgewalt geben. Und es wäre Unsinn zu sagen, wir hätten ein Recht auf Widerstand. Wir mögen die Pflicht zum Widerstand haben, ich glaube, wir haben die Pflicht, aber das Recht hat natürlich der Staat. Die Staatsgewalt hat ein Recht auf Widerstand!

Geben wir den Staatsgewalten eine neue Verfassung, damit sich dieser Widerstand endlich gegen die Zerstörung der Welt richtet, nicht gegen die Organisation des Friedens.

Quellen und Anmerkungen*

Hans-Peter Dürr
SDI – technische Machbarkeit und sicherheitspolitische Folgen einer Absurdität

Vortrag am 23. Mai 1985 in München (auch teilweise abgedruckt in: Der Spiegel Nr. 29, 1985).

Literatur: H. G. Brauch: Angriff aus dem All. Der Rüstungswettlauf im Weltraum. Bonn 1984; D. Engels u. a. (Hrsg.): Die Front im All. Weltraumrüstung und atomarer Erstschlag. Köln 1984; B. Jasani u. a.: Waffen im Weltraum. Countdown zum Krieg der Sterne. Ein SIPRI-Report. Reinbek 1984; R. Labusch u. a. (Hrsg.): Weltraum ohne Waffen. Naturwissenschaftler warnen vor der Militarisierung des Weltraums. München 1984; Spektrum der Wissenschaft (Hrsg.): Rüstung und Abrüstung. Die Argumente der Wissenschaft. Heidelberg 1983; J. Tirman (Hrsg.): SDI. Der Krieg im Weltraum. Grundlagenstudie prominenter Wissenschaftler der Union of Concerned Scientists. Bern 1985.

Rainer Fuchs
Einstein, Heisenberg, Oppenheimer – über die geschichtliche Verantwortung der Wissenschaft

Vortrag am 24. Januar 1985 in München

[1] J. R. Oppenheimer: Wissenschaft und allgemeines Denken. Reinbek 1955, S. 90f.

[2] W. Heisenberg: Der Teil und das Ganze. München 1973, S. 203f.

Herbert Begemann
Ärztliche Ethik im Widerspruch zur staatlichen Machtpolitik

Veränderte Fassung des Vortrags vom 8. Dezember 1983 in München (gehalten am 31. Mai 1985 im Rahmen eines Benefizkonzerts der »Internationalen Ärzte zur Verhinderung eines Atomkriegs«, IPPNW, in Berlin)

[1] Interessante Einzelheiten über Entstehung und Wirken der Militärmedizin finden sich in P. Riedesser/A. Verderber: Aufrüstung der Seelen. Freiburg 1985.

[2] Die keineswegs in allen Punkten lupenreine Geschichte des Deutschen Roten Kreuzes ist ein gutes Beispiel dafür, wie sich die Janusköpfigkeit des Roten Kreuzes in seinen einerseits internationalen, andererseits nationalen Formie-

* Rechtsträger der Veranstaltungsreihe »Wissenschaft und Friedenssicherung« ist das Wissenschaftszentrum e. V. Friedenssicherung, München. Dem gemeinnützigen Charakter der Veranstaltungsreihe entsprechend, haben alle Referenten dankenswerterweise auf Honorar verzichtet. Die Titel der Vorträge wurden für die Buchausgabe zum Teil geändert.

rungen praktisch ausgewirkt hat. Wenn die Medizin hinsichtlich ihrer Einstellung zum Atomkrieg nicht nur in der Bundesrepublik zwischen Hilfe und Beihilfe schwankt und dadurch den Ärztestand zu spalten droht, so hat das die gleichen Gründe, die einst zur ideologischen Ambivalenz des Roten Kreuzes führten. Während das Internationale Komitee eine Ächtung aller Kernwaffen anstrebt und die Verhinderung eines Atomkriegs für wichtiger hält als die Organisation scheinbarer Hilfe in einem solchen Krieg, konzentriert sich das bundesdeutsche Rote Kreuz auf ein systematisches Training von Kriegs- und Katastrophenmedizin, es versucht also auch unter der atomaren Bedrohung seinen Grundsätzen treu zu bleiben, nämlich Wunden zu verbinden, statt ihre Entstehung zu verhindern.

[3] Vgl. T. Bastian (Hrsg.): Wir werden euch nicht helfen können. Ärzte gegen den Atomkrieg. Frankfurt 1983; E. Chivian u. a. (Hrsg.): Last Aid – Letzte Hilfe. Die medizinischen Auswirkungen eines Atomkriegs. Neckarsulm 1985; T. Bastian (Hrsg.): Friedensnobelpreis für 140000 Ärzte. Dokumente aus der medizinischen Friedensbewegung. Reinbek 1985.

[4] Vgl. K. Lohs (Hrsg.): Nach dem Atomschlag. Ein Sonderbericht von Ambio, veröffentlicht unter der Schirmherrschaft der Königlich Schwedischen Akademie der Wissenschaften. Kronberg 1983; P. R. Ehrlich/C. Sagan: Die nukleare Nacht. Die langfristigen klimatischen und biologischen Auswirkungen von Atomkriegen. Köln 1985.

[5] J. Herbig: Im Anfang war das Wort. Die Evolution des Menschlichen. München 1984, S. 300.

[6] H.-E. Richter: Zur Psychologie des Friedens. Reinbek 1982.

[7] Vgl. H. Theml: Fragen an die medizinische Ethik unter der atomaren Bedrohung, in: H. Pichowiak (Hrsg.): Medizinische Ethik. Bamberg 1985.

[8] J. Sack: »Ich war gern in Vietnam«. Leutnant Calley berichtet. Frankfurt 1972. Wesentliche Anregungen zu diesem Abschnitt verdanke ich Dr. Paul Parin, Zürich. Seine Studie ›Leutnant Calley. Ein psychoanalytischer Exkurs über die Erträglichkeit unerträglicher Lebensumstände‹ ist bisher leider noch nicht veröffentlicht.

[9] Die Wirkung von Paradoxien in menschlichen Interaktionen wurde erstmals 1958 von Gregory Bateson als »double bind« bezeichnet, für den deutschen Sprachgebrauch schlug Helm Stierlin »Beziehungsfalle« vor; vgl. G. Bateson: Ökologie des Geistes. Frankfurt 1983; P. Watzlawick/J. H. Beavin/D. D. Jackson: Menschliche Kommunikation. Bern 1972.

Heiner Dürr
Geographie und Friedensforschung und das Beispiel Dritte Welt
Vortrag am 15. November 1984 in München

[1] G. Hard: Die Geographie. Eine wissenschaftstheoretische Einführung. Berlin 1973.

[2] Vgl. z. B. A. Coleman: Utopia on Trial. Vision and Reality in Planned Housing. London 1985.

[3] Ich beschränke mich ausdrücklich auf die deutschsprachige Geographie. Viele der folgenden Bemerkungen gelten zum Beispiel für die französische und anglo-amerikanische Geographie gar nicht oder nur bedingt (vgl. J. Ossenbrügge: Politische Geographie als räumliche Konfliktforschung. Hamburg 1983). Zu einer Tagung, welche die »International Peace Research Society« 1985 in Canterbury/England ausrichtete, hatten je ein US-amerikanischer und ein niederländischer Geograph ein Referat angemeldet. Als neuere Fallstudie vgl. G. J. Thrall: Geoinvestment. The Interdependence Among Space, Market Size,

and Political Turmoil in Attracting Foreign Direct Investment, in: Conflict Management and Peace Science, 1984, 8, S. 17–47.

[4] S. Passarge: Grundzüge der gesetzmäßigen Charakterentwicklung der Völker auf religiöser und naturwissenschaftlicher Grundlage und in Abhängigkeit von der Landschaft. Berlin 1925, S. 22.

[5] H. A. Jacobsen: Karl Haushofer. Leben und Werk. 2 Bde. Boppard 1979.

[6] Vgl. aus neuester Zeit G. Sandner: Die »Geographische Zeitschrift« 1933–1944. Eine Dokumentation über Zensur, Selbstzensur und Anpassungsdruck bei wissenschaftlichen Zeitschriften, in: Geographische Zeitschrift, 1983, 71, S. 65–87, 127–149.

[7] J. Habermas: Der Intellektuelle ist nicht mit seinem Gewissen allein, in: Süddeutsche Zeitung vom 19./20. November 1985.

[8] Vgl. Chr. v. Ferber: Der Werturteilsstreit 1909/1959. Versuch einer wissenschaftsgeschichtlichen Interpretation, in: E. Topitsch (Hrsg.): Logik der Sozialwissenschaften. Köln 1971, S. 165–180.

[9] J. Habermas: Die neue Unübersichtlichkeit. Frankfurt 1985, S. 204.

[10] Vgl. z. B. E. Bunkse: Humboldt and the Aesthetic Tradition in Geography, in: The Geographical Review, 1981, 71, S. 127–146.

[11] Vgl. E. Fromm: Haben oder Sein. Die seelischen Grundlagen einer neuen Gesellschaft. München 1980.

[12] Th. Rauch: Das nigerianische Industrialisierungsmuster und seine Implikationen für die Entwicklung peripherer Räume. Hamburg 1981; ders.: Peripherkapitalistisches Wachstumsmuster und regionale Entwicklung, in: F. Scholz (Hrsg.): Entwicklungsländer. Darmstadt 1985, S. 163–191.

[13] Vgl. F. Fanon: Schwarze Haut, weiße Masken. Frankfurt 1980; H. Bosse: Diebe, Lügner, Faulenzer. Zur Ethno-Hermeneutik von Abhängigkeit und Verweigerung in der Dritten Welt. Frankfurt 1979.

[14] H. Brinkmann: Die deutsche Sprache. Gestalt und Leistung. Düsseldorf [2]1971.

[15] G. W. Skinner: Marketing and Social Structure in Rural China, in: Journal of Asian Studies, 1964, 24, S. 3–43, 195–228, 363–399.

[16] H. Conklin: The Study of Shifting Cultivation, in: Current Anthropology, 1961, 2, S. 27–61.

[17] Vgl. dazu auch die modellhafte Darstellung von E. J. Taaffe/R. L. Morrill/P. Gould: Verkehrsausbau in unterentwickelten Ländern. Eine vergleichende Studie, in: D. Bartels (Hrsg.): Wirtschafts- und Sozialgeographie. Köln 1971, S. 341–346.

[18] Vgl. z. B. H. Dürr: Raumentwicklung im Dilemma zwischen Wachstums- und Gleichheitszielen. Indonesien als Beispiel, in: Geographische Rundschau, 1982, 34, S. 49–57.

[19] B. Erler: Tödliche Hilfe. Bericht von meiner letzten Dienstreise in Sachen Entwicklungshilfe. Freiburg 1985.

[20] D. Goldschmidt/T. Schöfthaler: Bildung als gleichzeitige Entwicklung von Vernunft und kultureller Identität, in: dies. (Hrsg.): Soziale Struktur und Vernunft. Frankfurt 1984, S. 462.

[21] H. Bosse: Verwaltete Unterentwicklung. Funktionen und Verwertung der Bildungsforschung in der staatlichen Entwicklungspolitik. Frankfurt 1978.

Wilhelm Hankel
Weltfrieden und Weltwährungssystem
Vortrag am 20. Juni 1985 in München

DIETER SENGHAAS
Hegemonialanspruch und Friedensfähigkeit der Supermächte
Vortrag am 14. Februar 1985 in München

[1] Eine ausführliche Erörterung der in diesem Vortrag behandelten friedenspolitischen Themenstellung findet sich in meinem 1986 erschienenen Buch: Die Zukunft Europas. Probleme der Friedensgestaltung. Frankfurt 1986.

JÜRGEN WERTHEIMER
Ästhetik der Gewalt – Literatur im Dienst der Friedenssicherung?
Vortrag am 13. Dezember 1984 in München
Vergleiche auch mein Buch: Ästhetik der Gewalt. Königstein 1986.

[1] Die Zeit vom 7. Dezember 1984, S. 49f.
[2] Der Spiegel vom Dezember 1984.
[3] Vgl. die seinerzeit populäre Anthologie: Nietzsche-Worte. Weggenossen in großer Zeit. Leipzig 1915, S. 21f.
[4] St. George: Werke. Bd. 1. München 1983, S. 50, 52.
[5] Th. Mann: Der Zauberberg. Bd. 2. Frankfurt 1975, S. 690f., S. 755f., S. 756, S. 757.
[6] A. Einstein/S. Freud: Warum Krieg? Zürich 1972, S. 36.
[7] I. Bachmann: Frankfurter Vorlesungen. Probleme zeitgenössischer Dichtung. München 1980. S. 29.
[8] Chr. Wolf: Kassandra. Eine Erzählung. Darmstadt 1983, S. 85f.
[9] G. García Márquez: Chronik eines angekündigten Todes. Köln 1983, S. 145ff.
[10] I. Bachmann, a.a.O., S. 15f.
[11] Ch. Baudelaire: Kleine Gedichte in Prosa. Berlin 1947, S. 118.

DIETRICH KRUSCHE
Den Frieden als das Fremdeste suchen
Vortrag am 28. Juni 1984 in München

[1] Zitiert nach K. Lankenau u.a.: Sozialwissenschaftliche Anmerkungen zur Aufrüstung und Friedenssicherung, in: Nachdenken statt Nachrüsten. Karlsruher Wissenschaftler für den Frieden. Karlsruhe 1984, S. 180, Anm. 6.
[2] N. Elias: Über den Prozeß der Zivilisation. Soziogenetische und psychogenetische Untersuchungen. Bd. 2. Frankfurt 1976, S. 435f.
[3] Vgl. K. Lankenau, a.a.O., S. 173.
[4] N. Elias, a.a.O., S. 451.
[5] H. E. Richter: Zur Psychologie des Friedens. Reinbek 1984, S. 70.
[6] Zitiert nach K. Gerosa (Hrsg.): Große Schritte wagen. Über die Zukunft der Friedensbewegung. München 1984, S. 138.
[7] Blätter für deutsche und internationale Politik, 1983, 10, S. 1381, 1379.
[8] Vgl. dazu W. Voßkamp (Hrsg.): Utopieforschung. Interdisziplinäre Studien zur neuzeitlichen Utopie. 3 Bde. Stuttgart 1982; H. Weinrich: Utopie im Zentrum, in: Merkur 1984, 4, S. 454f.
[9] J. Galtung: Es gibt Alternativen! Opladen 1984, S. 30.
[10] Nach J. Galtung, a.a.O., S. 41f.

WILLI BUTOLLO
Angstlösungen – Modelle für inneren und äußeren Frieden
Vortrag am 10. Mai 1984 in München

Horst-Eberhard Richter
Persönlichkeit und politisches Bewußtsein
Vortrag am 31. Januar 1985 in München

Thea Bauriedl
Kann der einzelne die Gesellschaft verändern?
Vortrag am 22. November 1984 in München (auch abgedruckt in Thea Bauriedl: Die Wiederkehr des Verdrängten. München 1986)

[1] W. Heisenberg: Was ist eigentlich Wirklichkeit?, in: Süddeutsche Zeitung vom 27. Dezember 1981.
[2] W. Heisenberg, a. a. O.
[3] J. Habermas: Erkenntnis und Interesse. Frankfurt 1968.
[4] Süddeutsche Zeitung vom 25./26. Februar 1984.
[5] A. Buschenreiter: Unser Ende ist Euer Untergang. Düsseldorf 1983, S. 220.

Helga Einsele
Frauen und Friedenssicherung
Vortrag am 29. November 1984 in München

[1] G. Berthold: Freda Wüsthoff. Eine Faszination. Freiburg [3]1984.
[2] E. Quistorp: Frauen für den Frieden. Analysen, Dokumente und Aktionen aus der Frauenfriedensbewegung. Frankfurt 1982.
[3] E. Senghaas: Einmischung in friedlicher Absicht, in: Feministische Studien, 1984, Heft 2, S. 9ff.
[4] C. Honegger/B. Heintz: Listen der Ohnmacht. Zur Sozialgeschichte weiblicher Widerstandsformen. Frankfurt 1981.
[5] J. Bruin/St. Salaff: Nie wieder, in: Feministische Studien, 1984, Heft 2, S. 39ff.
[6] C. Gilligan: Die andere Stimme. München 1982.
[7] E. R. Köberer: Navigation ohne Navigator, in: Politische Vierteljahrsschrift 22, Sonderheft 1281, S. 344–347.
[8] J. Schell: Die Abschaffung. München 1984.

Dorothee Sölle
Gottes Unilateralismus – eine Theologie des Friedens
Vortrag am 17. Januar 1985 in München (Eingang fanden Passagen aus meinem Beitrag ›Wir wollen Frieden, nicht Sicherheit. Zur Kritik einer bürgerlichen Hoffnung‹, in: Komitee für Grundrechte und Demokratie, Jahrbuch 1983, und aus meinen Büchern: ›Aufrüstung tötet auch ohne Krieg‹, Stuttgart 1982; ›Im Hause des Menschenfressers. Texte zum Frieden‹, Reinbek 1984)

Peter Kafka
Läßt sich Frieden organisieren?
Vortrag am 26. Juli 1984 in München (Thesen hieraus wurden am 8. Juli 1984 unter dem Titel ›Kompetenz und Komplexität‹ beim Göttinger Kongreß »Naturwissenschaftler für den Frieden« vorgetragen und mit geringen Änderungen in dem Buch ›Weltraum ohne Waffen‹, herausgegeben von R. Labusch u. a., München 1984, abgedruckt; der Abdruck

in diesem Buch erfolgt mit freundlicher Genehmigung des Verlages C. Bertelsmann, München)

[1] P. Kafka/H. Maier-Leibnitz: Streitbriefe über Kernenergie. Zwei Physiker über Wissenschaft, Fortschritt und die Folgen. München 1982.

TEA BAURIEDL, Priv. Doz., Dr. phil., Diplom-Psychologin, geboren 1938 in Berlin. Lehrt an der Universität München Klinische Psychologie mit dem Schwerpunkt Angewandte Psychoanalyse. Auch Dozentin an der Akademie für Psychoanalyse, München, und in eigener psychoanalytischer Praxis tätig. Forschung: Wissenschaftstheoretische Grundlagen der Psychoanalyse, Psychoanalytische Paar- und Familientherapie, Politische Psychoanalyse (Psychoanalytische Beiträge zur Friedens- und Konfliktforschung).

HERBERT BEGEMANN, Prof., Dr., geboren 1917 in Münster. Professor der Inneren Medizin in Freiburg i. Br., später in München, Spezialfach: Hämatologie und Onkologie (Blut- und Krebsforschung). Autor verschiedener Hand-, Lehr- und Taschenbücher. 1960–1982 Chefarzt und zeitweise Direktor des Städtischen Krankenhauses München-Schwabing. 1973 Vorsitzender der Deutschen Gesellschaft für Innere Medizin und des Deutschen Internistenkongresses. Mitglied zahlreicher deutscher, ausländischer und internationaler Fachgesellschaften, u. a. der New York Academy of Sciences. Seit vielen Jahren in der Friedensbewegung tätig. Mitbegründer der deutschen Sektion der »Internationalen Ärzte für die Verhinderung des Atomkriegs (IPPNW)« und der Münchner Ärzteinitiative »Medizin und öffentliche Verantwortung«.

WILLI BUTOLLO, Prof., Dr., geboren 1944 in Eberstein/Österreich. Ausbildung zum Volksschullehrer, dann Studium der Psychologie, 1968 Promotion in Wien, 1972 Habilitation in Graz. Gastprofessuren in Konstanz, Mainz und London. Seit 1974 Ordentlicher Professor für Klinische Psychologie an der Universität München. Forschungsaufenthalte in England und den USA. Arbeitsschwerpunkte in Forschung und Therapie sind Probleme der chronischen Angst; therapeutische Erfahrungen in Verhaltenstherapie, Gestalttherapie und Körpertherapie. 1980 Bekenntnis zum Islam (Abdul Hassan). Seit 1982 Vorstand des Instituts für Psychosomatik und Somatopsychologie in München.

HANS-PETER DÜRR, Prof., Dr., geboren 1929 in Stuttgart. Physik-Diplom 1953 in Stuttgart, 1956 Doktor der Philosophie an der Universität Kalifornien in Berkeley/USA, 1962 Habilitation an der Universität München. Wissenschaftliches Mitglied und Direktor am Werner-Heisenberg-Institut für Physik des Max-Planck-Instituts für Physik und Astrophysik in München, Mitglied der Vereinigung Deutscher Wissenschaftler, der Max-Planck-Gesellschaft sowie der Deutschen Akademie der Naturforscher, Leopoldina in Halle. Über 100 Veröffentlichungen auf dem Gebiet der Kernphysik, Elementarteilchenphysik und Gravitation. Mitherausgeber und Autor des Buchs ›Verantwortung für den Frieden. Naturwissenschaftler gegen Atomrüstung‹ (Reinbek 1983).

HEINER DÜRR, geboren 1940 in Hamburg. Professor am Geographischen Institut der Technischen Universität München. 1974/75 leitete er im Auftrag der Gesellschaft für Technische Zusammenarbeit ein regionales Planungsprojekt in Indonesien. Seither mehrere weitere Einsätze als Planer und Gutachter staatlicher Entwicklungshilfeprojekte. Schwerpunkte in Forschung und Lehre: Regionale Entwicklungstheorie und -strategie; Raumentwicklung in China (mehrere Forschungsaufenthalte) und in Südostasien; wissenschaftstheoretische Grundlagen der Sozialwissenschaften.

HELGA EINSELE, Dr., geboren 1910. Jura-Studium u.a. bei Gustav Radbruch; nach dem Staatsexamen 1935 Berufsverbot aus politischen Gründen, Arbeit in einer kleinen Verwaltung des angeschlossenen Österreich. 1947 Rückkehr nach Deutschland. 1947–1975 Leiterin der Frauenstrafanstalt in Frankfurt/Main, daneben politische Engagements. 1975 Honorarprofessur an der Universität Frankfurt. Auszeichnungen für Bemühungen um die Humanisierung des Strafvollzugs.

RAINER FUCHS, Prof., Dr., geboren 1915 in Straßburg. Nach Ausweisung der Eltern wegen deutscher Nationalität im Jahre 1918, Umzug nach Göttingen. Studium der Mathematik, Physik, Psychologie und Philosophie, 1939 Staatsexamen und 1941 Dr. rer. nat. in Göttingen. Dienstverpflichtung an die Heeresanstalt Peenemünde und später abkommandiert zu den Firmen VDO-Frankfurt, Zeiss Ikon-Dresden und Dr. Horn-Plauen. 1945-1946 Assistent am Institut für Angewandte Mechanik an der Universität Göttingen, bis 1953 Assistent am Psychologischen Institut der Universität Marburg; 1953 Habilitation im Fach Psychologie. 1954–1961 Schuldienst. 1961–1965 Inhaber der Lehrstühle für Psychologie an den Pädagogischen Hochschulen Saarbrücken und Kiel. 1965–1984 Lehrstuhl für Pädagogik und pädagogische Soziologie an der Technischen Universität München. Forschungsgebiete: Allgemeinpsychologische Grundlagen der Neurosenlehre und Psychotherapie, denk- und motivationspsychologische Grundlagen des Unterrichtens, Humanentwicklung in Abhängigkeit von biologischen und kulturellen Bedingungen.

WILHELM HANKEL, Prof., Dr., geboren 1929 in Danzig. Lehrt seit 1967 Entwicklungs- und Währungspolitik an der Universität Frankfurt. Bis 1968 Chefökonom der Kreditanstalt für Wiederaufbau; danach von Karl Schiller mit der Leitung der Abteilung Geld und Kredit im Bundeswirtschaftsministerium betraut; 1972–1974 Präsident der Hessischen Landesbank. Danach vorwiegend Lehr- und Forschungstätigkeit im Ausland (Harvard und Georgetown-University/USA, School for Advanced International Studies der John-Hopkins-University, Bologna). Im Auftrag des Wissenschaftszentrums Berlin: ›Gegenkurs. Von der Schuldenkrise zur Vollbeschäftigung‹ (Berlin 1984).

Peter Kafka, Diplom-Physiker, geboren 1933. Seit über 20 Jahren Physiker am Münchener Max-Planck-Institut für Physik und Astrophysik, arbeitet über Fragen der »Relativistischen Astrophysik«. Daneben meldet er sich mit Veröffentlichungen über das Wesen des Fortschritts zu Wort.

Dietrich Krusche, Prof., Dr., geboren 1935 in Polen. Studium der Germanistik und der klassischen Philologie in München und Hamburg. 1961–1963 Lektor für Deutsch an den University of Ceylon; 1966–1969 Lektor an der Universität Okayama, Japan. Seit 1982 Professor am Institut für Deutsch als Fremdsprache an der Universität München. Veröffentlichungen u. a.: ›Haiku. Bedingungen einer lyrischen Gattung‹ (1970, 5. Aufl. 1983); ›Japan – konkrete Fremde‹ (1974, Neuaufl. 1983); ›Kafka und Kafka-Deutung‹ (1974); ›Kommunikation im Erzähltext‹ (2 Bde., 1980); ›Literatur und Fremde‹ (1985); außerdem drei Romane, ein Erzählband, zwei Lyrikbände.

Horst-Eberhard Richter, Prof., Dr., geboren 1923 in Berlin. Geschäftsführender Direktor des Zentrums für Psychosomatische Medizin an der Universität Gießen. 1980 mit dem Theodor-Heuss-Preis ausgezeichnet. Zu seinen bekanntesten Büchern gehören: ›Patient Familie‹ (1970), ›Die Gruppe‹ (1972), ›Lernziel Solidarität‹ (1974), ›Flüchten oder Standhalten‹ (1976), ›Alle redeten vom Frieden‹ (1981), ›Zur Psychologie des Friedens‹ (1982), ›Die Chance des Gewissens‹ (1986).

Dieter Senghaas, Prof., Dr., geboren 1940 in Geislingen/Steige, Studium der Politikwissenschaft, Soziologie, Geschichte und Philosophie. 1970–1978 Forschungsgruppenleiter in der Hessischen Stiftung Friedens- und Konfliktforschung. 1972–1978 Professor für Internationale Beziehungen an der Universität Frankfurt/Main. Ab 1978 Professor für Sozialwissenschaft an der Universität Bremen. Zahlreiche Tätigkeiten und Funktionen in Selbstverwaltungs- und Forschungsförderungsorganisationen der Wissenschaft. Bisherige Lehr- und Forschungsschwerpunkte: Friedensforschung (wissenschaftstheoretische, wissenschaftspolitische und methodologische Fragestellungen; Militärstrategie; Rüstungsdynamik; Rüstungskontrolle; Abrüstungsforschung; Dritte Welt; Gewaltproblematik), Politikwissenschaft, insbesondere Internationale Beziehungen (Theorie- und Methodenprobleme), Entwicklungsforschung (Untersuchungen über aktuelle theoretische und praktische Probleme der Weltwirtschaftsordnung und Entwicklungspolitik; historisch-vergleichende Forschung; vergleichende Untersuchung über sozialistische Entwicklungswege). Zahlreiche Bücher und Aufsätze.

Dorothee Sölle, Prof., Dr., geboren 1929 in Köln. Studium der klassischen Philologie und Philosophie in Köln, Freiburg und Göttingen, dann Theologie und Germanistik. 1972 Habilitation an der Universität Köln mit einer Arbeit über die Zusammenhänge von Literatur und Theologie nach der Aufklärung. Danach Lehrauftrag an der Evangelischen-Theologischen Fakultät der Universität Mainz. Seit Herbst 1975 Professur am Union Theological Seminary in New York, wo schon Paul Tillich lehrte. Dort jeweils ein Semester im Jahr, während der übrigen Zeit lebt sie in Hamburg. Zahlreiche Publikationen, u. a. ›Wählt das Leben‹, ›Leiden‹, ›Die Hinreise‹, ›Sympathie‹, ›Phantasie und Gehorsam‹.

Jürgen Wertheimer, Dr. phil. habil., geboren 1949 in München. Privatdozent für Neuere deutsche Philologie und Vergleichende Literaturwissenschaft an der Universität München. Verschiedene Publikationen zum Thema der Möglicheiten und Grenzen dialogischen Sprechens und zur Ästhetik der Gewalt.

Carl Friedrich von Weizsäcker im dtv

dtv 1452

dtv 1687

dtv 10498

dtv 10012

dtv 10182

dtv

Frederic Vester

dtv 1327

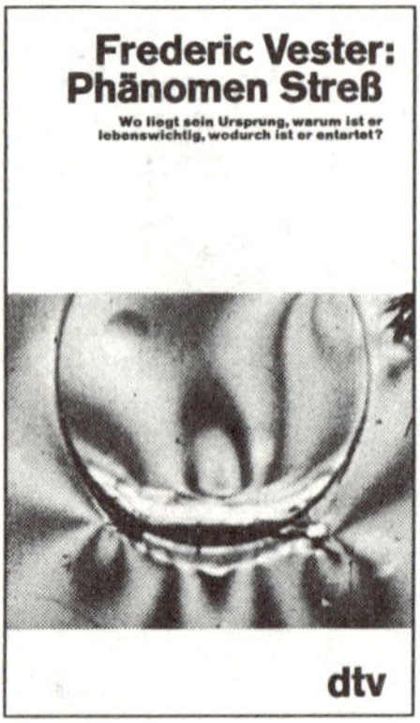

dtv 1396

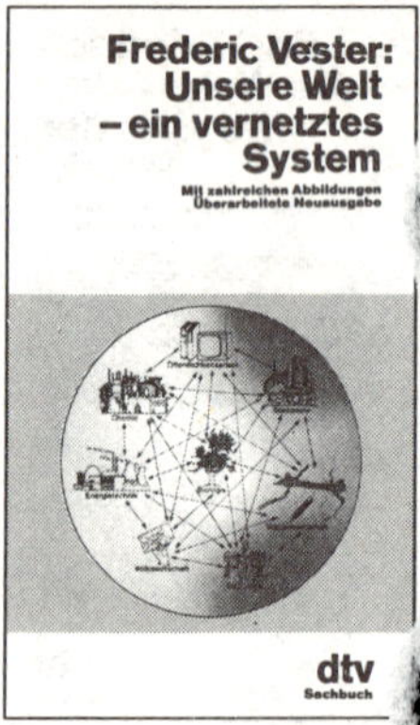

dtv 10118

dtv 10080

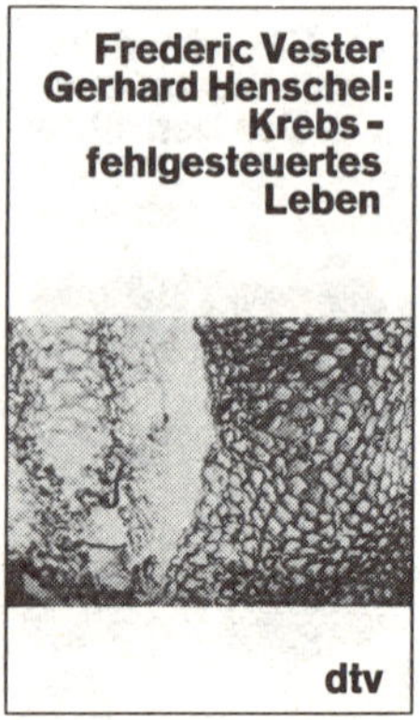

dtv 1283

dtv 10220

Mensch und Kosmos

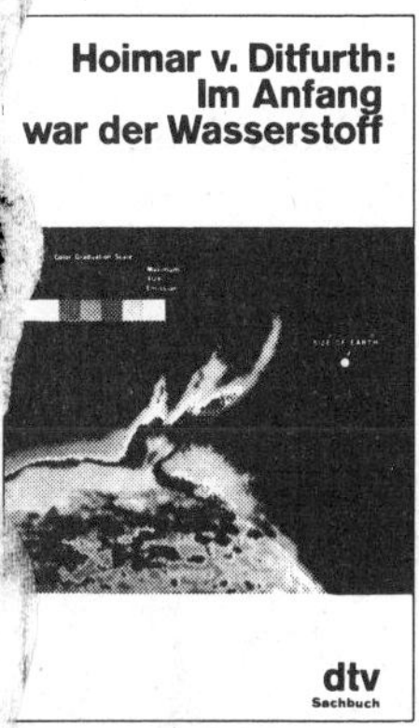

Hoimar v. Ditfurth:
Im Anfang war
der Wasserstoff
dtv 1657

Hoimar v. Ditfurth:
Kinder des Weltalls
dtv 10039

Werner Heisenberg:
Der Teil und das Ganze
Gespräche im Umkreis
der Atomphysik
dtv 903

Teilhard de Chardin:
er Mensch im Kosmos
v 1732

P. Teilhard de Chardin:
Die Entstehung des
Menschen
dtv 1755

Steven Weinberg:
Die ersten drei Minuten
Der Ursprung
des Universums
dtv 1556

natur im dtv

Natur · Umwelt · Ökologie

Anregungen und Denkmodelle für ein neues Verständnis des Menschen zur Natur

dtv 10421

dtv 10422

dtv 10486

dtv 10502

dtv 10515

dtv